이 책은 세계관에 관해 지금까지 저술된 모든 저서와 자료를 망라하여 활용하면서 성경적 세계관의 진수를 보여 주며, 어떻게 하면 그리스도인들이 적실성 있게 문화적 소명과 선교적 소명을 잘 감당할 수 있을지 이론과 실제를 겸비하여 보여 준다. 저자들의 또 다른 저서인 「성경은 드라마다」와 함께, 삶의 모든 영역에서 그리스도의 주되심을 드러내고자 하는 이들의 필독서다.

김성수, 고신대학교 총장

자신이 어디서 왔는지를 아는 것은 어디로 가야 할지를 아는 것만큼이나 중요하다. 고힌과 바르톨로뮤는 서구의 세계관을 깊은 뿌리부터 추적할 뿐 아니라 성경의 세계관도 탁월하게 제시한다. 이 책은 성경 이야기를 삶으로 실천할 것을 도전하되 그것을 바로 지금 주변에서 벌어지는 여러 가지 실제적인 삶의 영역에 대입한다. 눈이 열리는 통찰, 성경적 양분, 실제적 도전, 굳건한 희망이 가득한 책이다. 이 책은 하나님의 선교를 세상 속에서 우리가 다해야 하는 사명으로 전환시킴으로써 우리로 하여금 근본적인 선택을 하게 만든다.

크리스토퍼 라이트, 「하나님의 선교」 저자

인간 본연의 삶을 세계관 연구에 복귀시킨 책이다. 고힌과 바르톨로뮤는 오늘날 혼탁하고 퇴락해 가는 문화 속에서 예수님을 따른다는 의미를 고찰하되, 성경신학과 선교하는 교회를 그 안에 온전히 통합시키고 있다. 아울러 서구의 역사, 사업, 정치, 예술, 영성은 물론 이슬람교의 부흥에 관해서도 구속적 통찰을 명료하고 뜨겁고 실제적인 언어로 제시한다. 이 책은 예수 그리스도의 성숙한 제자가 되려는 모든 사람에게 고무적인 도전이다.

캘빈 지어벨트, 기독교학문연구소(ICS) 명예교수

이 책에서 고힌과 바르톨로뮤는 복잡하고 어지러운 이 시대에 학생들이 자신의 삶과 일과 공부에 대해 하나님의 살아 있는 말씀이 지닌 시의성을 인식하고 점점 더 깊이 이해하는 길을 제시한다.

밥 하웃즈바르트, 암스테르담 자유대학교 명예교수

이 책은 기독교 세계관이 지적으로만 중요한 것이 아니라 삶 전반에 해당되는 것임을 보여 준다. 문체가 명료하고 논증이 힘차며, 성경적 신앙에 뿌리를 두고 있으면서도 역사에 대한 지식을 바탕으로 하여 현시대 속으로 들어간다. 복음을 삶으로 실천하고 자신의 전 존재로 하나님을 사랑하고자 하는 모든 생각하는 그리스도인이 꼭 읽어야 할 책이다.

스티븐 에반스, 베일러 대학교 철학 및 인문학 교수

근년에 나온 기독교 세계관에 관한 책들을 아직 두루 읽지 못했다면 이 책을 읽으라. 이 책은 세계관에 관한 다른 책들을 모두 통합하여 써낸 명작이다. 이 책은 우리 시대를 역사적 관점과 성경적 깊이를 가지고 폭넓게 조명하면서 성경적 세계관이 오늘 우리에게 어떤 의미여야 하는지를 보여 준다.

제임스 스킬렌, 공공정의센터 대표

'성경적 세계관'과 '기독교 세계관'이라는 개념은 그동안 시대적 요청이 절실한 데 반해 견실한 정의가 부실했다. 박식하고 실제적인 이 책을 통해 고힌과 바르톨로뮤는 다시 한 번 그리스도인의 정체성을 알기 쉽게 설명한다. 이들의 시각은 성경에 기초를 두면서도 명백히 개혁주의 지성의 전통을 따라 형성된 것이며 전 교회를 아우른다.

데이비드 라일 제프리, *Houses of the Interpreter* 저자

성경 이야기를 포괄적으로 이해하는 데서 출발하여 21세기 여러 가지 이슈를 통찰력 있게 접목해 나가는 이 책은 심오하면서도 실제적이고, 지적이면서도 따뜻한 목양의 마음이 묻어난다. 이 책을 통해 우리는 견디기 힘든 긴장을 끌어안는 것은 물론이고 세상에 참된 희망을 가져다줄 수 있는 유례없는 기회까지 끌어안을 수 있다. 하나님의 말씀으로 세계관을 형성하고 정립하고 싶은 사람이라면 누구나 꼭 읽어야 할 책이다.

로드 톰슨, 레이들로 대학 신학부 교수

세계관은 이야기다

IVP(InterVarsity Press)는
캠퍼스와 세상 속의 하나님 나라 운동을 지향하는
IVF(InterVarsity Christian Fellowship)의 출판부로
생각하는 그리스도인을 위한 문서 운동을 실천합니다.

Living at the Crossroads
Copyright © 2008 by Michael W. Goheen and Craig G. Bartholomew
Originally published in English under the title Living at the Crossroads
by Baker Academic, a division of Baker Publishing Group,
Grand Rapids, Michigan, 49516, U.S.A.
All rights reserved.

Korean Edition © 2011 by Korea InterVarsity Press
156-10 Donggyo-ro, Mapo-gu, Seoul 04031, Republic of Korea

세계관은 이야기다

마이클 고힌·크레이그 바르톨로뮤 지음
윤종석 옮김

IVP

피터와 프랜 밴더폴, 존과 제니 헐팅크에게.
기독교적 학문 연구에 헌신한 그들에게 감사를 전한다.

차례

해설 교차로에서 나누는 세계관 이야기   011

머리말   023
1. 복음, 이야기, 세계관 그리고 교회의 사명   037
2. 세계관이란 무엇인가?   055
3. 창조와 죄   091
4. 회복   129
5. 모더니즘의 뿌리   159
6. 모더니즘의 성장   185
7. 지금은 어느 때인가?: 우리 시대의 4대 징후   231
8. 충실하고 시의성 있는 증언   269
9. 몇 가지 공적인 삶의 영역을 보는 관점   305
목회적 후기   357

주   367
찾아보기   409

해설

교차로에서 나누는 세계관 이야기

신국원 | 총신대 교수, 「니고데모의 안경」 저자

지금 세계는 교차로에 서 있다. 포스트모더니즘이 위기이자 기회라면 우리 모두 중대한 선택에 직면해 있는 것이다. 내 오랜 친구 마이크(Mike)는 그 길목에서 크레이그(Craig)와 긴 이야기를 나눈다. 둘의 대화엔 레슬리 뉴비긴(Lesslie Newbigin)이나 톰 라이트(Tom Wright)와 같이 잘 알려진 이들의 음성도 끼어든다. 두 사람은 그들에게 들었던 충고와 격려를 되새기며 갈 길을 모색한다. 이 길목에 이르기까지 온 길을 되돌아보며 성경의 이야기를 따라 거슬러 올라간다. 그 과정에서 그 길이 중세와 르네상스를 지나며 곁길로 빠져들었음을 발견한다. 이렇게 뒤를 돌아보는 것은 지금 서 있는 교차로에서 바른 길을 택할 지혜를 얻고자 함이다.

이 책은 두 사람의 말처럼 바른 길을 선택할 안목을 제공하는 기독교 세계관 '입문서'다. 주제가 어려울수록 입문서는 요긴하다. 포스트모던 시대에 부합하는 기독교 세계관의 행보를 가늠하는 일은 결코 쉽지 않다. 하지만 마이크와 크레이그는 그것을 정말 잘 해내고 있다. 그만큼 잘 준비되었기 때문이다. 마이크와 크레이그는 개혁주의 기독교 세계관 전통의 적자(嫡子)들이다. 하지만 단순한 계승자들은 아니다. 그들은 이 전통의 본질이 성경의 복음을 위기에 빠진 문화의 대안으로 제시하는 것임을 잘 알고 그 정신을 오늘의 상황에 비추어 해석하고 있다.

따라서 이 책은 어떤 면에서 '데자뷰'이다. 그래서 낯설지 않다. 곳곳에서 브라이언 월쉬(Brian Walsh)와 리처드 미들턴(Richard Middleton)의 「그리스도인의 비전」(*The Transforming Vision*, IVP)이 떠오르고 제임스 사이어(James Sire)의 「기독교 세계관과 현대사상」(*The Universe Next Door*, IVP)이 생각난다. 프랜시스 쉐퍼(Francis Schaeffer)의 「거기 계시며 말씀하시는 하나님」(*He Is There and He Is Not Silent*, 생명의말씀사)이나 「이성에서의 도피」(*Escape From Reason*, 생명의말씀사)도 비친다. 알버트 월터스(Albert Wolters)의 「창조 타락 구속」(*Creation Regained*, IVP)도 빠질 수 없다. 마이크와 크레이그가 이들을 통해 기독교 세계관에 눈을 떴기 때문이다. 그 길을 돌아보면 네덜란드의 신칼뱅주의를 거쳐 아우구스티누스와 칼뱅으로 이어진다. 흐룬 반 프린스터(Groen van Prinsterer)와 아브라함 카이퍼(Abraham Kuyper), 헤르만 도예베르트(Herman Dooyeweerd)와 디르크 볼렌호벤(Dirk Vollenhoven)의 기독교 철학, 데흐라프(S. G. De Graaf)의 「약속 그리고 구원」(*Promise and*

Deliverance, 크리스챤서적)이 눈에 띄는 것은 당연하다. 그 연결 고리에 마이크와 크레이그가 함께 거쳐 간 토론토의 "기독교학문연구소"가 자리한다.

마이크와 크레이그의 출발점은 제임스 오어(James Orr)와 아브라함 카이퍼다. 그래서 두 사람은 카이퍼가 그랬던 것처럼 세계관이라는 개념의 한계와 위험에 대해 주의한다. 그러면서도 세계관이 칸트나 딜타이의 독일 관념론에서 비롯된 인본주의와 주지주의를 극복하면 매우 유용한 개념이라고 본다. 두 사람은 세계관을 "인간의 사고와 삶의 기초가 되고 그것을 형성해 주는 신념 체계를 표현한 것"으로 이해한다. 그렇다면 기독교 세계관은 "그리스도인이 세상에 대해 품어야 할 기본 신념들의 포괄적 뼈대가 성경의 드라마에 배어 있기에, 그러한 신념들을 우리 문화의 기본 신념들과 상호 연관시켜서 제시하는 것"이다. 그것은 성경의 진리에 기초하지만 성경 이야기 자체와 구별된다. 성경신학, 조직신학, 기독교 철학보다 원천적이고 포괄적인 삶의 안목이고 비전이다.

마이크와 크레이그는 세상과 소통하기 위해 기독교 세계관이 필요하다고 주장한다. 복음이 주류 문화에 어떤 대안을 제시하는지 보이기 위해서는 성경 이야기를 '벗어나' 세계관의 형식으로 제시되어야 한다는 것이다. 물론 이를 통해 이질적인 철학이 침투할 수 있다는 사실도 인정한다. 특히 세계관 담론이 철학적 주지주의에 빠질 위험을 피하기 위해서는 '이야기' 형식을 유지해야 한다고 강조했다. 실제로 마이크는 리디머 대학 재직 시절 선임교수 알버트 월터스의 유명한 '창조-타락-구속'이라는 도식을 보완할 방안으로 '이야기'를 제안했고, 그의 주장은 「창조 타락 구속」 개정판에 실려 있다.

한국에서도 기독교 세계관 운동이 식자들의 말잔치로 끝날 우려에 대한 논의가 몇 차례 있었고, 그때마다 세계관 진술이 내러티브 또는 이야기 형식을 갖추어야 한다는 주장이 제기되곤 했다. 마이크와 크레이그도 철학 이론처럼 비치는 창조-타락-구속 도식에 성경 이야기를 입히는 작업을 해 왔다. 이는 세계관이 모든 사람이 그 속에서 살아가는 커다란 이야기라는 인식에 따른 것이다. 나아가 성경 이야기가 그리스도인이 세상을 바라볼 때 써야 할 안경인 "가장 기초적이고 포괄적이고 근본적인 종교적 신념"의 장(場)임을 강조한다. 기독교 세계관이란 성경의 진리를 통해 세상을 보는 관점이다. 뉴비긴의 말처럼 성경은 바라볼 책이 아니라 그것을 통해 세상을 봐야 하는 책이다. 마이크와 크레이그는 또 그리스도인은 자신이 몸담고 살아가는 문화 이야기도 잘 인식할 필요가 있다고 강조한다. 그럴 때 이야기들의 교차 구조 속에서 자신의 좌표와 행보를 바로 정할 수 있기 때문이다. 물론 이런 접근 방식이 이제까지의 기독교 세계관 논의와 대치하는 것은 아니다. 그것은 보완한다기보다 세계관 논의의 본연을 보여 준다.

언젠가 마이크에게 내 세계관 수업 첫 시간에 대해 이야기한 적이 있다. 나는 학생들에게 A4용지를 반으로 접어서 위쪽에 자신이 살아 온 이야기를 쓰고 아래쪽에 미래에 대한 계획을 쓰도록 한다.

이렇게 쓴 종이는 그 사람의 이야기와 비전이 된다. 이를 접어서 성경 어디에 끼워 넣으면 가장 좋을지 고민해 보라고 한다. 우선 그 이야기가 성경에 들어갈 수 있을지가 큰 관건이다. 성경 이야기는 창조로부터 완성에 이르는 큰 이야기다. 타락한 세상을 구원하시는 하나님의 역사는 구약 성경을 넘어 요한계시록의 비전을 향해 지금도 진행된다. 그러니 우리의 이야기와 비전은 신약 성경 어디엔가 위치해야 할 것이다. 나는 늘 히브리서 11장을 잇대어 산다고 생각하고 있다. 마이크는 사도행전 28장 뒤에 끼우겠다고 했다. 바로 그것이 선교학자인 그의 특성을 잘 보여 준다.

바로 그러한 마음이 이 책의 또 다른 강점이다. 마이크와 크레이그는 기독교 세계관 논의가 복음 전도와 어떤 연관성이 있는지를 잘 보여 주었다. 기독교 세계관을 비롯하여 기독교 학문이나 사회 참여 그리고 문화론은 복음 전도나 선교와 무관하거나 심지어 장애를 초래한다고 생각하는 경우가 있다. 이런 생각을 불식시킨 것이 두 사람의 강점이다. 그들은 신학자이고 목회 경험이 풍부한 열정적 설교자다. 신학이건 기독교 세계관이건 교회와 하나님 나라를 위한 것이라고 생각하며 목회와 신학을 해 온 사람들이다. 이들은 기독교 세계관 논의가 식자들의 논제에 그칠 수 있음을 안타깝게 여기는 목회적 심령을 가진 이들이다. 두 사람의 논의는 복음에서 출발하며 그를 통한 교회와 하나님 나라의 회복이 궁극적인 목표다.

이 책이 지적이면서도 목회적이라는 로드 톰슨의 평은 저자들에게도 어울린다. 마이크는 명목상의 신앙에서 돌아온 사람이고 크레이그는 남아프리카 공화국의 인종차별을 목격하며 자랐다. 둘 다 '영혼에 대한 열정'만 있을 뿐 참된 세계관이 부재한 상황이 어떤 참혹한 결과를 가져오는지 안다. 마이크는 뉴비긴에 관한 박사학위 논문을 쓰면서 그의 영성을 익혔다. 두 사람이 「성경은 드라마다」(*The Drama of Scripture*, IVP)라는 책을 먼저 쓴 이유는 성경이 하나님의 말씀이며 우리 눈을 구속적으로 변화시키는 안경임을 믿을 때만 기독교 세계관 논의가 의미 있다고 생각하기 때문이다. 이들은 전도의 중요성을 누누이 강조한다. 물론 전도가 피상적인 복음 전달에 그치지 않고 사회와 문화의 변혁을 가져와야 한다는 것을 힘주어 말한다. 복음은 교회 안에 머무르거나 특정 지역만의 진리가 되어서는 안 된다. 복음은 보편적 삶의 기준이다. 기독교 세계관은 이를 공적 영역에서 증거하는 데 필수적이다.

마이크와 크레이그는 서구의 전통과 세계관이 이미 여러 차례 기독교와 교차했음을 깨닫는다. 이 점은 5, 6, 7장에서 서구 문화가 거쳐 온 세계관의 변화와 그 결과로 오늘 우리가 어디에 서 있는지를 추적하는 일을 통해 분명해진다. 그 작업은 하나의 '아이러니'를 보여 준다. 알고 보면 모더니즘도 기독교에서 생명력을 얻었다는 사실이다. 폴라니(Polanyi)의 말처럼 모더니즘은 "복음이라는 산소에 고전적 인본주의라는 불꽃이 점화된 결과"였다. 도슨(Dawson)은 서구 인본주의 문화의 동력은 "기독교의 축적된 자원"에 기초한다고 했다. 모더니즘은 중세에서 시작된 기독교와 고전적 인본주의가 오랫동안 상호 작용한 결과다. 종교개혁은 복음을 회복했으나 인본주의를 강화하기도 했다. "서구 문화를 지배하는 세계관인 모더니즘은 어느 날 하늘에서 떨어진 게 아니라 긴 역사의 산물이다." 마이크와 크레이그는 쉐퍼처럼 서구 문화의 기초가 된 근본 신념들을 형성한 발달사를 더듬어 보면서, 서구인들이 삶의 기준으로 삼고 있는 이야기를 새롭게 조명하려 한다. 이는 서구 사회 이야기의 영웅 자리에 이성 대신 복음을 두는 방식으로 서구의 지성사를 다시 쓰는 것이다. 본질적으로 화합할 수 없는 복음과 헬라의 세계관이 어떻게 중세의 종합과 르네상스를 지나며 인본주의 세계관의 확립으로 오늘에 이르렀는지를 보이는 작업이다. 이는 볼렌호벤이나 프랜시스 쉐퍼와 뉴비긴의 통찰을 따른 것이다. 그러고는 거기에 모더니즘이 붕괴하자 새로운 이교(異敎)인 포스트모더니즘이 왔다고 덧붙인다.

성경과 오늘의 포스트모던 문화는 어디서 어떻게 교차하는가? 우리는 지금 세계화와 소비주의의 세태 속에 있다. 상대주의 분위기로 인해 복음이 공적 담론의 장으로 나아가는 것은 용이해졌으나, 세계관 자체를 의심하는 포스트모더니즘은 절대 진리를 주장하는 것을 용납하진 않는다. 서구 사회가 세속주의로 치닫는 동안 남반구와 아시아에선 기독교와 이슬람이 강하게 일어난 것이 '흥미롭고 복잡한' 현실이다. 성경 이야기와 서구적 세계관의 궤적은 서로 교차하지만 평행하지는 않다. 우리는 성경 이야기와 계몽주의 모더니즘의 이야기 그리고 포스트모더니즘이 경쟁을 벌이는 교차로에 서 있다. 모더니즘은 기독교 유산에서 신을 죽인 인본주의 정신의 산물이다. 반면에 포스트모더니즘은 모더니즘을 비판하여 종교를 되살려 놓았지만, 인본주의의 자율성을 극대화한다. 소비주의와 세계화라는 개인주의적 자유주의가 만연하는 가운데 이슬람이 번영하고 있다. 이런 양립할 수 없는 세계관이 교차하는 상황에서, 복음은 공적 영역에서 어떻게 증거되어야 할 것인가?

자유주의가 복음을 사회적 메시지로 전락시킨 데 대해 복음주의가 반대한 것은 옳았다. 그러나 복음으로 문화와 사회를 조명하여 대안을 제시해야 할 소명을 저버린 것은 잘못이다. 세계관의 교차로에서의 복음 증거는 사회와 문화를 버려 두고 퇴각하는 것이 아니라 세계관이 교차하는 긴장 속으로 뛰어드는 것이다. "세상에 있으나 세상에 속하지 않은" 비판적 참여를 해야 한다. 인본주의 세계관은 성경 이야기를 '종교적'이라는 이유로 밀어냈다. 포스트모더니즘은 모든 진리의 상대성을 주장하며 복음과 기독교 세계관을 배척한다. 이들과의 교차점에서 우리는 피할 수 없는 선택에 직면한다. 선교적으로 직면할 것인가 아니면 타협하거나 후퇴할 것인가. 포괄적이며 절대적 진리임을 주장하는 다른 이야기들을 종합할 방법은 없다. 뉴비긴이 "중증 혼합주의"라고 불렀던 타협은 서구 교회가 몰락하게 된 근본 원인이었다. 유일한 방법은 외면이나 순응 또는 이원론적 방식이 아니다. 복음과 문화 이야기 사이의 "견디기 힘든 긴장"을 유지하면서 증거를 위한 "충실한 접근"을 하는 것이다.

책 전반에 걸쳐 중요한 요소마다 뉴비긴이 부각되는 것은 그가 복음과 기독교 세계관의 공공성을 강조한 뛰어난 이론가요 실천가이기 때문이다. 두 사람은 또한 오르와 카이퍼가 자신들의 시대에 행했던 '선교적 대면'을 오늘의 현실에 부합하게 재현하길 소망한다. 그 일에 선교사로서의 경험이 중요한 참조점을 제시한다. 선교사는 그가 파송된 문화와 성경의 이야기를 긴장 관계 속에서 대화로 풀어야 한다. 타협하거나 순응하면 복음이 사라지고 그리스도인으로서의 정체성을 상실하겠지만, 문화와의 소통이 끊어진다면 복음은 거부될 것이다. 신약 성경에서 이미 이런 긴장을 볼 수 있다. 요한이 헬레니즘 문화의 어휘와 사고 형태를 취해 "태초에 로고스(logos)가 계시니라"(요 1:1)라고 한 것이 한 예다. 하지만 그는 영지주의를 강하게 비판했다. 바울은 로마 문화에 접근할 때 창조 질서와 문화적 우상숭배를 구분했다. 오늘의 기독교 세계관 운동도 창조 질서에 비추어 문화적 우상숭배를 갈파함으로써 이를 치유해야 한다고 역설한다.

마이크와 크레이그는 기독교 세계관 운동이 타협의 유혹에 노출되어 있음을 알고 있다. 그들은 세상을 바꾸는 복음의 능력을 문화에 접목하는 것보다 강력한 문화적 우상들에 의해 복음이 변질되는 것이 쉽다는 것을 안다. 두 사람은 이런 위험을 지적해 온 재세례파와 국교폐지론 전통의 경고를 귀담아 듣는 것이 중요하다고 생각한다. 문화 변혁이나 정의 구현은 소외된 자들을 향한 자비와 병행되어야 한다. 무엇보다 바른 증인이 되기 위해 영적 증언을 잊어서는 안 된다. 산 위에 있는 동네처럼 문화적 사명을 감당하되 복음에 근거하여 충실히 행하면, 교회는 세상을 주관하시는 분을 세상에 알릴 뿐만 아니라 이웃도 사랑하게 된다. "인간의 삶을 활짝 피어나게 하는 것은 하나님 나라의 정의와 평화와 기쁨과 의인데, 하나님은 그것들을 창조 세계에 선물로 주신다. 바로 그 선물들을 하나님은 우리에게 맡기셔서 이웃들에게 나누어 주게 하셨다." 이를 위해 복음은 기독교 세계관을 통해 사업, 정치, 스포츠와 경쟁, 창의력과 예술, 학문, 교육 등 "삶의 모든 영역에 성육신해야 한다."

  마이크와 크레이그는 세계관 운동이 어떤 매혹과 환멸을 가지고 있는지도 잘 알고 있다. 그것을 직접 겪어 보았기 때문이다. 세계관이 바뀌면 세계도 덩달아 바뀔 것 같은 생각이 들기 때문에, 세계관 이야기는 우리를 흥분시킬 수 있다. 하지만 세상의 완고함을 깨닫는 순간 흔히 좌절을 경험하곤 한다. 뿐만 아니라 세계관 공부를 할수록 과제는 더욱 넓고 깊어지고 어려워진다. 그래서 '승리주의'와 '패배주의'를 넘어서 이미와 아직의 긴장 속에서 살아가는 결단과 인내가 필수적이다. 이런 씨름을 너무도 잘 아는 저자들은 "목회적"이라는 수식어를 붙인 후기를 달았다. 내가 아는 그들의 따뜻한 마음이 묻어나는 어구다. 충고의 핵심은 우리는 혼자가 아니며 보내신 분이 있음을 기억하라는 것이다. "아버지께서 나를 보내신 것 같이 나도 너희를 보내노라"(요 20:21). 그러니 "치열한 영성만이 이런 일을 해내도록 우리를 떠받쳐 줄 수 있다." 영적 습관 없이 이 일을 감당할 수 없다는 것이다. 우리는 소명에 따라 증언할 뿐 그 성공과 실패에 연연하지 않아야 한다. 단 공적 광장에 있는 세력들을 상대할 때는 최후의 승리를 확신해야 희망을 잃지 않을 수 있다. 구속은 회복이다. 회복된 창조 세계가 곧 하나님 나라의 도래이며 그것이 교회의 사명이다. 마이크와 크레이그는 교차로에 선 오늘을 함께 살아가는 동료들이다. 두 사람은 기존의 기독교 세계관 이야기에 기초하여 나아갈 길을 제시했다. 30년 넘게 같은 논의를 해 온 우리도 이제 그들이 보여 준 좌표를 참고하여 온 길을 돌아보고 갈 길을 내다볼 필요가 있다.

머리말

우리 둘의 이야기

인생의 관건은 하나님을 깊이 아는 것이며, 또한 마땅히 그래야 한다. 이 책은 하나님이 우리를 자신의 아들에게 이끌어 우리 삶을 완전히 변화시키신 뒤 우리 둘이 지나온 여정의 산물이다.

마이크는 침례 교회에서 자랐다. 그곳에서 전해들은 복음은 개인적·미래적·내세적 구원의 복음이었다. 즉, 죽어서 천국 가는 것이 핵심이었다. 그럼에도 그 교회는 복음을 통해 하나님이 역사하신 곳이었다. 사람들은 주님을 사랑했고 그들의 신앙은 살아 있었다. 마이크는 그 전통에 대해 지금도 감사한다. 예를 들어, 그 교회는 성경 읽기와 기도와 전도에 헌신적이었고, 개인의 거룩함과 도덕성의 중요성을 강조했으며, 예수님과의 인격적인 관계를 중시했다. 이런 것들은 지금도 그리스도인들에게 중요한 문제이며, 마이크는 자신이 초기에 그러한 교육을 받은 것에 감사하고 있다. 하지만 정치, 경제, 학문, 교육, 일, 여가, 오락, 스포츠 등 서구 문화에서 많은 부분을 차지하는 공적인 삶에 대해서는 거의 언급하지 않았다.[1]

마이크는 예수님이 전하신 복음이 하나님 나라의 복음임을 신학교 시절에 처음 알았다. 기쁜 소식이란 마이크가 배우고 믿었던 것보다 훨씬 컸다. 하나님은 예수님 안에서 성령을 통해 인간의 삶 전반에 대한 자신의 통치권을 회복하고 계셨다. 문화 속에서 이루어지는 공적인 삶에 기독교적으로 접근하려면 그러한 성경적 통찰이 필요한데, 마이크는 신학생 시절 기독교 세계관에 관한 책을 읽으면서 점차 눈을 떴다. 그것은 제2의 회심에 가까운 일대 사건이었고, 복음이란 정말 인간의 삶 전체를 아우르는 것이었다!

20세기 최고의 선교학자인 레슬리 뉴비긴의 저작에 대해 박사학위 논문을 쓰면서 마이크의 확신은 더 확고해졌다. 성인기의 대부분을 인도에서 선교사로 보낸 뉴비긴은 생애 말년에 이르러 복음을 서구 문화의 공적인 삶에 접목하는 일에 천착했다. 뉴비긴이 확신한 내용 중에는 마이크가 이미 신학교 시절에 배운 것들이 많았지만, 그밖에도 뉴비긴이 참신하게 강조하고 비판한 여러 내용은 마이크의 세계관이 발전하는 데 중요한 역할을 했다.[2] 마이크는 레슬리 뉴비긴을 잘 알게 되었고, 그의 영향으로 선교와 기독교 세계관 사이의 필연적 연관성을 보게 되었다.

지난 20년 가까이 마이크는 세계 여러 곳에서 교단 배경이 다양한 학부생들, 대학원생들에게 세계관과 관련된 많은 과목을 가르쳤다. 그러나 마이크에게 세계관의 중요성은 강의실에 국한되지 않았다. 마이크는 아내 마니(Marnie)와 함께 복음이 교육에 미치는 함축적 의미를 두고 고민했고, 네 자녀를 복음으로 교육하기 위해 모두 홈스쿨링을 했다. 이러한 변화는 삶의 많은 부분에 영향을 미쳤으나 특히 예술, 문학, 음악의 세계를 열어 주었다. 마니도 마이크와 똑같이 '세계관의 회심'을 경험한 것이다. 예술을 하나님의 선물로 인식하게 된 마니는 그것을 자녀들에게 전수했다. 네 자녀는 뛰어난 현악 4중주단이 되었고, 문학과 음악과 기타 예술을 공부하는 데 몰두했다. 그중 몇은 대학원에서 예술과 음악 전공으로 박사과정까지 마쳤다. 마이크와 마니의 삶에는 지금도 자녀들이 소속된 단체의 콘서트가 끊이지 않는데, 이제 그들의 연주는 프로급이다. 이는 세계관의 확장이 마이크 일가에 미친 영향의 한 예에 지나지 않지만, 복음을 보는 눈이 달라지면 삶도 달라진다는 분명한 증거가 된다.

마이크에게 세계관이란 복음의 광범위한 세계와 그 복음을 품어야 할 교회의 사명에 눈을 뜨는 것이다. 그리스도인들에게 자신과 세상을 향한 하나님의 사랑의 길이와 넓이와 깊이를 깨우쳐 주는 일보다 더 신나는 일은 그에게 별로 없다.

크레이그는 인종차별 정책이 남아 있던 시절 남아프리카공화국에서 자랐다. 남아공은 모든 부분이 인종별로 돌아갔다. 그는 백인 학교에 다니고 백인 동네에 살면서 남아공 백인의 모든 '혜택'을 누렸다. 크레이그는 성공회 교회의 복음적인 중고등부를 통해 십 대 때 완전히 그리스도께 회심했다(그리고 결국 성공회 사제가 되었다). 마이크의 침례교회처럼 크레이그의 성공회 교회도 살아 있었고 전도에 강했으나, 자신들이 살고 있는 압제적인 인종차별에 관해서는 침묵했다. 정말 헌신된 그리스도인들은 (목사나 선교사로) '전임 사역'의 길에 들어섰다. 정부는 어디까지나 하나님이 세우신 것이기 때문에(롬 13:1-7을 가지고 그렇게 추론했다) 정치는 차라리 멀리하는 것이 나았다!

크레이그는 말을 아주 좋아해서, 고등학교를 졸업할 때 수의학과 신학 중에서 진로를 결정하려 했다. 그는 케이프타운(Cape Town)의 성경대학에 들어가 개혁신학을 접했고, 세계관에 관한 프랜시스 쉐퍼의 사고를 접했다(남아공의 상황에 명확히 접목되지는 않았다). 나중에 쉐퍼의 저작에 심취하면서, 그는 복음이 세계관이라면 정치까지 포함해서 삶 전반에 적용된다는 것을 깨달았다. 이것은 당시 남아공에서는 위험한 통찰이었다.

남아공에서 사역하면서 크레이그는 포체프스트롬(Potchefstroom)에서 카이퍼 계열[3]의 백인 그리스도인들과 교류했고, 그들과 함께 기독교 세계관 네트워크(Christian Worldview Network)를 결성해 연례 회의를 개최했다. 또한 "큰 그림"(The Big Picture)이라는 계간지와 "기독 예술인 헌장"(Manifesto on Christians in the Arts)도 간행했다.[4] 지금 우리에게는 복음을 세계관으로 이해하는 것이 절대적으로 중요한데, 크레이그는 남아공의 불행한 인종차별 역사와 복음주의 그리스도인들이 신앙을 남아공의 현실에 접목시키지 못한 실패가 우리에게 많은 것을 가르쳐 준다고 믿고 있다. 인종차별 시절 남아공 '기독교' 정부 아래서 어떤 끔찍한 불의가 자행되었는지, 이제 우리는 진리 화해 위원회(Truth and Reconciliation Commission)를 통해 알고 있다. 복음주의 그리스도인들은 어째서 바로 눈앞에 있는 악을 보지 못했을까? 어떻게 복음주의자들은 악에 맞서기보다 악을 조장했을까?[5] 이에 대한 중요한 대답 중 하나는 그들에게 일관된 기독교 세계관이 없었다는 것이다. 그곳의 복음주의자들이 '영혼에 대한 열정'뿐만 아니라 삶 전반에 대한 그리스도의 주권까지 겸비했더라면 남아공의 역사는 얼마나 달라졌을까!

기독교 세계관에 대한 사고가 깊어지면서 크레이그는 (카이퍼 계열 친구들의 영향으로) 기독교적 학문 연구에 철학이 중요하다는 사실을 점차 깨달았고, 토론토에 가서 1년 동안 철학을 공부한 후 다시 영국으로 가서 전도서 연구로 박사학위를 받았다. 현재 그는 복음이 세계관으로서 학문적 성경 연구에 어떤 영향을 끼치는지 연구하고 있다.

기독교 세계관을 품고 있는 사람은 모든 것에 관심을 갖게 되기 마련이다. 크레이그는 소설 읽기와 음악 감상을 좋아하고, 공예품과 보석 가공품을 만들어 팔고, 애완동물로 친칠라(다람쥐와 비슷한 설치류 동물-역주) 두 마리를 키우고, 철학과 종교를 가르치는 일을 즐긴다. 기독교 세계관을 품고 있으면 재미있는 사람들도 만나게 된다. 몇 년 전에 크레이그와 마이크는 캐나다에서 만났다가 영국에서 다시 만났고, 둘 다 선교와 기독교 세계관에 헌신되어 있음을 알게 되었다. 그 우정으로 「성경은 드라마다」가 먼저 출간되었고, 이번에 이 책이 나오게 되었다.

우리가 배운 교훈들

우리 둘의 이야기에는 이 책에서 독자들과 나누려는 내용과 관련된 중요한 몇 가지 강조점이 있다. 첫째, 기독교에는 예수님을 통한 하나님과의 인격적 관계가 들어 있다. 그런 면에서 우리는 영어권 복음주의 전반과 우리 두 사람의 신앙 형성에 영향을 준 경건주의 전통에 늘 감사한다. 우리는 이 전통이 안타깝게도 복음의 참 범위를 좁혔다고 믿지만, 성경적 진리의 중요한 면들은 강조해 주었다고 믿는다. 예를 들어 그리스도와의 인격적 관계의 필요성, 성경을 하나님의 말씀으로 보는 단호한 입장, 전도의 중요성 등이다.[6]

둘째, 성경에 기록된 복음은 창조 세계만큼이나 그 범위가 넓다. 교회는 이 기쁜 소식을 삶 전반을 통해 알리도록 보냄받았으므로, 교회의 사명도 창조 세계만큼이나 그 범위가 넓다. 사실, 우리는 이 책을 통해 하나님 나라의 복음과 거기에 나오는 교회의 문화적 사명을 밝히 표현하는 데 관심이 있다. 독자들이 자신의 신앙을 하나님의 선한 창조 세계의 모든 부분과 연결시키는 일에 관심을 갖게 되었으면 하는 것이 우리의 바람이다.

헤르만 바빙크(Herman Bavinck)는 지금까지 말한 두 가지 강조점을 유익한 방식으로 표현했다. 그가 인용한 유명한 설교가 크리스티안 블룸하르트(J. Christian Blumhardt)는 인간이 "처음에는 자연적 삶에서 영적 삶으로, 다음에는 영적 삶에서 자연적 삶으로 두 번 회심해야 한다"고 말했다. 바빙크는 그것이야말로 "모든 그리스도인의 신앙 체험으로 확인되고, 또한 예로부터 내려온 기독교 신앙의 역사로 확인된" 진리라고 믿었다.[7] 첫 회심은 하나님께 가는 것으로, 시편 기자의 고백 속에 표현되어 있다. "하늘에서는 주 외에 누가 내게 있으리요. 땅에서는 주밖에 내가 사모할 이 없나이다"(시 73:25). 경건주의 전통은 이것을 잘 알고 있다. 그러나 우리는 다시 회심하여, 현세 속에서 수행해야 할 폭넓은 문화적 소명으로 돌아가야 한다. 바빙크 자신도 경건주의 가정에서 자라면서 이 '두 번의 회심'을 거쳤다. 우리 둘도 비슷한 체험을 통해, 각자가 지닌 경건주의 이력과 거기서 강조하는 중요한 점들에 대해, 또한 복음을 좀더 넓게 이해하는 현재의 개혁주의에 대해 감사하게 되었다. 이 두 가지 전통은 자칫하면 각기 다른 전통의 강조점들을 무시할 수 있다. 그래서 우리는 이 책을 쓸 때, 처음부터 끝까지 복음의 폭이 아주 넓다는 사실에 입각하여 쓰기로 했다.

셋째, 세계관이라는 용어는 모든 철학적·역사적 앙금에도 불구하고 여전히 복음의 포괄적 범위에 눈을 뜨게 해주는 귀한 개념이다.

물론 그 단어는 위험과 한계가 있는 용어로서 초기 인본주의 철학의 냄새가 아직 남아 있고, 더 최근에는 일부 기독교 전통 내에서 주지주의 색채마저 띠게 되었다. 그러나 기독교 사상의 한 도구로서 세계관이 갖는 가치는 건재하며, 따라서 이 책에서 우리는 세계관에 대한 의식이 깊었던 제임스 오어와 아브라함 카이퍼의 전통을 이어가려 한다. 그들의 목표는 단순히, 문화의 공적인 삶 속에서 교회가 수행해야 할 사명을 최대한 밝히 설명하는 것이었다.

넷째, 선교학의 발전은 세계관에 관한 연구를 한없이 풍요롭게 해주었다. 타문화권 선교에 몸담고 있는 사람들은 그동안 복음과 문화의 접촉을 깊은 차원에서 이해하고자 씨름해 왔다. 나아가 그들은 그 문제로 씨름할 때 선교를 염두에 두고 있었는데, 그것이야말로 성경적 관점에서 볼 때 복음을 가장 잘 구현하고 전하는 길이다. 그래서 선교학 문헌, 특히 복음의 타문화권 토착화에 관한 풍부한 문헌이 이 책에서 많이 언급될 것이다.

다섯째, 세계관에 관한 연구는 점점 더 전 교회적(ecumenically)으로 확장될 필요가 있다. 바울은 그리스도의 사랑의 너비와 길이와 높이와 깊이를 "모든 성도와 함께"(엡 3:18) 할 때만 알 수 있다고 말했다. 우리에게 '함께'라는 말은, 지역이 다르고 시대가 다르고 고백의 전통이 다른 그리스도인들과의 대화를 암시한다. 우리 둘은 모두 카이퍼 전통의 영향을 받았으며, 이 전통이 세계관에 관한 연구를 주도해 온 것은 틀림없다. 하지만 우리는 그 전통을 무비판적으로 추종하지 않을 것이며, 어떤 전통도 복음의 충만함을 다 이해하거나 표현할 수는 없다고 믿는다. 지역이 다르고 시대가 다르며, 기독교 교회 안에서도 교단이 다르고 고백의 전통이 다른 형제자매들에게서 우리는 많은 것을 배울 수 있다. 우리 둘 다 세계 여러 곳에서 다양한 기독교 전통을 가진 사람들에게 이 책의 내용을 가르쳐 왔다. 그러한 경험을 통해 내용이 더 풍성해지고 때로는 바로잡혔는데, 그것이 이 책에 분명히 반영되었기를 바란다.

이 책에 관하여

세계관은 유럽의 철학적 전통에서 생겨난 개념이다. 세계관은 우리로 하여금 성경 이야기의 중심에 서 있는 복음을 더 충실히 이해하고 그 이야기대로 더 온전히 살 수 있게 해줄 때만 가치가 있다. 바로 그러한 이유에서 기독교 세계관에 관한 본 연구는 순서상 「성경은 드라마다」의 다음에 위치한다. 평소에 가르치면서 느끼는 바지만, 세계관을 주제로 한 과목은 성경 이야기를 주제로 한 과목 다음에 와야 훨씬 효과적이다. 세계관이 성경 다음에 와야 성경 이야기 속에서 살려는 우리의 헌신을 더 깊어지게 할 수 있다.

「세계관은 이야기다」가 순서상 「성경은 드라마다」의 다음임을 강조하는 데는 중요한 이유가 또 있다. 세계관에 대한 복음주의의 전통적 접근들 중에는 세계관을 주지주의의 관점에서 본 것들이 많다. 즉, 세계관을 단지 하나의 이성적 체계로 보는 것이다. 그러나 우리는 세계관이 내러티브 형식을 가진 이야기로 표현되어야 한다고 믿는다. 성경 자체가 그런 형태로 되어 있기 때문이다. 우리는 이야기란 단순히 "세상을 있는 그대로 말하는 최선의 방법"이라고 말한 톰 라이트의 말을 자주 인용할 것이다.[8]

이 책은 세계관에 대한 입문서로 읽혀야 한다. 아주 복잡한 신학적·철학적·역사적 이슈에 관해 방대한 자료를 간추리고 요약하는 것은 위험한 일이다. 본래 단순해야 할 어떤 것이 너무 쉽게 단순논리로 변할 수도 있지만, 반드시 그래야만 하는 것은 아니다. 우리는 학부생들과 교인들이 복음의 범위와 자신이 받은 소명의 넓이에 감격하려면 이런 책이 필요하다고 믿는다. 이 책이 그런 가능성을 조금이라도 보여 준다면 다른 연구는 나중에 또 나올 수 있다.

「성경은 드라마다」를 쓸 때 우리는 웹사이트를 개설하여, 성경을 일관성 있는 단일한 이야기로 공부하는 데 도움이 될 만한 슬라이드와 기사들과 다른 많은 자료를 제공했다. 그 웹사이트에 대한 반응을 보면, 많은 독자가 거기서 유익을 얻고 있음을 알 수 있다. 그래서 이번 책「세계관은 이야기다」에도 비슷한 장을 만들었다. 교육용으로 사용할 수 있는 슬라이드와 보충 자료들은 물론이고 전반적으로 기독교 세계관의 담론을 장려할 많은 자료가 제공될 것이다.

세계관은 우리가 세상에 대해 품고 있는 가장 기초적이고 포괄적이고 근본적인 종교적 신념들과 관련이 있으며 그 신념들은 하나의 이야기로 구현된다. 이 말은 그리스도인이 성경 이야기에서 흘러나오는 신념들을 명료하게 하고 잘 이해해야 한다는 뜻이다. 그런데 그러한 신념들은 문화적 정황과 분리될 수 없다. 복음은 언제나 인간이 처한 특정 문화 속에서 표현되고 구현되기 때문이다. 그러므로 세계관을 공부할 때 주변의 문화가 가지고 있는 근본 신념들도 이해하려고 애써야 한다. 모든 기독교 공동체는 주변의 문화 속에서 살고 있기 때문에 기독교 신앙과 주변 문화에 깔린 '신앙'의 관계를 탐구해야 한다. 이는 아주 복잡하면서도 대단히 위험한 작업이다. 토착화에 관한 선교학 연구들에서 볼 수 있듯이, 주어진 문화의 우상숭배에 맞춰 복음을 타협할 위험성이 상존하기 때문이다. 따라서 세계관 연구는 성경의 근본적 가르침, 주변 문화의 가르침, 그리고 그 두 신념 체계 사이의 복잡한 상호작용을 함께 다루어야 한다.

거기서 기독교적 학문 연구의 영역이 폭넓게 열린다. 그동안 세계관이라는 주제에 들어 있는 다양한 분야를 다룬 좋은 책들이 많이 있었다. 그러나 세계관 논의의 잠재적 넓이를 제대로 보여 준 책은 브라이언 월쉬와 리처드 미들턴의 「그리스도인의 비전」뿐이다.[9] 우리가 보기에 이 책은 현재까지 나와 있는 세계관에 관한 책 중에서 최고에 속한다. 하지만 출간된 지 25년도 넘은 책이다 보니 세계화, 포스트모더니즘, 소비주의가 빚어내는 현재의 복잡한 상황은 다루지 못했다. 아울러 월쉬와 미들턴이 복음을 문화에 접목시킨 방식은 정확했지만, 토착화의 역동은 충분히 탐색하지 못했다. 우리 책은 월쉬와 미들턴의 뒤를 이어, 세계관 논의가 많은 탐구의 지류를 가지는 광범위한 것임을 보여 줄 것이다. 우선 우리는 성경의 세계관과 문화의 세계관을 차례로 살펴보고 나서 세계관을 우리의 삶에 구체적으로 적용할 것이다. 다만 구체적인 적용으로 들어가기에 앞서, 복음이 문화적 정황 안에서 충실하게 살아낼 수 있는 방법을 고찰할 것이다. 요컨대, 복음과 문화의 역동적 관계를 탐구하고자 한다.

우선 우리는 하나님 나라의 복음과 교회가 그 기쁜 소식을 알려야 할 소명에서부터 시작한다. 이어서 2장에서는 세계관이라는 단어의 기원과 기독교 공동체, 특히 북미의 복음주의 교회가 그것을 원용하게 된 경위를 추적한다. 3장과 4장에서는 세계관이라는 개념이 어떻게 오늘날 교회를 무장시켜 포괄적 사명을 감당하게 할 수 있는가의 문제로 돌아가며, 그러기 위해 충실한 성경적 세계관이 무엇인지를 우리 나름대로 정립할 것이다. 즉, 우리는 세상에 관한 가장 근본적이고 포괄적인 신념들을 성경 이야기에 담겨 있는 대로 정리할 것이다. 그다음 석 장에 걸쳐서는 현대 서구 문화를 지배하고 있는 세계관을 기술한다. 우선 5장과 6장에서 서구 이야기를 그 기원인 그리스 문화로부터 현재에 이르기까지 간략히 추적한 다음, 7장에서 우리의 문화에 대해 '지금은 어떤 때인가?'라는 질문을 던진다. 우리 문화를 형성하고 있는 신념들과 정신들은 무엇인가? 8장에서는 상충되고 양립할 수 없는 이 두 세계관이 교차하는 세상에서 교회가 어떻게 살아갈 것인가를 모색한다. 어떻게 우리는 두 이야기 속에 살면서도 성경 내러티브에 밝혀진 유일한 참 이야기에 충실할 것인가? 복음과 서구 문화 사이에 발생하는 선교적 대면이란 구체적으로 어떤 것인가? 끝으로, 9장에서는 그러한 대면이 정치, 사업, 예술, 스포츠, 학문, 교육 등 여섯 가지 공적인 삶의 영역에 어떻게 나타날 수 있는가를 간략하게 훑어본다.

감사의 말

세계관을 보는 시각이 형성되기까지 우리는 과거와 현재의 많은 사람에게 빚을 졌다. 특히 알버트 월터스, 브라이언 월쉬, 리처드 미들턴, 기디언 스트라우스(Gideon Strauss), 일레인 보타(Elaine Botha), 밥 하웃즈바르트(Bob Goudzwaard), 조나단 채플린(Jonathan Chaplin), 헤르만 리델보스(Herman Ridderbos), 톰 라이트, 레슬리 뉴비긴, 프랜시스 쉐퍼, 제임스 사이어, 데이비드 노글(David Naugle), 존 뉴비(John Newby)를 언급하고 싶다. 베이커 아카데믹(Baker Academic)의 짐 키니(Jim Kinny)와 휘하의 훌륭한 팀이 이 책을 제작하고 완성하는 일을 도와주었다. 리디머 대학교의 영어 교수이자 기초학부 학장인 더글러스 로니(Douglas Loney)에게 이번에도 큰 빚을 졌다. 「성경은 드라마다」를 쓰던 때와 마찬가지로 그가 문체를 생생히 다듬어 주었다. 단순히 원고를 손질하고 우리 둘의 문체를 통일시켜 준 것만이 아니라 해당 주제들 속으로 직접 들어가 표현을 더 명확히 고쳐 주었고, 문체뿐 아니라 내용에까지 요긴한 도움을 주었다.

피터와 프랜 밴더폴, 존과 제니 헐팅크에게 이 책을 즐거이 바친다. 이들 두 부부는 우리의 소중한 친구가 되어 주었고, 기독교적 학문 연구에 헌신한 마음을 가시적이고 희생적인 방식으로 보여 주되, 특히 우리에게 현재의 교수직을 허락해 주었다. 이런 후원자들이 없었다면 이 책을 쓰는 일은 불가능했을 것이다.

1

복음, 이야기, 세계관 그리고 교회의 사명

출발점: 하나님 나라의 복음

예수님을 따르는 사람으로서 세계관에 대한 우리의 사고는 복음에서 출발해야 한다. 복음이란, 2천 년 전 예수님이 처음으로 세계 역사의 무대에 등장하셔서 "하나님 나라가 임하였느니라!"라고 선포하신 기쁜 소식을 말한다.[1]

예수님은 당시 유대인들의 언어로 말씀하셨다. 유대인들은 나라(kingdom)라는 말에 내포된 의미를 잘 알았고, 하나님이 역사에 개입하시기를 오랜 세월 동안 고대해 왔다. 그들은 하나님이 다시금 사랑과 진노와 권능으로 역사하시기를 기다려 왔고, 메시아를 보내셔서 온 세상에 대한 통치권을 회복하시기를 기다려 왔다. 그런데 마침내 예수님이 오셔서 스스로를 왕이라 칭하셨다. 그분이 하나님의 기름부음 받은 자, 곧 메시아다. 그분은 하나님의 영이 자신에게 임하셔서 온 세상을 향한 하나님의 목적을 위대하고 두려운 절정으로 끌고 가신다고 선포하셨다. 만유의 왕이신 하나님이 다시 오셔서 나라를 되찾고 계신 것이다!

하나님이 구속을 이루시는 오랜 역사(구약 성경에 기록된)는 아담과 하와에게 주신 약속으로 거슬러 올라가는데, 예수님이 이렇게 기쁜 소식을 선포하신 것은 그 역사가 절정에 달하던 순간이었다. 하나님은 이스라엘을 열방을 구속하기 위한 축복의 통로로 택하셨으나, 그들은 실패했다. 그러나 그 실패 한가운데서 예언자들이 일어나, 하나님이 결코 그분의 계획이 무산되게 두지 않으실 거라고 약속했다. 그분은 약속된 왕을 통해 온 세상을 새롭게 하실 것이다. 그런데 지금 예수님이 바로 그날이 도래했다고 선포하신다. 성령으로 만물을 새롭게 하시는 하나님의 권능이 이제 예수님 안에 있다. 이 해방의 능력은 예수님의 삶과 행위로 나타나고 그분의 말씀으로 설명된다. 하지만 하나님 나라의 승리가 성취된 것은 십자가에서이며, 거기서 그분은 악의 권능과 싸워 결정적 승리를 거두신다. 나아가 그분이 부활하심으로써 만물이 새롭게 되는 첫날이 밝았다. 죽음에서 살아나신 그분은 맏아들로서 다가올 삶에 들어가신다. 하나님 아버지께로 올라가시기 전에 자신을 따르는 소수의 무리에게, 하나님 나라의 기쁜 소식을 알리는 사명을 자신이 다시 올 때까지 뒤이으라고 위임하신다. 그러고 나서 그분은 하나님의 오른편에 앉으셔서 권능으로 만물을 다스리신다. 그분은 자신의 영을 부어 주시며, 그 영으로 말미암아 기쁜 소식을 실천하고 선포하는 자기 백성을 통해 자신의 회복과 포괄적 통치를 알리신다.

어느 날 예수님이 다시 오실 것이고, 모든 사람이 무릎을 꿇고 자기 입으로 예수님을 창조자, 구속자, 주님으로 고백할 것이다. 예수님이 그동안 선포하시고 계시하시고 성취하신 우주 역사의 종말이 마침내 완전히 도래할 것이다. 하지만 그 절정의 날까지 교회는 성령의 사역에 동참하여, 기쁜 소식 즉 하나님이 예수님 안에서 세상을 위해 이루신 일을 자신들의 삶과 행위와 말로 알리게 된다.

성경, 유일한 참 이야기

하나님 나라의 복음을 선포한다는 것은 새로운 신앙 체험이나 교리를 발표하는 것이 아니다. 다른 영적 세계에나 있을 법한 미래적 구원을 제시하는 것은 더더욱 아니다. 이 복음이란 하나님이 온 세상의 역사를 어디로 운행하고 계신지 공표하는 것이다. 예수님은 구약의 낯익은 이미지를 사용해 그것을 밝히신다. 즉, 세상이 언젠가는 하나님 나라가 될 거라는 것이다. 예수님이 공표하시고 시행하시는 기쁜 소식, 교회가 구현하고 알리도록 위임받은 기쁜 소식은 하나님 나라의 복음이다. 그것이야말로 예수님의 선포와 사역에 핵심이 되는 이미지다. 이것을 무시하면 우리는 중대한 과오를 범하는 것이다.

예수님은 하나님 나라를 세우는 것이 세계 역사의 궁극적 목표라고 주장하신다. 이것은 특정한 민족이나 종교 집단과만 관계되는 지역적 이야기가 아니다. 하나님이 역사하시는 구속 이야기는 구약의 수천 년 세월 속에 전개되어 왔고, 예수님은 그 오랜 이야기 속으로 들어오신다. 아울러 그분은 그 이야기의 절정을 간절히 고대하는 공동체 속으로 들어오신다. 유대인들은 자신들이 섬기는 하나님이 유일하신 하나님, 만물의 창조자, 역사의 통치자, 만물의 구속자라고 믿었다. 죄와 악이 세상에 들어온 뒤로, 하나님은 자신의 세상과 인간 신민들이 다시금 자신의 은혜로운 통치 아래 살게 하시려고 회복에 착수하셨다. 이 하나님은 유대인만의 하나님이 아니라 온 땅의 왕이셨고, 유대 민족은 그분의 구속 사역이 온 세상으로 퍼져나가는 통로로 택함받았다. 모든 유대인은 이 이야기가 대완성으로 가고 있다고 믿었다. 대완성이란 하나님이 여태까지 역사 속에서 해오신 일, 즉 열방과 만물을 구원하시는 일을 마침내 결정적 행위로 다 이루실 날이었다. 그 일이 언제 어떻게 누구를 통해 이루어질지에 대해서는 이견이 있었고, 하나님의 행동을 기다리는 동안 자신들이 무엇을 해야 하는지에 대해서도 이견이 있었다. 하지만 하나님이 활동하시는 구속 이야기가 절정을 향해 가고 있고, 그 결과가 모든 사람에게 미치리라는 것만은 모두가 똑같이 믿었다.

이 땅에 오신 예수님은 자신이 이 구속 이야기의 목표점이며 하나님이 역사해 오신 드라마의 절정이라고 공표하셨는데, 이것은 정말 충격적인 주장이었다. 예수님은 개인의 삶을 풍요롭게 할 새로운 종교적·윤리적 가르침을 내놓은 또 하나의 랍비가 아니었다. 그분은 역사와 세상의 의미 자체가 자신의 존재와 행위 속에서 알려지고 성취된다고 주장하셨다. 그리고 모든 사람이 그분의 이야기 속에서 제자리와 의미를 찾아야 하며 다른 이야기는 없다고 경고하셨다.

그러므로 성경이 이야기라고 말할 때, 우리는 성경에 나오는 이야기가 공공의 진리라는 원칙적 주장을 펴는 것이다. 이것은 하나님이 세상을 본래 그렇게 창조하셨다는 주장이다. 성경 이야기는 우리에게 세상이 본래 어떤 상태였는지를 보여 준다. 따라서 성경 이야기를 그저 유대 민족에 관한 지역적 이야기로 이해해서는 안 된다. 성경 이야기는 만물이 창조되는 것으로 시작하여 만물이 새롭게 되는 것으로 끝나며, 그 중간에 우주 역사의 의미에 대한 해석이 나온다. 크리스토퍼 라이트(Christopher Wright)는 그것을 이렇게 표현했다. "구약 성경이 말하는 이야기는 결국 만물과 시간과 인류를 모두 다 품는 궁극적이고 우주적인 이야기다. 아니, 그 이야기의 일부라고 하는 것이 옳을 것이다. 다시 말해, 구약의 본문을 읽을 때 우리는 메타내러티브, 즉 거대한 이야기를 받아들이라는 권유를 받는다."[2]

따라서 우리의 이야기들과 우리의 현실—그야말로 인간과 인간 이외의 모든 현실—은 이 이야기 안에서 제자리를 찾아야 한다. 「미메시스」(Mimesis, 민음사)에서 에리히 아우어바흐(Erich Auerbach)는 호머의 「오디세이」와 성경의 이야기를 극명하게 대조하여 그것을 밝힌다. "호머는 그저 몇 시간 동안 우리의 현실을 망각하게 만들지만, 구약 성경은 우리의 현실을 극복하게 만든다. 우리는 자신의 삶을 그 세계에 맞추어야 하고, 자신을 그 우주 역사를 구성하는 한 요소로 느껴야 한다.…세상에서 벌어지는 다른 모든 일은 그 줄거리의 한 요소로 보아야 한다. 세상에 관해 알려진 모든 것은…하나님의 계획을 구성하는 하나의 성분으로 보고 그 전체에 맞추어야 한다."[3] 흔히 신화나 소설을 읽거나 영화나 텔레비전이나 연극을 볼 때, 우리는 자신의 세계를 잠시 망각하고 한동안 허구 세계 속에 들어가 산다. 이야기가 끝나면 허구 세계에서 나와 다시 현실 세계로 돌아와 자신의 삶을 살아간다. '벗어나' 있는 동안 지식이나 감동이나 하다못해 오락을 얻고자 우리는 현실에서 허구로 일종의 도피에 빠지곤 한다. 한 움큼의 진실이나 지혜나 아름다움을 허구 세계의 기념품으로 가져오려는 사람들도 있을 것이고, 그것이 '현실' 세계 속에 있는 삶의 일면에 대해 뭔가 새로운 (하지만 제한된) 통찰을 줄 수도 있을 것이다. 하지만 성경 이야기는 그렇지 않다. 성경은 성경 자체가 현실 세계라고 주장한다. 하고많은 이야기들 중에 이 이야기만은 본연의 세상에 관한 전체 진리를 말하고 있다고 스스로 주장한다. 바로 이 이야기 안에서 우리는 삶의 의미를 찾아야 하며, 나 자신의 경험이 본래 들어맞게 되어 있는 자리도 거기서 찾아내야 한다. 인생 자체의 궁극적 의미를 보여 주는 통찰이 성경 이야기 속에 나와 있다.

이렇듯 복음은 보편타당한 진리이며, 인류 전체와 인생 전체에 해당하는 공공의 진리다. 복음은 그저 사적인 영역의 '종교' 체험이 아니며, 무한정 미래로 연기된 내세의 구원도 아니다. 복음은 하나님이 세상과 인생 전체를 회복시키기 위해 어떻게 일하고 계신지를 보여 주는 그분의 메시지다. 복음은 우리에게 전체 역사의 목표점을 말해 주며, 그래서 세상의 유일한 참 이야기로 자처한다.

어떤 이야기가 당신의 삶을 빚을 것인가?

인생 전체를 형성하는 것은 모종의 이야기다. 톰 라이트가 말한 다음과 같은 예화를 생각해 보라.

'비가 오겠다'는 말은 무슨 뜻인가? 언뜻 보기에는 아주 뻔한 말 같다. 하지만 이 말의 의미와 속뜻은 그것이 더 큰 내러티브 안에서 하는 역할을 보아야 이해할 수 있다. 오래전부터 계획해 둔 소풍을 가려던 참이라면 그 말은 나쁜 소식이 될 것이고, 계획을 변경하는 것이 좋다는 암시마저 깔려 있을 것이다. 가뭄에 시달리는 아프리카에 살고 있어 오랜 건기와 그로 인한 흉작을 앞두고 있다면, 그 말은 정말 기쁜 소식이 될 것이다. 내가 만일 기상학자로서 비가 올 것을 사흘 전부터 예측했다면, 설령 당신이 그것을 믿지 않았더라도 그 말은 나의 예측 능력을 입증해 줄 것이다. 우리가 만일 갈멜 산에서 엘리야의 말을 듣고 있는 이스라엘 공동체의 일원이라면, 그 말은 야웨가 참 하나님이며 엘리야가 그분의 예언자라는 엘리야의 메시지를 증명해 줄 것이다. 어느 경우를 막론하고 이 한마디 말은 전체의 암시적 구조, 전체의 암시적 내러티브라는 문맥 안에서 '들어야' 한다.[4]

말의 의미란 결국 그것을 형성하는 이야기가 무엇이냐에 따라 달라진다. 동일한 사건도 이야기에 따라 의미가 달라지며, 인생도 마찬가지다. "우리가 인생을 이해하는 방식은 인간의 이야기에 대해 어떤 개념을 품고 있느냐에 따라 달라진다. 내 인생의 이야기를 한 부분으로 거느리는 진짜 이야기는 무엇인가?"[5] 여기서 뉴비긴이 지칭하는 것은 우리가 삶에 의미를 부여하려고 언어적 구성물로 지어내는 내러티브 세계가 아니라, 인생에 의미를 부여하는 우주 역사에 대한 해석이다. 하나님은 세상을 그렇게 창조하셨고, 세상은 본래 그런 곳이다.

인간은 공동체 안에 살도록 지음받았으므로, 서로 공유하는 이야기가 필연적으로 한 사회 집단의 삶 전체를 형성하게 되어 있다. 복음은 듣는 사람 모두에게 기쁜 소식을 믿고 회개할 것을 권유한다(막 1:14-15). 듣는 사람은 여태까지 자신의 삶을 빚어 온 다른 이야기를 버리고, 복음이 참 이야기임을 믿고 그 안에 살도록 부름받는다. 이 듣는 사람들이 모여서 공동체가 형성되는데, 이는 복음과 그 복음이 말해 주는 세상의 이야기를 믿게 된 사람들의 공동체다.

교회의 사명

교회는 하나님 나라의 기쁜 소식에 믿음과 회개로 반응하는 공동체다. 교회는 성경 이야기 속에 살면서, 그 내러티브로 자신의 삶을 형성하고자 한다. 아울러 교회는 그 기쁜 소식을 만인에게 알리도록 위임받은 공동체이기도 하다. 교회가 세상 속에서 해 나가야 할 사명과 소명을 바로 그 복음이 규정한다. 예수님은 아버지께로 돌아가기 전에 제자들을 모아 놓고 이런 말씀을 하셨는데, 그것은 그들의 남은 인생의 의미를 규정짓는 말씀이었다. "아버지께서 나를 보내신 것같이 나도 너희를 보내노라"(요 20:21). 그리스도를 따르는 사람들의 공동체가 된다는 의미가 이 말씀에 압축되어 있다. 그들의 사명은 예수님이 이스라엘에서 하신 것처럼 온 세상에 하나님 나라—곧 역사의 지향점과 목표—를 알리는 것이다.

크리스토퍼 라이트는 선교를 "성경에 나와 있는 전체 메타내러티브를 여는 주된 열쇠"[6]라고 보았다. 그는 성경 이야기란 "하나님의 백성이 하나님의 창조 세계 전체를 위해 하나님의 세상에 참여하여 하나님의 선교를 이루어나가는 이야기"[7]라고 보았다. 따라서 하나님의 백성인 우리의 사명은 "하나님의 백성으로서, 하나님의 초대와 명령에 따라, 하나님의 만물이 구속될 수 있도록, 하나님의 세계 역사 속에서, 하나님 자신의 선교에 헌신적으로 동참하는 것"[8]이다. 하나님의 백성이라는 우리의 정체성은 성경 이야기에 나오는 바로 그 선교적 역할에서 온다.

그런 면에서 교회는 복음에 꼭 필요한 존재다. 예수님이 남기신 것은 하나님 나라의 기쁜 소식을 집대성한 책이 아니었다. 대신 그분은 그 메시지를 전할 공동체를 만드셨다. "아버지께서 나를 세상에 보내신 것같이 나도 그들을 세상에 보내었고"(요 17:18). 이 공동체를 규정하는 것은 하나님 나라의 기쁜 소식을 알리는 사명이다.

복음의 핵심은 우주 만물과 모든 나라와 인생 전체를 다스리는 하나님의 통치권이므로, 예수님을 따르는 사람들의 사명도 창조 세계만큼이나 그 범위가 넓다. 그들은 모든 공적인 삶—사업, 학문, 정치, 가정, 형사 재판, 예술, 언론 등—에서는 물론이고 인간이 경험하는 일의 구석구석에서 복음을 증언하도록 위임받았다.

성령께서 하나님의 백성을 세계적 사명 속으로 떠미신다.
하나님의 은혜라는 기쁜 소식을 가지고
이웃집과 이역만리로,
과학과 예술, 언론과 시장 속으로 가라고
남녀노소를 강권하신다.

교회는 사도들을 뒤이어
하나님 나라의 복음을 전하도록 보냄받았다. …
수많은 사람이 혼란스런 선택에 부딪히는,
하나님과 멀어진 세상에서

이 사명이야말로 우리 존재의 구심점이다.…
예수 그리스도의 통치는 온 세상을 덮는다.
이 주님을 따르려면 세상을 본받지 않으면서
어둠 속의 빛으로, 썩어가는 세상의 소금으로
세상 곳곳에서 그분을 섬겨야 한다.[9]

두 이야기가 교차하는 삶

예수님은 "나도 그들을 세상에 보내었고"라고 말씀하신다. 구약에서 하나님의 백성은 민족적으로나(유대인) 지리적으로나(팔레스타인) 단일했다. 그들의 문화 생활과 정치 생활을 형성한—또는 마땅히 형성했어야 할—이야기는 그들의 종교적 헌신을 형성한 이야기와 동일했으니, 바로 구약 성경이다. 그러나 신약에 오면 모든 것이 달라진다. 이제 하나님의 백성은 다민족, 다문화의 형태를 띤다. 그들은 인류의 온갖 문화 속에서 하나님의 이야기를 살아내도록 온 세상으로 보냄받는다. 문화의 이러한 다중성은 교회가 주님이 다시 오실 때까지 모든 시대, 모든 지역에서 모든 민족에게 사명을 수행하는 데 엄청난 도전이 된다. 모든 문화 공동체는 집단 생활을 형성하고 지배하는 모종의 이야기를 공유하고 있으며, 그러한 이야기는 어느 것도 철학적으로나 종교적으로 중립적이지 않다. 문화 이야기들은 세상이 생겨난 경위, 세상의 의미와 목적과 지향점 등에 관해 가지각색의 설명을 내놓는다. 모든 문화는 복음과 양립할 수 없는 '세상 이야기'를 말하고 또한 그대로 살아간다. 이러한 세상 이야기는 흔히 개인이 의식적으로 이해하는 차원 아래에 존재하지만, 그럼에도 불구하고 문화의 집단적 생활 전체를 형성하고 빚어낸다.

수세기 동안 서구 문화를 형성해 온 이야기는 진보의 내러티브이며, 그 이야기는 우리가 점점 더 자유와 물질적 번영을 향해 가고 있다고 말한다. 그것도 인간의 노력만으로, 특히나 기술에, 과학적 원리를 응용한 사회 생활에, 경제에, 정치에, 교육에 과학을 실현함으로써 말이다.

모더니즘이 말하는 진보의 이야기에 최근 들어 두 가지 의미심장한 변화가 있었다. 우선, 진보의 이야기는 오랫동안 약속해 온 '더 나은 세상'을 가져다주지 못한 탓에 **포스트모더니즘**의 맹렬한 공격을 받고 있다. 그러면서도 진보의 이야기는 **세계화** 바람을 타고 온 세상으로 퍼져나가면서, 외관상 강력해 보이는 새로운 형태를 띠었다. 이러한 내용은 뒤에서 차차 다룰 것이다. 여기서는 다만 이 문화적 내러티브에 세계관과 인생관이 들어 있고 그것이 서구 문화의 근간을 이룬다는 사실을 아는 것이 중요하다. 현대 서구 문화 속에서 살아가는 구성원들이 대체로 그 이야기를 의식하지 못하고 있음에도 불구하고, 그들에게 그것은 세상을 보고 해석하는 렌즈의 역할, 방향을 잡아 주는 지도의 역할, 사회 생활과 문화 생활을 구축하는 공통된 기초의 역할을 한다.

그리스도인은 성경 이야기라는 진리를 문화적 정황 속에서 실천하고자 힘써야 하는데, 그것을 위해서라도 현대 서구 사회가 세상에 대해 어떻게 말하는지 짚고 넘어가야겠다. 첫째, 성경 이야기처럼 서구 이야기도 세상의 유일한 참 이야기로 자처한다. 사실 서구 이야기는 그러한 구분을 무조건 당연시할 때가 많다. 즉, 서구 이야기는 다른 모든 이야기를 단지 '종교적'이라는 이유로 부차적 지위로 밀어내는데, 그 속에는 자신이 진리라는 주장이 숨어 있다. 둘째, 성경 이야기처럼 서구 문화의 이야기도 포괄적이며 인생의 모든 면에 대한 권리를 내세운다. 셋째, 서구 이야기는 완전히는 아닐지라도 근본적으로 성경 이야기와 양립할 수 없다.

> 우리의 현대 문화에는…두 가지 상반된 이야기가 존재한다. 하나는 진화 이야기, 종(種)들이 적자생존을 통해 발전한다는 이야기, 우리 식의 문명이 발흥하여 인류에게 자연의 지배권을 성공적으로 넘겨준다는 이야기다. 또 하나는 성경에 구현된 이야기, 창조와 타락의 이야기, 하나님이 한 민족을 택하여 인류를 향한 자신의 목적을 맡기신 이야기, 그 목적을 실현하실 분이 오실 이야기다. 이 둘은 양립할 수 없는 상반된 이야기다.[10]

이렇듯 하나님의 백성은 두 이야기의 교차로에 서 있다. 두 이야기 모두 자기가 진리며 또한 포괄적이라고 주장한다(참고. 그림1).

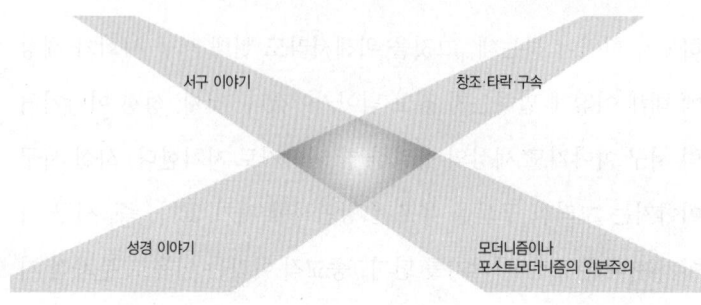

그림1. 교차로의 삶

복음을 받아들인 우리는 성경을 세상의 참 이야기로 믿는 공동체의 구성원이다. 하지만 동시에 우리는 문화적 공동체에 속하여 살아가는 구성원이므로, 오랜 세월 동안 서구 문화를 형성해 온 다른 이야기의 일부이기도 하다. 그냥 주변 문화에서 벗어날 수는 없는 일이며, 우리의 삶은 그 문화의 제도, 관습, 언어, 관계, 사회 양식 등과 맞물려 있다. 하나님 나라를 구현하는 일은 우리 각자에게 주어진 시간과 장소 속에서 문화적 형태를 띠어야 한다. 이렇듯 우리는 교차로에 있으며, 두 이야기 속에서 두 공동체의 일원으로 살아간다. 두 이야기는 다분히 서로 양립할 수 없건만, 저마다 자기가 진리라고 주장하며 우리의 삶 전체에 대한 권리를 내세운다.

선교적 대면인가 타협인가?

기독교 공동체는 이 교차로에서 어떻게 살아갈 것인가? 그것은 두 이야기 중 어느 쪽을 양보할 수 없는 기초이자 세상의 참 이야기로 보느냐에 달려 있다. 예수님과 그분의 나라를 신앙의 구심점이자 세상과 역사 전체를 이해하는 열쇠로 볼 것인가, 아니면 신앙을 한낱 '종교'라는 사적인 영역에 가두려는 압력에 굴하여 문화 이야기를 진리로 받아들일 것인가, 그것이 문제다.

복음이 진리임을 삶 전체로 보여 주는 일에 교회가 헌신하면, 선교적 대면 즉 성경 이야기와 문화 이야기 사이의 충돌이 발생한다.[11] 두 이야기 모두 포괄적이며 두 이야기 모두 진리로 자처하기 때문에 그러한 대면은 불가피하다. 그렇게 되면 주변의 문화적 공동체가 공유해 온 종교적 근본 신념들은 도전을 받게 되고 복음이 신뢰할 만한 삶의 대안으로 등장한다. 이렇게 교회가 성경 이야기에 충실하면 교회는 회심하고, 복음을 믿고, 성경 이야기 속에 들어와 살라고—그리고 그 이야기를 실천하라고—사람들을 부르게 된다.

하지만 다른 어두운 가능성도 존재한다. 교회가 의식적으로나 무의식중에 주변 문화의 세상 이야기를 기초이자 세상의 참 이야기로 받아들이면, 교회는 그 문화 이야기 속에 복음을 껴맞출 수밖에 없게 된다. 복음이 변질되어 다른 포괄적인 이야기 속에서 부수적인 자리로 내려가면, 교회는 어쩔 수 없이 타협하고 불충실해질 수밖에 없다. 교회가 복음을 본래의 복음으로, 즉 세상과 우리의 삶에 관한 유일한 진리로 세상에 제시하지 않기 때문이다.

레슬리 뉴비긴은 현대 서구 기독교 교회에 실제로 그런 일이 벌어졌다고 보았다. 인도에서 선교사로 40년을 지내고 유럽으로 돌아온 뉴비긴은 복음 이야기와 현대 서구 문화를 지배하는 다른 이야기가 양립할 수 없음을 '새로운 눈'으로 보는 은사가 있었다. 뉴비긴은 교회가 복음으로 살지 않고 타협했으며, 성경 이야기를 현대의 과학 이야기 안에 종속시켰다고 믿었다. 서구 교회를 가리켜 그는 양립할 수 없는 두 입장의 혼합을 받아들인 '중증 혼합주의의 사례'라고 말했다.[12] (혼합주의에서는 한 이야기나 두 이야기 모두의 진리 주장이 필연적으로 타협될 수밖에 없다.) 복음이 서구 문화의 이야기에 흡수되어 버리면 복음은 사적인 종교의 메시지로 전락하며, 복음이 말하는 구원은 무한정 미래로 연기된 추상적이고 미래적이고 내세적인 구원이 되고 만다. 뉴비긴은 교회가 복음을 본래의 복음으로 회복시켜야 한다고 믿었다. 본래의 복음이란 세상에 대한 참되고 포괄적인 이야기이자 우주 역사의 궁극적 목표를 밝힌 선언이다. 그래야만 복음이 해방되어 서구 문화 속에서 선교적 대면이 가능해진다고 보았던 것이다.

세계관이 복음을 해방시켜 선교적 대면이 가능하게 기여할 수 있을까?

서구 문화의 이야기는 기독교 공동체의 삶의 기초가 되는 성경 이야기를 약화시키며, 복음과 서구 문화의 진정한 선교적 대면을 방해한다. 그것을 뉴비긴처럼 깨달은 두 그리스도인 사상가가 있었다. 제임스 오어와 아브라함 카이퍼는, '선교적 대면'이라는 말은 쓰지 않았지만, 교회가 복음만이 참되고 포괄적인 세계관을 제시한다는 그리스도의 선포로 돌아가야 한다고 촉구했다. 복음 안에 더없이 포괄적인 세계관과 인생관이 있다는 복음 자체의 주장을 오어와 카이퍼는 둘 다 현대의 '세계관' 개념을 가지고 예증했다. 복음의 세계관은 다른 어떤 것에도 껴맞춰지기를 거부하는 독보적인 존재다. 오어와 카이퍼로부터 한 세기도 더 지난 지금, 여전히 그리스도인들은 그들이 부딪혔던 도전에 부딪힌다. 그때 그들이 교회에 촉구했던 일을 오늘 우리가 이루어내야 하는데, 이렇게 복음을 현대 서구 문화의 굴레에서 해방시키는 일에 과연 세계관 개념이 도움이 될 수 있을까? 우리는 도움이 될 수 있다고 믿는다. 지금부터 그것을 입증할 것이다.

2

세계관이란 무엇인가?

마르틴 루터(Martin Luther)는 복음이란 우리에 갇힌 사자와 같아서 변호는 필요 없고 해방만 필요하다고 말한 바 있다.[1] 과연 복음은 구원을 주시는 하나님의 능력이다(롬 1:16, 고전 1:18). 하나님 백성의 말과 행위와 삶으로 힘을 발휘하면 복음은 본연의 목적을 이룬다. 그러나 인본주의 이야기와 타협하면 복음이 '우리에 갇힌다.' 하지만 복음이 지배 문화의 이야기라는 굴레에서 해방될 때 비로소 교회는 무장되어 서구 문화 속에서 포괄적 사명을 다할 수 있다. 사자를 해방시키는 데 이 책이 도움이 되기를 바라면서, 이 장의 첫 질문을 던져 볼까 한다. '세계관' 개념이 그 일에 도움이 될 수 있을까?

세계관 개념의 간략한 역사

개념과 거기 붙는 이름은 어디선가 누군가로부터 오는 것이니만큼 여기서 잠시 '세계관'이라는 개념의 간략한 역사를 살펴보고자 한다. 아울러 19세기와 20세기의 교회가 복음의 포괄적 범위를 되찾는 한 방편으로 세계관을 원용하게 된 경위도 함께 살펴볼 것이다.[2]

영어 단어 세계관(worldview)은 계몽주의 철학자 임마누엘 칸트가 「판단력 비판」(*Critique of Judgment*, 박영사)에 처음 사용한 독일어 단어 벨트안샤웅(*Weltanschauung*)을 번역한 것이다. 칸트는 인간 개개인이 벨트안샤웅—세상의 의미와 그 속에서 자신이 차지하는 자리에 대한 이해—에 도달하기 위해 이성만을 구사한다고 믿었다. 그 단어는 칸트가 한 번밖에 쓰지 않았고, 그의 사상에서 중심적 역할을 하지도 않았다. 그러나 인간의 자율적 이성—즉, 종교와 전통을 떠나 구사하는 이성—이 개인의 벨트안샤웅을 형성한다는 칸트의 주장은 후학들이 세계관 개념을 발전시키는 데 심오하고 영구적인 영향을 미치게 된다. 데이비드 노글의 말마따나, "칸트가…지식과 의지를 지닌 [인간의] 자아를 우주의 인지적·도덕적 중추로 강조한 데서…세계관 개념이 번창할 수 있는 개념적 공간이 싹텄다."[3]

과연 그 개념은 번창했고, 독일 철학 특히 19세기의 관념론과 낭만주의는 칸트의 그 단어를 가져다 자신들의 철학 체계 내에서 중요한 자리를 부여했다. "1840년대쯤 되어서 벨트안샤웅은 삶과 세상을 보는 전반적 관점이라는 의미로 독일 식자들의 어휘에 단골로 등장하는 항목이 되었다."[4] 그러다 19세기 말엽에는 그 단어가 "학문적 명사(名士)의 지위"를 획득했다.[5]

관념론 철학자 프리드리히 셸링(Friedrich Schelling, 1775-1854)에게 벨트안샤웅 개념이란 실존과 우주의 본질이라는 가장 깊은 의문들을 해결하려는 인류의 갈망과 맞닿아 있었다. 세계관을 세상에 대한 포괄적이고 일관성 있는 이해로 강조한 셸링은 후대의 철학자들에게 지대한 영향을 미치게 된다. 그 이후로 벨트안샤웅은 "독일 관념론과 낭만주의 사상계의 화두가 되어…인간의 사고와 행동 전체를 떠받치고 형성하는 신념 체계라는 의미로 쓰인다."[6]

덴마크의 그리스도인 철학자 쇠렌 키르케고르(Søren Kierkegaard, 1813-1855)는 (비교적 신생인) 세계관 개념과 고래(古來)의 학문인 철학에는 근본적 차이가 있음을 강조하면서, 철학은 객관적 사상 체계로서 멀찍이 거리를 두는 반면 세계관은 세계관 안에 산다거나 세계관을 소유한다는 말이 적합할 정도로 개인이 가슴 깊이 품는 신념 체계라고 주장했다.[7] 이는 기독교의 진정한 체험과 명목뿐인 기독교를 구분하려고 오랜 세월 노력해 온 키르케고르에게 특히 중요했다. 그는 사람이 세계관을 얻는 길은 살아 계신 그리스도를 실존적으로 만나고 그로 인해 변화되는 것뿐이라고 보았다.

빌헬름 딜타이도 세계관과 철학의 관계를 생각했다. 셸링처럼 딜타이는 세계관이 포괄적이고 일관성 있는 인생관이며, 세계관의 목적은 세상의 가장 깊은 의미를 표현하고 삶의 궁극적인 의문들에 답하는 것이라고 강조했다. 따라서 딜타이에게 세계관은 인생의 모든 다양한 면에 통일성과 일관성을 가져다주는 역할을 했다.[8] H. A. 핫지(Hodges)는 딜타이의 세계관 개념을 "관념과 정서의 복합체로서 (1) 삶과 세상의 본질에 관한 신념과 소신, (2) 거기에 기초한 정서적 습관과 성향, (3) 행동을 지배하고 삶에 통일성과 의미를 부여하는 일련의 목적과 취향과 원리 등으로 이루어진다"라고 요약했다.[9]

현재 우리의 취지상, 세계관에 대한 딜타이의 사고에서 특히 주목해야 할 점이 두 가지 더 있다. 첫째, 딜타이에게 세계관은 세상에 관한 기본 신념 체계로서, 나머지 모든 사고를 형성하는 역할을 한다. 따라서 세계관은 결코 이성을 구사함으로써 생겨날 수 없다. "세계관은 사고의 산물이 아니며 단지 알려는 의지에서 비롯되지 않는다. 현실 이해는 세계관을 형성하는 중요한 요인이지만 하나의 요인일 뿐이다. 세계관은 삶에 대한 우리의 태도와 지식과 전체의 의식 구조에서 생겨난다."[10] 그렇다면 세계관은 철학이나 과학보다 깊고, 사실상 철학과 과학의 기초가 된다. 산더 흐리피윤(Sander Griffioen)이 말한 대로, "세계관이 주장하는 진리는 철학이나 과학으로 입증될 수도 없고 반증될 수도 없다. 오히려 철학 자체가 세계관에 의존하고 있다. 딜타이는 궁극적 통일성을 찾는 형이상학적 추구를 세계관에 귀속시켰으며, 그러한 세계관들은 나아가 철학의 근간이 된다."[11] 당대의 독일 철학을 지배하던 세계관에 대한 이러한 이해를 딜타이도 표현했고, 딜타이 이후에 그리스도인 사상가들(제임스 오어와 아브라함 카이퍼 같은)이 원용한 세계관도 바로 그것이었다. 즉, 인간의 사고와 삶의 기초가 되고 그것을 형성해 주는 신념 체계를 표현한 것이 곧 세계관이다.

딜타이는 세계관들의 다원성과 상대성도 강조했다. 모든 사람이 하나의 세계관을 공유할 수 있다고(인간의 이성이라는 기능은 만인이 공유하는 것이므로) 믿었던 칸트와 달리, 딜타이는 (각 개인이 역사 속에서 차지하는 특정한 장소와 시간이 인간의 이해를 깊이 좌우한다고 보았기에) 상이한 역사적 상황들에서 상이한 세계관들이 생겨난다고 주장했다. 그는 모든 세계관은 우주에 대한 부분적인 표현일 뿐이며, 따라서 어쩔 수 없이 서로 충돌할 수밖에 없다고 보았다. 딜타이는 세계관의 상이성이 해결될 거라든지 어떤 한 세계관이 '승자'가 될 수 있다고 믿지 않았다. 가장 기본적인 차원에서 세계관은 신앙에 뿌리를 두고 있으며 따라서 "입증할 수도 없고 논파할 수도 없다"는 확신 때문이었다.[12]

지금까지 세계관이라는 개념의 역사를 간략하게 살펴보았는데, 이를 통해 우리는 세계관에는 사고하는 그리스도인들이 인정해야 할 부분과 조심해야 할 부분이 다 내포되어 있음을 알 수 있다. 일단, 우리는 세계관이 세상과 그 속에서 각자가 차지하는 자리에 대한 포괄적이고 일관성 있는 이해라는 셸링의 생각에 동의한다. 또 세계관이 세상에 대한 근본 신념으로서 사람의 사고와 행동을 형성하고 삶에 통일성과 의미를 부여한다는 딜타이의 통찰도 인정할 수 있다. 세계관을 가슴 깊이 체험적으로 품어야 하며 세계관이 사람의 삶을 변화시켜야 한다는 키르케고르의 주장도 물론 옳다.

그러나 세계관을 진정 성경적이고 기독교적으로 이해하려면, 세계관의 기초가 인간의 자율적 이성에 있다는 칸트의 합리주의 사상을 받아들여서는 안 된다. 세계관이 역사적 요인들의 산물로 여기저기서 그냥 생겨난다고 암시한 딜타이의 상대주의와 역사주의도 조심해야 한다. 역사적 정황이 세계관의 형성에 틀림없이 영향을 미치기는 하지만, 우리는 복음이 모든 시대 모든 사람에게 해당되며 "어제나 오늘이나 영원토록"(히 13:8) 동일하신 분의 언약이라는 복음의 절대적 주장 아래서 살고 있다.

기독교 사상에 원용된 세계관

20세기 초에는 세계관이라는 개념이 이미 대부분의 학문 분야로 확산되어 있었다. 세계관 개념을 기독교 사상에 원용한 것은 주로 제임스 오어(1844-1913)와 아브라함 카이퍼(1837-1920)였다. 오어도 카이퍼도 서구를 지배하게 된 계몽주의 이후의 문화에 대응하는 차원에서 세계관 개념을 활용했다. 신학자인 오어는 기독교를 대적하는 세계관에 단편적으로 대응하는 것만으로는 부족함을 절감했다. 기독교 자체가 삶 전체를 보는 포괄적이고 정연한 관점임을 보여 주는 것이 시대의 요구라고 그는 믿었다.

기독교가 상대해야 하는 박해는…세상과 그 속에서 인간이 차지하는 자리를 보는 방식 전체, 자연과 도덕과 우리 인간을 비롯해 세상의 모든 체제를 생각하는 방식에까지 미친다.…공격받는 것은 세상 전반에 대한 기독교의 관점이며, 그 공격에 가장 성공적으로 맞설 수 있는 방법은 세상 전반을 기독교적 관점으로 설명하고 입증하는 것이다.[13]

오어에 따르면, 기독교 세계관은 그리스도 중심으로서[14] 구원 역사의 성취이신 그리스도께 초점을 두고 있으며, 창조에 대한 구약 성경의 관점을 (그리스도께서 친히 받아들이신 것처럼) 받아들인다.

예수님을 전심으로 하나님의 아들로 믿는 사람은 그로써 그 밖의 많은 것에도 함께 헌신한 것이다. 즉, 하나님을 보는 관점, 인간을 보는 관점, 죄를 보는 관점, 구속을 보는 관점, 하나님의 창조의 목적과 역사의 목적을 보는 관점, 기독교에만 있는 인간의 운명을 보는 관점 등에도 헌신한 것이다. 거기서 '벨트안샤웅', 즉 '그리스도인의 세계관'이 형성된다.…기독교 세계관은 논리적으로 하나의 완전체를 이루기 때문에 결코 침해당할 수 없고 단편적으로 수용되거나 거부될 수도 없으며, 서든지 넘어지든지 통째로 움직인다. 기독교 세계관을 전혀 다른 기초에 근거한 이론들과 혼합하거나 타협하려 한다면 그 결과는 피해뿐이다.[15]

오어는 그리스도인이 성경 이야기에 암시되어 있는 그리스도 중심의 세계관을 전체적으로 확실히 정립할 필요가 있다고 확신했다. 그래야 거기에 대항하는 모더니즘 세계관들의 반(反)초자연적(또는 반기독교적) 논거를 그리스도인이 똑똑히 인식할 수 있다고 보았다.

아브라함 카이퍼는 기독교 세계관을 포괄적인 것으로 보는 관점을 단지 말로 표현하는 데서 그치지 않았다. 언론인, 신학자, 정치가, 네덜란드 총리, 암스테르담 자유 대학교 설립자인 그는 다방면의 삶에서 그것을 표출했다. 그는 칼뱅주의(16세기 개혁가 장 칼뱅에게서 기원한 개신교 사상의 전통)가 삶 전체와 관계된 것이라고 철석같이 믿었다. 카이퍼는 1898년에 프린스턴 대학교 스톤 강연(Stone Lectures)에서 그것을 세계관으로 간주했다.[16] 오어처럼 카이퍼도 모더니즘이 기독교의 전통과 극히 대립되는 세계관을 낳았다고 보았다. "두 가지 삶의 체계[모더니즘과 기독교]가 맞붙어 사투를 벌이고 있다.…이것은 유럽의 싸움이고 미국의 싸움이다."[17] 카이퍼는 성경의 포괄적 세계관만이 그 거대한 싸움에서 적에 맞설 승산이 있다고 믿었다. "모더니즘이라는 포괄적인 삶의 체계가 막강한 에너지로 우리를 공격하고 있기 때문에 우리도 똑같이 포괄적이고 광범위한 위력을 지닌 삶의 체계로 맞서야 한다."[18]

카이퍼에게 기독교가 모더니즘의 도전에 충분히 맞설 수 있는 유일한 길은 칼뱅주의였고, 그래서 칼뱅주의적 세계관이 종교, 정치, 과학, 예술에 미치는 함축적 의미를 풀어 내는 것이 그의 과제였다. 카이퍼가 보기에 모더니즘과 기독교의 충돌 또는 대립은 문화와 사회 전반에 나타나지만, 특히 독일인들이 말하는 비센샤프트(*Wissenschaft*, 흔히 '과학'으로 번역되지만 학문적 사고와 이론 전반을 가리키는 좀더 넓은 개념이다)에 강하게 나타난다. 카이퍼는 두 종류의 상이한 '과학'이 있어, 하나는 이론의 기초를 그리스도께 회심한 데 두는 사람들에게서 나오고, 또 하나는 그렇지 않은 사람들에게서 나온다고 주장한다. "두 종류의 인간이 있다. 양쪽 다 인간이지만 속으로 서로 다르기 때문에 그들의 의식에서 나오는 내용물도 다르다. 이렇듯 이들은 다른 관점에서 우주를 대면하고 다른 충동에 이끌린다. 두 종류의 인간이 있다는 사실 때문에 두 종류의 인생과 인생관, 두 종류의 과학도 필연적 사실이 된다."[19]

이러한 극명한 대조는 카이퍼가 지나치게 단순화한 것일 수 있지만, 그가 인간의 자율적 이성을 명백히 거부함으로써 세계관을 보는 우리의 사고에 중대한 기여를 한 것만은 분명하다. 이 점에서 그는 오어와도 다르고 칼 헨리(Carl Henry),[20] 프랜시스 쉐퍼[21] 등 21세기에 기독교 세계관을 주창한 다른 주요 인물들과도 다르다. 헨리와 쉐퍼도 철저한 기독교 세계관을 증진시키는 데 힘썼지만, 둘 다 인간의 중립적 이성이 제대로 작용하여 기독교 세계관을 떠받쳐 준다는 입장을 고수했다. 다시 말해, 자신들의 인식론적 기반이 비그리스도인들과 공통된 것임을 인정한 셈이다. 카이퍼의 접근은 근본적으로 달랐으며, 그는 사람의 인식론 자체가 세계관의 소산이라고 굳게 믿었다.

현대의 가톨릭 철학자 앨러스데어 매킨타이어(Alasdair MacIntyre)도 카이퍼의 접근 방식을 취해, 이성이란 필연적으로 전통에 매인다고 주장한다. 즉, 이성은 언제나 특정한 전통이나 이야기-우리가 말하는 세계관-의 정황 속에서 작용한다.[22] 더 최근에는 앨빈 플랜팅가(Alvin Platinga)와 니콜라스 월터스토프(Nicholas Wolterstorff)가 기독교를 이론 정립의 출발점으로 삼는 것이 정당한 일이라고 주장함으로써 카이퍼 전통의 이러한 요소를 발전시켰다.[23]

카이퍼의 사상에서 출현한 전통(그와 동시대의 신학자 헤르만 바빙크 같은 다른 중요한 사상가들도 포함된다)은 '신칼뱅주의'(neo-Calvinism)로 알려져 있으며, 그 주된 주제들은 다음과 같다.

- 그리스도 안에서 하나님의 구속을 통해 은혜가 자연을 회복시킨다. 은혜는 병든 몸에 건강을 회복시키는 약과 같다. 그리스도가 이루시는 구원의 대상은 창조 세계 전체이며, 이는 그 창조 세계 전체를 하나님이 늘 품고 계셨던 목표대로 새롭게 하시기 위함이다.
- 하나님은 주권자이시며 모든 실재를 그분의 법과 말씀으로 주관하신다.
- 창세기 1:26-28에 주어진 문화 명령(창조 세계에 대하여 왕 같은 청지기직을 구사하라는 명령)은 계속 유효하다. 하나님은 인류를 불러 역사 속에서 그분의 영광을 위해 그분의 창조 세계를 계발하게 하신다.

최근 수십 년 사이에 세계관은 복음주의 진영에 널리 보급되었다. 프랜시스 쉐퍼가 여러 세대의 학생들에게 그러한 접근을 처음 알리는 주된 역할을 했고,[24] 더 최근에는 알버트 월터스,[25] 존 스토트(John Stott), 브라이언 월쉬와 리처드 미들턴,[26] 제임스 사이어,[27] 아더 홈즈(Arthur Holmes),[28] 톰 라이트,[29] 찰스 콜슨(Charles Colson),[30] 낸시 피어시(Nancy Pearcey)[31] 등이(그밖에도 많이 있다) 세계관에 대한 기독교적 사고를 확산시키는 데 기여했다. 1974년 로잔 세계 복음화 대회도 이 부분에 특히 중요한 역할을 했다.

로잔 언약은 세계관이라는 용어만 쓰지 않았을 뿐, 전도와 사회 참여의 관계라는 용어를 씀으로써 동일한 이슈들로 씨름했다.[32] 로잔 언약은 복음주의 전통 내에 삶 전반을 보는 시각을 회복시킨 중대한 전기였고, 그 시각의 좋은 예가 존 스토트의 저서 『현대 기독교 선교』(*Christian Mission in the Modern World*, 성광문화사)[33]와 『현대 사회 문제와 그리스도인의 책임』(*New Issues Facing Christians Today*, IVP),[34] 그리고 스토트가 설립한 런던현대기독교연구소(London Institute for Contemporary Christianity)다.[35]

제임스 사이어는 오랜 세월 동안 지칠 줄 모르고 기독교 세계관을 주창한 사람이다. 『어떻게 천천히 읽을 것인가』(*How to Read Slowly*, 이레서원)[36]에서 그는 소설, 논픽션, 시 등을 읽으면서 한편으로 그 안에 배어 있는 세계관을 파악하는 법을 탐색한다. 세계관을 다룬 사이어의 책들 중에서 가장 잘 알려진 것은 『기독교 세계관과 현대사상』이다. 책의 원제(*The Universe Next Door*)는 다원주의 문화 속에서 우리를 둘러싸고 있는 세계관들이 다양하다는 사실을 환기시켜 준다. 우리의 이웃은 세상을 전혀 다르게 볼 수 있고, 따라서 우리와는 '다른 우주'에 살고 있을 수 있다! 사이어에게 세계관이란 "자신이 살고 있는 세상에 관하여 – 의식·무의식중에 – 품고 있는 일련의 전제들"이다.[37] 그가 강조하며 지적했듯이, 인간이 자신의 세계관을 의식하지 못할 수도 있다는 점에 주목하기 바란다. 세계관은 세상을 보는 안경과 비슷한 데가 있다. 안경 자체를 보는 일은 아주 드물다. 그러므로 세상의 모든 경험이 세계관을 통해 걸러진다는 사실에 각별히 유의하지 않는 한, 누구나 자신이 세상을 독립적·객관적·중립적으로 보고 있다고 단정하기 쉽다.

사이어는 서로 우위를 점하려고 다투는 세계관들을 다음과 같이 정리했다.

- 기독교의 인격신론
- 이신론(인격신론에서 하나님이 인격체라는 개념을 버리고 남은 부분이다)
- 자연주의(하나님을 완전히 버리고 인간의 자율성에 대한 믿음만 남았다)
- 허무주의(자연주의에서 인간의 이성에 대한 믿음이 허물어질 때 나타나는 결과다)
- 실존주의(개인이 의지력으로 주관적 개념의 진·선·미를 만들어 낼 수 있다고 믿으며, 그것을 통해 허무주의를 극복하려 한다)
- 동양의 범신론적 일원론(그 안에서 뉴에이지 사상이 실존주의의 자아 개념과 합쳐진다)
- 포스트모더니즘(실재를 있는 그대로 알 수 있음을 부인하고, 그럼에도 지녤

수 있는 것은 언어를 활용하기 때문이라고 주장한다. 포스트모더니스트에게는 "실용적 지식만이 인간이 가질 수 있는 전부이자 인간에게 필요한 전부다")[38]

사이어는 사람들로 하여금 각자의 세계관을 인식하도록 돕는 것이 그리스도인이 할 수 있는 봉사라고 바르게 주장한다. 사이어는 세계관의 윤곽을 분별할 수 있는 몇 가지 진단 질문을 개발했다.

- 최고의 실재는 무엇인가?
- 우리 주변 세상의 본질은 무엇인가?
- 인간으로 존재한다는 것은 무슨 의미인가?
- 죽으면 어떻게 되는가?
- 뭔가를 안다는 것 자체가 왜 가능한가?
- 옳고 그름을 어떻게 구분하는가?
- 역사의 핵심은 무엇인가?[39]

최근에 펴낸 「코끼리 이름 짓기」(*Naming the Elephant*, IVP)라는 작은 책에서 사이어는 세계관에 관해 그리스도인들이 갖고 있는 생각을 유익하게 검토한 뒤, 자신이 이전에 내렸던 정의를 이렇게 다듬는다. "세계관이란 하나의 결단이자 마음의 근본적 지향으로, 이야기 형태로 또는 실재의 기본 구성에 대하여 우리가 (의식중에든 무의식중에든, 일관적이든 비일관적이든) 품고 있는 일련의 전제들(옳거나 일부만 옳거나 완전히 틀린 가정들)로 표현될 수 있으며, 우리가 살며 움직이며 존재하는(참고. 행 17:28-역주) 토대를 제공해 준다."[40]

사이어가 수정한 정의에는 몇 가지 중요하게 발전된 대목이 있으며, 우리도 그러한 강조점에 전심으로 동의한다. 첫째, 그가 결단(꼭 의식적일 필요는 없다)과 마음을 강조한 것은 세계관이 우선 지식적이고 명제적인 것이 아니라 마음의 문제, 영적 지향의 문제, 종교의 문제라는 인식과 맞닿아 있다. 헤르만 도예베르트와 데이비드 노글처럼 사이어도 모든 인간은 존재의 핵에서부터 종교적이며, 참하나님 아니면 우상을 지향하고 있다는 입장을 받아들인다. "세상에 살아 있다는 사실만으로 모든 인간은 종교적 결단을 내리고 또한 그대로 살아간다."[41] 둘째, 사이어는 세계관이 대개 큰 이야기 혹은 주(主) 내러티브로 표현된다는 것을 인식하고 있다.[42] 세계관은 우선 이성적 신념 체계가 아니라 세상에 관한 이야기다. 셋째, 사이어는 세계관이 '삶으로 드러나는 것'임을 새로 강조했다. 세계관은 말과 생각으로만 아니라 삶을 살아가는 방식으로 표현된다. 세계관을 가진 것과 세계관을 명확히 표현하는 것은 큰 차이가 있다. 세계관은 누구에게나 있으며 그것이 삶을 통해 드러나지만, 그 세계관이 어떤 내용인지 명확히 인식하는 것은 누구나 할 수 있는 일이 아니다.

복음의 포괄적인 비전을 세계관이라는 개념을 원용하여 표현하는 일에 개혁주의 개신교와 복음주의 학자들이 앞장서긴 했지만, 천주교의 로마노 가르디니(Romano Guardini)[43]와 동방 정교회의 알렉산더 슈메만(Alexander Schmemann)[44] 등 다른 기독교 전통에 속한 학자들도 중요한 기여를 했다. 슈메만은 인간들이 세상에 대해 제사장 역할을 하여 감사와 예배로 하나님을 송축하고, 그 성례전으로 세상을 가득 채워 삶을 하나님과의 교제로 바꾸어야 한다고 보았다. 인류의 타락에는 삶에 대한 이러한 성례전적·제사장적 비전의 상실도 들어 있었으며, 따라서 구속에도 그것의 회복이 포함된다. 그리스도 안에서, "인간이 잃었던 참 삶이 회복되었다. 구속 곧 새 창조란 '그리스도 안에서 삶이—삶 전체가—인간에게 되돌려지고, 다시 성례와 성찬으로 주어지고, 그리하여 성례전이 된다'는 뜻이다.…구속을 통해 세상은 하나님의 피조물로 회복되고 인간은 제사장직을 되찾는다."[45] 그래서 슈메만은 그리스도인들에게 세상의 실재가 하나님의 선한 피조물임을 증언할 것과 삶의 모든 면을 변화시키는 일에 바빠질 것을 권한다.

기독교가 세계관을 원용한 데 대한 비판

삶의 모든 영역에서 복음을 현시대에 맞게 표현하기 위해 세계관 개념이 널리 수용되고 있음에도 불구하고, 세계관적 접근에 대한 비판자들이 없었던 것은 아니다. 세계관을 원용한 데 대한 몇 가지 주요한 반론을 여기서 살펴보고자 한다.

반론1: 세계관을 통한 접근은 복음을 주지주의로 흐르게 한다.

'모더니즘'이라는 전통은 인간의 지성과 이성에 지나친 특권을 부여하다 못해 아예 그것을 우상화했다. 모더니즘은 이성을 세상에 관한 진리에 도달하는 단 하나의 확실한 길로 믿었다. 전통과 이야기는 의혹에 붙여졌으며 무엇이든 이성의 분석을 통해 입증되어야만 진리로 받아들여질 수 있었다. 그래서 그리스도인들이 모더니즘의 도전에 맞서려면 반드시 그리스도 안에 있는 자신의 소망의 이유를 충분히(즉, 이성적으로) 설명해야 했다. 그래서 해리 블래마이어스(Harry Blamires)는 1963년에 쓴 유명한 책 「그리스도인은 어떻게 사고해야 하는가」(The Christian Mind, 두란노)의 후기에 이러한 중요한 질문을 제기했다.

> 향후 50년간 그리스도인들은 공고해진 세속주의에 맞서 자신의 기독교적 헌신을 더 깊어지게 하고 명백히 밝히되, 뒤로 물러나 개인의 도덕성과 영성을 가꾸는 선에서만 그리할 것인가…아니면 지적·사회적 차원에서도 자신의 기독교적 헌신을 더 깊어지게 하고 명백히 밝혀서, 개인의 도덕성과 영혼의 삶에 대한 세속주의의 공격에만 맞서 싸우는 것이 아니라 인생의 의미와 사회 질서의 목적에 대한 세속주의의 단편적이고 왜곡된 관점에도 맞서 싸울 것인가?[46]

블래마이어스가 (오어, 카이퍼, 헨리, 쉐퍼와 맥을 같이하여) 예언자적으로 내다보았듯이, 그리스도인에게는 기독교적 사고가 절실히 필요했다. 그래서 복음이 지적으로 신빙성 있음을 보여 주는 것이 중대한 과제가 되었고, 기독교 세계관을 정립하는 일은 그 과제의 중요한 요소였다. 그러나 모더니즘에 맞서되 이성만 중시하는 모더니즘의 방식으로 맞선다면, 복음이나 기독교 세계관 자체가 한낱 지성적 체계로 격하될 위험이 있었다. 이성을 지나치게 강조하면 바른 이해가 부실해질 수 있으며 세계관이 표현하려는 것은 그보다 훨씬 깊다. 세계관의 관심사는 세상에 대한 우리의 가장 깊은 종교적 신념들을 표현하는 것이며, 그러한 신념들은 복음과 성경의 드라마에서 비롯된다. 즉, 우리는 세상에 대한 근본적인 전제들을 표현하는데, 그 전제들은 그리스도와의 살아 있는 관계에서 나온다. 주지주의의 위험을 20세기의 가톨릭 수사 토머스 머튼(Thomas Merton)보다 더 똑똑히 경고한 사람은 없다. 「관상기도」(*Contemplative Prayer*)에서 그는 이렇게 역설한다.

묵상을 통해 우주의 질서를 궁구하고 나를 그 질서 안에 놓아 두는 것만으로는 부족하다. 묵상은 하나의 벨트안샤웅(우주와 인생에 대한 철학적 관점)을 통달하는 것 이상이다.···그런 묵상은 기독교의 가장 깊은 진리들과 단절된 것일 수 있다.···우리는 그 두려움의 한복판에 무방비 상태로 벌거벗고 나와, 변명도 이론도 내려놓고 빈손으로 하나님 앞에 홀로 서야 한다. 그분의 은혜와 자비와 믿음의 빛이라는 선물이 절실히 필요함을 인정하며 그 돌보시는 섭리에만 전적으로 의존해야 한다.[47]

'기독교적 사고'는 기독교 세계관을 표현하는 데 중요하지만, 사고 자체도 세계관에서 나온다. 또한 우리의 세계관은 그리스도 안의 삶과 긴밀하게 연결되어 있다. 기독교적 사고가 그리스도 예수 안의 삶이라는 전체 체험과 단절되면, 은혜와 겸손이 없는 왜곡되고 주지적인 기독교로 변한다. 참으로 성경적인 세계관은 그리스도와의 실존적인 관계가 중심이 된다. 그 관계에서 파생되는 엄격한 비판적 사고 못지않게 그분과의 관계 자체를 가꾸는 것도 이 세계관에서 똑같이 중요하다.

복음이 주지주의로 흐를 수 있는 위험을 논하는 이 대목에서 우리는 세계관의 개념을 원용하여 복음의 포괄성을 설명하는 것에 대한 칼 바르트(Karl Barth)의 반감을 인정할 필요가 있다. 창조 교리를 논하면서 바르트는 기독교의 창조 신학이 결코 세계관이 될 수 없다고 역설한다. 하지만 그러한 반감은 세계관이라는 용어 자체에 대한 바르트 특유의 정의에서 비롯된다. 기독교의 창조 교리가 하나님의 계시에 기초하고 있다는 그의 지적은 옳다. 하지만 이어서 그는 신학이 "하나님의 계시와만 관계되는 반면…비(非)신학적 사고인 세계관은 우주에 대한 이러한 이해를 이성으로 가능한 만큼만 인정한다. 창조는 하나님이 예수 그리스도 안에서 하신 일이므로 신학은 마땅히 창조를 복으로 인식하고 고백해야 하지만, 철학은 본래 그럴 능력이 없다"[48]라고 주장한다. 그는 현실을 이성 하나로밖에 이해할 수 없는 것이 곧 세계관이라고 전제한 것이다. 바르트의 이 전제를 인정한다면, 복음과 세계관이 화해할 수 없다는 그의 생각은 분명히 옳다. 그러나 우리는 그 전제를 인정할 수 없다. 사실, 이성에만 의존하지 않고 오히려 그리스도 안에서 우리에게 자신을 알리신 하나님의 계시를 출발점으로 삼는 것이야말로 지금껏 우리가 살펴본 의미에서 기독교 세계관의 핵심이다. 기독교 세계관이 참으로 기독교적임을—즉, 복음을 출발점으로 삼는다는 것과 성경이 가르치는 그리스도 중심의 창조를 진지하게 받아들인다는 것을—알고 나면, 바르트의 비판은 힘을 잃는다.

반론2: 세계관을 통한 접근은 복음을 상대화시킨다.

이 문제는 딜타이의 세계관 이해에서 이미 전면에 드러났다. 19세기의 역사주의와 상대주의가 20세기 말과 21세기 초에 포스트모더니즘으로 더 깊어졌을 뿐이다. 모더니즘은 쉐퍼의 표현대로 세상에 관한 '참 진리'를 추구했으나 많은 포스트모던 사상가들은 그러한 추구를 버렸다. '참 진리' 같은 것은 존재하지 않는다고 믿게 되었기 때문이다.[49] 그런데 그들은 진리의 부재에 절망하기는커녕 오히려 일종의 통쾌한 허무주의에 빠져 인간의 한계를 즐기는 것처럼 보일 때가 많다. 그들의 이러한 접근이 몇 가지 통찰을 주기는 한다. 이러한 접근은 우리 모두 역사의 산물이라는 것, 누구나 세상을 특정한 렌즈로 보며 그 렌즈가 세상을 보고 해석하는 방식에 영향을 미친다는 것, 그리하여 세상에 대한 우리의 해석은 어쩔 수 없이 서로 다를 수밖에 없다는 것을 인정한다. 이렇게 대안적 관점들이 많아지면서 다른 세계관들과 나란히 기독교 세계관이

들어설 여지도 함께 열린다. 이는 긍정적인 일로 보이지만, 기독교 세계관을 다수 중 하나의 지위로 전락시키는 위험한 대가가 따른다. 그러면 기독교 세계관은 나에게 통하는 한에서만 유효한 것이 된다. 바로 여기서 우리는 상대주의의 늪에 빠질 위험이 있다.

21세기 초에 들어선 우리는 지금 다원주의라는 상황에 처해 있는데, 이러한 상황에서 상대주의는 그리스도인들이 물리쳐야 할 대단한 유혹이다. 신약 성경 자체도 다원주의 상황에서 기록되었으나, 신약 성경은 그리스도가 하나님의 가장 충만한 최후의 계시이며 또한 (뉴비긴이 지적한 대로) 우주 만물을 푸는 열쇠이심을 그 상황 속에서 담대히 주장했다. 우리도 똑같은 진리를 주장해야 하며, 그것은 종종 호의적으로 받아들여지지 않을 것이다. 그렇다고 다른 세계관들이 깊고 참된 통찰을 줄 수 있음을 잠시라도 부정하려는 것은 아니다. 다만 그리스도가 세상의 참 빛이심을 명백히 주장하는 것이 우리의 소명이다. 동시에 우리는 우리가 표현하는 세계관을 복음 자체와 동일시해서는 안 된다. 사실, 우리가 표현하는 기독교 세계관은 언제나 복음의 비판을 받아야 한다. 그럼에도 불구하고 우리는 성경 이야기가 그저 다른 것들과 나란히 있는 또 하나의 이야기가 아니라 세상의 참 이야기임을 주장해야 한다. 성경은 모든 것의 기준이 되며 그 범위가 포괄적이다. 성경은 세상의 참 이야기를 들려주며, 이로써 같은 일을 하려는 다른 이야기들과 스스로 대립한다. 톰 라이트의 주장대로, "기독교의 핵심은 그것이 내놓는 이야기가 온 세상의 이야기라는 점이다. 그것은 공공의 진리다."[50]

반론3: 세계관을 통한 접근은 성경과 단절될 수 있기에 시대 정신의 영향을 받기 쉽다.

세계관의 큰 틀은 사고의 도구가 될 수 있지만, 아무리 성능 좋은 도구라도 주의해서 쓰지 않으면 그것을 다루는 사람에게 위험을 끼칠 수 있다(전기톱을 생각해 보라). 세계관이 우리의 부주의 때문에 그 뿌리인 성경을 잃는다면, 성경 드라마가 아닌 다른 이야기에 휩쓸리기 쉽다. 성경으로 어떤 개념을 정립하다 보면 그 과정에서 자칫 성경의 뿌리가 느슨해질 수 있고, 그러면 그 개념은 우리 시대의 많은 우상에게 영향을 입기 쉽다. 성경 드라마에서 비롯된 세계관은 우리를 그 이야기에서 멀어지게 하는 것이 아니라 오히려 그 이야기 속으로 더 깊이 다시 데려가야 한다.

반론4: 세계관을 통한 접근은 건강하지 못한 메시아적 활동주의로 빠질 수 있다.

세계관이 문화와 역동적으로 조우하는 것이 아니라 그냥 문화의 반사체가 될 수 있는 위험은 이미 언급한 바 있다. 성경 이야기는 우리로 하여금 구속이 포괄적이라는 데 눈뜨게 해준다. 즉, 예수 그리스도를 통해 지금 하나님은 창조 세계 전체에 대한 자신의 통치권을 회복하시는 중이다. "뜻이 하늘에서 이루어진 것같이 땅에서도 이루어지이다"라고 기도할 때 우리는 세상에서 행하시는 성령의 구속 사역에 삶의 모든 영역에서 동참하기로 헌신하는 것이다. 이러한 비전은 마땅히 그리스도인들에게 세상을 변화시키려는 의욕과 열정을 준다. 하지만 정말 위험한 것은 하나님 나라를 우리 자신이 세워야 한다는 생각이다. 우리는 우리 힘으로 세상을 변화시키려고 미친 듯이 바빠질 수 있다. 그동안 우리는 진보의 비전(모더니즘의 핵심 신조)을 흡수하는 과오를 자주 범했고, 열심히만 하면 우리 세대에 하나님 나라를 세울 수 있다고 생각하기 일쑤였다. 그러면 헌신된 그리스도인들 사이에 해로운 일 중독이 생겨날 수 있으며, 이것은 우리 주변의 인본주의적 문화에 나타나는 광분이라는 우상숭배를 그대로 닮은 것이다.

반론5: 세계관을 통한 접근은 중산층 기독교의 타협을 고착시키고 세상의 빈곤층과 소외층을 도외시할 수 있다.

세계관을 공부할 때 생겨나는 활동주의는 대개 우리 문화의 주류를 이루는 중산층에서 일어난다. 세계관을 진지하게 받아들여 문화를 회피하지 않고 오히려 그 속에서 힘껏 문화를 변화시켜 보겠다는 각오는 많은 그리스도인의 동력이 된다. 세계관 문제에 깨어 있는 그리스도인들은 문화의 구조와 제도를 변화시키고자 현장에서 노력하려는 의지가 대단하지만, 잘못하면 변화의 주체가 되기보다 문화와 타협하여 문화에 오염될 수 있는 위험성도 상존한다. 그렇게 되면 우리는 짠맛을 잃은 소금처럼 무익해질 수 있다. 예를 들어, 기업의 불의한 구조를 바꾸겠다고 나선 그리스도인이 오히려 오늘날 기업계를 장악한 강력한 힘들에 의해 바뀔 수 있다.

문화와 사회의 구조를 변화시키려 할 때 뒤따르는 또 다른 위험은, 그러한 구조의 산물인 소외 계층을 자칫 도외시할 수 있다는 것이다. 기독교 세계관을 정립하여 그것이 훌륭한 구속의 혁신으로 이어진 사례는 많이 있다. 그러나 가난한 사람들을 위한 진정한 구속의 혁신을 생각하면, 장 바니에(Jean Vanier)가 창시하여 그리스도인들이 정신적·신체적 장애인들과 공동체를 이루어 함께 사는 라르쉬(L'Arche) 같은 실제적 운동이나 테레사 수녀의 형제자매들의 수고가 떠오르는 것이 사실이다. 세계관에서 유발된 그리스도인들의 활동주의는 가난한 사람들과 가장 어려운 사람들을 보듬는 일로 신속히 연결되지 못한 적이 많다.

이상의 모든 반론을 진지하게 대해야겠지만, 우리는 그중 어느 것도 기독교가 '세계관'을 원용하는 데 치명적 영향을 준다고 보지 않는다. 차차 밝혀지겠지만, 우리가 보기에는 오히려 유익이 위험보다 훨씬 많다.

세계관의 간략한 정의

기독교 세계관에 관한 책들에는 여러 가지 정의가 많이 나온다. 우리가 내놓는 정의는 이것이다.

세계관이란 공유된 큰 이야기 속에 배어 있는 기본 신념들을 명료화한 것인데, 그 신념들은 신앙의 결단에 뿌리를 두고 있으며 우리의 개인 생활과 공동 생활 전체를 빚어내고 방향을 결정한다.

물론 여기에는 설명이 더 필요하다.

우리가 보기에 모든 세계관은 모종의 큰 이야기에서 생겨난다. 많은 경우 현대 과학도 무조건 '빅뱅'으로 시작하여 우주의 진화와 인간의 출현 쪽으로 나아가는 큰 이야기의 틀을 전제한다. 그에 따르면 인간은 자연과 인생을 정복하려 하지만, 우주는 멈출 수 없는 길을 따라 태엽이 점차 풀리는 쪽으로 가고 있다. 이 모든 것이 살아 계신 하나님과 전혀 무관하게 벌어진다. 분명히 그것은 창조, 타락, 구속을 기본 줄거리로 하는 성경 이야기와 근본적으로 다르다. 전도서 3:11에 나와 있듯이, 하나님은 우리 존재의 응어리인 마음속에 영원—시작과 끝에 대한 의식, 자신이 더 큰 이야기의 일부라는 의식—을 넣어 주심으로써 더 큰 이야기를 필요로 하게 하셨다. 우리 삶과 문화의 작은 이야기들은 그 큰 이야기 안에서 비로소 제자리와 의미를 찾을 수 있다.[51] 하나님이 의도하신 대로 우리는 더 큰 이야기의 일부가 됨으로써 삶의 의미를 찾아야 한다. 그분의 큰 이야기가 우리의 삶에 목적과 방향을 주고 세상을 설명해 준다. 그러므로 기독교 이야기를 거부하는 사람은 그냥 큰 이야기가 없이 사는 것이 아니라 다른 큰 이야기를 찾아 그 이야기대로 살게 되어 있다는 사실을 명심하는 것이 중요하다. 큰 이야기란 없다고 말하는 포스트모더니즘의 시각 자체도 하나의 허풍스런 큰 이야기다!

우리는 공동체적 피조물인 만큼 그런 큰 이야기들을 반드시 공유하게 된다. 본인이 의식하지 못할지라도 우리 각자는 우리 문화를 만들어 낸 어떤 큰 이야기의 정황 속에서 양육되었다. 그리스도인들은 자신이 "하나이며 거룩하고 보편적이고 사도적인 교회"(니케아 신경에 나오는 문구-역주)의 일원이요 고금과 미래를 아우르는 하나님 백성의 일원임을 알고 있다. 우리는 성경의 기본적인 이야기를 모든 그리스도인과 공유하며, 그 이야기의 진리에 헌신한 공동체의 일원으로 살아간다. 모순적이지만, 개인의 자유를 강조하는 서구 개인주의도 오늘날 무수한 서구인이 공유하며, 따라서 서구 국가들의 공적인 삶을 대부분 표현해 주는 공동체적 시각이 되었다.

전도서 3:11에 암시되어 있듯이, 모든 인간은 창조주가 아니라 피조물이기 때문에 모종의 큰 이야기를 자기 것으로 끌어오게 되어 있다. 우리 존재의 종교적 응어리인 마음은 살아 계신 하나님이나 어떤 우상을 지향하고 있으며, 우리가 들어가 사는 큰 이야기는 그러한 심적 지향이 겉으로 표현된 것이다. 따라서 큰 이야기들과 세계관들은 언제나 가장 깊은 차원에서 종교적 신앙에 뿌리를 두고 있다. 그 신앙의 대상은 살아 계신 하나님, 인간의 능력, 하나님의 창조 세계의 다른 어떤 면, 우주에 충만한 비인격적 기운, 인간이 만들어 내는 수많은 다른 우상 등이 될 수 있다.

모든 큰 이야기에는 세상에 대한 근본 신념들이 들어 있고, 다음과 같은 가장 중요한 질문에 대한 답이 들어 있다. 삶이란 무엇인가? 우리는 누구인가? 우리가 사는 세상은 어떤 곳인가? 세상의 문제는 무엇인가? 그것을 어떻게 해결할 수 있는가?[52] 이러한 굵직한 의문들에 대한 답은 결코 철학적인 개념이 아니다. 오히려 그것은 우리가 공유하는 특정한 큰 이야기 속에 깊이 배어든(대개는 명확히 표현조차 되지 않은) 신념들이며, 그 답들이 일관성을 얻는 이유는 정확히 그것이 해당 이야기에서 생겨나는 단일하고 통일된 세계관의 요소들에 지나지 않기 때문이다.

이러한 신념들이 우리의 개인 생활과 공동 생활 전체를 빚어내고 방향을 결정한다. 세계관은 세상을 기술해 줄 뿐만 아니라 우리의 세상살이를 이끌어간다. 세계관은 우리에게 세상이 어떤 곳인가에 대한 시각을 줄 뿐만 아니라[세계관의 기술적(記述的) 기능], 세상이 어떤 곳이어야 하고 우리가 거기서 어떻게 살아야 하는가에 대한 길잡이 노릇까지 한다(세계관의 규범적 기능).[53]

기독교 이야기에서 창조에 대한 신념은 중요한 기초다. 그 신념은 그리스도인들이 세상을 보는 방식이 조금 전에 말한 과학적 세계관과 전혀 다르다는 것을 의미한다. 과학적 세계관에서 보는 우주는 시간과 우연의 산물로 제멋대로 생겨난 반면, 그리스도인의 관점에서 본 세상은 하나님 아버지의 선한 피조물이고, 그분의 지시를 받고 있으며, 그분의 솜씨의 흔적이 도처에 널려 있다. 세상의 문제를 해결하는 부분에서도 마찬가지다. 타락을 믿는 기독교 이야기가 악의 문제에 대해 내놓는 답은 진화의 관점에서 도출될 수 있는 어떤 답과도 전적으로 다르다. 하나님이 우리를 남자와 여자로 창조하신 것과 결혼이 그분이 정하신 동반 관계임을 믿는다면, 우리는 결혼을 귀한 선물이자 성적 표현과 자녀 양육에 꼭 맞는 장으로 여길 것이다. 그러한 신념이 없다면 섹스를 밥먹는 일처럼 언제 어디서나 마음 내키는 대로 즐길 수 있는 쾌락의 수단으로 여길 것이다. 생각뿐 아니라 행동도 각자가 받아들이는 세계관에서 흘러나오게 되어 있다.

큰 이야기들, 즉 세계관들은 개인 생활뿐 아니라 인생의 모든 공적인 차원과 국가의 삶까지도 빚어낸다. 남아공의 인종차별 정책—백인이 흑인보다 우월하다는 세계관—은 삶의 모든 영역에 뿌리내렸고 계획적으로 시행되었다. 백인은 흑인과 달리 훨씬 좋은 학교에 다녔고, 흑백 간의 결혼은 법으로 금지되었고, 거주지도 법으로 따로 정해 놓았고, 가장 좋은 일자리는 백인들 몫이었으며, 모든 것이 다 그런 식이었다. 지금 와서 보면 그렇게 오랜 세월 동안 그렇게 많은 사람이 그런 세계관을 품을 수 있었다는 사실이 잘 믿기지 않지만, 이는 세계관이 포괄적이며 개인 생활뿐 아니라 공동체와 국가의 삶까지도 빚어낸다는 것을 똑똑히 보여 주는 사례다.

세상과 인생에 관한 우리의 근본 신념들은 배후에서 우리의 모든 삶을 빚어내는데, 그 신념들은 명확히 표현되지 않은 채 그냥 무의식 차원에 전제로 머물 때가 많다. 그것은 마치 지표면 밑의 지각 판들과도 같아서 눈에 보이지는 않지만 영향력은 막강하다. 로이 클라우저(Roy Clouser)는 그것을 이렇게 표현했다.

그러나 종교적 신념들이 미치는 엄청난 영향력은 대체로 그냥 보아서는 알 수 없게 숨어 있다. 그것과 나머지 삶의 관계는 지표면 밑의 커다란 지질학적 판들과 오대양 육대주의 관계와 같다. 그 판들의 움직임은 어느 특정한 지형을 대충 살펴서는 보이지 않고 공을 들여야 감지할 수 있다.

그럼에도 그 판들은 워낙 거대하고 힘이 엄청나서, 막강한 판들 자체의 위력에 비하면 가시적 결과들—산맥, 지진, 화산 폭발—은 빙산의 일각에 지나지 않는다.[54]

우리가 받아들이는 세계관 이야기 속에는 신념들이 배어 있으며, 그 신념들은 우리의 삶을 강력하게 빚어낸다. 하지만 우리는 다음 세 가지 작업을 통해 그러한 근본 신념들과 그 영향력을 점점 더 의식할 수 있다. (1) 큰 이야기를 간략히 표현한다. (2) 그 이야기의 근본 신념들을 추출한다. (3) 그 신념들을 명확히 표현하고 설명한다. 세계관에 대한 고찰이 하려는 일이 바로 그것이다.

그 작업의 전제로, 세계관을 가진 것과 세계관을 명확히 표현하는 것을 확실히 구분하는 일이 중요하다. 세상에 관한 근본 신념들은 삶 전체를 빚어내는 큰 이야기의 일부인데, 그러한 신념들은 누구나 가지고 있다. 그런 점에서 우리 모두 세계관을 가지고 있지만, 그 이야기와 신념들을 명확히 표현할 수 있는 것은 다른 문제다. 다시 한 번 강조하거니와, 신념들을 파악하고 말로 표현함으로써 그것들을 의식하게 되는 것이 중요하다.

이렇듯 세계관이란 큰 이야기와 그 이야기의 핵심을 이루는 근본 신념들을 고찰하는 것이다. 덕분에 우리는 그러한 신념들의 근본적 일관성을 더 똑똑히 보고 거기에 함축된 의미를 더 충분히 이해할 수 있다. 그래서 기독교 세계관은 성경의 드라마에 담겨 있는 가장 포괄적인 신념들을 추출하여 표현하는 작업이며, 그것을 통해 우리는 하나님과 인간과 세상을 이해하게 된다. 하지만 우리에게 기독교 세계관은 우리 문화를 빚어내는 근본 신념들과 이야기에 대한 우리의 의식도 더 깊어지게 해야 한다. 서구의 이야기와 거기에 깔린 근본 신념들을 명확히 표현하는 것도 그래서 필요하다.

성경과 세계관의 관계

예로부터 그리스도인들은 문화에 참여할 때 성경의 통일성을 표현할 길을 찾아야 한다고 느꼈다. 그 길의 하나가 성경신학인데, 성경신학은 언약과 하나님 나라 같은 성경 자체의 범주들을 따라 성경의 통일성을 설명하려 한다. 성경신학의 목표는 바깥으로부터 조직적 범주들을 들이대는 것이 아니라 성경 자체에 있는 기초적 범주들을 발굴하는 것이다. 그런 의미에서 우리의 책 「성경은 드라마다」는 성경신학의 한 시도였다. 성경 자체가 내러티브 형태이므로 우리도 그대로 따라 성경 이야기를 재현하려 했다. 성경의 통일성을 표현하는 또 다른 길은 성경의 가장 근본적이고 포괄적인 신념들에 들어 있는 뼈대를 분석하는 것인데, 그러한 신념들은 성경의 드라마 속에 배어 있거나 구체적으로 드러나 있다. 그래서 기독교 세계관은 성경 이야기를 구성하는 주요 요소들 즉 신념들을 제시하고, 그것들이 어떻게 하나의 일관성 있는 뼈대로 맞아들어 가는지를 밝히는 것이다. 물론 이러한 신념들은 신학적·철학적 범주에 따라 더 분석이 가능하다. 하지만 기독교 세계관 논의의 요지는, 성경 이야기에 구현되고 암시되어 있는 기본 신념들의 뼈대를 설명함으로써 그리스도인의 삶을 무장시켜 줄 수 있다는 것이다. 성경 이야기에 내재된 기본 신념들의 뼈대는 학자들만의 것이 아니라 하나님의 백성 모두의 것이다. 이런 여러 차원의 차이를 정리하면 다음과 같다.

- 성경
- 성경신학(성경 이야기를 우리의 내러티브로 말하는 것)
- 기독교 세계관(그리스도인이 세상에 대해 품어야 할 기본 신념들의 포괄적 뼈대가 성경의 드라마에 배어 있기에, 그러한 신념들을 우리 문화의 기본 신념들과 상호 연관시켜서 제시하는 것)
- 조직신학과 기독교 철학(기독교의 신념들을 좀더 이론적 차원에서 고찰하는 것)

물론 이러한 범주가 빈틈없이 완벽한 것은 아니다. 예를 들어, 세계관이 성경과 성경신학을 통해서만 형성된다고 생각하거나 그런 척한다면 그것은 어리석은 일이다. 딜타이가 지적한 대로, 세계관은 삶과 경험에서 생겨난다. 우리는 모두 세계관대로 살아가며, 그동안 우리의 성경 읽기, 성경신학, 기독교 전통 등은 그 세계관을 일부 형성해 왔다. 하지만 그동안 우리가 주변 문화로부터 대개 무의식중에 흡수한 사상들 또한 우리의 세계관을 형성해 왔다. 이것을 인정함에도 불구하고 우리는 기독교 세계관의 주요 원천이 성경과 성경신학이어야 함을 힘주어 역설한다. 「세계관은 이야기다」가 순서상 「성경은 드라마다」의 다음에 나오는 이유가 거기에 있다. 성경에서 하나의 뼈대를 추출하려면 성경의 지형에 대한 그리고 내러티브의 통일성에 대한 탄탄한 인식이 필요하다. 물론 우리는 자신이 처한 환경을 최대한 의식할 필요가 있으며, 거기에는 자신이 살아가는 문화의 여러 가지 요소도 포함된다. 그러나 기독교 세계관의 윤곽을 그려 나갈 때 우리는 성경과 성경의 드라마를 일관되고 원칙적인 기준점으로 삼아야 한다. 그러면서, 그 차원에서도 아직 세계관은 성경에서 추출해 낸 것일 뿐 결코 성경을 대신할 수는 없음을 기억하는 것이 중요하다. 분명히 성경의 드라마에 기원하며 우리를 성경 속으로 더 깊이 데려가는 세계관이라야 진정한 기독교적 세계관이다.[55]

선교: 성경을 넘어서야 하는 이유와 방법

물론 근본적인 의미에서 우리는 결코 성경을 넘어설 수 없고 그래서도 안 된다. '넘어선다'는 말은 기독교 이야기에 배어 있는 기본 신념들의 포괄적 뼈대를 성경에서 추출해서 명확히 표현하는 작업을 가리키는 의미로만 쓴 것이다. 그렇다면 그러한 기본 신념들을 추출하여 명확히 표현하는 것이 왜 중요한가?

앞에서 살펴보았듯이, 오어와 카이퍼는 당시의 문화적 정황 속에서 반대되는 세계관들의 강력한 도전에 맞서기 위해 복음을 명확히 표현해야 할 필요성을 느꼈다. 다시 말해, 그들의 동기는 선교적인 것이었다. 복음을 가지고 문화 속에 들어가 그리스도를 신빙성 있게 증언하려면, 복음에 구현된 세계관이 실제로 당대의 강력한 세계관들에 맞설 만한 중대한 대안이 됨을 증명할 필요가 있었던 것이다. 교회 역사를 보면 그것은 예나 지금이나 항상 그랬다. 초기 교부들이 '세계관'이라는 개념을 명시적으로 사용하지는 않았지만, 그리스와 로마의 정황 속에서 그리스도를 증언하려면 기독교의 기본 신념들을 명확히 표현하고 그것이 하나의 일관성 있고 신빙성 있는 체계임을 밝혀야 함은 곧 분명해졌다. S. 맥도널드(MacDonald)는 히포의 아우구스티누스에 대해 이렇게 말했다. "철학이 추구하는 참된 지혜로 기독교를 변호한 사람이 그가 처음은 아니었다. 그러나 무엇보다도 그는 기독교를 채굴하면 철학적 통찰을 얻을 수 있고, 기독교가 철학적으로 정교한 방식으로 철학적인 문제들에 대한 답이 될 수 있으며, 기독교를 세상의 철학 체계들에 필적하는 철학적으로 만족스러운 세계관으로 제시할 수 있음을 중대한 역사적 고비에 예증한 사상가였다."[56] 아우구스티누스 이후에는 토마스 아퀴나스(Thomas Aquinas)가 아리스토텔레스(Aristotle)의 철학을 이용하여 복음을 동시대 사람들에게 설득력 있는 방식으로 설명했다.

요컨대, 그리스도인들은 성경의 메시지가 일관된 것임을 설명하고 그것을 이성적이고 일관성 있게 당대 문화에 접목하는 일에 늘 선교적 당위성을 느껴 왔다. 성경 구절 한두 개로 근거를 제시하는 식으로는 턱없이 부족하다. 성경의 드라마에 깔려 있는 주요한 신념들이 어떻게 서로 맞물려 있으며 어떻게 그것을 바탕으로 당대의 문화를 기독교적으로 이해하고 또 비판하는 힘을 기를 수 있는가에 관한 인식이 필요하다. 그리스도인들이 그 일을 늘 잘해 왔다는 말은 아니다. 세계관의 개념 자체에서 보았듯이, 사상과 개념과 언어 자체에는 철학적 앙금이 딸려올 수 있기 때문에, 조심하지 않으면 복음으로 문화를 변화시키는 것이 아니라 오히려 기독교 안에 이질적인 철학들을 들여놓을 수 있다.

변증-당대의 세계관들과 지적으로 부딪쳐서 그리스도를 신빙성 있게 증언하는 일-과 전반적 문화 참여는 복음의 논리에 대하여 성경의 드라마를 넘어서는 설명을 요구한다. 예를 들어 기독교 정신에 입각하여 사업을 하고 싶다면, 일과 관련된 성경 구절의 목록만으로는 부족할 것이다. 그 사람은 적어도 인류를 향한 하나님의 계획에서 일의 자리가 어디이고, 하나님이 설계하신 일은 본래 어떤 것이며, 죄가 그것을 어떻게 변질시켰고, 우리 안에서 일하시는 그리스도께서 어떻게 우리가 경험하는 일을 구속하시고 우리가 선택하는 일 속에서 우리를 지도하실 수 있는가에 관한 이해를 원할 것이다. 이러한 적용에 대해서는 이 책의 마지막 장에서 더 자세히 살펴볼 것이다. 다만 여기서는 성경의 드라마에 배어 있는 기본 신념들의 포괄적 뼈대를 잘 이해하는 것이 고민의 출발점이라는 점만 말해 둔다. 그러한 뼈대를 개념적 발판으로 삼아 우리는 오늘날의 사업과 일이라는 주제에서 기독교적 관점을 정립할 수 있다.

기독교적 관점을 학문 분야에 적용한 좋은 예로, 오늘날의 정치와 정치 이론에 관한 올리버 오도노반(Oliver O'Donovan)의 훌륭한 저작을 꼽을 수 있다.[57] 오도노반이 바르게 역설하듯, 성경이 삶 전체를 위한 하나님의 말씀이기에 우리는 성경의 권위를 진지하게 대해야 한다. 그러나 성경에 비추어 정치를 고민하려면 성경의 드라마 자체로는 부족하다. 정치 이론을 세우려면 개념들이 필요한데, 오도노반은 그런 개념들을 성경으로부터 계발해야 한다고 역설한다. 사실, 「국가의 욕망」(The Desire of Nations)에서 오도노반은 정치 이론의 개념들을 계발하는 과정에서 자꾸만 성경으로 다시 돌아간다.[58] 이렇듯 학문적 차원에서나 실제적 차원에서, 기독교가 삶과 문화에 진지하게 참여하려면-즉, 기독교 선교를 위해서는-반드시 기독교 세계관이 정립되어야 한다. 인간은 세계관대로 살아가고 생각하기 때문에, 문제는 나에게 세계관이 있으냐 없느냐가 아니다. 그보다, 내가 어떤 세계관대로 생각하고 살아가고 일할 것이냐가 문제다. 기독교 세계관을 정립하고 그 안에서 살아가기를 거부한다면, 우리는 주변 문화에 존재하는 세계관들로부터 더 영향을 받기 쉬워질 뿐이다. 그러나 주 그리스도를 증언하되 현시대의 증언에 요구되는 통일성과 깊이를 진지하게 갖추고자 한다면, 성경의 드라마에 뿌리를 둔 기독교 세계관을 정립하고 적용하는 일은 급선무가 된다. 우리의 선교적 사명이 그것을 요구한다.

이론적으로든 실제적으로든 문화에 참여하려면 세계관을 정립해야 한다. 하지만 우리는 정확히 어떻게 성경을 넘어설 것인가? 우리가 보기에, 진도를 나가는 길은 성경의 드라마에서 핵심적 신념들―특히 창조, 타락, 구속의 틀―을 추출하여 그러한 신념들이 서로 어떻게 맞물리는지를 탐구하는 것이다. 이는 아직 이론으로 넘어가기 전인 이 단계에서 성경에 최대한 가까이 남아 있기 위해서다. 기독교 세계관은 성경 이야기의 가장 기초적이고 근본적이고 포괄적인 신념들을 명확히 표현하고 정립해 주며, 그리하여 그 신념들은 우리가 세상을 보는 렌즈가 되고 세상에서 우리를 인도하는 지도가 된다. 기독교 세계관은 다른 모든 것을 거르는 여과 장치다. 기독교 세계관을 정립하는 일은 우리가 복음의 가장 기본적인 범주들을 삶 전반과 연결시키고, 그리하여 교회를 무장시켜 선교의 사명을 다하게 할 수 있는 하나의 길이다. 기독교 세계관은 세상―가정과 교회와 공공의 광장―에서 우리의 본분을 수행하는 데 필요한 구체적 통찰과 개념적 도구들을 제공해 줌으로써, 왕성한 문화 참여를 위한 기초를 다져 줄 수 있다. 지금부터 기독교 세계관을 자세히 설명하면서 이러한 유익들을 하나하나 구체적으로 살펴보고자 한다.

3

창조와 죄

성경을 우리에게 주신 하나님의 말씀이자 세상의 참 이야기라고 진정 믿는다면, 세계관도 성경에 기초를 두어야 한다. 지금부터 두 장에 걸쳐서 성경적 세계관을 명확히 표현하고자 한다.

예수 그리스도, 성경 이야기 그리고 세계관

우리의 출발점은 예수 그리스도 자신과 성경에 "예수는 주시라"(롬 10:9; 고전 12:3)라고 한 초대교회의 단순하면서도 심오한 고백이다. 이 고백은 로마 제국을 하나로 묶던 "시저는 주시다"라는 공적 고백을 무릅쓰고 나온 것이다. 로마 제국에서 '주'는 절대 권위를 가진 자의 칭호였다. 초대교회가 "예수는 주시다"라고 했을 때의 뜻은 단지 정치적 권위 이상이었다. 구약 성경을 헬라어로 옮길 때 히브리어 '야웨'가 '퀴리오스'(kyrios, 주)로 번역되었다. '야웨'는 구약 성경 전체에서 하나님의 주된 이름이었다. 따라서 "예수는 주시다"라는 고백은 예수님을 구약 이야기에 나오는 하나님과 동일시하는 것이다. 예수님은 세상의 창조주요 세상을 붙드시는 분, 역사의 통치자, 만물의 구속자요 심판자이시다.[1]

이 고백은 삼위일체 하나님에 대한 이해와 통한다. 예수님은 자신이 하나님을 알리기 위해 그리고 전체 구약 이야기에서 하나님이 해오신 구속 사역을 완성하기 위해 하나님 아버지의 보냄을 받았다고 말씀하신다. 예수님은 인간의 몸으로 오신 살아 계신 하나님의 충만한 임재이며, 그 임재는 그분의 인격과 사역으로 나타났다. "나를 본 자는 아버지를 보았거늘…아버지께서 내 안에 계셔서 그의 일을 하시는 것이라. 내가 아버지 안에 거하고 아버지께서 내 안에 계심을 믿으라"(요 14:9-11). 아버지께로 돌아가실 때 예수님은 자기를 따르는 사람들을 고아처럼 버려두지 않으시고 다시 오셔서 성령 안에서 자신의 충만한 임재로 그들 가운데 사시겠다고 약속하신다(요 14:16-18). 충실한 성경적 세계관은 이렇게 예수 그리스도를 중심으로 삼위일체를—한 분 하나님이 세 위격으로 계심을—고백하는 데서 시작된다.

예수가 주시라는 고백은 곧 예수님이 아버지와 성령과 함께 만물을 창조하셨다는 고백이다. 그분은 만물을 붙들어 보존하시고, 역사를 다스려 목표점으로 이끌어 가시고, 만물을 회복시켜 새롭게 하시며, 마침내 만물을 심판하실 것이다. 만일 '예수님은 창조주, 통치자, 구속자, 심판자이시다'를 무시한 채 "예수님은 내 개인의 구주시다"라고만 고백한다면 그것은 빈약한 세계관이다. 성경적 세계관은 예수님을 바로 아는 것이다.

아울러 성경적 세계관은 복음을 바로 아는 것이기도 하다. 예수님은 하나님 나라가 도래했다는 기쁜 소식을 공표하셨고, 이 공표로 오랜 역사는 절정의 순간을 맞이한다. 하나님은 사랑과 능력으로 역사하셔서 타락한 (그러나 본래는 선한) 창조 세계를 다시 그분의 선하고 은혜로운 통치 아래 살도록 회복시키시는 중이다. 하나님은 다시 왕이 되시는 중이다. 하나님 나라가 도래했다는 공표에 다음과 같은 성경 드라마의 큰 줄거리가 들어 있다. (1) 하나님이 (그리스도 안에서 성령으로 말미암아) 세상을 창조하신다. (2) 죄가 그 창조 세계를 해치고 변질시키고 방해한다. (3) 하나님이 일하셔서 치유하시고 바로잡으시고 회복시키신다. (4) 마침내 하나님이 온 우주를 자신과 화목하게 하신다. 성경 이야기의 주된 초점은 하나님이 이루시는 구원에 있으며, 그것은 창세기 3장에 나오는 타락 이후로 구약과 신약 전체를 아우른다. 하지만 그 구조(救助)와 구원의 이야기는 드라마의 첫 두 막을 전제와 배경으로 하여 이루어진다. 그것은 바로 하나님이 세상을 창조하신 것과 세상이 타락하여 죄에 빠진 일이다. 구원이란 구원받는 주체와 구원이 필요한 이유를 알 때만 의미가 있다. 성경의 굵직한 줄거리란 곧 죄로 일그러진 창조 세계를 하나님이 회복시키시는 이야기다. 창조에 이어 타락이 나오고 그다음이 회복이다.

성경 이야기의 주를 이루는 것은 하나님이 이루시는 구원인데, 이 장에서는 그 이야기의 배경이 되는 창조 세계(구원받는 주체)와 죄(구원이 필요한 이유)에 대해 살펴보고자 한다.

창조: 하나님이 본래 의도하신 세상

흔히 우리는 창조라는 말을 단순히 태초에 하나님이 세상을 지으신 행위를 가리켜 사용한다. '기원에 관한 한 나는 진화가 아니라 창조를 믿는다.' 그런가하면 그 말을 물질적 세계 중에서 인간 이외의 부분을 가리켜 사용할 때도 있다. '오늘 숲으로 산책을 나가 하나님이 지으신 자연을 즐겼다.' 둘 다 단어를 잘못 쓴 것은 아니지만 의미가 너무 좁고 제한적이다. 성경 이야기의 주를 이루는 것은 창조 세계 전체의 회복이다. 하나님은 자신의 선한 창조 세계를 다시 자신의 은혜로운 통치 아래 살도록 회복시키시는 중이다. 따라서 기독교 세계관이 되려면 creation이라는 말을 하나님이 회복 중이신 모든 것으로 이해하는 것이 꼭 필요하다(원문에는 이 단락의 '창조', '자연', '창조 세계'에 모두 creation이 쓰였다—역주).

창조주 하나님

성경 이야기는 하나님으로 시작한다. "태초에 하나님이…." 이 하나님은 얼마나 놀라우신 분인가! 다신교 사상에 에워싸여 있던 본래의 청중에게 이 첫마디가 주었을 충격은 그 말이 기록된 지 수천 년이 지난 지금의 우리로서는 가히 실감하기 어렵다. 창세기 1장이 기록된 것은 당대를 지배하던 그러한 이교 사상을 논박하려는 의도도 있었다. 이 충격적인 서두는 하나님만 존재하셨던 시간이 있었음을 말해 준다. 창조 기사가 전개되면서 그분은 자신이 누구인지를 더 계시해 주신다. 그분은 (많은 신이 아니라) 유일한 하나님이고, (시시한 부족 신이 아니라) 창조 세계 전체의 주권자이며, (이교 기사들에 나오는 변덕스럽고 종종 악한 신들과 달리) 비할 나위 없이 독특하시고 선하시고 자상하시고 의로우시고 지혜로우신 분이다. 이렇게 성경 드라마의 주인공이 되실 하나님이 우리에게 처음으로 소개된다.

그러므로 성경적 세계관은 그 하나님으로 시작되어야 한다. 그분은 창조 기사에 처음 조금 보이신 뒤로 차차 성경 드라마 전체에 걸쳐 훨씬 풍부하게 계시된다. 세계관의 관건은 (세계관이라는 말에 암시된 대로) 이 세상을 어떻게 볼 것인가를 정립하는 것인데, 살아 계신 하나님과 세상의 바른 관계를 모르고는 이 세상을 바로 볼 수 없다. 세상을 그분이 창조하셨고 지금도 붙들고 다스리시며, 세상에 그분의 임재와 영광과 계시가 두루 스며 있기 때문이다. 창조 교리에는 위대하신 하나님과 나머지 모든 것의 기본 관계를 이해하는 것이 포함된다. 나머지 모든 것을 그분이 존재하게 하셨기 때문이다.

성경 저자들은 하나님이 세상을 창조만 해놓고 손을 떼신 것이 아니라고 역설한다. 신이 부재하다는 그러한 개념은 이신론의 핵을 이루는 위험한 사상이다. 이신론은 하나님이 마치 시계공이 시계를 만들듯 세상을 만드셨다고 본다. 시계는 자체 작동에 필요한 장치가 이미 다 내장되어 있어 (일단 완성된 뒤로는) 더 이상 시계공이 필요 없다는 것이다. 이신론의 신관은 창조 세계가 존속하는 데 더 이상 하나님의 임재와 능력이 필요 없게끔 하나님이 창조 세계 속에 '자연법'을 내장해 놓았다고 본다.

하지만 이것은 전혀 성경의 하나님관이 아니다. 성경 이야기가 말하는 하나님은 역사의 순간순간마다 자신이 지으신 피조물과 친밀하게 소통하는 분이며, 부재 지주가 아니라 살아서 현존하는 왕이다. 우주는 하나님의 임재로 충만하며, 아테네의 이교도 그리스인들에게 한 바울의 말에 그것이 간명하게 표현되어 있다. 하나님은 온 세상과 그 안의 만물을 창조하셨고, 모든 인간에게 생명과 호흡과 그 밖의 모든 것을 주시고, 역사를 주관하시고 다스리시며, 모든 나라를 통치하신다. 그분이 그러한 활동을 하심은 만백성으로 하여금 그분을 구하고, 그분께 손을 내밀고, 그분을 찾게 하시기 위해서다. 그분은 우리 모두에게 가까우신 분이다. "우리가 그를 힘입어 살며 기동하며 존재하느니라"(행 17:28). 세상이 하나님의 임재로 흠뻑 젖어 있다는 것, 그것이야말로 진정한 성경적 세계관의 한 기초석이다. 존 헨리 뉴먼(John Henry Newman)의 말마따나, 하나님은 "워낙 깊이 [창조 세계와] 관계하시고, 그것을 가슴에 품으시고, 그 안에 임재하시고, 그것을 섭리하시고, 감화하시고, 그 속에 영향을 미치시므로 그분을 조금이라도 묵상하지 않고는 창조 세계를 제대로 묵상할 수 없다."²

하나님이 그렇게 우주에 임재하신다면 세상은 그분의 영광과 위엄으로 충만하다.

그분의 영광이 반짝이는 불꽃만큼도 보이지 않는 원자(原子)는 우주에 하나도 없다. 하나님은 모든 피조물 속에 내재하신다. 마음이 청결한 자는 어디서나 하나님을 볼 수 있으며, 만물이 하나님으로 충만하다. 고백컨대 '자연이 곧 하나님이다'라는 말은 마음이 경건한 사람이 경건한 의미로 사용할 수도 있다!³

제러드 맨리 홉킨스(Gerard Manley Hopkins)는 "하나님의 장엄함"(God's Grandeur)이라는 시에 그것을 이렇게 표현했다.

세상은 하나님의 장엄함으로 충만해 있다.
그것은 활활 타오르리라, 눈부시게 나부끼는 금박지처럼.
그것은 모여 거대해진다, 짓이겨져 스며 나오는 기름처럼.

홉킨스에게 하나님의 장엄함은 창조 세계와 밀접하게 얽혀 있으며, 햇빛 속에 나부끼는 금박지의 번갯불처럼 눈부신 반사광만큼이나 한껏 그 위용을 뽐낸다. 하나님의 장엄함은 전지나 발전기 속

3. 창조와 죄 97

에 잠재되어 있다가 스위치만 올리면 눈부신 섬광을 드러내는 전류와도 같다(이 개념은 홉킨스가 시를 쓰던 19세기 중엽에 1면을 장식하던 과학 뉴스였다). 하나님의 장엄함은 가지의 열매 속에 팽만해 있다가 따서 압착기로 꾹 짓이기기만 하면 금빛 기름을 흥건히 흘려 내는 올리브와도 같다. 아울러 여기서 홉킨스는 하나님의 장엄함이 '짓이김' 당하신 예수 그리스도 안에서 우리에게 가장 충만하게 계시되었음을 암시하고 있다. 세상은 하나님의 영광스러운 임재로 충만해 터질 듯이 꽉 차 있다.

하나님이 세상에 임재하신다는 말은 그분이 창조 세계의 모든 상황과 사건에 관여하신다는 뜻이기도 하다. 뉴먼의 다음 글은 꼭 사도행전 17장에 나오는 바울의 연설을 염두에 두고 쓴 것 같다.

> 그분은 자신이 지으신 피조물의 주권자로서 피조물 가운데서 활동하시면서도 피조물과 독립하여 계신다. 만물이 그분의 손안에 있고, 모든 사건의 목적과 모든 행위의 기준이 그분께 있다. 그래서 그분은 학술 서적들에 나오는 모든 특정한 학문의 주제와도 각별한 관계가 있으시다. 그분은 그칠 줄 모르는 놀라운 에너지로 창조 세계의 모든 역사, 자연의 체질, 세상의 방향, 사회의 기원, 열방의 운명, 인간 지성의 활동과 관계하신다.[4]

평생에 걸쳐 우리는 살아 계신 하나님을 대면한다. 인생 전체는 코람데오(*Coram Deo*) 즉 '하나님의 면전에서' 또는 '하나님의 임재 안에서' 사는 것이다. 이 라틴어 문구는 벌게이트역(Vulgate, 제롬의

라틴어역 성경)에 50번쯤 나온다.[5] 성경에 나오는 이 표현은 고대 동양의 법정이었던 왕의 알현실 장면을 연상시킨다. 신하들은 늘 왕의 존재를 의식하며 왕 앞에 서서 대기했고, 언제라도 왕의 명령을 받들 준비가 되어 있었다. 코람데오의 삶이란 하나님의 임재를 의식하며 그 임재 안에 사는 것이고, 그분을 섬길 준비가 되어 있다가 그분의 말씀에 응답하는 것이다. 이렇듯 기독교 세계관은 하나님이 세상에 임재하시고 관여하신다는 사실에서 출발해야 한다. 성경이 말하는 세상, 그 속에 산다는 것은 바로 하나님 자신 안에 '살며 기동하며 존재하는' 것이다.

이렇듯 하나님의 임재와 활동이 우주에 충만하지만, 그렇다고 하나님을 피조물과 동일시해서는 안 된다. 창세기 1장에 보면, 홀로 하나님이 계시고 기타 모든 것은 그분의 손으로 지어진 작품이다. 하나님은 모든 피조물을 '무에서'(ex nihilo) 자유로이 불러내신다. 창조주와 피조물, 하나님과 나머지 모든 것을 기본적으로 구별하는 일이야말로 기독교 세계관의 근본적인 지향점이다. 뉴먼이 제대로 강조했듯이, 하나님은 창조 세계 속에 임재하여 활동하심에도 불구하고 그 '주권자'로서 창조 세계와 '독립하여' 계신다.

세계관을 정립해 나가는 우리의 여정은 하나님으로부터 시작되되, 그분이 세상에 임재하여 활동하신다는 사실과 그러면서도 세상의 주권자로서 세상과 독립하여 계신다는 사실 둘 다로부터 시작된다.

세상: 하나님의 선하고 질서 있는 창조 세계

창세기 첫 장에는 창조주 하나님에 대해서뿐 아니라 그분이 지으신 피조물에 대한 가르침도 풍성하다. 피조물은 질서가 있고, 선하며, 역사성을 지닌 것으로 기술되어 있다. 지금부터 그 세 가지 특성을 차례로 하나씩 살펴보고자 한다.

질서 있는 창조 세계

창세기는 우리에게 어둡고 형체가 없고 텅 빈 창조 세계에서 아름답게 질서가 잡힌 우주로 옮겨가는 이행을 보여 주는데, 그 일은 하나님의 말씀을 통하여 이루어진다.[6] 하나님이 단순한 '명령문'으로 말씀만 하시면 없던 것들이 생겨난다는 기록이 모두 여덟 번이나 나온다. 각양각색의 피조물들은 그 결과물이다. 시편 기자는 "여호와의 말씀으로 하늘이 지음이 되었으며 그 만상을 그의 입 기운으로 이루었도다"(시 33:6, 9; 참고. 히 11:3)라고 노래한다. 하지만 창세기 처음 몇 장에서 만물을 존재하게 한 하나님의 말씀은 그 뒤로 그냥 잠잠해지는 것이 아니다. 하나님은 계속해서 말씀으로 창조 세계를 붙드시고 통치하신다. 베드로는 하나님이 세상을 지으신 "그 동일한 말씀으로" 오늘도 세상이 지속되고 있다고 말한다(벧후 3:5-7). 시편 기자는 "그의 명령을 땅에 보내시니 그의 말씀이 속히 달려" 눈과 우박을 내리고, 훈풍을 보내고, 한파가 지나간 뒤에 얼음을 녹인다고 했다(시 147:15-18). 성경에 나타난 창조 세계는 하나님의 말씀에 끊임없이 반응하며, 만물의 기원과 보존과 통치는 그분의 명령에 의존한다. 브루스 밀른(Bruce Milne)이 그것을 잘 표현했다.

하나님은 우주를 무에서 불러내셨고, 우주는 매순간 비존재의 나락 위에 '매달려' 있다. 하나님이 그 붙드시는 말씀을 거두시기만 하면 모든 존재는…그 즉시 무로 되돌아가 없어지고 만다. 그러므로 우주의 존속도 애초에 우주가 생겨난 것만큼이나 큰 기적이요 철저히 하나님이 하시는 일이다. 이런 깊은 의미에서 우리 모두는 '매순간 하나님의 은혜로만' 살아간다.[7]

질서를 이루시는 하나님의 말씀은 그 범위가 포괄적이어서, 인간 이외의 피조물과 인생 전체가 똑같이 하나님의 말씀에 반응하여 생겨났고 하나님의 말씀에 반응하여 질서를 이루고 있다. 인간 이외의 피조물에서는 그것을 어렵지 않게 볼 수 있다. 물리학, 화학, 생물학에서 발견되는 규칙적인 반복과 법칙은 누구나 쉽게 인정할 수 있다. 그보다 어려운 일은 인생 전체의 질서도 하나님이 정해 두셨다는 것과 (아브라함 카이퍼의 주장대로) 하나님 말씀의 범위가 창조 세계 자체만큼이나 넓다는 것을 이해하는 일이다.

모든 창조된 생명체는 반드시 그 자체 내에 하나님이 친히 정하신 존재의 법칙을 지니고 있다.…따라서 우리의 몸, 동맥과 정맥을 흐르는 피, 호흡 기관인 허파에도 하나님의 법칙이 있다. 우리의 사고를 관할하는 논리에도 하나님의 법칙이 있고, 우리의 상상력이 작용하는 미학적 영역에도 하나님의 법칙이 있고, 인생 전체의 도덕적 영역에도 하나님의 엄격한 법칙이 존재한다."[8]

바로 그러한 관점에서 카이퍼는 삶 전체를 하나님께 드리는 반응으로 살아야 한다고 주장했던 것이다. "창조 때부터 하나님은 모든 창조된 것들 속에 불변하는 존재의 법칙을 갖추어 두셨다. 하나님이 삶 전체에 그러한 법칙들과 규정들을 온전히 정해 두셨기 때문에,…삶 전체는 마땅히 그분께 엄격히 순종하며 그분을 섬기는 데 바쳐져야 한다."[9]

인간과 인간 이외의 것을 통틀어 모든 피조물이 질서를 이루시는 하나님의 말씀에 반응하지만, 인간 이외의 피조물이 반응하는 방식과 인간이 반응하는 방식에는 근본적인 차이가 있다. 인간 이외의 피조물의 반응은 '불가피한' 것이다. 광풍이 그분의 말씀을 따르는 것은 결단의 결과가 아니며, 봄철에 햇살이 따가워지고 얼음이 녹는 것은 어쩔 수 없이 그래야만 하기 때문이다(시 148:8; 147:18). 그러나 하나님은 남녀 인간을 지으실 때만큼은 선택의 권한을 주셨다. 이것은 우리 안에 있는 그분의 형상의 중요한 일면이지만, 또한 우리가 살아가면서 그분의 법칙들에 순종하지 않기로 선택할 수 있고 실제로 자주 그런다는 뜻도 된다. 인간이라는 피조물의 반응은 자유롭고 책임이 따르며 창의적인데, 이는 인생에 대한 하나님의 규칙들이 "여러 모양으로 위반될 수 있으며, 그것을 이행하도록 부름받은 인간의 자원과 책임감 있는 상상력에 다분히 맡겨져 있다"[10]는 뜻이기도 하다.

인간은 하나님의 질서를 구현하고 이행하되 특정한 역사적·문화적 정황 속에서 그리한다. 그래서 창의적으로 반응할 수 있는 여지와 재량이 많이 있다. 특정한 정서적 반응이 어떤 주어진 상황에 적절하기는 해도(예를 들어 기쁨은 하나님의 복을 경험할 때 느끼는 적절한 반응이다) 기쁨이 표현될 수 있는 방식은 민족에 따라 크게 달라진다 (남아메리카나 아프리카 사람이 남들 앞에서 표현하는 기쁨은 필시 유럽이나 북아메리카 사람보다 진하고 노골적일 것이다). 그렇지만 이러한 각각의 표현마저도 때와 장소에 적합해야 하고 인생에 대한 하나님의 질서를 충실히 반영해야 한다.

여기서 아주 어려운 질문이 생겨난다. 정서 생활, 국가, 결혼, 우리의 상상력 등에 대해 하나님의 뜻이 무엇인지 어떻게 알 수 있는가? 동성 간의 결합이 결혼에 대한 하나님의 질서에 부합하는지 어긋나는지 어떻게 아는가? 민주주의가 믿을 만한 정치 질서인지 어떻게 아는가? 자본주의가 건강한 경제 생활에 대한 하나님의 법칙에 부합하는 정도를 어떻게 분간할 수 있는가? 우리의 학교 제도는 충실한 교육에 대한 하나님의 법칙에 얼마나 일치하는가? 같은 예술이라 해도 미적인 삶에 대한 하나님의 뜻에 어긋나는 예술이 있는가?

하나님의 질서를 분별하기란 매번 어려운 일이지만 몇 가지 지침은 있다. 분별의 시작은 그것이 단지 우리의 이성적 계산의 문제가 아니라 하나님의 영이 하시는 일이라는 인식이다. 창조의 성령은 여러 방법으로 우리에게 하나님의 뜻을 알려 주시는데, 첫째는 성경 자체다. 성경은 해당 주제에 대해 뭐라고 말하는가? 사안에 따라 직접적인 지침이 많을 수도 있고 별로 없을 수도 있다. 예를 들어, 하나님이 이스라엘에게 주신 구약의 율법에는 특정한 시대와 장소를 사는 사람에게 해당되는 하나님의 질서가 구체적으로 표현되어 있다. 비슷하게, 신약의 바울 서신에는 그가 개척한 신생 교회들에 주는 권면이 가득하다. 거기에도 특정한 시대를 사는 교회들에 해당되는 하나님의 창조 질서가 명백히 제시되어 있다. 본래 성경이 답하도록 되어 있지 않은 문제들까지 성경에 답을 요구하거나 다른 시대의 규범을 우리 시대로 끌어오는 것은 위험한 일이지만, 그럼에도 성경에는 하나님에 뜻에 대해 그분이 친히 공인하신 시각이 나와 있다. 그것을 통해 우리는 역사의 다양한 시점을 살아가는 하나님의 백성을 향해 그분이 품고 계신 뜻을 알 수 있다. 하나님의 창조 질서는 일정 불변의 것이므로 역사 속에 나타난 그러한 특정한 계시에서 얻을 것이 많이 있다.

성경을 이해하고 창조 세계에 대한 하나님의 뜻을 분별하는 데 도움이 될 만한 다른 원리들도 있다. 예를 들어, 우리는 자기가 속한 지역의 문화적·신학적 편견 때문에 삶을 향한 하나님의 영원한 질서를 보지 못할 때가 많은데, 신앙적 전통이 다르고 문화적 정황이 다르고 살아 온 시대가 다른 그리스도인들의 말을 귀담아 들으면 그러한 맹점을 극복할 수 있다. 뿐만 아니라 시대와 문화를 초월하는 고정불변의 원칙을 알면, 그 규격에서 벗어나 빗나간 것들을 가려낼 수 있다. 나아가, 하나님이 창조 세계와 맺으신 언약은 대체로 순종하면 축복이 임하고 불순종하면 심판이 따른다는 것을 의미한다(신 30:15-20). 우리의 행동에서 삶과 죽음, 축복과 저주만 분간해도 하나님의 길이 보일 수 있다. 끝으로, 하나님은 우리 각자의 양심 속에 그분의 질서를 아는 의식을 지어 주셨는데, 알버트 월터스는 그것을 "창조 규범에 맞는 직관적 조율"[11]이라고 정의했다. 이 모든 것이 우리의 길잡이가 될 수 있지만, 아무것도 자동적이거나 확실하지는 않다. 그중 어느 것이든 악을 정당화하는 데 오용될 수 있다. 교회가 지혜와 분별과 통찰에서 함께 자라가기를 바울이 그토록 자주 기도한 것도 틀림없이 그래서일 것이다(엡 1:15-23; 빌 1:9-11; 골 1:9-12).

인생을 향한 하나님의 창조 질서—우리로 하여금 하나님을 왕으로 인정하여 그분의 복을 누리게 해주는 원칙과 순리—를 분별하는 방법을 우리는 성경이 말하는 지혜의 관점에서도 설명할 수 있다. 게르하르트 폰 라트(Gerhard von Rad)는 지혜를 "경험을 바탕으로 삶과 세상의 법칙을 아는 실용적 지식"[12]이라고 정의했다. 지혜란 자연과 사회에 있는 창조 질서를 발견하는 것이며, 거기에는 그 발견한 질서대로 살겠다는 의지도 내포되어 있다. 하나님의 지혜는 창조 세계에 친히 정해 두신 질서로 나타나고, 인간의 참 지혜는 그 질서를 인식하고 따르는 것으로 나타난다. 고든 스파이크만(Gordon Spykman)은 "우리는 하나님의 세상을 우리의 질서대로 살아가고 있거니와 강단에서나 정치에서나 배움의 전당에서나 시장에서나 그 상태를 본래 우리의 삶에 허락하신 하나님의 선한 질서에 맞추는 것이 우리의 사명이다"¹³라고 말했다.

창조 세계와 지혜의 이러한 연관성이 이사야 28:23-29에 나와 있다.

> 너희는 귀를 기울여 내 목소리를 들으라. 자세히 내 말을 들으라.
> 파종하려고 가는 자가 어찌 쉬지 않고 갈기만 하겠느냐.
>   자기 땅을 개간하며 고르게만 하겠느냐.
> 지면을 이미 평평히 하였으면 소회향을 뿌리며 대회향을 뿌리며
>   소맥을 줄줄이 심으며 대맥을 정한 곳에 심으며 귀리를 그 가에 심지
> 아니하겠느냐.
> 이는 그의 하나님이 그에게 적당한 방법을 보이사 가르치셨음이며
> 소회향은 도리깨로 떨지 아니하며 대회향에는 수레 바퀴를 굴리지 아니
>   하고
> 소회향은 작대기로 떨고 대회향은 막대기로 떨며
> 곡식은 부수는가, 아니라 늘 떨기만 하지 아니하고
> 그것에 수레바퀴를 굴리고 그것을 말굽으로 밟게 할지라도 부수지는 아
>   니하나니
> 이도 만군의 여호와께로부터 난 것이라. 그의 경영은 기묘하며 지혜는 광
>   대하니라.

이 농부는 자기가 상대하는 종자와 땅이 성격상 피조물인 것을 알고 있으며, 파종하고 수확하고 타작하는 최선의 방법도 알고 있다. 단, 농부는 하나님의 질서 있는 창조 세계를 겪으면서 그 경험을 통해 그 모든 것을 알게 되었다. 하나님은 농부에게 가르쳐 주시지만 직접 성경을 사용하여 가르치시지는 않는다. 대신, 농부가 하나님의 창조 세계에 보이는 질서를 분간하고 따르는 중에 지혜가—하나님의 가르침이—온다.

창조 세계와 지혜는 인간과 인간 이외의 피조물 전체에 해당된다. 폰 라트는 "이스라엘은 사회 질서에 해당되는 '생활 지혜'와 이른바 자연법에 부합되는 '자연 지혜'를 구분하지 않았다"[14]라고 말했다. 다시 말해서, '창조 세계'는 흔히 오늘의 우리보다 구약의 이스라엘에게 그 의미의 폭이 훨씬 넓었다. 창조 세계는 인간의 문화적·사회적 노력을 포함하기에 인간의 삶—개인 생활, 사회 생활, 문화 생활—전체를 망라한다. 사회 제도들은 그냥 주관적으로 생겨나는 것이 아니다. 문화의 형성은 항상 하나님의 질서라는 테두리 안에서 이루어지며, 그 질서가 있기에 사회 제도들도 가능해진다. 그래서 성경은 문화적·사회적 제도의 하나인 결혼을 하나님이 창조하신 것이며 감사함으로 받아야 한다고 분명히 가르친다(딤전 4:3-4). 정치적 권위도 비슷하게 하나님이 창조하셨거나 세우신 것으로 기술된다(벧전 2:13).[15] 따라서 우리는 하나님이 결혼과 정치적 권위를 지으신 방식을 존중해야 한다. 지혜의 범위는 인생과 문화 생활 전반에 이른다.

심히 좋은 창조 세계

창조 기사 전체에 "하나님이 보시기에 좋았더라"라는 말이 반복된다. 그러다 이야기의 절정에서 "하나님이 지으신 그 모든 것을 보시니 보시기에 심히 좋았더라"(창 1:31)라고 했다. 물론 그 뒤에 일어난 일은 썩 좋지 못했지만, 창조 세계가 하나님의 손에서 나올 때는 악의 오염이 전혀 없이 선했다고 창세기는 단언한다. 이와는 사뭇 대조적으로, 이교의 창조 설화들에서는 세상이 선과 악, 질서와 무질서로 이루어진다. 세상이라는 옷감에 본래부터 선과 악이 공존한다는 것이 이교의 관점이다. 그러나 성경의 관점에서 악은 창조 세계라는 깨끗한 옷감에 묻은 얼룩 같은 것이다. 악은 나중에 온 것이며 세상의 필수적인 본질이 아니다. 따라서 악은 제거될 수 있으며, 그것이 훼손시켰던 세상의 필수적인 본질은 달라지지 않는다.

신약에서 사도 바울은 물질이 악하며 (당연히 우리의 '물리적' 실존에 해당하는) 음식과 섹스도 본질적으로 악하다는 (이단의) 신념을 논박한다. 그는 그러한 관점에 맹렬한 반격을 퍼부으며, 그런 내용을 가르치는 것은 곧 진리를 버리고 미혹의 영들을 좇고 귀신들이 가르치는 교리를 받아들이는 것이라고 단언한다. 그러면서 사실은 정반대라고 역설한다. 결혼과 음식물은 하나님이 창조하신 것으로 "믿는 자들과 진리를 아는 자들이 감사함으로 받을 것이니라. 하나님께서 지으신 모든 것이 선하매 감사함으로 받으면 버릴 것이 없나니"(딤전 4:1-5).

창세기 1장에서 하나님은 각 피조물이 "좋다"고 선언하시다가 창조가 다 완성되자 전체가 "심히 좋다"고 말씀하신다. 여기서 우리는 창조 세계의 각 부분이 좋지만 전체의 조화는 부분들의 총합 이상으로 심히 좋음을 알 수 있다.

창조 세계는 다양한 피조물이 각자의 독특한 개성대로 창조주를 찬양하는 교향악단이다. 사자는 사자답게, 민들레는 민들레답게 주님을 섬기면 된다. 섬김의 모양이 다름은 각자 받은 말씀이 다르기 때문이다. 이렇듯, 창조 세계가 포괄적인 한 마디 말씀—나를 섬기라!—에 보이는 반응은 각종 피조물이 전체의 필연적 정황 속에서 각자의 독특한 역할을 수행하는 교향악단이다.[16]

인류의 삶에 나타나는 폭넓은 문화적·사회적·개인적 표현들도 그러한 조화를 이루어야 한다. 과학 기술과 예술, 학교와 사업, 상상과 감정, 이 모두가 하나님의 창조 세계라는 교향악단에 소리를 보태고 있다. 하나님의 창조 설계에 따를 때에 개체들은 좋고, 함께 조화롭게 그분을 섬길 때에 전체는 심히 좋다. 우상숭배와 불화와 불협화음은 우리가 창조 세계의 한 부분을 본래 하나님이 정해주신 자리보다 더 높일 때 발생한다. 피조물이 선하다는 것은 피조물이 다양성(하나님의 말씀들)과 조화(하나님의 말씀)에서 하나님의 질서를 따른다는 뜻이다.

창조 세계의 역사성

끝으로, 창세기 1장에 묘사된 창조 세계는 정적이지 않고 역사의 한 목표를 향해 나아가며 발전한다. 안정된 질서와 역사적 발전은 서로 모순되지 않는다.

하나님은 아담과 하와에게 복을 주셔서 땅을 정복하고 다스리는 일을 맡기셨다(창 1:28). 본래 하나님은 세상을 그런 곳으로 만드셨으며, 창조 세계가 역사 속에서 계속 발전해 나가는 것이 처음부터 그분의 의도였다. 즉, 인간은 책임감 있는 문화 활동을 통해 하나님의 창조 세계 속에 있는 풍부한 잠재력을 계발해야 한다. 인간의 모든 문화와 사회와 문명은 하나님의 그 한 명령에 반응해서 나오는 결과다. 처음에 창조 세계는 건강한 신생아와 같았다. 신생아처럼 아무런 결함도 없다는 의미에서 그것은 '심히 좋았고' 각 부위마다 흠이 없고 건강했다. 그러나 건강한 신생아는 계속 성장하고 발육되어야 하며, 그것은 창조 세계도 마찬가지다. 창조 세계가 발전하고 개발되어 하나의 목표를 향해 나아가는 것이 처음부터 하나님의 의도였다.

인류가 창조 세계의 풍부한 잠재력을 계발해 나가는 이야기에 아주 일찍부터 인간의 반항이 끼어들지만, 그 반항 때문에 세상의 역사적 구조가 허물어지지는 않으며 역사의 의미도 바뀌지 않는다. 오히려 하나님이 역사 속에서 머나먼 구속의 여정에 오르신 까닭은 바로 본래부터 있던 역사의 목적과 의미를 재천명하고 재확인하기 위함이다. 성경이 말하는 창조 세계의 역사적 발전은 동산에서 도시, 즉 에덴에서 새 예루살렘으로 나아가는 이야기며, 역사의 모든 문화적 보화도 장차 그곳으로 가져가게 된다(계 21:24-26).[17] 이 위대한 도시는 역사의 목표점이며 하나님이 이루시는 구속이다. 그분은 역사를 포함하여 창조 세계 전체를 회복시켜 정해진 목적지에 이르게 하신다.

이렇듯 창조 질서의 불변성과 창조 세계의 역동적 전개는 성경적 세계관에 꼭 필요한 요소들이다. 사실, 역사의 발전은 하나님이 창조 세계에 질서를 정해 두셨고 계속 자신의 말씀에 충실하시기 때문에만 가능하다.

하나님의 창조 세계에서 인간이 하는 역할

인간: 하나님의 형상

창조의 이야기는 반복과 리듬으로 아름답게 진행된다. "하나님이 이르시되…있으라 하시니…있었고…하나님이 보시기에 좋았더라.…저녁이 되고 아침이 되니 이는 첫째 날이니라.…둘째 날이니라.…셋째 날이니라." 이야기의 차분한 형식과 보조에 익숙해질 무렵, 리듬이 깨지면서 그 충격이 새삼 우리의 시선을 끈다. "하나님이 이르시되 우리의 형상을 따라…사람을 만들[자]"(창 1:26). 여기 뭔가 새로운 일이 벌어지고 있다. 만유의 왕이신 하나님이 자신의 형상대로 피조물을 만들어 자신의 통치를 위임하시겠다고 왕실에 발표하신 것이다. 이제 이야기는 절정에 이르는데, 이 또한 기독교 세계관에 중요한 요소다. 인간으로 존재한다는 것은 어떤 의미인가? 성경의 역사에서 인간의 역할은 무엇인가? 우리는 누구인가?

창세기 1장에 나오는 인간의 특성과 인간이 세상에서 하는 역할은 분명히 이 이야기의 첫 청중을 충격에 빠뜨렸을 것이다. 그들이 푹 젖어 있었던 이교 세계관의 신화들은 인간으로 존재한다는 것의 의미를 아주 다르게 그려 냈다. 그 설화들에 묘사된 인간은 한낱 미개인, 신들의 노예, 오직 봉사하도록 지어진 존재였다. 왕을 (때로는 귀족까지) 제외한 인간은 모두가 그러했고, 오직 왕만이 신의 형상이었다. 인간—왕들만 아니라 모든 인간—이 하나님의 형상대로 지음 받았다는 말은 충격적이었을 것이다.[18]

창세기 저자가 인간이 하나님의 형상대로 지음받았다고 한 말은 첫째로, 피조물의 의존적인 삶을 뜻한다. 앙리 블로셰(Henri Blocher)는 "형상은 형상일 뿐이며 파생으로만 존재한다. 형상은 원작이 아니며 원작이 없이는 아무것도 아니다. 인간이 형상이라는 사실은 인간의 근본적 의존성을 강조해 준다"[19]라고 했다. 사실, 선악을 알게 하는 나무의 열매를 먹지 말라고 하신 명령은 인간이 의존적 피조물임을 끊임없이 상기시켜 주었다(창 2:16-17).

둘째로, 인간이 하나님의 형상으로 존재한다는 것은 하나님과의 관계 속에서 산다는 뜻이다. 창세기에 따르면, 왕만 신들에게 갈 수 있는 것이 아니라 온 인류가 유일하신 창조주 하나님과 관계를 맺을 수 있다. 하나님이 끊임없이 말씀으로 만물에게 명하실진대, 인간의 삶이란 본래 그분께 끊임없이 반응하는 삶이다. 하나님께 반응하고, 그분과 교제하며 살고, 그분을 즐거워하는 것이야말로 인간으로 존재한다는 의미의 본질적인 요소다.

셋째로, 하나님의 형상으로 존재한다는 것은 하나님을 반사하고 그분을 닮고 그분의 성품을 비추어 내는 것이다. 남녀 인간은 신의 성품을 공유하나 무한하신 창조주를 유한하게 반영하는 피조물일 뿐이다. 예를 들어, 하나님처럼 인간도 보고 듣고 생각하고 사랑하고 정의를 추구하고 분노하고 자비를 베풀 수 있다. 하지만 하나님의 형상이란 단지 그러한 역량을 가졌다는 것만이 아니라 그것을 구사하는 방식의 문제이기도 하다. 우리가 무슨 생각을 하고, 무엇을 사랑하고, 눈과 귀를 어떻게 쓰고, 무엇에 분노하느냐가 다 중요하다. 나아가 우리는 개인으로서뿐 아니라 공동체로서 하나님을 반영한다. 어떤 사람들은 아버지로서 긍휼을 베풀어 그분의 형상을 비추어 낸다. 즉 그들은 서로를 대할 때, 우리를 대하시는 그분을 본받아 다른 사람들의 말을 들어준다.[20]

이렇게 '하나님을 닮은 데'가 있기에 우리는 그분을 알고 사랑하고 예배하고 즐거워할 수 있다. 그분이 어떤 분이며 어떤 일을 하고 계신지 조금은 알 수 있기 때문이다. 아버지를 겪었거나 아버지가 되어 보면 하나님이 우리의 아버지시라는 의미를 더 잘 알 수 있다. 긍휼을 베풀어 보면 하나님의 긍휼을 더 잘 알 수 있다. 하나님을 반영하는 것과 하나님을 아는 것의 밀접한 관계를, 우리가 "하나님의 영광의 형상이요.…인간이 투영하기도 하고 바라보기도 하는 그 영광의 형상"[21]이라 한 블로셰의 말에서 볼 수 있다.

넷째로, 하나님의 형상을 비추어 낸다는 것은 그분의 대리인과 청지기로서 창조 세계에 하나님을 대변하는 것이다. 성경에 나오는 청지기의 개념은 교훈적이다. 청지기는 주인을 대신하여 관리하되 이기적인 낙을 위해서가 아니라 주인의 뜻에 따라 집안 전체의 유익을 위하여 그리할 책임이 있었다. 기간이 끝나면 청지기는 자신이 주인을 대신하여 관리한 방식에 책임을 져야 했다. 인류도 하나님의 나머지 피조물에 대하여 바로 그러한 청지기직으로 부름받았다. 그 일을 하나님이 부재하신 상태에서가 아니라 그분과 끊임없이 교제하는 가운데서 한다는 것만 다르다.

지금까지 하나님의 형상에 담겨 있는 여러 가지 요소를 살펴보았거니와, 그 모든 요소에서 분명히 볼 수 있듯이 인간이라는 존재는 그 응어리 자체부터가 종교적이다. 인생은 하나님께 의존하며 하나님을 지향한다. 인간은 하나님께 반응하여 그분을 예배하고 알고 사랑하고 즐거워하고 감사하고 순종하도록 지음받았다. 그분의 형상인 우리는 떼려야 뗄 수 없이 그분께 묶여 있다. 우리가 택할 수 있는 길은 그분과의 친밀한 관계와 교제 속에서 본연의 인간으로 살아가려 하거나, 그분이 뜻하신 관계를 가로막으려 하거나 둘 중 하나다. 하나님을 떠난 인생이란 존재하지 않으며, 모든 인간의 삶은 그분에 대한 반응이다. 즉, 그분과 교제하거나 그분께 반항하거나 둘 중 하나다.

인간의 삶은 종교적일 뿐만 아니라 공동체적이다. 성경에 보면, 창조 세계가 선하다는 긍정적 선언이 반복되다가 이런 깜짝 놀랄 말이 나온다. "사람이 혼자 사는 것이 좋지 아니하니 내가 그를 위하여 돕는 배필을 지으리라"(창 2:18). 인간은 혼자 살도록 지음받지 않았다. "태초부터 인간은…더불어 사는 존재다. 인간의 삶은 공동체 속에서만 온전한 실현에 이른다." 22 이미 창세기 1장부터 그러한 공동체적 요소가 저자의 이런 말에 암시되어 있다. "하나님이 자기 형상 곧 하나님의 형상대로 사람을 창조하시되 남자와 여자를 창조하시고"(창 1:27). 참된 인생은 하나님뿐만 아니라 다른 인간들과의 관계 속에서도 살아가는 것이다.

인류에게 맡기신 일: 창조 명령

자신의 형상대로 인간을 지으신 뒤에 하나님은 그들에게 복을 주시며 "생육하고 번성하여 땅에 충만하라, 땅을 정복하라…다스리라"(창 1:28)고 말씀하신다. 여기 하나님이 인간에게 복으로 주신 소명이 있으니 곧 창조 세계를 다스리고 정복하는 것이다. 23 이 말씀으로 역사가 시작된다.

창세기 1장의 내러티브는 세 단계로 전개되는데, 1단계는 첫 두 절에 나온다. 하나님이 천지를 창조하시는데, 우리는 그 창조된 세계에 대해 세 가지를 알 수 있다. 바로 흑암과 혼돈과 공허함이다. 그다음 2단계에서 작업이 완성되어, 흑암은 빛에 밀려나고(첫째 날), 혼돈은 하늘과 땅과 바다로 모양을 갖추고(둘째 날과 셋째 날), 공허함은 충만한 생물에 자리를 내준다(넷째 날부터 여섯째 날까지). 마침내 창조 행위의 절정으로 하나님은 인류를 지으시고 그들에게 피조물을 다스리고 정복할 것을 명하신다. 분명히 그들을 부르셔서, 창조 세계를 개발해 나가는 자신의 일을 그들에게 맡기신 것이다. 이제 인간은 부르심에 순종하여, 하나님이 지으신 세상을 계속 빚고 채우면서 사회와 문화를 계발하는 일에 착수할 것이다. 인류가 하나님의 작업에 동참하는 이 시기를 창조의 3단계라고 할 수 있다.

2단계에서 하나님은 친히 빚고 채우시는 창조의 작업을 통하여 창조 세계에 자신의 영광을 도장처럼 찍으셨다. 이제 3단계에서는 자신을 닮은 피조물을 만드셔서 그 작업을 계속하게 하신다. 유한한 피조물을 이를테면 자신의 '도장'으로 삼아, 창조 세계가 개발되는 동안 계속 거기에 자신의 영광을 더 많이 찍게 하신 것이다. 인류의 모든 문화적·사회적 과제는 창조 세계의 잠재력 속에 잠자고 있는 하나님의 영광을 드러내는 것이다.

땅을 다스리고 정복하라는 소명을 횡포의 면허증으로 보고, 현재 우리가 세상에서 직면하고 있는 생태계의 재난을 바로 그 구절 탓으로 돌리는 사람들이 있다.[24] 하지만 창세기 1장에 그려진 그림은 오히려 섬김의 동기에서 비롯된 사랑의 통치이며 청지기처럼 돌보는 자세를 말한다. "여호와 하나님이 그 사람을 이끌어 에덴 동산에 두어 그것을 경작하며 지키게 하시고"(창 2:15). 인간에게 주어진 즐거운 소명이 '경작'(work)과 '지키다'(care)라는 두 단어에 압축되어 있다. 우리는 경작하고, 창조 세계의 잠재력을 찾아내서 개발하고, 각종 관계와 인간의 제도를 이루고, 장비와 건물 등 인간 문명에 들어가는 모든 것을 만들어야 한다. 그런데 우리가 살고 있는 지금(21세기) 세상에서는 개발이 지나쳐서 인간 이외의 피조물 전체를 위험에 빠뜨릴 지경이 되었으므로 우리는 하나님이 주신 명령의 두 번째 단어, 즉 지키는 부분을 힘써 강조해야 한다. 우리는 창조 세계를 개발함과 동시에 잘 보호하고 돌보아야 한다. 조나단 채플린(Jonathan Chaplin)은 그것을 이렇게 표현했다. "우리는 열매를 짜서 포도주를 만들 수 있으나 과수원을 오염시켜서는 안 된다. 첨단 기술을 개발할 수 있으나 인간의 노동에 대한 보상을 희생시켜 가면서 그래서는 안 된다. 동산 모든 나무의 열매를 자유로이 먹을 수 있으나 단기적 이득을 노려 해로운 화학 약품을 뿌려서는 안 된다."[25]

하나님은 우리가 발견하여 누릴 좋은 선물들로 창조 세계를 가득 채워 주시는 사랑의 아버지시다. 우리는 풍성하고 윤택한 삶의 길을 여는 즐거운 일을 맡았다. 하나님의 창조 세계는 "하나님의 자상하신 손길을 보여 주는 증거다. 그분은 팔을 들어 피조물들을 안전하게 지키시는 창조주시며 자녀들에게 복으로 충만한 우주를 내주시는 아버지시다."[26] 이러한 창조 세계를 선물로 받은 우리의 반응은 마땅히 사랑과 감사와 기쁨이어야 한다.

본연의 샬롬

히브리 예언자들이 장차 새로워질 창조 세계를 묘사할 때 쓴 단어가 있는데, 그것을 여기서 본래의 창조 세계를 묘사하는 데 써도 안성맞춤이다. 바로 '샬롬'(shalom)이라는 단어다. 이 단어는 흔히 그냥 '평화'로 번역되지만 적의(hostility)가 없는 상태를 의미하는 것이 아니다. 샬롬은 창조 세계가 본래 지녔던 모습이며, 하나님과의 관계와 서로 간의 관계와 인간 이외의 피조물과의 관계가 풍성하게 차고 넘치는 번영과 형통의 삶을 말한다.[27] 샬롬의 세계의 특징은 정의, 사랑, 감사, 기쁨이다.

하나님과 인간과 만물이 정의와 충족과 기쁨 속에 한데 어우러진 상태가 곧 히브리 예언자들이 말한 샬롬이다.…성경에서 샬롬은 우주적인 번영과 건강과 기쁨을 뜻한다. 본능적인 필요가 채워지고 타고난 재능이 쓰임 받아 열매를 맺는 풍성한 상태, 창조주와 구주께서 문을 여시고 그분이 기뻐하시는 피조물들을 맞아 주시니 즐거운 경이가 솟아나는 상태다. 다시 말해, 샬롬은 세상 본연의 모습이다.…샬롬의 상태에서는 존재마다 제각기 온전한 상태 즉 본래의 건강을 얻으며, 또한 존재마다 다른 많은 존재를 세워 주는 관계를 누린다.[28]

샬롬은 하나님이 세상을 창조하신 목적이다. 사랑의 아버지로서 그분이 창조 세계에 주시기 원하는 상태는 그것뿐이다.

죄: 선한 창조 세계의 타락

에덴 동산에서 있었던 인간의 반역과 그 결과

성경 드라마의 제1막에는 심히 좋은 창조 세계가 나오며, 모든 것이 본연의 모습을 유지하고 있다. 그러나 제2막에 가면 인류의 반항이라는 비극이 나오면서 하나님의 샬롬이 파괴된다.[29] 죄가 세상에 들어온 뒤로 모든 것이 갑자기 본연의 모습을 잃는다.

창세기 2장에서 하나님은 아담과 하와를 동산에 두시고 그들이 원할 만한 것들을 다 주시되, '선악을 알게 하는 나무'만은 금하셨다. 하나님은 이 명령을 왜 주신 것일까? 그 나무가 거기 있었던 것은 그들의 신분이 피조물임을 상기시키기 위해서였다. 아담과 하와는 계속 하나님께 복종하고 그분의 말씀을 신뢰하고 순종해야 하나님의 충만한 창조 세계를 누릴 수 있었다. 이 명령은 하나님의 절대 주권에 주의를 집중시킨다. 아담과 하와는 하나님이 명하셨다는 이유만으로 순종할 수 있어야 했다. 지속적인 순종은 그들의 자리가 순종하는 자녀, 복종하는 피조물, 하나님의 형상임을—피조물들 중에서 유일하게 특권을 받았으나 그래도 여전히 피조물임을—알게 하기 위함이었다.

하나님의 허락 하에 사탄은 아담과 하와에게 다른 말을 삶의 기준으로 내놓는다. 사탄은 하나님의 선하심에 의혹을 일으키고("하나님이 참으로…하시더냐"), 불신을 조장하고("너희가 결코 죽지 아니하리라"), 다른 환영(幻影)으로 상상을 자극한다("너희 눈이 밝아져 하나님과 같이 되어"). 하나님을 거부하고 사탄의 말대로 살기로 함으로써 아담과 하와는 창조주께 반역과 불순종을 저지른다. 이 결정으로 "인간은 의존 관계에서 벗어났다. 순종하기를 거부했고 스스로 독립적인 존재가 되기로 작정했다. 인간의 삶을 지배하는 원리는 더 이상 순종이 아니라 자율적 지식과 의지가 되었다. 자신을 피조물로 보던 인간의 시각은 사실상 이로써 끝났다."[30]

그 영향은 인간의 삶 전반에 미쳤다. 성경 이야기의 첫 몇 장에 이미 죄가 '불길한 크레센도'를 이루며 삶의 모든 부분으로 퍼져 나가고 있다.[31] 창세기에 보면, 아담과 하와는 하나님과 멀어지고 (3:8, 23-24), 서로의 관계도 이타적인 사랑이 아니라 이기적인 정복으로 변한다(3:16).[32] 노동은 죄의 영향으로 무거운 짐이 되고(3:17), 형제 간의 끔찍한 살상이 등장하여 가정을 망쳐 놓고(4:8), 일부다처제는 본연의 결혼을 왜곡시킨다(4:19). 금속 세공이 시작되지만 (4:22) 머지않아 전쟁의 용도로 쓰인다. 라멕이 멋진 시를 짓지만 그것으로 살인과 복수를 찬미하는 대목에서는 문학과 시의 변질을 분명히 볼 수 있다(4:23). 인간의 악이 심해질 대로 심해져 하나님은 사람을 지으셨음을 한탄하시고 지면의 인간을 물로 쓸어버리기로 작정하신다(6:5-7). 하지만 죄의 악취는 홍수로도 씻기지 않고 인간의 모든 성향은 여전히 악하다(8:21; 참고. 6:5). 이 모든 한심한 아수라장은 바벨 탑에서 절정에 달하여, 죄가 의사 소통과 건축과 도시화와 종교를 어떻게 뒤틀어 놓았는지를 보여 준다. 창세기 3-11장에는 아담과 하와가 죄를 지은 결과로 세상이 금세 얼마나 어두워졌는지를 보여 주려는 취지도 들어 있다.

"내가 주께만 범죄하여"

우리는 죄의 무게와 범위와 위력을 경시하는 경향이 있으며 죄를 한낱 개인의 불순종의 문제로 축소시킬 때가 많지만, 그러나 죄는 그 이상이다. 죄는 "아주 사악하고 치명적인 적(敵)이고, 괴팍하고 끈질긴 세력이며, 알아야만 정복할 수 있다."³³ 창조 세계에 하나님의 임재가 속속들이 스며 있음을 인식한다면 죄의 대상이 무엇보다 먼저 하나님임을 금방 알게 된다. 다윗이 그것을 간명하게 고백했다. "내가 주께만 범죄하여 주의 목전에 악을 행하였사오니"(시 51:4). 인간은 피조물로서 그 실존 전체가 하나님께 중심을 두고 하나님을 지향하도록 지음받았다. 인간이 하나님과 멀어진다고 해서 그 종교성까지 없어지는 것은 아니며, 오히려 그들은 다른 데, 즉 어떤 피조물에 종교적 충성을 바친다. 바울의 말마따나 "그들이 하나님의 진리를 거짓 것으로 바꾸어 피조물을 조물주보다 더 경배하고 섬김이라"(롬 1:25). 채플린은 이렇게 덧붙인다. "인간이 어쩔 수 없이 종교적이라 늘 예배 대상을 찾을 수밖에 없다면, 타락의 특성에는 단지 정당한 주인께 반항한 것만이 아니라 **종교적 충성의 대상을 바꾼 것까지도 포함되어야 한다.**"³⁴ 하나님을 거부하는 인간은 삶의 구심점으로 다른 뭔가를 찾게 되어 있고, 그 새로운 구심점을 성경은 우상이라 한다.

성경에 나오는 우상숭배와 간음의 밀접한 관계는 죄의 종교적·관계적 특성을 이해하는 데 도움이 된다. 남편은 아내의 배타적 충절을 받을 권리가 있고 아내도 남편에 대해 마찬가지 권리를 지닌다. 결혼은 제3자를 인정하지 않는 배타적 관계이며, 성경에 죄는 종교적 간음으로 표현된다. 배타적 관계 속에 제3자(어떤 우상)가 슬그머니 들어와 불륜을 저지른 것이다.[35] 죄는 종교적이고 관계적인 것이며 하나님께 짓는 것이다.

표현을 바꾸어, 죄란 향유하고 즐거워할 세상을 지어 주신 사랑의 아버지께 자녀들이 반항하는 것이다. 한없이 자비로우시고 너그러우신 하나님은 자녀들을 만물의 영장으로 지어 주셨고, 자신과 따뜻하게 교제하며 살면서 피조물을 탐험하고 돌보고 기뻐하고 개발해 나가는 즐거운 사명을 주셨다. 죄는 하나님의 사랑과 선하심을 인정하지 않는 배은망덕한 태도다. 죄는 나에게 제일 좋은 길을 내가 안다는 교만한 주장이다. 죄는 반역이며, 그것도 정당하되 멀리 있는 권위에 반역하는 것이 아니라 늘 옆에 계시는 자애롭고 너그러우신 아버지께 반역하는 것이다. 죄는 하나님의 애정 어린 뜻을 등지는 삶이다.

우상숭배에는 형벌이 따른다

죄는 일차적으로 하나님께 범하는 것이지만 또한 창조 세계, 인간의 삶, 샬롬, 건강, 형통, 온전함, 인간의 번영을 상대로 범하는 것이기도 하다. 예레미야는 하나님이 우상을 숭배하는 이스라엘에 대하여 하신 말씀을 이렇게 기록했다. "여호와의 말씀이니라. 그들이 나를 격노하게 함이냐. 자기 얼굴에 부끄러움을 자취함이 아니냐"(렘 7:19). 브라이언 월쉬와 리처드 미들턴은 "불순종은 창조 세계 자체의 본질에 맞지 않는다. 죄는 실재의 구조에 반항하는 것이자 그 구조를 만드신 분에게 반항하는 것이며, 이러한 반항은 자해와 자멸을 부른다"[36]라고 했다.

성경 이야기의 중심축이 되는 언약의 개념은 죄가 어떻게 삶과 관계를 붕괴시킬 수 있는지를 이해하는 데 도움이 된다. 이스라엘이 약속의 땅에 들어가기 직전에 모세는 그 언약의 구조를 이렇게 설명했다.

> 보라, 내가 오늘 생명과 복과 사망과 화를 네 앞에 두었나니 곧 내가 오늘 네게 명령하여 네 하나님 여호와를 사랑하고 그 모든 길로 행하며 그의 명령과 규례와 법도를 지키라 하는 것이라. 그리하면 네가 생존하며 번성할 것이요 또 네 하나님 여호와께서 네가 가서 차지할 땅에서 네게 복을 주실 것임이니라. 그러나 네가 만일 마음을 돌이켜 듣지 아니하고 유혹을 받아 다른 신들에게 절하고 그를 섬기면 내가 오늘 너희에게 선언하노니 너희가 반드시 망할 것이라.…내가 생명과 사망과 복과 저주를 네 앞에 두었은즉.(신 30:15-19)

그림2에서 보듯이 하나님은 우리에게 말씀을 주신다. 그분께 신뢰와 순종으로 반응하면 우리는 생명과 형통과 복을 누린다. 반대로 불신과 불순종으로 반응하면 우리는 사망과 멸망과 하나님의 저주를 맞이하게 된다.

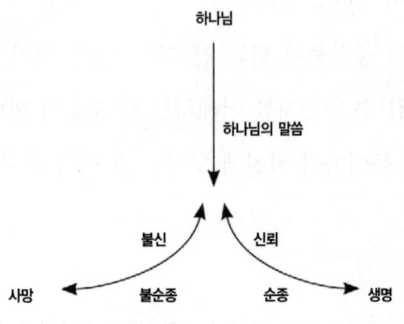

그림2. 언약의 구조

죄는 "유혹하는…저주"의 세력이며 "활동적, 역동적, 파괴적인 힘"이다.[37] 바울은 로마서 7장에 죄를 탁월하게 묘사했다. 즉, 죄는 인간의 삶 속에 역사하는 인격적 세력으로서, 기회를 잡아 살아나서 속이고 싸움을 걸고 노예로 만들어 결국은 사망을 낳는다. 죄는 우리의 충성을 하나님에게서 어떤 우상에게로 돌려놓고, 우리의 파멸을 노리며, 자신의 무서운 본색을 숨긴 채 우리를 사망으로 꾀어 들이고, 하나님의 선한 창조 세계를 더럽히고 변질시킨다.[38] "죄는 만물과 만인을 지배하고 파괴하려 드는 세력이다."[39]

죄와 창조 세계의 관계

그렇다면 죄와 창조 세계의 관계를 어떻게 이해할 것인가? 우선 죄와 하나님의 선한 창조 세계의 관계는 기생물과 숙주의 관계와 비슷하다고 볼 수 있다.[40] 기생물은 다른 생물의 생혈을 먹고사는 유기체이며 "숙주를 빨아먹어 목숨을 부지하는 불청객"[41]이다. 죄는 하나님의 선한 창조 세계를 먹고살며, 창조 세계에 들러붙어 그것을 뒤틀어 놓고 변질시키고 망가뜨리고 타락시킨다. 죄는 창조 세계의 구조와 운행 자체를 자신의 악한 목적에 이용한다. C. S. 루이스(Lewis)의 말대로, "선은 그 자체로 존재하지만 악은 망가진 선일 뿐이다. 우선 선이 존재해야 망가질 수도 있다."[42] 헤르만 바빙크는 죄는 "하나님이 지으신 피조물들과 세력들을 떠나서는 아무것도 아니고 아무것도 할 수 없으며 오히려 하나님께 대놓고 반항할 때 그것들을 다 동원한다. 죄는 창조 세계를 파괴하지 못한다. 인간의 문화로 이루어진 세상은 여전히…하나님의 선한 창조 세계의 일부이며, 죄는 그것을 타락시키고 오염시킬 뿐이다"[43]라고 했다. 월터스는 죄가 하나님의 선한 창조 세계의 모든 부분을 잘못된 길로 빠뜨리는 세력이라고 말했다.[44] 따라서, 죄는 창조 세계의 경제적 차원을 파괴하지 못한다. 그것을 청지기직에서 이기심과 탐욕으로 변질시킬 뿐이다. 죄는 언론의 전달 능력을 파괴하지 못한다. 언론을 이용해서 그릇된 세계관을 전달할 뿐이다. 죄는 성을 파괴하지 못한다. 성욕을 잘못된 방향으로 틀 뿐이다. 그러므로 각 경우마다 우리는 모든 피조물 속에 있는 선한 창조 설계를 죄의 위력으로 말미암아 뒤틀리고 타락한 상태와 구분해야 한다.

죄의 범위

죄는 창조 세계를 구석구석까지 더럽히고 훼손하며, 인간의 사생활과 정서와 논리와 언어를 더럽힌다. 성경은 다분히 개인의 부도덕―거짓말, 도둑질, 간음, 원망, 정욕, 탐심 등―을 질타한다. 그렇지만 죄는 개인의 문제만이 아니라 공동체적으로도 표출된다. 인간은 공동체로 살아가므로 단체로 우상에게 충성을 바칠 수 있다. 인류가 타락한 후로 모종의 집단적 우상숭배가 각 문화의 중심이 되었으며, 그러한 우상숭배가 사회 생활과 문화 생활의 모든 면을 형성하고 또 그것들을 동원하여 하나님께 반항한다.

밥 하웃즈바르트는 「과다 개발된 서구를 위한 도움」(*Aid for the Over-developed West*)에서 다음과 같이 '성경의 세 가지 기본 원리'를 말했다. (1) 모든 인간은 신(들)을 섬기며 살아간다. (2) 모든 인간은 자신이 섬기는 신의 형상으로 변한다. (3) 인류는 사회 구조를 자신의 형상대로 만들어 내고 형성한다.[45] 이어 그는 그 개념을 이렇게 상술한다. "문명을 발전시켜 나가는 과정에서 인간은 사회의 구조를 형성하고 만들어 내고 변화시키는데, 그러면서 그 결과물 속에 자신의 심중을 드러낸다. 인간은 그러한 사회 구조 속에 자신의 형상과 모양을 다분히 담아 내며, 자신의 생활 방식과 자신의 신을 다분히 드러낸다."[46]

끝으로, 죄는 인간의 삶뿐 아니라 인간 이외의 피조물까지 건드려 변질시킨다. 사도 바울은 그것을 이렇게 설명한다. "피조물이 허무한 데 굴복하는 것은 자기 뜻이 아니요 오직 굴복하게 하시는 이로 말미암음이라.…피조물이 다 이제까지 함께 탄식하며 함께 고통을 겪고 있는 것을 우리가 아느니라"(롬 8:20, 22). 인간의 삶만 더럽고 험하고 짧은 것이 아니라 인간 이외의 피조물도 마찬가지다. 요즘의 환경 위기를 보면 그것을 뼈저리게 절감할 수 있다. 환경 문제에 관해 그동안 간행된 방대한 양의 자료를 보면 오존층 파괴, 지구 온난화, 산성비, 다양한 생물의 멸종, 독성 화학 폐기물로 인한 대기와 수질과 토양 오염, 삼림 파괴 등을 지적하고 있다. 하나님의 선한 창조 세계가 우리의 죄의 무게에 눌려 탄식하고 있다.

세 가지 희망의 말

죄라는 주제를 마감하고 이 장을 닫기 전에 일러둘 세 가지 희망의 말이 있다. 첫째, 죄는 하나님의 창조 세계에 속한 것이 아니라 부수적인 것이다. 죄가 창조 세계라는 옷감에 얼룩을 묻힌 것은 사실이지만 그 얼룩은 제거될 수 있다. 그것을 없애는 일을 하나님이 친히 자신의 목적으로 삼으셨다. 둘째 희망의 말은, 하나님이 창조 세계를 최종적으로 회복하시기 전인 지금도 죄의 파괴력이 극에 달하지 못하게 막고 계시다는 것이다. 그분은 신실하셔서 죄의 파괴적인 영향을 계속 억제하신다. 배우자들은 여전히 서로 사랑하고, 부모들은 여전히 사랑으로 자녀를 양육하고, 정치적 권위는 여전히 어느 정도 정의를 추구하고, 예술은 여전히 하나님의 선한 창조 세계의 샬롬을 꽤 담아 낸다. 하나님의 세상에 정직과 우정과 사랑과 기쁨이 여전히 존재한다. 하나님이 죄를 억제하고 계신 이러한 증거들을 가리켜 일부 신학자들은 '일반 은총'이라고 부른다.[47] 하나님은 자신의 손으로 지으신 작품을 버리지 않으시며, 본래 그 작품에 있던 선을 우리는 지금도 상당히 볼 수 있다.

  셋째이자 마지막 말은, 죄의 세력이 아무리 크고 치명적이라 해도 그보다 더 큰 세력 앞에서는 무력하다는 것이다. 죄를 이기는 더 큰 세력은 바로 생명을 주는 복음의 능력이다. '기쁜 소식'은 머리로만 아는 신학적 메시지가 아니라 '구원을 주시는 하나님의 능력'이며, 우리가 직접 믿고 체험하는 것이다(롬 1:16; 고전 1:18; 2:4-5). 결국 죄는 하나님 앞에서 승산이 없다. 하나님의 망가진 세상에 이것이야말로 정말 기쁜 소식이다!

4

회복

　　　　　　아담과 하와가 반역한 죄에 하나님은 어떤 반응을 보이셨던가? 하나님은 노하셨고, 이는 정당한 분노였다! 하나님은 사랑으로 인간들을 지어 자신과 함께 삶을 향유하도록 하셨건만, 이제 그들의 어리석고 당돌한 반역 때문에 그분의 선한 창조 세계는 파멸로 치닫게 되었다. 성경 이야기에서 그분의 진노를 경시한다면, 그것은 창조 세계를 향한 하나님의 사랑과 죄를 둘 다 가볍게 여기는 것이다. 하지만 진노가 끝은 아니다. 하나님은 반항한 세상을 저버리지 않으시고 사랑으로 품으신다. 변치 않는 언약적 사랑으로 하나님은 이타적·희생적·헌신적 행위에 나서신다. 그 사랑 때문에 하나님은 아담과 하와가 들여놓은 모든 악한 세력을 멸하시리라 약속하신다. 이야기는 계속 진행되고, 하나님은 세상을 이처럼 사랑하사 마침내 친아들을 내주시기에 이른다.

구원: 창조 세계를 포괄적으로 회복하시는 이야기

성경적 세계관은 하나님이 이루시는 구원의 세 가지 특징에 주목해야 한다. 첫째, 구원은 점진적이다. 하나님의 구속 사역은 인류 역사가 동틀 때 시작되어 아직 해질 녘에 이르지 못했다. 둘째, 구원은 회복이다. 하나님이 이루시는 구원이란 잃어버린 창조 세계를 되찾아 본연의 모습으로 되돌려 놓는 것이다. 셋째, 구원은 포괄적이다. 하나님이 이루시는 회복의 대상은 인간의 삶 전체와 인간 이외의 피조물 전체다. 그분이 자신의 나라로 되찾으시려는 것은 다름 아닌 온 세상이다. 간단히 말해서, 구원이란 하나님이 선한 창조 세계 전체를 회복하시는 것이다.

구원은 점진적이다

하나님은 손가락을 한 번 튕기는 것만으로 순식간에 창조 세계를 회복할 수 있지만 그렇게 하지 않으셨다. 대신 그분은 오늘까지도 계속되는 긴 구속의 여정에 오르셨다. 우리는 이전 책 『성경은 드라마다』에 그 구속 여정의 이야기를 이스라엘, 예수님, 교회, 새로운 창조 세계 등 모두 4막으로 풀어 냈다.[1]

점진적으로 펼쳐지는 성경의 내러티브는 창조와 죄를 배경으로 한 구속의 이야기다. 이 이야기를 하나님의 사명, 이스라엘의 사명, 예수님의 사명, 교회의 사명 등 사명의 관점에서 기술할 수도 있다. 크리스토퍼 라이트가 그것을 간명하게 표현했다. "성경이 우리에게 들려주는 이야기는 하나님의 백성이 하나님의 창조 세계 전체를 위해 하나님의 세상에 참여하여 하나님의 사명을 이루어나가는 이야기다."[2] 하나님의 사명이란 모든 나라의 백성들, 인간의 사회 생활과 문화 생활 전부, 인간 이외의 피조물 전체를 죄가 만들어 놓은 아수라장에서 회복시키신다는 장기적인 목적 내지 목표다. 이 사명을 이루기 위한 그분의 사역은, 일찍이 이스라엘 백성의 삶과 예수님의 인격과 사역을 통해 점진적으로 전개되어 오다 오늘날에는 교회의 사명을 통해 지속되고 있다.

구원은 회복이다

성경에 나오는 구속 이야기의 주제는 하나님의 선한 창조 세계가 회복되고 치유된다는 것이다. 성경의 그러한 개념을 잘 이해하려면, 그리스 철학자 플라톤(Plato)의 개념과 비교해 보면 도움이 된다. 플라톤의 신념은 철저히 이교 세계관에 기초한 것인데도 그리스도인들은 그것을 자주 수용했다(플라톤이 기독교 사상에 막강한 영향을 미친 오랜 역사에 대해서는 다음 장에서 더 자세히 살펴볼 것이다). 플라톤이 생각한 구원이란 이런 것이다.

- 수직적이다(우리의 운명은 위로 하늘을 향한다).
- 내세적이다(우리의 영혼은 구원받아 다른 영적 세계로 간다).

- 도피다(우리는 이 세상의 일부로서 구원받는 것이 아니라 이 세상으로부터 구원받는다).

그러나 진정한 기독교 세계관은 그 세 가지 모두에서 플라톤의 관점과 상반된다. 성경적으로 구원의 목표는 다음과 같다.

- 수평적이다(우리는 역사 속에서 창조 세계가 새롭게 될 날을 기다린다).
- 현세적이다(창조 세계 자체가 새롭게 될 것이다).
- 이 세상을 향한 하나님의 궁극적 계획에 꼭 필요하다(도피가 필요 없다).

구원이 창조 세계를 회복하는 것이라는 논지를 간추리면 다음과 같다.³

- 창조 세계는 원래 하나님이 의도하신 상태로는 지극히 선하다. 알버트 월터스의 말대로, "하나님은 쓰레기를 만들지 않으시며, 자신이 만드신 것을 쓰레기로 버리지 않으신다."⁴
- 인간은 창조 세계라는 정황 속에서 살도록 지음받았다. 우리는 무슨 신령한 세계에서 영으로 사는 것이 아니라 육신을 입은 이 세상의 사람들로 지음받았다.
- 창조 세계의 문제는 그것이 물질이라는 데 있지 않다. 문제는 죄이며, 하나님이 이루시는 구속은 창조 세계에 감염된 죄를

없애는 것이다.
- 구약(특히, 예언서의 약속들)에 보면, 미래의 하나님 나라는 새로워진 창조 세계 안에서 삶이 회복된 상태로 묘사되어 있다.
- 예수님은 하나님 나라의 복음을 선포하신다. (예수님 자신처럼) 구약에 깊이 빠진 유대인치고 하나님 나라를 '천상'의 것이나 '영적'인 것으로 생각했을 사람은 아무도 없다. 하나님의 나라란 하나님이 능력과 사랑으로 역사하셔서 죄와 사망과 사탄을 멸하시고 자신의 창조 세계를 회복하시는 것이었다.
- 예수님의 부활은 장차 우리 자신에게 있을 일의 예고다. 예수님은 죽으신 후에 아버지 곁에 가셔서 그분과 함께 계시지만(참고. 눅 23:43), 장차 될 일의 첫 열매로 부활하여 다시 오신다. 우리도 죽으면 주님과 함께 있다가 마지막 날에 몸으로 부활한다.
- 구속, 회복, 쇄신에 관한 성경의 모든 이미지는 선한 창조 세계가 본연의 모습으로 돌아갈 것을 보여 준다.
- 처음부터 사탄의 목표는 하나님의 세상을 파괴하고 멸하는 것이었다. 창조 세계가 끝내 파멸되면 그것이 사탄에게 당당한 승리가 되겠지만, 하나님은 그 승리를 허락하실 뜻이 없다.
- 구원의 관건은 본래의 창조 세계와 장차 회복될 창조 세계 사이에 연속성이 있다는 것이다.

그런데 여기서 두 가지 더 알아야 할 것이 있다. 첫째, 회복은 창조 세계가 아직 개발되기 이전의 상태인 에덴으로 돌아간다는 뜻이 아니다. 월터스가 말한 것은 회복이지 '원시 상태로 복귀하는 것'이 아니다. 후자에 암시된 것은 "에덴동산으로 돌아가는 문화적 회귀며, 그것은 역사의 시계를 돌려놓는 일이다. 그쪽으로 가는 것은 역사의 역행 내지 퇴행이 될 것이다."[5] 오히려 회복은 창조 세계 전체를 쇄신하는 일이며, 거기에는 역사가 시작된 이후로 있었던 역사와 문화의 발전도 포함된다. 둘째, 연속성이 구원의 기본 주제임에도 불구하고 본래의 창조 세계와 그것이 회복된 상태 사이에는 불연속성의 요소도 존재한다. 리처드 미들턴은 이렇게 말했다. "바울이 고린도전서 15장에 대비시킨 현재의 죽을 몸과 부활의 몸을 생각할 수 있다. 그 대비는 씨앗과 다 자란 식물의 차이와 비슷하다. 마찬가지로, 복음서에 그려진 부활하신 예수님은 벽을 통과하실 수 있으면서도 마음대로 형체를 입으실 수 있었다. 그럼에도 부활하신 예수님은 여전히 식별 가능한 동일인이셨고, 호숫가에서 제자들과 함께 생선을 드시기까지 하셨다. 창조와 구속 사이에 근본적인 연속성이 있음을 암시하는 대목이다."[6]

구원은 포괄적이다

성경은 구속이 일개 개인이나 심지어 영혼에 관한 것만이 아니라고 명백히 단언한다. 베드로는 예언자들의 메시지를 포괄적 쇄신의 관점에서 해석한다. "하나님이 영원 전부터 거룩한 선지자들의 입을 통하여 말씀하신 바 만물을 회복하실 때까지는 하늘이 마땅히 그[예수]를 받아두리라"(행 3:21). 하나님도 성경 이야기의 종결부에 "내가 만물을 새롭게 하노라"(계 21:5)라고 직접 선포하신다. 바울도 그 점을 확실히 했다.

> 그 뜻의 비밀을 우리에게 알리신 것이요.…하늘에 있는 것이나 땅에 있는 것이 다 그리스도 안에서 통일되게 하려 하심이라.(엡 1:9-10)

> 아버지께서는 모든 충만으로 예수 안에 거하게 하시고 그의 십자가의 피로 화평을 이루사 만물 곧 땅에 있는 것들이나 하늘에 있는 것들이 그로 말미암아 자기와 화목하게 되기를 기뻐하심이라.(골 1:19-20)

하나님이 이루실 쇄신은 인생의 전 영역을 아우를 뿐만 아니라 인간 이외의 피조물에까지 미친다. 바울은 인간 이외의 피조물이 탄식하며 쇄신을 고대하고 있고, 하나님의 백성에게 최후의 해방이 이루어질 날을 사모하고 있다고 했다. 그제야 피조물 전체도 죄의 굴레에서 해방되기 때문이다. 그때가 되면 자연은 더 이상 '살벌한 약육강식'의 세계가 아니라 사자가 어린양과 함께 눕는 세계일 것이다. 크리스마스 캐럴 "기쁘다 구주 오셨네"의 통쾌한 가사처럼, 구원은 온 천지의 '죄와 슬픔(을) 몰아낼' 것이다.[7]

하나님의 포괄적 회복은
점진적으로 전개된다

이스라엘의 사명은 포괄적 회복을
구현하는 것이었다

이스라엘은 모든 나라의 빛이 되도록 하나님께 선택받았다. 그들은 하나님이 만인을 향해 본래부터 품고 계셨던 의도를 샬롬의 공동체 생활을 통해 보여 주는 백성이 되어야 했다. 그래서 하나님은 자신의 창조 설계에 따라 특정한 역사와 문화의 정황 속에서 그들의 삶 전체에 질서를 세우려 하셨다. 그것을 우리는 (1) 토라, (2) 지혜 문학, (3) 예언서 등 최소한 세 곳에서 볼 수 있다.

구약의 율법 또는 토라(`교훈`)는 예배에서부터 대인관계와 동물을 다루는 법에 이르기까지 인간 삶의 전 영역을 망라하고 있다. 구약 성경의 첫 다섯 책에 나와 있는 이러한 삶의 기준은 하나님의 불변하는 창조 질서가 문화적·역사적으로 토착화된 예라 볼 수 있다.[8] 거기서 우리는 하나님의 백성이 역사의 특정한 시간과 공간 속에서 그분의 뜻대로 살아가야 하는 삶을 구체적으로 보게 된다.

구약의 지혜 문학인 잠언은 우정, 섹스, 돈, 의사소통 등 인간이 하나님의 세상에서 경험할 수 있는 모든 영역에서 풍성한 삶에 이르는 길을 보여 준다. 그런데 그 권고는 사생활의 범위를 넘어선다. 잠언 8장에 의인화된 지혜가 광장에서 이스라엘에게 잘 듣고 사회, 사법, 정치 생활을 하나님의 세상에 있는 진리와 의에 부합시키라고 부르짖는다.[9] 이렇듯 이스라엘의 공적인 삶도 하나님의 창조 규범에 부합되어야 한다. 그래야 한 나라로서 주변 나라들에 하나님의 공의와 의를 보일 수 있다.

끝으로, 이스라엘 백성이 사회, 정치, 경제 생활에 하나님의 의도를 제대로 구현하지 못하자 예언자들이 쩌렁쩌렁한 심판의 메시지를 전했는데(예를 들면, 암 5:7-15), 여기서 우리는 이스라엘에 회복될 창조 본연의 삶이 얼마나 폭넓은 것인지를 볼 수 있다. 이 모두—율법, 지혜, 예언서—는 이스라엘에게 주신 하나님의 선물이었고, 하나님이 그들에게 그분의 창조 설계를 구현하는 법을 가르치신 방편이었다.

포괄적 회복은 예수님이 하나님 나라를 선포하심으로 도래했다

예수님의 사명에서 중심이 되는 주제는 기쁜 소식을 공표하시고 하나님 나라를 여시는 것이다. 기쁜 소식이란 하나님이 샬롬의 모든 방해 세력을 물리치시고 창조 세계 전체에 대해 다시금 정당한 통치권을 주장하기 위해 지금도 활동 중이시라는 것이다. 예수님의 삶이 그것을 밝히 보여 주며, 하나님 나라가 임하였음을 알려 준다. 그분은 모든 형태의 악—고통, 질병, 죽음, 귀신들림, 부도덕, 사랑 없는 독선적 의(義), 계급의 특권, 깨어진 인간관계, 굶주림, 가난, 사망—에 전면적 공격을 가하신다.[10] 예수님의 능하신 행적은 그분이 여시는 나라에서 악이 뿌리 뽑힐 것과 하나님의 선한 창조 세계가 완전히 회복되고 환원될 것을 보여 준다.

예수님의 말씀과 활동은 대부분 인간의 삶과 관계된 것이며, 하나님은 인간의 삶 전체를 본래의 샬롬 상태로 회복시키시는 중이다. 구원이란 종교·정치·경제·사회·물질 영역을 총망라하여 인간의 삶 전체를 회복하는 것이다.[11] 그래서 예수님이 초자연적 능력을 보이신 기적도 인생의 전 영역을 아우른다. 그러나 예수님의 사역은 또한 인간 이외의 피조물이 회복될 것도 보여 준다. 콜린 건튼(Colin Gunton)은 소위 자연 기적들-예를 들어 풍랑을 잔잔하게 하신 일(막 4:35-41)-이 언뜻 보기에는 "아무 의미가 없어 보여도", 사실은 하나님이 인간 이외의 피조물 전체에 대해 그분의 자애로운 통치를 회복하시는 표이며, "악에 사로잡힌 창조 세계에 대해 하나님의 통치권을 전투적으로 재확립하시는 것"이라고 말했다.[12]

포괄적 회복은 예수님의 죽음으로 성취되고 그분의 부활로 도래했다

예수님의 죽음은 하나님의 통치를 막으려는 많은 적이 패했다는 신호이자 피조물 전체가 회복되어 다시 그 통치 안에 살게 되었다는 신호다. 그리스도의 죽음으로 이루어진 일을 묘사하는 은유가 성경에 많이 나온다. 한 가지 유익한 은유는 존 드라이버(John Driver)가 "싸움-승리-해방"으로 표현한 군대 생활의 은유다.[13] 창조 세계를 놓고 하나님과 악의 세력들 사이에 벌어지는 맹렬한 싸움은 하나님의 승리로 끝난다. 십자가는 결정적인 싸움이 벌어지는 곳이며, 역설적으로 수치와 모욕을 통해 승리를 얻는 곳이다.

이 승리는 창조 세계 전체와 인류의 삶 전체를 그것을 예속하던 악의 세력들로부터 해방시킨다(요 12:31-33; 골 2:15; 계 7:7-12).

북미의 복음주의는 '예수님이 나를 위해 죽으셨다'며, 그리스도의 십자가를 아주 이기주의적이고 개인주의적인 관점에서 보는 경향이 있다. 레슬리 뉴비긴의 말대로, 우리는 "이 은혜의 기적을 사물(私物)로 만들어, 마치 온 우주의 구원의 드라마가 '나를 위하여, 나를 위하여'라는 말로 절정에 이르는 것처럼 말한다."[14] 그러나 우리는 하나님이 십자가를 통해 물리치신 세력들이 우리의 개인 생활뿐 아니라 문화 생활과 사회 생활까지 예속하는 세력들임을 잊어서는 안 된다. 물론 예수님의 죽음이 우리를 위한 것임은 맞지만 그것은 진리를 너무 축소한 것이다. 성경의 드라마에서 예수님은 온 세상을 위해, 인간 삶의 모든 영역을 위해, 인간 이외의 피조물 전체를 위해 죽으신다. 십자가는 우주 역사가 흘러갈 노선을 확정 지은 사건이다.

예수님의 부활은 장차 올 시대의 여명이며, 그때에 하나님은 온 우주를 변화시키실 것이다. 1세기의 유대인들에게 '부활'이란 역사의 종말에 벌어질 대규모의 사건으로, 하나님이 인류의 육체적 생명까지 포함하여 피조물 전체를 회복시키실 것이라는 의미였다. 1세기 유대인 중 어느 누구도 역사의 한가운데서 한 인간이 부활하리라고 예상하지 못했다. 예수님의 부활이 갖는 의미를 이러한 유대인의 정황에서 살핀 신약 성경 기자들은 하나님 나라의 종말론적 삶이 예수님 안에서 시작되었다고 결론지었다. 그분은 시작이

시고, 죽은 자 가운데서 처음 난 자이시며, 마지막 부활의 첫 열매이시다. 창조 세계 전체를 다스리시는 하나님의 통치는 예수님 안에서 시작되었다.

포괄적 회복은 부활하신 그리스도께서 성령 안에서 주신다

부활하신 예수님은 창조 세계 전체의 정당한 주인으로서 정해진 권좌에 오르신다. 살아 계신 하나님의 화신이신 그분은 (로마의 시저와 반대로) 모든 권세로 천하 만물을 주관하신다(빌 2:9-11). 하나님의 통치는 이미 시작되었고, 예수님은 자신의 영을 통해 포괄적 쇄신을 이루시는 중이다.

오순절은 성령을 보내신 날이다. 일찍이 예언자들은 하나님이 (말세에) 성령을 부으셔서 하나님의 우주적 쇄신을 이루실 것을 선포했었다(겔 36:24-38; 사 42:1; 욜 2:28-32). 그래서 베드로는 오순절에 벌어진 사건을 그 시대의 시작을 알리는 신호탄으로 해석했다(행 2:14-21). 성령은 미래의 구원이 지금 주어진 선물이며,[15] 성령을 통해 미래가 현재 속으로 흘러든다. 종말론적 하나님 나라를 포괄적으로 구원하는 일은 지금 성령으로 말미암아 시작된다.

성령이 오심으로써 하나님 나라는 이미 여기에 있지만, 아직 완전히 도래한 것은 아니다. '이미 그러나 아직'의 이 긴장을 신약 성경은 두 가지 비유로 설명한다. 첫째로, 성령은 '보증(금)'에 비유된다(고후 1:22; 5:5; 엡 1:14). 보증금은 언젠가 전액을 갚겠다는 징표로 가게 주인에게 내는 선불이다. 그것은 약속어음이나 차용증서가 아니라 진짜 현금이다. 그것은 신용의 보증이요 훨씬 큰 돈이 곧 따라온다는 약속인데, 성령도 그와 같다. 그분은 미래에 하나님 나라가 임할 거라는 약속일 뿐만 아니라 지금 여기에 주어진 선물이다. 하나님 나라의 구원은 성령이 현재 하시는 사역 속에서 그 나라의 기쁨, 샬롬, 의, 하나님을 아는 것 등으로 실제 경험되며, 성령은 또한 하나님의 은혜로운 통치가 장차 온전히 임한다는 하나님의 약속이기도 하다.

성령을 가리키는 신약의 두 번째 은유도 똑같이 중요하다. 성령은 하나님 나라에서 받는 구원의 '처음 익은 열매'로 지칭된다(롬 8:23). 처음 난 수확물은 진짜 곡식이거나 과실인 동시에 그 이상이다. 그것은 나머지 수확이 곧 뒤따라오리라는 것을 가리킨다. 두 가지 은유 모두 우리가 미래의 구원을 지금 받았으나 장차 그것이 완성될 날을 고대하고 있다는 사실을 보여 준다.

우리에게 성령을 선물로 주심은 우리로 하여금 세상을 위해 이 포괄적 구원을 구현하게 하시기 위함이다. 우리에게 구원의 첫맛을 주심은 우리를 장차 임할 일의 예고편이 되게 하시기 위함이다.

교회의 사명은 포괄적 회복을 알리는 것이다

예수님이 위임하신 일

성령을 주시기 전에 예수님은 제자들에게 자신의 사명을 이어받을 것을 위임하시는데, 그 사명이란 바로 하나님이 모든 창조 세계를 통치하시는 분임을 알리는 일이다. 예수님의 사명을 이어가라는 명령은 그분이 부활하신 후에 명백해진다. "아버지께서 나를 보내신 것같이 나도 너희를 보내노라"(요 20:21). 예수님은 제자들에게 성령을 불어넣어 사명을 감당할 능력을 주시고, 이제까지 자신이 본을 보이신 대로 따르게 하신다.[16] 그들은 삶 전체를 하나님의 통치 아래서 살아야 하며, 예수님처럼 장차 임할 하나님 나라의 징후들을 세워야 한다. 즉, 그들은 하나님을 알아야 하고, 사랑 가운데 더불어 살아야 하며, 삶 전체를 사랑으로 통치하시는 하나님을 방해하는 세력들에 맞서야 한다.

마태가 들려주는 예수님의 이야기는 그분이 제자들에게 주시는 마지막 명령으로 절정에 이른다. "하늘과 땅의 모든 권세를 내게 주셨으니 그러므로 너희는 가서 모든 민족을 제자로 삼아 아버지와 아들과 성령의 이름으로 세례를 베풀고 내가 너희에게 분부한 모든 것을 가르쳐 지키게 하라. 볼지어다, 내가 세상 끝 날까지 너희와 항상 함께 있으리라"(마 28:18-20). 종종 이 말씀은 전도를 하거나 타국에 나가 복음을 전하라는 명령으로 잘못 해석되어 왔다. 물론 전도와 선교도 중요하지만 이 말씀에는 그보다 훨씬 많은 것이 담겨 있다. 제자들은 직접 다른 사람들을 제자 삼아야 하고, 예수님이 자기들을 길러 주신 것과 똑같은 방식으로 예수님을 따르는 사람들을 길러내야 한다. 그러면 그 새 제자들이 예수님이 분부하신 모든 것을 지킬 것이다.

예수님의 사명을 뒤이음으로써 제자들은 또한 이스라엘의 사명도 물려받는다. 이스라엘은 하나님이 세상을 창조하신 의도를 구현하는 민족이었다. 그 민족을 형성했던 선교사라는 정체(출 19:3-6)가 이제 동일하게 신약 교회의 정체가 된다(벧전 2:5-9). 하지만 구약의 이스라엘과 신약의 교회는 사회적 정황이 완전히 다르며, 그 점을 이해하는 것은 성경적 세계관을 정립하는 데 매우 중요하다. 이스라엘과 달리 교회는 인류의 모든 나라와 문화 속으로 보냄받는다. 하나님의 백성은 더 이상 별개의 독립국 형태를 취하여 자신들의 땅에서 자신들의 사회·정치적 법 아래 살아가지 않는다. 이제 그들은 여러 나라와 여러 다른 지배 문화 속에서 살아가야 할 공동체다. 교회는 포괄적 권위를 지닌 하나님의 말씀에 충실하게 살면서 그분의 포괄적 쇄신을 구현해야 하지만, 그러면서도 다른 포괄적 세계관들과 세력들이 지배하는 문화 속에서 살아야 한다. 교회가 어떻게 그 두 가지 일을 동시에 해낼 수 있을 것인가, 그것이 시급한 과제다.

하나님 나라와 교회

예수님은 나라가 임하였다고 선포하셨는데 정작 역사 속에 나타난 것은 교회다. 이 둘의 관계를 어떻게 이해할 것인가?

예수님이 선포하신 기쁜 소식은 하나님 나라가 도래했다는 것, 이제 사람들이 회개하고 하나님이 주시는 구속을 받아 그분의 통치를 복으로 누릴 수 있다는 것이다. 교회는 예수님의 메시지에 믿음과 회개로 반응하여 지금 하나님 나라의 은사와 능력을 맛보고 있는 사람들로 구성된다. 그들은 하나님 나라의 목적에 동참하게 되었고, 창조 세계를 두고 벌어지는 우주적 대전투에서 그리스도의 편이 되었다.17 교회와 하나님 나라 중에서 더 큰 존재는 후자다. 교회는 하나님 나라 안에서 기능하며, 교회의 정체성과 정의도 하나님 나라로부터 받는다.

교회와 하나님 나라의 관계를 (1) 첫 열매, (2) 도구, (3) 징후 등 크게 세 가지로 이해할 수 있다. 첫째, 교회는 하나님 나라의 첫 열매다(약 1:18). 교회는 하나님의 통치가 현재 속에 가시화되는 곳, 그리스도의 주권이 인정되는 곳, 하나님의 영이 이미 가시적으로 일하시는 곳이다. 둘째, 교회는 하나님 나라의 도구다. 예수님의 사명에서 보듯이, 하나님 나라가 임하려면 하나님의 통치를 방해하는 영적 세력들과 싸워야 한다. 예수님의 사명을 이어받은 교회는 하나님의 도구가 되어 그 나라를 알리고, 기쁜 소식을 전하며, 하나님의 은혜로운 통치에 대적하는 세력과 싸운다. 셋째, 교회는 하나님 나라의 징후다. 교회 구성원들은 현재의 삶과 일 속에 하나님의 통치를 구현하며, 그리하여 장차 온전히 임할 하나님 나라를 함께 예시해 보인다.

사명: 하나님 나라가 '이미 그러나 아직'의 시대를 지나고 있는 의미

하나님 나라는 아직 이루어지지 않았다. 우리는 예수님이 (죽음과 부활로) 새 세계를 여신 때와 장차 다시 오셔서 그 시작하신 일을 마치실 때 사이에 살고 있다. 하나님 나라는 성령의 사역으로 이미 여기에 있지만 아직 완성된 것이 아니다. 그렇다면 '이미 그러나 아직'의 간극은 왜 존재하는가?

그리스도의 초림과 재림 사이의 시기, 우리가 살고 있는 이 '중첩 시대'의 의미란 곧 땅 끝까지 증언하도록 사도적 교회에게 이때를 주셨다는 것이다. 그리스도 안에서 계시된 만물의 종말은 그리스도 안에서 계시된 심판과 구원이 온 세상에 증언될 때까지-말하자면-보류 중이다. 참된 종말론적 시각에는 선교적 순종이 내포되며, 그러한 순종을 낳지 않는 종말론은 거짓 종말론이다.[18]

이 '중간 시대'의 관건은 바로 선교적 순종이다. 우리가 어떻게 순종하여 하나님 나라의 도래를 증언할 것인가, 이것이 문제다.
20세기 초에 드와이트 무디(Dwight L. Moody)는 교회의 주된 사명을 난파한 세상에서 영혼을 구하는 것으로 보았다. "나는 이 세상을 난파한 배로 본다. 하나님은 내게 구명보트를 주시며 말씀하셨다. '무디야, 최대한 많은 사람을 구원하여라. 하나님이 오셔서 이 세상을 불로 심판하실 것이다.…세상은 점점 더 어두워지고 있고 멸망은 점점 더 가까워오고 있다. 이 구원받지 못한 난파선에 너의 친구들이 있거든 지체하지 말고 그들이 내리게 하라.'"[19] 전도에 대한 무디의 관심과 긴박감은 훌륭하다. 하지만 '중간 시대'의 사명을 보는 그의 이해는 현저히 축소되다 못해 훼손되기까지 했는데, 이는 구원이 개인주의적인 일이고 이 세상으로부터 도피하는 문제라는 비성경적 시각 때문이다.

교회를 규정하는 것은 사명을 수행하라는 긴박한 부름이다. "아버지께서 나를 보내신 것같이 나도 너희를 보내노라." 이 말씀은 교회의 존립 자체를 사명으로 규정하고 있으며, 그런 의미에서 교회의 모든 존재와 행위는 사명의 일환일 수 있고 마땅히 그래야 한다.[20] 그러나 이 사명은 편협하게 '영적'이거나 개인주의적이지 않고 포괄적이다. 예수님을 따르는 우리는 인간의 삶 전체를 주관하시는 하나님의 통치를 알리되 그것을 삶으로 구현하고, 행동으로 보여 주고, 말로 전하도록 부름받았다.

선교가 성경 이야기의 이 시기 — '이미 그러나 아직'의 시기 — 에 이루어지다 보니, 하나님 나라의 도래를 계속 방해하는 악의 세력들과 정면으로 충돌할 수밖에 없다. 때로 선교는 하나님의 창조 세계에 속한 영토(지리적이든 문화적이든)를 계속 탈환해 나가는 승승장구의 연속으로 잘못 그려져 왔다. 하지만 예수님은 우리가 하나님 나라의 사명을 수행할 때 엄청난 방해에 부딪힐 것을 일러주셨다. 가라지 비유를 보면, 하나님 나라를 방해하는 세력은 약해지는 것이 아니라 '추수 때'가 가까워 올수록 더 강해진다(마 13:24-30, 36-43). 예수님처럼 교회도 하나님의 포괄적 통치를 알리도록 부름받았다. 우리도 방해와 거부를 당할 것이며 그러한 고난은 어쩌면 당연한 것이다(요 15:18-25). 하지만 우리는 하나님 나라가 이미 십자가에서 승리했고 또 그 승리가 장차 임한다는 잔잔한 확신과 기쁨으로 그러한 방해에 맞설 수 있다. 우리는 장차 임할 그 나라의 승리를 증언하는 사람들이다.

현세에 하나님의 통치가 얼마나 온전히 또는 얼마나 널리 알려질지는 성경에 나와 있지 않다. 기쁜 소식에는 세상을 새롭게 하는 능력이 있는데, 그 능력이 그리스도께서 재림하시기 전에 사회나 문화나 인간 이외의 창조 세계에 얼마나 깊이 파고들어갈지 우리는 알 수 없다. 교회는 절대로 자신이 하나님 나라를 건설하거나 도입할 수 있다고 믿어서는 안 된다. 그렇지만 삶과 행실과 말로 하나님 나라를 상당히 보여 줄 수는 있다. 데이비드 보쉬(David Bosch)의 말대로, "우리가 사명을 다해도 하나님의 통치를 다 도입하지 못하리라는 것을 우리는 안다. 그리고 그것은 예수님도 마찬가지였다. 그분은 하나님의 통치를 새로 여셨지만 완성시키지는 않으셨다. 그분처럼 우리도 하나님이 궁극적으로 통치하실 것을 보여 줄 징후들을—더 많이도 아니지만 그렇다고 분명히 더 적지도 않게—세우도록 부름받았다.… '나라가 임하시오며'라고 기도할 때 우리는 하나님의 통치에 근접한 상태와 그 나라의 예고편을 지금 여기서부터 시작하기로 헌신하는 것이기도 하다."[21] 하나님 나라는 현존하면서도 장차 임할 나라이며, 하나님의 백성인 우리는 그 나라의 징후들을 세우는 '기쁜 소식'의 공동체다. 그러한 징후들이 우리의 공동체 생활, 문화 속에서 겉으로 드러나는 직장 생활, 가정 생활과 개인 생활의 전 영역에 나타나야 한다.

건강한 공동체와 활기찬 영성의 필요성

교회의 사명도 범위가 넓고, 그 사명을 방해하는 주변 문화의 우상숭배도 범위와 위력이 똑같이 포괄적이다. 그것을 알면 알수록, 교회가 어떻게 이 과제를 책임감 있게 수행할 것인가를 묻지 않을 수 없다. 우리는 교회가 복음에 뿌리를 두고 있어야만 사명에 충실할 수 있다고 믿는다. 그리고 그러한 뿌리는 건강한 공동체와 활기찬 영성이 있을 때만 가능하다. 사도행전 2:42-47의 예루살렘교회에서 그 두 가지 요소를 모두 볼 수 있다. 신자들은 (공동체의 일원으로서) 서로에게 깊이 헌신했고 성경, 기도, 교제, 주의 만찬에도 깊이 헌신했다. 박해와 역경이 교회를 공격해 와도 그러한 확고한 헌신이 계속 그들의 사명에 버팀목과 자양분이 되어 주었다(예를 들면, 행 4:32-35).

활기찬 영성은 교회가 사명을 수행하는 데 꼭 필요하다. 세상에서 사명을 다하도록 제자들을 마지막으로 준비시키시던 중에(요 14-17장) 예수님은 열매를 맺으려면 반드시 그분 안에 거해야 한다고 말씀하셨다. 포도나무 가지처럼 우리도 "줄기와 가지의 딱딱한 껍질 속에 숨어 있는 무수한 작은 관들을 통해" 그리스도의 생명을 수액으로 받으며, 그 수액은 세상에 생명을 준다.[22] 하나님께 드리는 예배와 감사, 그분을 따르는 헌신, 다른 사람들을 위한 중보 기도, 성경 읽기와 묵상 등의 방법을 통해 우리는 세상에서 사명을 다하도록 준비될 뿐만 아니라 계속해서 힘을 공급받는다. 아울러 하나님의 은혜를 받는 이 모든 방법은 본래 서로 교제하는 가운데 경험하도록 되어 있다.

창조와 죄와 회복의 관계

지금까지 성경 이야기의 굵직한 줄거리인 창조, 죄, 회복을 고찰하면서 그 셋의 관계도 함께 살펴보았다. 죄는 하나님의 선한 창조 세계를 더럽히고, 하나님의 구원은 그것을 회복시킨다. 하지만 이러한 관점을 교회 전체가 받아들이는 것은 아니다.

자연과 은혜

교회의 다양한 전통이 그간 '자연'(3장에서 말한 죄로 변질된 인간 세상)과 '은혜'(4장에서 말한 하나님이 이루시는 구원)의 관계를 어떻게 보았는지 살펴보면, 창조와 죄와 회복에 대한 그리스도인들의 서로 다른 관점들을 알 수 있다. 정통 그리스도인들은 구원과 타락한 세상의 관계를 적어도 네 가지 방식으로 이해했다.[23]

(1) 첫째 입장은 '자연과 대립하는 은혜'다. 은혜와 자연은 서로 적대 관계다. 그리스도인들은 악한 세상에서 물러나, 세상과 분리된 구원을 추구한다. (이 입장은 종종 부당하게 재세례파, 수도원 운동, 일부 분파의 초기 교회와 관련지어져 왔다.)

(2) 둘째 입장은 '자연 위에 있는 은혜'다. 여기서는 은혜가 자연에 적대적이지 않고 오히려 자연을 성취 내지 완성시킨다. 은혜는 초자연적으로 자연 위에 있고, 자연은 은혜 없이는 불완전하다. 구원은 자연에 뭔가를 더하여 완성을 이루려 한다. (이 입장은 가톨릭의 토마스 아퀴나스와 그를 따르는 일부 가톨릭 전통과 관련지어져 왔다. 개신교 내에서도 두드러진 입장이다.)

(3) 셋째 입장은 '자연과 공존하는 은혜'다. 자연은 그 자체로 온전하며, 그리스도인의 삶은 그저 하나님의 창조 세계 속에 사는 삶과 나란히 공존한다. (일부 루터 교회와 북미 복음주의 전통에서 흔히 이 입장을 취한다. 루터의 '두 나라'가 좋은 예다.)

(4) 마지막 입장은 '자연에 스며드는 은혜'다. 여기서 은혜는 세상에 스며들어, 세상을 더럽히는 죄로부터 세상 전체를 치유하고 회복시키는 치유의 능력이다. (흔히 이 입장을 개혁주의 전통과 관련짓지만 복음주의, 재세례파, 가톨릭, 기타 전통에도 이 입장을 지지하는 사람들이 많이 있다.)

자연과 은혜의 관계를 보는 관점이 이렇게 다르다 보니, 주변의 문화 속에서 우리가 수행해야 할 하나님 나라의 사명을 보는 접근도 달라질 수밖에 없다. 첫째 방안(자연과 대립하는 은혜)은 죄의 위력과 영향은 분명히 보지만, 창조 세계에 지속되는 선은 제대로 보지 못한다. 교회가 이 입장을 취하면 문화를 최대한 회피할 수 있다. 둘째와 셋째 방안(자연 위에 있거나 자연과 공존하는 은혜)은 창조 세계를 변질시키는 죄의 위력을 충분히 인식하지 못한다. 이런 입장을 취하는 사람들은 교회의 문화적 사명을 생사를 가르는 전투로 보지 않을 수 있다. 그들은 그리스도인도 학문, 정치, 경제생활 등에 믿지 않는 이웃들과 똑같은 방식으로 참여하면 된다고 생각할 수 있다. 따라서 기독교 세계관과 여타 세계관들 사이에 긴장감이나 정면 충돌이 거의 없다.

우리는 은혜가 자연에 스며든다고 보는 넷째 입장이 복음에 가장 가깝게 일치한다고 믿는다. 이 장에 상술한 것도 바로 그 입장이다. 다음 단락에서 세 가지 예화로 그것을 설명하고자 한다.

창조와 죄와 회복: 성경적 세계관의 세 렌즈

성경을 통해 세상을 본다는 것은 사실상 동시에 세 렌즈로 세상을 보는 것이다. 즉, 하나님이 세상을 창조하신 것, 죄로 말미암아 뒤틀어진 것, 그리스도의 사역으로 구속되고 있는 것으로 보는 것이다. 세 렌즈 중 하나라도 빠지면 성경적 세계관은 일그러진다. LCD 영사기에 빨강, 노랑, 초록의 세 렌즈판이 필요한 것과 같은 이치다. 색깔이 제대로 나오려면 셋 다 있어야 하며, 세 렌즈 중 하나라도 빼면 영상이 허위가 된다. 창조와 죄와 회복의 세 렌즈 중 하나라도 빼면 우리의 세계관은 왜곡된다. 다음 세 가지 예화를 통해 그것을 더 분명히 볼 수 있다.

(1) 선한 창조 세계는 지상의 어느 한 나라와 같다. 하나님(정당한 통치자)이 다스리시던 그 나라에 찬탈자(죄를 들여온 사탄)가 끼어들어, 용케 그곳에 자신의 포학한 정권을 세우고 온 나라를 더럽히고 온 주민을 노예로 삼았다. 그러나 본래의 통치자가 찬탈자를 몰아내고 나라를 되찾고자 긴 정벌에 나섰다. 그분은 전쟁을 벌여 결정적 전투(십자가에서 절정에 달한)에서 승전하셨다. 하지만 승리가 확정되었음에도 불구하고 아직 완결되지는 않았다. 찬탈자는 계속 사력을 다해 발악하고 있으며, 그 나라의 시민들은 정해진 종전을 고대하며 아직 그 싸움에 동참하고 있다.

(2) 선한 창조 세계는 건강한 신생아와 같다.[24] 아기는 아무런 결

함도 없다는 점에서 온전하지만, 태어날 때의 모습이 아닌 그 이상이 되어야 한다는 점에서 아직 잠재력을 지니고 있다. 아기는 성장하고 발육하고 변화되어야 한다. 그런데 아기가 병에 걸린다. 병은 아기를 완전히 죽이지는 못하지만 아기의 발육을 방해하고 틀어놓기 시작한다. 그리하여 아기 안에서 두 개의 서로 다른 과정이 동시에 진행된다. 아기의 몸은 순리대로 자라고 발육하려 하지만 몸 안의 병도 함께 자라서 악화된다. (죄가 창조 세계에 미치는 영향도 그와 같다. 죄는 창조 세계를 완전히 또는 단번에 죽이는 것이 아니라 시간을 두고 타락시키고 오염시키고 변질시킨다.) 의사가 방도를 찾아내 치료에 나서야 한다고 생각해 보라. 의사의 방도란 아기를 죽이거나 본래와 다른 존재로 만들지 않으면서 병만 죽여 아기를 다시 건강하게 하는 것이다. 하나님의 치유 사역도 그와 같다. 그분은 창조 세계를 멸하거나 뭔가 다른 존재로 만들지 않으신다. 구원 사역 전체는 창조 세계를 병들게 한 죄만 제거하여 창조 세계(와 우리)를 건강하게 회복시키는 것이다.

(3) 끝으로, 월터스가 말한 '구조'와 '방향'의 구분이 상당히 도움이 된다. 창조 세계의 구조 자체는 지금도 하나님이 본래 설계하신 그대로다. 죄라는 영적인 세력은 창조 세계의 모든 면을 잘못된 방향으로 틀어 정당한 주인, 건강한 기능, 본연의 목표에서 벗어나게 만든다. 그러나 하나님은 자신의 영적인 능력으로 피조물 전체를 새롭게 하셔서 다시 그분 자신께로 방향을 돌리신다. 건강한 기능으로, 본연의 목표로, 창조 질서에 맞는 제자리로 되돌리시는 것

이다. 그래서 우리는 언어, 섹스, 경제 생활, 정치적 권위, 학문, 스포츠 등을 본래 하나님이 어떻게 기능하도록 설계하셨는지 말할 수 있다. 이 모두가 죄의 세력에 악영향을 입었고, 모두가 방향이 틀어져 어느 것 하나도 하나님이 의도하신 방식대로 기능하지 않고 있다. 그러나 이렇게 만물을 변질시키는 세력에 하나님은 사랑의 능력으로 맞서서서 오히려 만물을 자신과 화목하게 하신다. 만물을 새롭게 하시고 방향을 되돌리셔서 애초에 그분이 의도하신 대로 기능할 수 있게 하시는 것이다.

이원론의 위험

이렇게 세상을 창조, 타락, 회복의 렌즈로 보면 서구 복음주의 기독교에 두드러지게 나타나는 이원론을 물리칠 수 있다. 이원론은 삶을 '성'과 '속'의 영역으로 구분한다(참고. 그림3). 이러한 이원론의 시각으로 보면, 예를 들어 기도와 예배는 신성한 활동이지만 오락과 섹스는 그저 세속적 활동이 된다. 사역자나 선교사는 '주의 일을 하는'(신성한 영역에 속한) 사람이지만 언론인이나 정치가는 세속적 직업에 종사하는 사람이 된다. 교회는(어쩌면 가족도) 신성하지만 대학과 사업계는 세속적인 기관이 된다. 이원론적 세계관에서는 '신성한' 영역에 속한 사회 기관, 직업, 활동이 대개 '세속적' 영역에 속한 그것들보다 우월한 것으로 간주된다. 따라서 기도가 오락보다 낫고, 사역자가 언론인보다 낫고, 교회가 대학보다 낫다.

성	속
활동	
기도	오락
예배	섹스
직업	
사역자	언론인
선교사	정치가
사회 부문	
교회	대학
가정	사업

그림3. 성속 이원론

    그러나 이런 이원론적 인생관은 문제가 많다. 우선, '세속적' 영역의 활동, 직업, 사회 부문들도 '신성한' 영역의 그것들 못지않게 하나님께 속한 것이다. 오락, 섹스, 언론, 정치, 학문, 사업은 다 '심히 좋은' 창조 세계의 일부다. 삶의 그러한 차원들이나 '신성한' 차원들이나 다 하나님이 정하신 것이다. 세상 전체와 인간의 활동 전체가 그분께 속한 것이기에 우리는 삶의 모든 영역에서 하나님을 섬겨야 한다.

    나아가, '신성한' 영역의 활동, 직업, 사회 부문들도 죄로 뒤틀리고 변질되었기는 마찬가지다. 단지 '신성하다'는 이유만으로 그것들을 선하게 여길 수는 없다. 허울뿐인 예배와 이기적인 기도도 있고, 불충성한 사역자와 게으른 선교사와 역기능적인 교회도 있다. 이 모두를 하나님이 치유해 주시고, 방향을 돌려 주시고, 구속해 주셔야 한다.

하나님이 지으신 만물은 그분의 심히 좋은 세상 속에서 각기 제자리가 있다. '성'과 '속'을 떠나 모든 피조물은 죄로 더러워졌으며, 저마다 하나님의 뜻에 맞게 정화되고 회복될 수 있고 또 그리 될 것이다.

완성: 회복이 완결된 상태

기독교 세계관은 성경 이야기가 어떠한 목표점을 향하여 가고 있는가에 유의해야 한다. 그 목표점은 천국에서 영으로 존재하는 상태인가, 아니면 새 땅에서 회복되어 몸으로 살아가는 삶인가? 서구 복음주의에 좀더 널리 퍼진 입장은 개개 그리스도인이 천국에서 영원히 사는 것이 구속사의 목표점이라는 것이며, 적어도 과거에는 그런 입장이 우세했다. 그러나 우리가 믿기로 성경에는 하나님이 구속을 이루시는 목표가 창조 세계 전체를 새롭게 하시는 것이라고 나와 있다. 이러한 구분은 넓게는 성경적 세계관 전반과 좁게는 교회의 문화적 사명에 아주 중요한 의미를 지닌다.[25]

회복된 창조 세계가 곧 하나님 나라다

데이비드 로렌스(David Lawrence)가 바로 말했다. "성경 전체는 우리에게 이 땅의 삶이 영광스럽게 쇄신될 날을 기대하게 한다. 따라서 내세는 새 땅에서 하나님과 함께 살아가는 끝없이 신나는 모험이 될 것이다. 행위마다 그분의 임재가 충만한 가운데, 우리는 죄와 죽음과 모든 아프거나 해로운 것에서 해방되어 이전 어느 때보다 더 인간다운 인간이 되는 것이다."[26]

하나님의 나라는 포괄적으로 회복될 것이다. 따라서 인간의 삶 전체와 창조 세계 전체는 본래의 모습으로 회복되어 주님을 섬기게 될 것이다. 그것이 성경 이야기의 목표점이다. 이것이 성경적 세계관에 왜 그렇게 중요한가? 이번에도 로렌스가 답해 준다. "그동안 우리는 하나님이 우리를 향하여 품고 계신 궁극적 계획을 '천상'에서 있을 '영적'인 일로 보았고, 그래서 영적인 것들을 하나님의 주된 관심사로 생각했다. 만일 영적인 천국이 하나님이 우리에게 주시려는 최선이라면, 이 땅이나 이 땅에 거하는 우리의 물리적 실존은 어차피 '차선'일 수밖에 없다."[27] 하지만 이미 보았듯이, 하나님은 자신의 선한 창조 세계를 사랑하시며, 그것을 자신의 것으로 되찾으시려는 계획이 한 번도 흔들리신 적이 없다. 창조 세계는 '차선'이 아니며, 우리가 그것이 차선인 양 행동한다면 그것은 창조주를 욕되게 하는 일일 뿐만 아니라 그분의 백성으로서 중간 시대를 살아가는 우리의 사명까지 변질시키는 것이다.

앞서 보았듯이, 예수님의 초림과 재림 사이에 끼어 있는 이 시대의 의미는 우리가 사명을 다하는 데 있으며, 그 사명이란 우리의 존재와 말과 행동으로 기쁜 소식을 전하는 것이다. 성경의 가르침대로 과연 구속이 창조 세계 전체를 회복하는 것이라면, 우리의 사명은 기쁜 소식을 구현하는 것이다. 기쁜 소식이란 우리 문화의 공적인 삶까지 포함하여 창조 세계에 존재하는 삶의 모든 부분이 회복되고 있다는 것이다. 이러한 기쁜 소식은 우리의 환경 보호로 나타날 것이고, 우리가 국제 관계, 경제 정의, 사업, 대중매체, 학문, 가정, 언론, 산업, 법률 등에 임하는 방식으로 나타날 것이다. 하지만 구속이 내세의 구원으로 그친다면(예를 들어 무디가 믿었던 것처럼), 우리의 사명은 사람들을 천국에 가게 하려는 전도 정도로 축소될 것이다. 그리되면 삶의 대부분이 교회의 사명 밖으로 밀려날 것이다. 우리는 하나님의 창조 세계 대부분을 그것이 자기 것이라고 주장하는 악한 세력들에게 내줄 수밖에 없고, 그리하여 그리스도가 만유의 창조주요 주이심을 선포해야 할 소명에 실패하고 말 것이다.

기쁜 소식을 서구 문화 속에서 구현하다

성경 이야기에서 우리가 해야 할 역할은 하나님이 지금 창조 세계를 회복하고 계시다는 기쁜 소식을 구현하는 것이다. 그러한 증언은 성육신의 삶을 요구하며 늘 상황과 맞물리게 되어 있다. 즉, 그것은 하나님이 우리를 두신 때와 장소에 따라 구체적인 문화적 정황 속에서 빚어지고 형성된다. 문화적 정황마다 고유의 기회들과 위험들이 뒤따르는 법이므로, 이 일에 충실하려면 우리가 처해 있는 문화적 정황을 알아야 한다. 우리는 어떠한 문화적 환경 속에서 예수님이 주이심을 알리도록 부름받았는가? 다음 장에서부터 그 질문에 답해 보고자 한다.

5

모더니즘의 뿌리

기독교 신앙의 핵심에 "말씀이 육신이 되어"(요 1:14)라는 고백이 있다. 예수 그리스도는 하나님을 보여 주시고 창조 세계의 목적을 보여 주시는 충만한 계시인데, 그런 분이 하나님 나라의 기쁜 소식을 특정한 역사적·문화적 정황 속에서 알리셨다. 마찬가지로 예수님을 따르는 사람들도 저마다의 특정한 문화 속에서 기쁜 소식을 구현하도록 부름받았으며, 그러한 문화적 정황은 늘 기독교의 증언에 특정한 형태를 부여한다. 따라서 우리는 우리가 속해 있는 문화와 시대의 이야기와 세계관을 고찰할 필요가 있다.

에덴동산 이후로 인간이 만들어 낸 모든 문화의 적어도 일부분은 기독교 세계관과 양립할 수 없는 인생관에서 생겨났다. 따라서 서구 문화의 환경과 그것을 형성해 온 신념들을 잘 이해하는 것이 중요하다. 그래서 레슬리 뉴비긴은 이렇게 촉구한다. "앞으로 수십 년 동안 비할 나위 없이 시급한 선교적 과제는 '모더니즘'에 대응하는 사명이다.…우리는 예리한 지적인 도구들을 사용하여 모더니즘이 당연시하는 전제들의 배후를 캐고, 그것들을 떠받치는 숨은 신조를 파헤쳐야 한다."[1] 지금부터 석 장에 걸쳐서 서구 문화를 뒷받침하는 '숨은 신조'(세계관)를 파헤치고자 한다.

우리는 서구 문화의 이야기를 세 시기로 나누는데, 이 장에서는 우선 모더니즘의 세 가지 뿌리를 고찰한다. 고전 시대, 복음, 그리고 중세기에 나타난 고전적 인본주의와 복음의 혼합이다. 다음 장에서는 르네상스기에 '중흥한' 모더니즘 세계관이 20세기에 이르기까지 발전해 온 과정을 설명한다. 그리고 끝으로 이런 질문을 던진다. 오늘날 서구를 형성하고 있는 시류들은 무엇인가?

인본주의 신조: 우리 자신이 신이 되어야 하지 않겠는가?

인본주의라는 말은 의미의 폭이 아주 넓다. 최선의 의미에서 그것은 단순히 인간이 존엄한 존재라는 것과 인간 조건을 개선하려는 노력이 필요하다는 것을 인정하는 말이다. 하지만 여기서 말하는 것은 서구 문화의 영적 구심점이 된 고백적 인본주의다. 즉, 이것은 창조주, 통치자, 구주이신 하나님의 자리를 인간이 대신 차지한 신념 체계를 말한다.

1세기도 더 전에 독일의 철학자 프리드리히 니체(Friedrich Nietzsche, 1844-1900)는 섬뜩한 비유 하나를 말했는데, 비유에 등장하는 광인은 우리가 하나님을 죽였다는 충격적 고발을 내놓는다. "당신과 나, 우리가 그를 죽였다. 우리 모두 그를 죽인 살인자다."(여기서 니체는 서구 문화가 공적인 삶에서 하나님을 몰아낸 18세기 계몽주의를 암시하고 있는데, 그것에 대해서는 다음 장에서 살펴볼 것이다.) "살인자 중의 살인자인 우리 자신을 어떻게 위로할 것인가?" 광인은 묻는다. "자격이 있어 보이기 위해서라도 우리 자신이 신이 되어야 하지 않겠는가?"[2]

광인의 말이 맞다. 하나님이 없다면 인생에 의미를 부여하고, 창조 세계에 질서를 세우고, 옳고 그름의 보편 기준을 정해 줄 창조주도 없기 때문이다. 하나님이 정말 죽었다면 인간이 창조주 노릇을 해야 한다. 인간이 삶의 목적도 규정하고, 질서도 세우고, 무엇이 옳고 참되고 선한지도 정해야 한다. 뿐만 아니라, 하나님이 없다면 역사에 의미를 부여하고 역사를 목표점 쪽으로 이끌어갈 주권적 통치자도 없다. 그 일까지도 인류가 맡아야 하는 셈이다. 끝으로, 하나님이 없다면 그리하여 세상을 악으로부터 해방시켜 줄 구주가 없다면, 인류를 구원하는 일도 인간 스스로 해야 한다. 「인본주의 선언」(Humanist Manifesto I)에 나와 있듯이, "자신이 꿈꾸는 세계를 실현하는 것도 인간이…단독으로 할 일이고, 그것을 성취할 능력도 인간에게 있다."[3] 콜리스 라몬트(Corliss Lamont)도 그 점을 확증하며, 인본주의가 "우리에게 떠맡기는 일은 다름 아닌 우리 자신의

구주와 구속자가 되는 일이다"라고 했다.[4]

서구 문화를 형성하는 고백적 인본주의는 우선 세속주의적이라 할 수 있다. 본래 이 말은 단순히 세상을 뜻하는 라틴어 'saeculum'에서 왔다. 그것은 시간과 공간 속에 존재하는 이 세상을 가리키는 말이었다. 그러나 세속주의라는 말에는 이 세상이 하나님과 단절되어 있다는 신념이 깔려 있다. 신의 존재 여부를 떠나, 그런 관점에서는 신과 세상 사이에 지속적인 관계가 없다. 인본주의는 또한 **자연주의적**이라 할 수 있다. 자연주의는 이 세상이 전부이고 그 외에는 아무것도 없다는 신념을 신봉한다.[5] 끝으로, 고백적 인본주의는 **합리주의적**이라 할 수 있다. 이는 인류가 신 노릇을 하는 엄청난 일을 인간의 이성으로 능히 해낼 수 있다는 굳은 신념이다. 합리주의자는 인간의 이성으로 (특히 과학적 방법대로만 하면) 인간 이외의 피조물과 인간 사회의 법칙을 능히 이해할 수 있으며, 인간의 목적에 맞게 창조 세계를 관리하고 정복할 능력도 얻을 수 있다고 믿는다. 여기서 과학적 방법이 아주 중요한 역할을 하므로 고백적 인본주의를 **과학주의적**이라 할 수도 있다. 과학주의의 기초는 이성이 (자연과학과 기술의 도움으로) 인간 이외의 피조물을 정복할 수 있고, 이성이 (사회과학의 도움으로) 경제, 정치, 교육, 법률을 비롯한 인간의 모든 문화를 관리하고 통제할 수 있다는 신념이다. 인본주의자는 우리가 이성과 과학을 믿고 그 길로 충실히 가기만 하면 행복, 자유, 물질적 부, 진실, 정의 등의 세계로 진보하는 것은 보장된 일이라고 믿는다.[6]

이렇게 세속주의적이고 자연주의적이고 합리주의적이고 과학주의적인 고백적 인본주의는 '계몽주의 세계관', '현대 세계관', 그냥 '모더니즘' 등으로도 불려 왔다. 이 세계관에 '현대'라는 말이 붙는 것은 '종교적', '신화적', '미신적'이라고 하는 과거의 세계관들과 구분하기 위해서다. 물론 여기에는 인류가 마침내 성숙해져서, 한물간 유치한 '종교적' 세계관들을 버렸다는 가치 판단이 깔려 있다. 계몽주의라는 말은 단순히, 그러한 형태의 인본주의가 무르익어 서구의 세속 문화 속에서 지배적 세계관이 된 시대(18세기)를 가리키는 말이다.

그러한 세계관은 확고한 신앙적 결단을 필연적으로 내포하는데, 지난 수세기 동안 서구 문화를 형성해 온 세력이 바로 그 세계관이다. 그것은 오랜 세월에 걸쳐 유럽에서 발전하다가 북미 등 유럽의 식민지들로 전수되었고, 지금도 세계화 과정을 통해 전 세계로 계속 퍼지고 있다. 또한 그것은 **포스트모더니즘**이라는 새로운 인본주의 정신으로부터 다방면으로 공격을 받고 있기도 하다. 계몽주의의 인생관은 그리스도의 포괄적 권위를 증언하는 그리스도인들의 세계관과 여러 모로 대척된다. 심지어 그것은 "과거 인류 역사의 어떤 반종교적 세력들보다도 훨씬 더 치명적인 적"일 수 있다.[7] 그러므로 기독교 공동체는 그것을 잘 이해하는 것이 중요하다.

기독교 이야기와
모더니즘의 역사적 발전

아이러니지만, 모더니즘 곧 고백적 인본주의를 형성해 온 것은 다분히 기독교 이야기다. 마이클 폴라니(Michael Polanyi)는 지난 2세기 동안 서구 문화에 모더니즘이 급등한 것은 복음이라는 산소 덕분에 고전적 인본주의가 점화되어 타오른 결과라고 했다.[8] 문화사가 크리스토퍼 도슨(Christopher Dawson)은 인본주의에 영적 탄력과 형태를 부여한 것은 "과거 기독교의 축적된 자원"이라고 보았다.[9]

모더니즘의 발전은 기독교 세계관과 고전적 인본주의 세계관이 오랜 세월 상호작용을 하면서 이루어졌다. 고전적 인본주의의 뿌리는 이교 그리스 문화였으며, 예수님이 태어나신 세상도 그러한 인생관에 젖어 있었다. 그분은 복음으로 다른 포괄적 세계관을 내놓으셨다. 그러나 복음은 늘 문화적 형태를 띠는 경향이 있으므로, 초대교회는 기독교 신앙을 고전적 인본주의에 존재하던 문화적 용어와 형태로 구현하고 표현했다. 기독교와 고전적 인본주의는 둘 다 포괄적이며 흔히 서로 대립되는 인생관인데, 그 둘 사이의 오랜 관계와 상호작용은 그렇게 시작되었다.

중세시대 동안(13세기까지)에 그 두 세계관은 적당히 안정된 혼합을 이루기 위해 어쩔 수 없이 서로 양보해야 했다. 그러한 혼합의 결과로 복음에 어느 정도 타협도 있었지만, 복음은 르네상스기(14-

15세기)부터 출현하기 시작한 인본주의적 세계관을 형성하고 그 속에 배어들었다. 종교개혁(16세기)은 그동안 복음이 경시해 왔던 부분들을 재발견하면서, 그 세계관이 형성되는 과정에 새로운 탄력을 더해 주었다. 그러나 역설적으로, 종교개혁은 여러 모로 인본주의적 인생관을 더 고착시키는 역할도 했다. 과학혁명(16-17세기)이 일어날 때만 해도 아직 기독교 세계관과 인본주의 세계관이 서로 맞물려 있었다. 하지만 그 시기가 끝나 가면서 인본주의 쪽이 지배적이 되었고, 거기서 계몽주의(18세기)가 태동했다. 그 뒤로 인본주의 세계관은 기독교 세계관과 점점 멀어지다가 마침내 서구 인류는 니체의 말대로 하나님을 '죽인' 것처럼 되기에 이른다. 고백적 인본주의 세계관은 오랜 세월에 걸쳐 복음과 접촉하면서 그 이득을 그대로 누리는 가운데, 19-20세기 산업혁명, 사회혁명, 정치혁명을 통해 사회와 문화 속으로 녹아들었다. '포스트모더니즘'의 공격이 있기는 하지만, 오늘날에도 고백적 인본주의(즉 '모더니즘')는 온 세상을 형성하는 막강한 세력으로 남아 있다.

이야기를 어떻게 할 것인가?

아프리카 속담에 "사자들 중에서 역사가가 나오기까지는 사냥꾼이 늘 이야기의 주인공이다"라는 말이 있다. 그동안 통상적으로 서구의 역사를 말해 온 방식은 결코 중립적이지 않다. 고백적 인본주의의 신념들이 그 이야기의 '주인공'이다. 고전(B.C. 6세기-A.D. 5세기), 중세(5-15세기), 현대(15세기-현재), 포스트모던(20세기 말과 21세기 초) 등 통상적으로 서구 역사의 네 시기를 부르는 명칭을 생각해 보라. 이것은 중립적인 명칭들이 아니라 각 시대의 공과를 따져서 가치 판단을 내린 것이다. 고전이라는 말은 가치를 인정받았거나 모범적인 기준이 되는 것을 지칭하는 긍정적인 단어다(예를 들어 '고전 음악'이나 '코카콜라 클래식'을 생각해 보라). 현대라는 말도 구식이나 폐물이나 한물간 것이 아니라 최신의 것을 묘사하는 긍정적인 단어다(폐물이 되고 싶은 사람이 누가 있겠는가!). 중세라는 단어는 훨씬 모호하다. 옥스퍼드 영어사전에 맨 먼저 나오는 정의는 말 그대로 "중세 시대"지만, 두 번째로 "아주 구식이다, 시대에 뒤졌다"는 정의도 나온다. 2천 년도 더 된 시대(고전 시대)는 가치를 인정받는 데 반해, 끝난 지 6백년도 안 된 시대(중세 시대)는 우리 시대와 훨씬 가까운데도 구식으로 통하다니, 어떻게 그럴 수 있는가? 학자들이 기독교가 출현하기 이전의 시대를 왠지 우리 시대의 모범으로 여기게 된 것은 분명히 (고전) 그리스에 인본주의가 출현한 것 때문이다. 또한 중세라는 단어에 부정적인 어감이 생겨난 것도 교회 중심으로 돌아가던 중세기의 문화가 인본주의를 억압했기 때문이다.

기독교와 고백적 인본주의는 서구의 두 가지 굵직한 세계관인데, 이 상반된 두 세계관의 발달사를 살펴보기에 앞서 우리는 각 시대의 명칭부터 다르게 제시하려 한다. 그리스도인 철학 역사가 디르크 볼렌호벤의 책에서 영감을 얻은 이 호칭들은[10] 일부러 복음을 '이야기의 주인공' 자리에 둔다. 그래서 우리는 그리스와 로마의 (고전) 시대를 이교 시대로 지칭할 것이며, 이는 그 문화가 퇴보되었다는 뜻이 아니라 단순히 복음의 빛이 없는 상태에서 발전되었음을 상기하기 위해서다. 중세는 두 가지 포괄적 세계관의 타협, 섞임, 융합이 특징이므로 혼합 시대라 부를 것이다. 현대는 중세기 이후에 인본주의 세계관과 기독교 세계관의 대척 관계가 심화된 것을 부각시키기 위하여 대립 시대라 부를 것이다. 흔히 말하는 '포스트모던' 시대는 신(新)이교 시대라 이름붙일 수 있다.[11] 이교 시대가 복음의 빛이 아직 없었던 문화를 가리킨다면 신이교 시대는 복음을 거부하고 태동한 문화를 가리킨다.

서구 문화를 지배하는 세계관인 모더니즘은 어느 날 하늘에서 뚝 떨어진 것이 아니라 오랜 역사의 산물이다. 서구 문화의 기초가 된 근본 신념들은 여러 시대에 걸쳐서 형성되었다. 지금부터 그 발달사를 간략히 더듬어 보면서, 서구인들이 삶의 기준으로 삼고 있는 이야기를 말해 보고자 한다.[12]

서구 세계관의 뿌리1 : 그리스와 로마의 이교 (B.C. 6세기-A.D. 5세기)

모더니즘, 즉 고백적 인본주의의 기원은 B.C. 6세기 초에 이오니아의 밀레투스(Miletus)라는 도시에 살던 세 그리스인-탈레스(Thales), 아낙시만드로스(Anaximander), 아낙시메네스(Anaximenes)-의 관점으로 거슬러 올라갈 수 있다. 이 사람들은 세상을 가장 잘 이해할 수 있는 길은 (그리스인들을 비롯한 모든 고대 민족의 통념처럼) 신화나 종교가 아니라 세밀한 관찰과 이성만으로 세상의 합리적 질서를 알아내고 설명하는 것이라고 믿었다. 예를 들어, 탈레스(B.C. 636-546)는 지진이 포세이돈(바다의 신) 때문에 생겨나는 것이 아니라 땅이 물 위에 떠 있다 보니 물이 밑에서 소용돌이칠 때 발생하는 현상이라는 견해를 내놓았다. 아낙시메네스(B.C. 585-525)는 무지개가 이리스(Iris) 여신의 현현이 아니라 태양광선이 밀도 높은 대기에 떨어진 결과라고 보았다.

뒤를 이어 다른 사람들도 신화나 신적 권위에 의지하고 않고 세상의 질서를 설명하려고 했다. 종전의 신화적 세계관은 "독립적인 이성을 점점 더 의존하는" 쪽으로 바뀌었고, 그리스의 "사회와 문화의 발전 전반에 합리주의가 팽배해지면서 건축, 예술, 정치, 의학, 역사, 천문, 윤리, 학문 등도 점차 인간의 독자적 이성을 더 믿고 그것의 지배를 받게 되었다."[13]

그리스의 이교 세계관이 가장 포괄적이고 체계적인 철학으로 표현된 것은 플라톤(B.C. 427-348)과 그의 제자 아리스토텔레스(B.C. 384-322)에 이르러서다. 두 사람을 지배한 관심사는 늘 변하는 인간의 문화를 초월하는, 불변의 질서와 진리를 찾는 일이었다. 이들의 그러한 추구는 그저 탁상공론이 아니었다. 그들은 인간의 개인 생활과 사회 생활이 마음껏 피어날 수 있는 질서를 조성하려면 반드시 보편적 진리를 알아내야 한다고 믿었다. 예를 들어, 플라톤은 「공화국」(The Republic)에서 정의와 그것이 아테네의 생활 양식을 형성할 수 있는 방식을 모색했고, 아리스토텔레스는 「정치학」(Politics)에서 그리스의 도시 국가를 형성하는 데 관심을 두었다. 두 사람 다 성경을 접할 수 없었으므로 하나님이 선한 창조 질서를 주셨다는 것과 하나님을 경외하면 그 질서를 알 수 있다는 것을 몰랐다. 그래서 그들은 이성으로 알아낼 수 있는 불변의 합리적 질서에서 진리를 찾고자 했다. 하지만 우주적 질서의 본질이 무엇이며 이성이 어떻게 진리를 알아낼 수 있는가에 있어서는 두 사람이 서로 달랐는데, 이러한 차이가 나중에 서구 세계관에 심오한 영향을 미치게 된다. 기본적 차이가 라파엘(Raphael)의 그림 "아테네 학파"(The School of Athens, 1510-1511)에 예시되어 있다(참고. 그림4).

왼쪽은 전체 그림이고 오른쪽은 그림 한가운데에 있는 플라톤과 아리스토텔레스를 확대한 세부도다. 연장자인 왼쪽의 플라톤을 잘 보면 손가락이 하늘을 향하고 있는데, 이는 진리란 초월적인 이데아 세계에서 찾는 것이라는 표시다. 반면, 아리스토텔레스는 오른손이 땅을 향하고 있는데, 이는 물질계 내에 있는 불변의 질서를 관찰함으로써 진리에 도달한다는 뜻이다.

플라톤은 세상이 가시적(물질적) 영역과 비가시적(영적) 영역으로 이루어져 있다고 보았다. 가시적인 물질 세계에는 의자, 결혼, 정의로운 행위 같은 특수한 개체들이 존재하고, 비가시적인 영의 세계(그림 속의 플라톤이 가리키는)에는 의자, 결혼, 정의라는 보편적 이상

◀ 플라톤과 아리스토텔레스

그림4. 라파엘의 "아테네 학파"

또는 이데아가 존재한다. 특수한 개체들도 보편적 이데아들이 지닌 속성을 어느 정도 가지고 있을 수는 있지만, 우리에게 세상의 불변하는 질서를 주는 것은 이상들 자체다. 인류는 이성을 구사하여 그러한 불변의 이상들을 알아냄으로써 지식과 윤리와 사회 생활을 구축해 나갈 수 있다. 플라톤은 이러한 이원론적 세계관에 걸맞게 인간관도 이원론적이어서, 인간을 물리적 몸과 이성적 영혼으로 구분했다. 사람이 죽으면 몸은 소멸되지만 영혼은 결국 눈에 보이지 않는 세계로 돌아가는데, 그 세계는 보편적 이상들이 존재하는 고차원적 영역이며 질서의 근원지다. 이렇듯 플라톤은 늘 영의 세계인 위를 지향했으며, 영의 세계는 불변하는 질서가 나오는 출처였고 영의 세계에 이르는 유일한 길은 이성을 통해서였다. 플라톤에게 물질계와 육체는 참된 영적·이성적 삶을 막는 악한 장애물이었다.

라파엘의 그림에서 아리스토텔레스는 자신이 서 있는 땅을 가리킨다. 그는 이성이 세상의 불변하는 이데아들을 관찰하여 진리를 발견한다고 보았다. 특수한 개체들(역시 의자, 결혼, 정의로운 행위 같은)을 조사해 보면 전체의 보편적 속성을 파악할 수 있다는 것이다. 이를 위해 아리스토텔레스는 분석 도구들로 가득한 총체적 작업 체계를 만들어 냈는데, 그것이 오늘날까지도 서구 사상에 중요하게 남아 있다.[14] 그리스 세계관은 "인간의 사고에 세상을 이성적으로 이해할 수 있는 능력이 있다"고 굳게 믿었는데, 그것이 아리스토텔레스의 철학에서 "절정에 달하여 가장 상세히 표현되었다."[15]

이교의 세계관은 그리스에 이어 로마 제국의 기간에도 계속 진화한다. 아리스토텔레스 이후로 5백 년쯤 지나 플로티노스(Plotinus, A.D. 205-270)는 플라톤의 이데아를 수정하여 그것의 종교적 형태인 신플라톤주의를 창시했다. 그즈음 로마 제국은 내부적으로 불안해진데다가 사회·경제적 기반이 매우 취약해지면서 쇠퇴하고 있었다. 쇠퇴하는 제국의 시민들은 세상으로부터 도피하여 안전과 구원을 얻고자 했고, 그러한 필요에 부응하고자 많은 신비 종교가 생겨났다. 플로티노스는 플라톤 사상의 네 가지 신조를 다음과 같이 발전시키고 살을 입혔다.

- 선한 영적 세계와 악한 물질 세계는 기본적으로 구분된다.
- 인간은 열등한 물리적 육체와 우월한 이성적 영혼으로 구성되어 있다.
- 이 물질 세계에서 몸으로 사는 삶은 영적인 삶보다 열등하다.
- 인간의 삶은 영적인 내세를 지향한다.

플로티노스에게 구원이란 영혼이 육체의 감옥에서 해방되어 눈에 보이지 않는 우월한 영적 세계로 올라가는 것이었다. 기독교 세계관이 신플라톤주의를 흡수하면서, 플로티노스 사상에 강조된 이러한 부분들은 중세 문화에 깊은 영향을 끼치게 된다.

서구 세계관의 뿌리2: 복음

그리스의 세계관은 이교 시대의 세계관이었다. 그러한 그리스의 세계관에 깔린 인본주의, 합리주의, 세속주의, 자연주의가 1세기 로마 제국을 형성했고, 바로 그 속에 나사렛 예수께서 들어서셨다. 그분의 메시지는 히브리 성경에 뿌리를 두고 있었는데, 성경이 말하는 역사 이야기는 하나님 나라가 도래하는 것으로 절정에 달한다. 그런데 예수님은 하나님 나라가 이미 도래했다고 선포하셨다. 이것은 의미와 규모 면에서 엄청난 메시지였고, 당대의 보편적 세계관에 깔끔히 수용될 수 없었다. 예수님은 인류 역사와 삶의 모든 의미와 목적, 그야말로 온 우주의 목적이 자신의 인격과 사역 속에 계시되고 있다고 선포하셨다. 이렇듯 복음이 내놓은 포괄적인 세계관과 그 안에서 인간이 차지하는 자리는 당시 문화를 지배하던 고전 인본주의라는 세계관과 정면으로 충돌했다.

복음은 그것을 진리로 믿고 예수님을 따르는 사람들의 공동체를 낳았다. 초기 그리스도인들은 한낱 사적인 종교의 신봉자들로 알려지기를 거부했다. 그들이 받은 구원은 영적·개인적·미래적·내세적 구원이 아니었다. 반대로 교회는 만인에게 진리―즉, 세상과 역사와 인생의 참 의미―를 주는 공적인 공동체로 자처했다.

복음과 로마의 고전 인본주의는 둘 다 포괄적인 세계관이다 보니 충돌을 피할 수 없었다. 초기 기독교 공동체는 복음의 범위가 포괄적이라는 것을 부정하고 그냥 지배 문화의 세계관에 순응할 수도 있었으나 그러지 않았다. 그들은 기독교 신앙을 로마 제국의 공적인 삶과 무관한 사적인 차원의 영성으로 격하시키지 않았다. 오히려 그들은 시저 대신 예수님을 주로 고백하고 자신들을 사적인 밀교가 아닌 공적인 회중으로 밝혔으며, 이로써 이교의 세계관에 이의를 제기하고 자신들의 세계관을 대안으로 내놓았다. 이러한 담대한 증언 때문에 교회는 로마의 분노를 사서 박해를 받았다.

  복음은 포괄적 인생관이지만 모든 문화에 적응 내지 변신할 수 있다. 복음은 지배 문화의 세계관에 맞서는 대안이지만 그렇다고 혼자서 저절로 효력을 내는 대안은 아니다. 복음 자체가 원래 성육신하는 속성을 가지고 있으므로, 복음은 본래의 포괄적 반응을 그대로 요구하면서도 동시에 다양한 문화적 형태를 띨 수 있고 사실 그래야 한다. 복음은 본래 유대인만의 것이 아니라 그것이 파고드는 모든 문화 속에 착생하도록 되어 있다. 복음은 모든 문화의 참된 통찰들을 인정하며, 여기에는 그리스의 고전 문화가 지녔던 통찰들도 포함된다. 복음은 바로 그 이교 문화 속에 가장 먼저 전해졌다.

  그런데 이렇게 복음이 문화적 형태를 띠면 주변 문화의 우상숭배에 오염될 위험성이 상존한다. 사실, 완성된 하나님 나라가 출현하기를 기다리는 동안 우리는 문화적 우상숭배에 맞선 싸움에서 늘 어느 정도밖에 성공할 수 없다. 우상숭배를 거부하고 복음을 충실하게 구현하려는 시도를 우리는 복음의 '충실한 토착화'라고 할 수 있다. 그 반대는 복음이 지배 문화의 우상숭배와 '불충실한 타협'을 하는 것이다. 그러나 복음의 모든 토착화는 어차피 그 양극 사이의 어딘가에 머문다는 점을 인정하는 것이 중요하다. 그래서 초창기 교회에는 충실한 토착화의 증거도 있지만 불충실한 타협의 증거도 함께 있다. 이교의 인본주의에 물들어 있던 세상 속으로 복음이 뚫고 들어가는 과정에는 그 두 가지가 공존했다. 그 뒤로 중세기의 발달사를 보아도, 기독교가 유럽 문화에 강력한 영향을 미친 증거와 [16] 반대로 그리스와 로마에서 물려받은 인본주의 세계관에 기독교 신앙이 불충실하게 타협한 증거가 다 나타난다. 바로 그 시대에 두 인생관의 혼합이 나타났는데 지금부터 그것을 살펴보고자 한다.

중세 초기의 혼합: 복음과 신플라톤주의 (5-10세기)

교회 역사의 첫 3백 년 동안 로마 제국의 문화적 환경은 기독교 신앙에 적대적이었다. 콘스탄티누스(Constantine) 황제가 그리스도인이 되어 기독교를 합법화한 데 이어 (A.D. 311년) 테오도시우스(Theodosius) 황제가 기독교를 제국 유일의 종교로 삼으면서(A.D. 380년) 교회는 변방에서 복판으로 옮겨갔다. 이로써 교회가 복음을 공적인 삶에 접목하게 되는 긍정적 효과도 있었지만, 교회를 그 반대 입장에 굴하게 만드는 부정적 효과도 있었다. 그리하여 교회는 제국의 우상숭배에 점점 더 취약해졌다.

중세 문화에 사상적 뼈대를 놓은 사람은 히포의 아우구스티누스 (A.D. 354-430)다. 그의 책 「하나님의 도성」(*The City of God*, 크리스챤다이제스트)은 천 년이 넘도록 수많은 세대의 사고를 형성하게 된다. 아우구스티누스는 복음을 충실히 토착화하려고 고심했는데, 당시에 복음은 이미 그리스 문화가 물려준 개념들로 옷을 입고 있었다. 하지만 아우구스티누스 자신도 상충되는 두 세계관 사이에서 긴장을 느꼈다는 증거가 있다. 회심하기 전에 그는 신플라톤주의 철학자였고, 신플라톤주의자인 암브로시우스(Ambrose) 주교의 영향으로 회심했다.[17] 그래서 아우구스티누스가 복음을 토착화하는 과정에서 성경적 세계관에 실제로 얼마나 충실했는가를 놓고 학자들 사이에 이견이 있다. 물론 아우구스티누스는 여러 면에서 신플라톤주의의 이교 정신에 이의를 제기했다. 그는 (창조 세계를 악하다 하여 거부한 신플라톤주의와 반대로) 창조 세계가 선함을 인정했고, 죄를 (창조 세계가 물질이라는 사실에 내재되어 있는 것이 아니라) 종교적 반항으로 이해했으며, 구속에 삶의 회복이 포함되어야 함을 (단지 영적 세계로 도피하는 것과 반대로) 적어도 웬만큼은 이해했다.

그러나 아우구스티누스가 보인 혼합 속에는 신플라톤주의 정신이 상당히 살아 있고, 이는 서구 문화의 발전에 부정적 영향을 미치게 된다. 예를 들어 「하나님의 도성」은 성경의 요소들과 신플라톤주의의 요소들을 서로 합해 놓은 것 같다. 그 책에는 역사의 목표점이 창조 세계를 회복하는 일인 것처럼 들리는 부분들도 많지만, 반대로 그의 신플라톤주의가 드러나는 부분들도 있다. 그런 부분들을 보면. 하나님 백성의 목표는 땅의 세계에서 하늘의 세계로 올라가는 것이다. 리처드 타너스(Richard Tarnas)는 아우구스티누스 자신의 신념들에 관해서는 혹시 과한 주장을 폈을지 몰라도, 중세 유럽에서 아우구스티누스의 많은 추종자가 그의 사상을 어떻게 이해하고 살아냈는가에 관해서는 잘 짚어 냈다. "현세에서 내세로, 자아에서 하나님께로, 육에서 영으로 도피하는 것이 인생의 가장 깊은 목적과 방향이 되었다.···아우구스티누스의 관점에서 보면···초월적인 영의 세계만이 정말 중요한 세계였다."[18] 이러한 수직적 지향은 중세의 사상에 깊이 각인되었고, 그리하여 인간의 삶은 점점 더 '영적' 세계를 지향하게 된다.

그러한 수직적 지향이 가장 잘 표현된 것이 아마 중세의 성당일 것이다. 성당에 들어서면 어쩔 수 없이 시선이 하늘로 향하게 되어 있다. 물론 그것을 하나님께 충실하게 반응할 것을 장려하는 의미로 이해할 수도 있다. 즉, 문화 생활이란 하나님이 주신 것이며 그래서 늘 하나님의 영광을 지향해야 한다고 환기시켜 주는 것으로 볼 수도 있다. 정말 그런 의미일 때도 있었고 특히 많은 수사들에게 그랬다. 그러나 성당의 의미가 늘 그렇게 인식된 것만은 아니다. 오히려 이 세상의 삶은 인간이 노력을 기울일 가치가 없고, 그 자체로 아무런 의미가 없으며, 의미와 가치를 찾으려면 위를 보아야 한다는 가르침으로 느껴질 때가 너무 많았다. 그래서 이 세상의 삶은 경시되는 경향이 있었다. 문화 생활과 사회 생활이 성결해지려면 그것을 하늘로 올려 드려야 했는데, 그 일은 교회(가장 확실하게

'영적' 세계에 속한 기관)가 은혜를 중개하여 다양한 문화 활동을 성결하게 함으로써 이루어졌다. 이런 식으로 교회는 중세 문화에서 전체를 통일시키고 통합시키는 역할을 맡아 교육, 과학, 예술, 사업, 나아가 정치 분야에서 많은 문화적인 일을 지휘했다.

물론 교회 중심으로 돌아간 중세 문화에서 좋은 것들도 나오기는 했다. 분명히, 공적인 삶에 성경의 빛이 밝히 비추어졌다. 유럽의 문화에 복음이 스며들었고, 거기서 비롯된 많은 유익은 오늘날까지도 계속되고 있다. 하지만 교회가 문화를 지배한 대가로 이 세상의 삶을 경시하는 비성경적이고 불건전한 결과가 뒤따랐다. 중세 사회가 하늘을 지향한 데는 이렇듯 기독교의 요소와 이교의 요소가 공존한다. 신플라톤주의라는 이교의 요소가 낳은 내세 지향과 수직 지향은 진정한 기독교적 삶을 약화시킨 반면, 중세기에 기독교의 영향으로 형성된 문화는 후대에 두고두고 많은 유익을 끼쳤다.

중세 후기의 혼합: 플라톤 철학을 흡수한 기독교와 아리스토텔레스 (11-13세기)

11세기부터 13세기까지 유럽에는 문화 활동이 증가하고, 수직적 계열을 따라 사회 생활이 발전하며, 과학 기술이 눈에 띄게 진보했다. 세상에 대한 관심이 늘어나면서, 중세 초기의 세계관에서 수직적이고 세상을 부인하던 부분은 도전에 부딪쳤다. 12세기에 아리스토텔레스의 저작이 다수 재발견되고 라틴어로 번역되어 새로 생겨난 대학들을 통해 유럽 문화의 주류에 편입되면서 그러한 도전은 더욱 거세졌고, 이것은 유럽 사회에 위기를 재촉했다. 전에는 플라톤 철학을 흡수한 기독교가 내세를 지향하는 것이 하나님이 성경에 인정하신 것이고 그것이 중세 사회에서 신학적·정치적 형태로 표출된 것이라고 받아들여졌지만, 이제는 현세에 치중하는 아리스토텔레스의 사상이 그것을 위협했다.[19] 처음에는 파리 주교 회의에서 그의 저작물을 금서로 정하면서 그것을 어기는 사람은 출교시키겠다고 위협했지만, 이미 엎질러진 물이었다. 아리스토텔레스의 좀더 세속적이고 자연주의적인 정신은 빠르게 중세 사회에서 세력을 확보했다.[20] 토마스 아퀴나스(1225-1274)가 정교한 혼합을 이루려고 발군의 노력을 기울인 것을 우리는 바로 그러한 맥락에서 이해해야 한다. 그는 중세기에 그리스도인의 삶이 수직 지향으로 형성된 것을 존중하면서 동시에 이 세상의 삶과 경험적 이성도 충분히 강조했다.

아퀴나스는 성경의 권위를 신봉하면서도 자신의 신앙 안에 아리스토텔레스를 흡수하려고 했으며, 그의 동기는 철저히 기독교적이었다. 그는 창조 세계가 선하고 아름답고 질서 있는 것이고, 문화 생활도 하나님이 주신 것이며, 경험적 이성은 하나님의 형상의 한 요소로서 인간에게 창조 세계의 법칙을 탐구할 능력을 준다고 믿었다. 성경적인 고백의 이러한 측면들이 수세기 동안 억압되어 오다가 중세 후기에 나타난 것인데, 이제 아퀴나스는 아리스토텔레스의 노선을 따라 그것들을 정당화하려 했다. 그리고 그것은 꼭 나쁜 일만은 아니었다. 앞서 강조했듯이 복음은 언제나 문화적 형태를 띠어야 한다. 다만, 아리스토텔레스의 통찰과 함께 그의 우상숭배마저 흡수될 위험이 있었다. 아퀴나스는 성경적 신앙, 플라톤 철학을 흡수한 기독교, 아리스토텔레스를 모두 종합하여 하나의 사상 체계를 만들어 냈고, 그 사상 체계는 오늘날까지도 계속 막대한 영향을 미치고 있다.

토마스 아퀴나스가 만들어 낸 혼합은 복잡하지만, 중심 가닥을 아래와 같이 정리할 수 있다. 중세 초기에 있던 이원론적 세상 구조를 그대로 고수하되 자연을 하층에, 은혜를 (초자연적) 상층에 두었다. 아퀴나스는 상층 세계가 우월하다는 개념을 지지하며 인간의 삶이 위로 하나님을 향해야 한다고 보았다. 동시에 우리의 현세, 육체, 사회 생활과 문화 생활, 경험적 이성 등이 선하다는 것도 인정했는데, 이는 그전에 수세기 동안 좀처럼 인정되지 않던 부분이었다. 그럼에도 불구하고 그는 그것들을 영혼, 교회, 믿음, 계시된 진리, 고유한 신앙 생활, 신학 등에 종속시켰다(참고. 그림5). 아퀴나스의 철학 체계에서 문화 생활은 아직 하나님이 의도하신 대로 계발될 여지가 없었다.

영의 세계	영원성	은혜	초자연적	우월함
영혼 교회	신앙 생활	믿음	계시	신학
물질 세계	일시성	자연	자연적	열등함
육체 사회	문화 생활	경험적 이성	자연법	과학

그림5. 토마스 아퀴나스의 2층 구조

여기 보면, 하층에 아리스토텔레스가 말한 이성이 포함되어 있다. 아퀴나스의 관점에서 볼 때, 자연 세계를 철학적 또는 과학적으로 아는 일은 경험적 이성으로 창조 세계의 자연법을 탐구할 때 가능해진다. 여기 사상의 중요한 변화가 있는데, 그것이 현대 세계에 광범위한 영향을 미치게 된다. 아퀴나스 전까지만 해도 이성은 철저히 신앙에 종속되었다. 아우구스티누스 이후의 세계에서 이성은 기독교 신앙을 변호하고 설명하는 데 쓰이는 공식적인 올바른 사고로 이해되었다. 다시 말해서, 이성은 주로 신학의 도구가 된 것이다. 아퀴나스에 와서도 이성은 여전히 신앙에 종속되어 있지만, 그래도 이성에 대한 새로운 정의가 도입된다. 아퀴나스에게 이성이란 경험적인 것이며, 이 세상의 자연법과 사회 법칙을 탐구하고 관찰하는 일을 지향한다. 이러한 새로운 정의는 자연 세계에 대한 관심을 증대시켰고, 이성의 능력으로 자연 세계를 이해할 수 있다는 자신감을 높여 주었다. 바로 여기에 현대 과학의 씨앗이 보인다.

2층 건물을 지을 때 어려운 점은 상층과 하층이 계속 붙어 있게 하는 것이다. 한스 큉(Hans Küng)의 말대로, "아퀴나스가 내놓은 중세 기독교의 혼합은 긴장이 극에 달한 혼합인지라 역사가 역동적으로 발전해 나가는 가운데 결국 자멸을 부르고 만다. '하층'에 유례없고 포괄적인 세속화와 해방 운동이 일어난 것이다."[21] 아퀴나스는 하층의 '자연'에 자율권을 주지 않았다. 워낙 성경적 세계관에 헌신된 그였기에 그럴 수 없었다. 사실, 아퀴나스는 은혜가 자연에 배어들어 자연을 완성시킨다고 보았고, 나아가 하나님이 창조 세계를 붙들고 계시며 다스리신다고 보았다. 그러나 그 후로 여러 세기에 걸쳐서 두 층은 서로 분리되고 만다. 신학자 존 던스 스코터스(John Duns Scotus, 1266-1308)는 아퀴나스가 이루어낸 정교한 혼합과 성경적으로 중점을 둔 부분들을 유지하지 못한 채 상층과 하층을 분리시켰고, 신학자 윌리엄 오컴(William of Ockham, 1285-1349)은 그 정도가 더 심했다.

그 후로 수세기에 걸쳐서 하층에 있는 자연 세계, 문화 생활, 이성은 점점 더 상층과 멀어졌다. 사실상 인생의 대부분이 하나님의 권위와 복음의 능력으로부터 끊어졌다. 이성은 신앙과 분리되었고, 혼자서도 충분해진 자연은 그것을 붙들어 주시는 하나님의 말씀과 분리되었으며, 인간 사회는 기준을 주시고 명령하시는 하나님의 말씀과 분리되었다. 이 모든 참담한 분리를 토마스 아퀴나스가 알았다면 기겁했을 것이다. 이러한 분열들 속에 머잖아 서구 역사에 피어날 세속주의의 씨앗이 들어 있다. 브라이언 월쉬와 리처드 미들턴은 르네상스기에 그러한 변천에 탄력이 붙은 양상을 이렇게 설명한다. "스콜라 신학자들은 자연적 삶(과 자연적 이성)이라는 영역에 제한된 정도의 자율권만 주었지만, 르네상스기의 인본주의자들은 은혜의 영역이 더 이상 필요 없을 정도로 자연의 자율권을 크게 넓혔다. 하나님과 기독교가 이미 대부분의 삶과 사실상 무관해진 바에야 그 무관함을 끝까지 밀고 나가지 못할 까닭이 무엇이었겠는가?"[22] 과연 그 뒤로 5세기에 걸쳐서 하나님과 복음은 서구의 자연적 삶과 문화 생활에서 점점 더 배제되었다. 오늘날 우리가 아는 세속주의의 뿌리는 중세 후기의 스콜라 신학자들의 사상에 있다.

지금까지 우리는 기독교가 그리스의 인본주의와 섞이고 타협한 부분을 비판했지만, 아울러 우리는 이 시대로부터 시작하여 복음이 서구에 미친 긍정적 영향도 함께 짚어 두어야 한다. 뉴비긴은 중세기를 가리켜 "그리스도의 포괄적 주장을 정치적 차원으로 전환시키려 한 최초의 대대적인 시도"[23]라고 표현했다. 뉴비긴은 기독교와 이교 문화의 타협이 부른 피해를 인정하면서도, 그렇게 천 년 동안 혼합한 결과로 "복음이 [서유럽의] 사회생활과 사생활에 구석구석 파고들었다"[24]고 보았다. 힌두교가 지배하는 문화에서 선교사로 살아 보았기에 뉴비긴은 복음이 서구 문화를 긍정적으로 형성한 것과 "아직도 다분히 우리가 거기서 나온 영적 자산으로 살아가고 있음"[25]을 볼 수 있었다.

그러나 복음과 고전 인본주의의 혼합은 점차 붕괴되고, 둘 사이에 더 심한 대립 관계가 출현하게 된다. 여기서 우리의 이야기는 다음 단계로 접어든다.

6

모더니즘의 성장

서구 이야기를 하면서 우리에게 익숙해진 두 단어가 있는데, 다음 5-6세기 동안 벌어질 일의 단서가 그 두 단어 속에 들어 있다. 르네상스(Renaissance)라는 말은 뭔가가 '다시 태어났다'고 믿는다는 뜻이고, 계몽주의(Enlightenment)라는 말에는 '세상의 빛'이 도래했다는 암시가 깔려 있다. 사실, 둘 다 굉장히 종교적인 단어이며,[1] 그 자체로 하나의 이야기를 말해 주고 있다. 즉, 이교 문화인 고전 문화의 인본주의가 다시 태어나고 자라서 마침내 세상의 참 빛이 되었다는 것이다. 이 장에서는 그 이야기를 추적해 보고자 한다.

르네상스:
'다시 태어난' 인본주의
(15-16세기)

중세의 역사가들은 역사가 두 시대—그리스도 이전과 그리스도 이후—로 나누어진다고 보았으나 르네상스에 들어서면서 새로운 3중 구조가 생겨나 역사를 고대, 중세, 현대로 구분하게 되었다.[2] 이는 의식에 불어 닥친 혁명이 이들 역사가들의 생각을 사로잡아 자신들의 시대를 당연히 이전과 구별하여 따로 이름을 붙일 만한 시대로 보게 했다는 증거다. 그래서 그들은 자신들의 시대를 전혀 새로운 '현대'로 보았다. 그래도 대부분의 유럽은 아직도 다분히 중세에 뿌리를 두고 있었음이 분명하다. 사실, 르네상스기가 중세기와 별개로 하나의 시대로 구분되기 시작한 것은 19세기 말이 되어서였다.[3] 그렇더라도 14세기와 17세기 사이의 어디쯤에서 유럽의 종교적 기초가 흔들린 것만은 분명하다.

플라톤 철학을 흡수한 기독교의 지배적 세계관은 중세기에 학문의 분야를 형이상학, 법학, 신학, 논리학으로 좁혔다. 신플라톤주의에서 물려받은 내세 지향은 과학과 기술의 발전을 제한했고, 거의 모든 예술의 범위를 종교적 주제로 국한시켰다. 교회에 팽배한 전체주의적 권위는 인간의 자유를 억제했고, 정적이고 위계적인 사회 구조는 발전을 저해했다. 그러나 14-15세기부터 고전 학문이

다시 태어나면서 인문학-문학, 시, 역사, 언어-에 대한 관심이 새로워졌다. 현세에 대한 관심이 되살아나면서 그 관심이 과학 연구와 기술 개발로 나타났고, 예술의 주제도 자연적인 것들로 바뀌었다. 개인의 가치와 현세를 아는 지식의 가치가 다시 인정되었는데, 여기에는 중세 교회의 오만한 권위에 대한 반감과 내세적 신플라톤주의에 대한 반감도 한몫했을 것이다.

중세의 혼합 속에 잔재해 있던 일부 이교적 요소들이 문화에서 제해졌다는 점에서 그리스도인들은 그러한 발전을 많은 부분 인정할 수 있다. 그러나 이탈리아 북부에서 피코 델라 미란돌라(Pico della Mirandola), 피치노(Ficino), 보카치오(Bocaccio) 같은 사람들 사이에 급진적이고 반기독교적인 형태의 인본주의가 일어났다. 이것을 세속 인본주의-인간의 삶과 자연적 삶에 있어서 하나님의 권위를 궁극적으로 거부하는 인본주의-의 시작으로 볼 수 있다. 그렇다고 그 사람들이 기독교 신앙을 거부했다는 말은 아니다. 그들의 저작에는 여전히 기독교적 어휘와 주제가 물씬 배어 있다. 그럼에도 불구하고 그들의 사상은 점점 더 성경적 세계관과 대립되는 쪽으로 나아갔다.

르네상스기에 나타난 세속 인본주의의 네 가지 특징을 우리는 이렇게 정리할 수 있다.

(1) 현세에 대한 관심이 되살아났다. 존 듀이(John Dewey)는 초점이 "내세에서 현세로, 중세의 특징인 초자연주의에서 자연과학과 자연적 활동과 자연적 교감에 대한 즐거움으로" 옮겨갔다고 말했

다.⁴ 토마스 아퀴나스의 2층 구조는 붕괴되고 있었다. 자연 세계-라틴어로 *saeculum*-는 은혜의 영역으로부터 분리되고 있었고, 학문적 관심을 기울일 일차적 대상이 되고 있었다. 하나님의 선한 창조 세계를 즐거워하는 마음이 되살아난 것은 그 자체로 틀림없이 건강한 발전이었지만, 그 대가로 하나님이 권위를 가지고 이 세상에 개입하신다는 사실을 점차 축소하거나 아예 부인하게 되었다.

(2) 이렇게 세속의 영역이 다시금 강조되면서 그것이 많은 사람에게 인간이 자율적인 존재라는 의식을 굳혀 주었다.⁵ 성경 이야기에서는 하나님이 인간을 창조하신 방식 자체에 인간의 속성이 규정되어 있고, 인간은 삶 전체를 하나님 말씀의 권위 아래서 살아간다. 그러나 세속 인본주의는 "삶이란 삶 자체 내에 존재한다는 법칙"⁶을 내세워 인간의 삶을 하나님과 떼어놓고 규정한다. 인간의 자유란 곧 하나님의 권위로부터 해방되는 것으로 인식되었다. 일례로 다음은 피코 델라 미란돌라의 「인간 존엄성에 관한 연설」(*Oration on the Dignity of Man*, 경세원)에서 발췌한 글인데, 그는 창조 시에 하나님이 인류에게 이렇게 말씀하셨다고 상상했다.

다른 피조물들의 속성은 이미 정해졌으며 우리가 규정한 테두리 안에 갇혀 있다. 그러나 너희는 아무런 제약에도 갇혀 있지 않으니 자신의 자유 의지에 따라 자신의 속성을 스스로 정하라. 나는 너희를 자유 의지의 손 안에 두었다. 내가 너희를 세상의 한복판에 두었으니 거기서 너희는 세상 모든 것을 더 쉽게 둘러볼 수 있다. 우리가 만든 너희는 천상의 존재도 아니고 지상의 존재도 아니며, 필멸의 존재도 아니고 불멸의 존재도 아니다. 그러니 더 자유롭고 존귀하게 스스로 지은이와 창조주가 되어 아무렇게나 너희 마음대로 자신을 빚으면 된다.[7]

피코는 그리스도인인데도 그의 언어에는 인간의 자율성을 믿는 비성경적 의식이 그대로 묻어난다.

(3) 세속 인본주의의 입장에 따르면, 인간 이외의 세상도 하나님과 상관없이 자율성이 있다. 인간만 아니라 아퀴나스의 하층 전체가 다 마찬가지로, 일단 상층에서 분리되면 창조주와 맺고 있던 긴밀한 관계를 잃는다. "세상은 '피조물'의 성격을 잃고 '자연'이 되었다.…세상을 자연으로 보기에 〔인본주의자는〕 세상을 하나님의 손에서 빼내어 독립시킨다."[8] 자연은 하나님이 지시하시는 말씀으로부터 분리되었고, 그래서 자체에 내장된 법칙의 지시를 받는다. 자연계에 보이는 규칙성은 더 이상 하나님의 말씀에 질서정연하게 반응하는 결과가 아니라(참고. 시 147:15) 자체의 기계적 구조에 딸려 있는 필요 조건이다. 갈수록 우주는 설계자와 창조주의 개입이 더 이상 필요 없이 독자적으로, 자동으로 돌아가는 한낱 복잡하고 정교한 기계로 간주된다.

(4) 위에 말한 세 가지 특징의 당연한 결과로, 인간은 어쩔 수 없이 자연의 주인이 되어야 했다. 중세기에는 인간의 세 가지 기본 관계-하나님과의 관계, 서로와의 관계, 인간 이외의 피조물과의 관계-중에서 하나님과의 관계가 지배적이었고, 인간 서로와의 관

계와 특히 인간 이외의 피조물과의 관계는 과소평가되었다. 그러나 르네상스를 맞으면서 점점 더 인간의

> 운명은 주로 현세의 자연과 맺는 관계 속에서 인식된다.…자연과의 관계가 중심이 된 것이야말로…르네상스 이후 서구 문화의 가장 두드러진 특징 중 하나다.…인간이 구별되는 것은 주로 인간의 사고와 창조 활동을 통하여 만들어 가는 현세의 모습을 통해서이지 삶이 다른 사람들에게 주는 의미를 통해서가 아니다.[9]

삶의 목적과 의미에 대해 한 민족이 집단적으로 갖고 있는 종교적 이해로부터 하나의 문화가 형성된다. 인간의 사회적 목적을 위해 인간 이외의 피조물을 통제하고 지배하려는 욕망은 르네상스기에 뿌려진 이러한 씨앗으로부터 점점 진화해 나간다. 가르디니는 이렇게 설명했다. "이전까지만 해도 예배하는 사람이고 종이었던 인간이 이제 '창조주'가 되었으며, 이 모두가 '문화'라는 단어로 표현된다. 인간에게 자율성이 있다는 주장도 그 단어에 들어 있다. 인간이 실존을 이해함은 실존을 자기 뜻대로 주무르기 위해서다."[10]

르네상스기에 싹트기 시작한 세속 인본주의는 인류 역사의 무대에 난데없이 등장한 것이 아니다. 단순히 세속적 정신이 종교적 정신을 대체한 것이 아니다. 교회의 권위를 수용하던 자리에 갑자기 인간의 자유를 부르짖는 요구가 들어앉은 것이 아니다. 현세를 지향하는 사조가 하나님을 지향하던 전통을 졸지에 몰아낸 것이 아

니다. 모더니즘 세계관의 씨앗들은 처음에 이탈리아 북부의 몇몇 사상가에게서 나타났고, 그 사상가들과 그들의 사상은 아직 오랫동안 기독교의 옷을 입고 있었다. 지금 우리가 (그 시대를 돌아보며) 이렇게 르네상스에 관해 말할 수 있는 것은 그러한 씨앗들이 점차 자라서 기독교적 표현을 벗었기 때문이다. 로널드 웰스(Ronald Wells)의 말이 옳다. "종교적 포장을 벗기고 다른 문맥에서 보더라도, 인간이 새로운 방식으로 자기 주장을 내세우면 (반드시) 세속적 세계관을 낳게 되어 있다. 그런데 르네상스기에는 그러한 궁극적 결과가 나타나지 않았다. 그렇게 될 잠재력이 분명히 있었고 때가 되면 정말 그리되지만, 14-16세기에는 그런 일이 없었다."[11] 이렇듯 14세기에 "다시 태어난" 인본주의는 18세기에 가서야 "세상의 빛"으로 자처하게 된다.

종교개혁: '소금' 역할과 세속화 (16세기)

"옛날에 박해받고 학대당하던 르네상스와 종교개혁이라는 금발의 쌍둥이가 비틀거리는 악한 계모인 중세의 가톨릭 교회에 반기를 들었다." 크레인 브린튼(Crane Brinton)의 빈정대는 옛날이야기는 그렇게 시작된다. 그가 그려 낸 서구 이야기의 이 버전은 종교개혁을 단순히 세속 인본주의의 발흥이라는 큰 이야기 속에 흡수시켜 버린다. 종교개혁과 르네상스는 둘 다 중세 교회의 구속에서 해방되려 했다는 점에서 영적인 '쌍둥이'다.[12] 이야기를 이렇게 대중에게 익숙한 방식으로 말하는 것이 비록 너무 단순하고 일방적이기는 하지만, 브린튼은 그것이 완전히 잘못된 것만은 아니라고 지적한다. 어떤 면에서 권위를 중세의 정신과, 자유를 종교개혁과 르네상스의 정신과 등치할 수 있기 때문이다. 그러나 같은 이야기를 말하는 또 다른 방식이 있다. 즉, 서구 문화의 지배권을 놓고 다투는 두 영적 세력—기독교와 인본주의—이 각각 종교개혁과 르네상스에 그 가까운 뿌리를 두고 있다는 시각이다.

르네상스의 이야기와 종교개혁의 이야기 둘 다에 어느 정도 진리가 있기는 하지만, 둘 다 그 자체에 오도의 소지가 있다. 르네상스는 단순히 인본주의가 아니었고, 그 뼈대의 많은 부분은 여전히 기독교적이었다. 종교개혁에서도 두 요소의 혼합을 볼 수 있다. 종교개혁이 기독교 세계관의 많은 부분을 되찾은 것은 사실이며, 어쩌면 그것이 종교개혁의 주된 정신일 것이다. 하지만 동시에 종교개혁은 모더니즘이 세속화되는 추세를 더 가속시키기도 했다.

먼저 종교개혁의 긍정적 요소부터 보자면, 우리는 종교개혁이 철저히 기독교적인 쇄신이었으며 그동안 묻혀 있던 복음의 많은 요소들을 회복시켰다는 점을 인정해야 한다. 개혁가들은 창조 세계가 선하다는 것을 다시 천명했다. 개혁가 마르틴 루터(1483-1546)와 장 칼뱅(1509-1564)은 수사들과 사제들을 높고 '신성한' 수준에 두던 이원론을 반박했고, 우리가 문화의 모든 직업 속에서 이웃을 섬김으로 하나님을 섬긴다고 주장했다. 그래서 루터는 마리아가 천사 가브리엘의 방문을 받은 직후에(눅 1:26-38) 집안일로 돌아가 우유를 짜고 요리와 빨래와 청소를 했을 거라고 상상했다. 다시 말해, 수태고지를 받은 후에도 마리아는 하나님이 주신 여종이라는 소명으로 돌아갔다. 루터는 인간의 모든 직무를 신성한 소명으로 보았다. 아기 예수를 잉태하도록 부름받았든 밥상을 차리도록 부름받았든 똑같이 신성하게 여긴 것이다. 개혁가들은 또한 죄의 범위와 깊이를 역설했는데, 그들이 믿기로 이는 인본주의가 화려하게 재등장하면서 그동안 경시되던 개념이었다. 나아가 개혁가들은 구원이 창조 본연의 인간 삶을 회복하는 것임을 (늘 일관되게는 아니었지만) 가르쳤다. 이것들을 비롯한 복음의 다른 많은 중요한 요소들이 종교개혁을 통해 재발견되어 서구 문화 속으로 확산되었다. 리처드 타너스는 비록 19세기에 세속주의가 이기긴 했지만 기독교 세계관이 끼친 수많은 유익이 계속해서 서구 문화를 형성했다고 지적했다. 그러면서 그 예로 그는 기독교의 윤리적 가치관, 이성을 중시하는 점, 세상이 지성의 대상물이라는 인식, 인간이 지배권을 행사해야 한다는 사명감, 인간이 천부적으로 존엄한 존재이며 양도할 수 없는 권리를 지니고 있다는 의식, 개인의 도덕적 책임감, 힘없고 불우한 사람들을 돌봐야 한다는 의무감, 미래를 지향하는 태도, 역사의 진보를 믿는 믿음 등을 꼽았다.[13]

그럼에도 불구하고 종교개혁에는 다른 면이 있다. 종교개혁은 서구 문화에 진행 중이던 세속화 과정을 가속시키는 역할도 했다. 때로 이것은 개혁가들이 당대의 인본주의를 충분히 비판하지 않았기 때문에 발생했다. 그러나 종교개혁이 세속화를 재촉한 것은 비의도적일 때가 많았고, 오히려 개혁가들의 의중과 정반대일 때도 있었다. 서구의 인본주의라는 강한 물줄기는 종교개혁까지 흡수하면서 발전해 나갔는데, 그것은 종교개혁이 본래 의도했던 바에 어긋날 때도 많았다.[14]

앞 단락에 지적한 대로, 르네상스기 인본주의의 두 가지 근본 신조는 인간의 자유와 자율성을 떠받든 것과 인간 이외의 피조물을 지향하는 삶이었다. 종교개혁은 이러한 성향들에 이론상으로는 반대하면서도 실제로는 그것들을 부추길 때가 많았다. 그래서 루터는 '이단적' 견해를 철회하라는 압력을 받았을 때 이런 말로 답했다. "성경과 명백한 이성에 의해 확신되지 않는 한 나는 교황들과 종교 회의들의 권위를 수락하지 않겠소. 그들은 서로 모순되기 때문이오. 내 양심은 하나님 말씀에 사로잡혀 있소. 나는 아무것도 철회할 수 없고 철회하지도 않겠소. 양심을 거스르는 것은 옳지도 않고 안전하지도 않소. 하나님이여, 저를 도와주소서. 아멘."[15] 이것을 루터가 성경의 신적 권위에 순종한다는 선언으로 읽을 수도 있다. 하지만 또한 개인의 양심에 기초하여 제도상의 권위를 벗어나 자율적 자유를 주장하는 말로 읽을 수도 있다. 루터의 말을 그렇게 읽는다면 루터는 유례없는 반항 행위를 하고 있는 셈이다. 마찬가지로, 개혁가들이 제도 교회의 권위를 벗어나 자유로운 문화 생활을 추구한 것은 그 자체로는 선하고 적절한 발전이지만, 자칫 문화를 모든 신적 권위로부터 해방시키는 일로 변질될 수도 있었다. 비슷하게, 개혁가들은 창조 세계가 선하다는 것과 과학 연구가 가치 있는 일임을 재확인했다. 그런데 그런 분위기 속에서 융성한 과학 자체가 고백적 인본주의의 시녀로 변할 수도 있었다. 이렇듯, 이를 비롯한 다른 여러 면에서 종교개혁은 서구 세계관에 기독교 신앙을 다시 불어넣었을 뿐만 아니라 세속주의로 가는 과정을 가속시키기도 했다.

과학혁명: 과학과 모더니즘의 발전 (16-17세기)

과학을 보는 두 가지 관점: 기독교와 인본주의

뉴비긴이 모더니즘을 "현대 과학의 세계관"이라 불렀을 정도로, 과학은 서구 세계관이 발전하는 데 중추적 역할을 했다.[16] 과학은 (지식 체계 자체로서나 그 지식을 얻는 방법론으로서나) 강력한 도구이자 하나님이 주신 선한 선물로서, 그 방향이 기독교의 인생관을 따를 수도 있고 인본주의의 인생관을 따를 수도 있다. 사실, 이른바 과학혁명 시기에 그 두 가지 관점이 모두 분명히 존재했다. 니콜라우스 코페르니쿠스(Nicolaus Copernicus, 1473-1543), 요하네스 케플러(Johannes Kepler, 1571-1630), 아이작 뉴턴(Isaac Newton,

1642-1727) 등 '혁명'의 주도자들 대부분이 실은 그리스도인이었다. 그럼에도 불구하고 18세기에 이르러 서구 문화의 과학을 지배한 것은 인본주의 관점이었다.

중세기에는 내세적 시각이 과학의 발전을 저해했다. 내세적 시각에는 현세를 정당한 연구 대상으로 보는 긍정적 인식이 부족했고, 창조 세계를 개발하고 탐구하는 것을 인간의 소명으로 여기는 인식도 부족했기 때문이다. 르네상스기에 기독교 세계관과 자식인 인본주의 둘 다로부터 새로운 관점들이 생겨났는데, 그러한 관점들이 그동안 과학의 진보를 가로막던 중세의 장애물들을 없애는 역할을 한다. 성경적 시각에서 보면, 인간은 유일하게 하나님으로부터 선한 창조 세계를 탐구하고 돌보라는 소명을 받은 피조물이며, 과학은 그 두 가지 일을 잘 해낼 수단들을 제공해 줄 수 있다. 인본주의적 관점에서 보면, 인간의 사회적 목적을 위해 창조 세계를 지배하고 개발하는 것이 자율적 인간의 권리처럼 보일 수 있다. 청지기 개념이 그렇게 변질될 수 있는 것이다. 르네상스기에(그 이후도 마찬가지로) 서구 세계의 과학은 인간이 자연의 법칙들을 알아낼 수 있는 도구들을 내놓았고, 그것이 쭉 전통으로 이어져 내려왔다. 그러한 지식과 더불어 막강한 힘도 따라왔다. 인간이 시키는 대로 하도록 자연 자체를 이용할 수 있게 된 것이다. 이처럼 신과학은 기독교의 청지기 개념을 뒷받침해 줄 수 있는 잠재력도 있었고, 반대로 고백적 인본주의에서 말하는 대로 자연을 지배하도록 부추길 수 있는 잠재력도 있었다.

물론 기독교 세계관과 인본주의라는 두 가지 영적 지향이 그 당시에는 깔끔하게 구별되지 않았다. 프랜시스 베이컨(Francis Bacon, 1561-1626)과 르네 데카르트(René Descartes, 1596-1650)의 저작에는 기독교 세계관과 인본주의 세계관이 분명히 혼재되어 나타난다. 베이컨은 "아는 것이 힘이다"라고 믿었다. 그는 인간이 자연의 법칙들을 과학적으로 알아내면 그 지식을 가지고 인간 이외의 피조물의 행동을 예측할 수 있으며, 또한 과학 기술의 도움으로 자연의 힘을 사회적 목적에 이용할 수 있다고 보았다.[17] 베이컨은 이렇게 썼다. "만물을 지배하는 인간 제국은 기술과 과학 위에만 세워진다. 자연을 지배하려면 자연에 따라야 하기 때문이다."[18] 베이컨은 타락의 결과로 인간이 하나님과의 관계도 잃고 자연을 지배하는 힘도 잃었다고 믿었다. 전자는 종교와 신앙이 고치고, 후자는 과학과 기술이 되찾아야 한다고 그는 보았다(베이컨은 과학과 기술에 메시아적 역할을 부여했다). 그런데 과학이 인류를 신문명으로 이끌려면 먼저 지식에 대한 새로운 이해부터 정립할 필요가 있다. 그러려면 중세 스콜라 철학이 남겨 놓은 모든 주관적 왜곡과 잘못된 견해를 인간의 사고로부터 씻어 낼 엄격한 방법이 필요했다. 베이컨의 방법은 경험론이었다. 즉, 이제부터 지식의 기초는 철저히 세상을 실험하고 시험한 결과에 두고, 특수한 개체들을 관찰하여 얻어낸 귀납적 추론에 두어야 한다는 것이었다.

베이컨이 영국에서 한 일을 데카르트는 유럽 대륙에서 했다. 데카르트가 '모더니즘의 아버지'로 불리는 것은 자율적인 과학의 이성을 진리의 최후 권위로 보고 거기에 헌신했기 때문이다.[19] 베이컨처럼 데카르트도 인간이 과학으로 자연의 법칙들을 파악하고 기술로 그 법칙들을 응용하여 '자연의 정복자와 소유자'[20]가 될 수 있다고 믿었다. 그 비전을 실현하기 위해 그도 방법을 내놓았다. 지식을 더 엄격히 객관화하고 모든 주관적 편견—감각, 상상, 감정, 전통, 권위, 의견 등의 편견—으로부터 마음을 정화해 줄 방법이었다. 데카르트의 해답은 건축의 비유로 표현되었다. 즉, 방법론적 회의는 지식이라는 건축물을 짓는 견고한 기초였다. 그러므로 무엇이든 자신이 안다고 생각하는 것을 우선 회의하라. 그 기초 위에 합리적 방법으로 지식이라는 견고한 건축물을 지을 수 있다. 모든 진리 주장을 오직 이성의 판단에 복속시키고, 수량적으로 분석되고 측정될 수 있는 것만 진리로 받아들여야 한다. 이렇듯 데카르트는 베이컨의 경험적·실험적 방법을 보완하여 합리주의적·수학적 방법을 내놓았다.

결국 이 두 가지 접근을 하나의 과학적 방법으로 녹여내 실험적 관찰과 수학적 합리성 둘 다에 충분한 자리를 내준 사람은 아이작 뉴턴이다(참고. 그림6). 뉴턴 시대에서부터 과학은 서구 세계관의 구심점이 된다. 이제 과학은 많은 사람에게 세상의 참 본질을 계시하고 인류를 죄의 결과로부터 구원하는, 계시와 구원의 출처로까지 보였다. 다시 말해, 과학은 알렉산더 포프(Alexander Pope, 1688-1744)가 창세기 1:3과 요한복음 1:4-9을 익살맞게 풀어쓴 말처럼, 서구를 지배할 우상이 될 만반의 태세를 갖추었던 것이다. "자연과 자연의 법칙들은 밤 속에 숨어 있었더라. 하나님이 이르시되 '뉴턴이 있으라!' 하시니 천지가 빛이었더라."²¹

그림6. 방법의 발전

인본주의의 승리와 그 이유

하지만 상황이 그와 다르게 전개될 수도 있었다. 과학은 인간이 본연의 역할을 다하여 창조 세계를 청지기의 자세로 돌보고 발전시키도록 인간을 무장시켜 줄 수도 있었다. 그런데 과학이 그토록 철저히 고백적 인본주의에 흡수되다니, 어찌된 일인가? 교회도 여기에 어느 정도 책임이 있다. 교회는 두 가지 과오를 저질러 기독교적 세계관을 점점 주변으로 몰아냈다.

교회가 범한 첫 번째 큰 과오는 신과학의 출현에 대해 매우 부정적으로 반응한 것이다. 1,500년 동안 교회는 세상을 그리스의 이교도 천문학자 프톨레마이오스(Ptolemy, B.C. 366-282)의 관점에서 이해했다. 그는 지구를 우주의 움직이지 않는 중심으로 보았는데, 이것은 기독교 세계관을 떠받치는 것처럼 보였다. 하나님이 아들을 지구에 보내셨으니 지구가 창조 세계의 중심인 것은 당연하지 않겠는가. 그래서 코페르니쿠스, 케플러, 갈릴레오, 뉴턴이 서로의 작업을 기반으로 지구가 우주의 중심이 아니라 사실 지구는 지축을 따라 회전하고 있고 태양을 공전하고 있다는 과학적 증거를 내놓았을 때, 교회는 지독한 적대 반응을 보였다.

천문학에서 이렇게 새로운 발견을 내놓자 거기에 맨 먼저 반박한 것은 개신교였다. '오직 성경'(sola Scriptura)을 부르짖는 믿음 때문에 개신교인들은 "땅에 기초를 놓으사 영원히 흔들리지 아니하게 하셨나이다"(시 104:5), "땅은 영원히 있도다. 해는 뜨고 해는 지되 그 떴던 곳으로 빨리 돌아가고"(전 1:4-5) 같은 말씀이 세상을 보는 과학적 관점을 제시한 것이라고 성경을 잘못 해석했다. 그밖에도 다른 많은 말씀들에 보면, 부동의 지구가 우주의 중심이라고 말하는 듯 보인다. 그래서 많은 개신교인들은 우주의 태양중심설을 주장하는 것이 성경에 어긋나는 일이라고 믿었다. 루터가 (수 10:11-13을 염두에 두고) 코페르니쿠스를 슬쩍 비웃은 것도 그래서다. "본래 그런 것 아니겠나. 누구든지 똑똑해지려면 남들이 중시하는 것들을 하나도 수긍해서는 안 되고 뭔가 튀는 일을 해야 하거든. 이 친구도 천문학을 몽땅 뒤집고 싶어서 그런 거겠지.…나는 성경을 믿네. 여호수아는 지구가 아니라 태양에게 정지 명령을 내렸거든."[22] 가톨릭은 처음에 신과학에 관용적이었지만, 갈릴레오 때에는 자세를 바꾸어 새로운 발견들을 억압하려 했다.

기독교 교회는 그와 다르게 반응할 수도 있었다. 전통적으로 내려오던 교회의 해석이 맞는지 따져볼 수도 있었고, 새 시대에 맞게 기독교 신앙의 표현을 고칠 수도 있었다. 가톨릭 신학자 막스 윌디어스(Max Wildiers)는 이렇게 말했다. "교회는 도전을 받아들여 신앙을 새로운 시각에서 성찰하기는커녕 안이한 보수주의를 택해 파문이라는 수단으로 적을 저지했다.…이렇게 교회는 변화하는 세상의 도전을 수용하지 못했고, 그것은 교회와 기독교에 커다란 손실이 되었다."[23] 갈수록 더 교회는 무지몽매해 보였고, 진리를 자유롭게 탐구하지 못하게 막는 장벽으로 비쳤다. 타너스는 "갈릴레오를 둘러싼 싸움의 문화적 의미는 결국 교회와 과학이 대립했다는 것이고, 암시적으로는 종교와 과학이 대립했다는 것이다. 갈릴레오가 강압에 못 이겨 (자신이 이룬 천문학적 성과를) 부인한 것 자체가 교회의 패배요 과학의 승리였다"[24]라고 말했다. 하지만 사실은 그럴 필요가 없었다. 종교와 과학은 화해할 수 없는 대립 관계가 아니다.

인본주의가 승리하는 데 교회가 기여한 방식이 하나 더 있다. 종교개혁은 기독교 세계에 분열을 초래했다. 교회 자체도 많은 교파로 쪼개졌을 뿐만 아니라 유럽 전체가 다양한 정치 단위로 분열되었다. 국가마다 대륙의 통제권을 완전히 장악하려고 다투면서 유럽은 그리스도인들의 피로 물들었다. 그리스도인들이 서로 죽이던 바로 그때에 뉴턴 계열의 과학 패러다임은 다방면에서 지식을 증진시키고 있었다. 이렇듯 유럽에는 두 가지 변천이 평행선을 그리고 있었다. 종교 전쟁들은 유럽을 찢어 놓으려 위협한 반면, 뉴턴 계열의 과학(과학자들 간에 국제적 협력을 통해 발견이 이루어진 때가 많았다)은 평화와 연합의 전망을 내보이는 것 같았다(참고. 그림7).

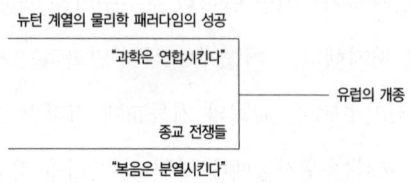

그림7. 유럽의 개종

이렇게 되자 과학적 이성 자체를 안정된 유럽 사회를 구축하는 새로운 중심축으로 보는 유럽인들이 점점 늘어났다(참고. 그림8).

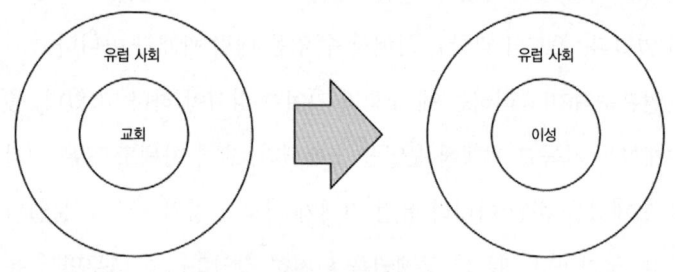

그림8. 유럽 사회의 패러다임 전환

계몽주의:
서구가 새로운 신앙으로
개종하다(18세기)

17세기에 일어난 과학적 인본주의는 18세기의 계몽주의 시대에 유럽에 확산되면서 지배적인 종교적 시각이 되고 문화를 형성하는 세계관이 된다. 18세기에 유럽은 새로운 신앙으로 개종한다. 즉, 과학적 인본주의가 '세상의 빛'으로서 복음을 대체한 듯 보였는데, 그 핵심 신념들은 (1) 진보에 대한 신앙, (2) 이성에 대한 신앙, (3) 과학 기술에 대한 신앙, (4) 세상의 합리적 사회 질서에 대한 신앙 등의 제목으로 요약할 수 있다. 지금부터 몇 페이지에 걸쳐서 이러한 계몽주의의 신조들을 항목별로 살펴보고자 한다.

진보에 대한 신앙

아우구스티누스는 하나님이 역사를 하나님의 도성이라는 마지막 절정으로 이끌어 가신다고 믿었다. 그런데 계몽주의 작가들은 "아우구스티누스가 말한 천성(天城)을 허물고 최신 자재로 다시 지었다."[25] 섭리라는 개념이나 인류 보편의 역사라는 개념이 새로운 형태로 바뀐 것이 곧 진보의 신화다. 계몽주의의 가장 중요하고 잘 알려진 인물이라 할 임마누엘 칸트(1724-1804)는 이렇게 말했다. "인간이라는 종 전체가 지향하는 목적지는 계속되는 진보이며, 이것을 이루고자 우리는 목표에 시선을 집중한다. 이 목표는 순전히 이상(理想)이긴 하지만 실제로 최고의 가치가 있다. 우리의 노력에 방향을 부여하기 때문인데, 그 방향은 섭리의 뜻에 부합한다."[26]

이 시기의 저작들에는 미래의 낙원을 그려내는 이미지들이 넘쳐난다. 앙리 드 생-시몽(Henry de Saint-Simon, 1760-1825)은 황금 시대가 이미 지나간 과거에 있지 않고 장차 올 미래에 있다고 했다. 조셉 프리스틀리(Joseph Priestly, 1733-1804)는 "이 세상이 어떻게 시작되었든 간에 그 끝은 우리의 상상을 초월하는 영광스러운 낙원이 될 것이다"[27]라고 썼다. 윌리엄 굿윈(William Goodwin)의 비전은 요한계시록 21장의 새 예루살렘처럼 들린다. "전쟁도 없고, 범죄도 없고, 소위 사법부도 없고, 정부도 없을 것이다. 뿐만 아니라 질병도 고통도 우울도 원망도 없을 것이다. 모든 사람이 열과 성을 다하여 만인의 선을 도모할 것이다."[28]

칼 베커(Carl Becker)는 말하기를, 계몽주의 사상가들에게 "삶의 목적은 삶 자체다. 복에 겨운 사후의 삶이 아니라 이 땅의 행복한 삶이다"[29]라고 했다. 이 땅의 행복한 삶은 특히 경제적 성장과 물질적 부의 관점에서 정의된다. 1767년에 프랑스의 계몽주의 철학자 메르시에 드 라 리비에르(Mercier de la Rivière)는 "인간적으로 말해서, 우리에게 가능한 최고의 행복은 우리가 누릴 만한 최고의 물질적 풍요와 그 물질로 얻을 수 있는 최고의 자유에 있다"[30]라고 썼다. 마찬가지로, 애덤 스미스(Adam Smith)도 행복이 물질적 혜택에 달려 있다고 믿었다. 로렌스 오스본(Lawrence Osborn)은 계몽주의 사상가들에게 "진보는 경제 성장과 동일시되며"[31] 따라서 "경제야말로 현대인들이 행복을 추구하는 데 가장 중요한 도구다"[32]라고 지적했다. 여기서 잠시 멈추어 짚어 둘 것이 있다. 빈곤과 자연 재해가 넘쳐나는 세상에서는 장래의 물질적 풍요에 이렇게 집착하는 것이 이해할 만도 한데, 계몽주의 경제학자들이 알던 세상이 바로 그런 곳이었다. 하지만 동일한 빈곤이 넘쳐나지 않는 20-21세기 서구의 소비자 사회에서마저도 물질적 번영과 그것을 누릴 여가 시간과 자유에 집착하는 것이 하나의 추진력이 되고 말았다.

로널드 라이트(Ronald Wright)는 "진보를 믿는 우리의 실용적 신앙"이 하나의 "세속 종교이자…인류학적 의미에서 '신화'"이며, 그 신화가 우주 역사의 이야기 속에 들어와 문화에 형태를 부여한다고 말했다.[33] 우리도 분명히 해둘 것이 있는데, 진보를 믿는 신앙은 정말 신앙과 종교가 맞다. 그런데 서구 문화가 '진보'의 방향으로, 즉 만인의 물질적 풍요가 증대되는 방향으로 가고 있다는 증거는 하나도 없다. 오히려 그 반대 방향을 가리키는 증거가 오늘날 즐비하다.

이성에 대한 신앙

계몽주의는 더 나은 세상으로 가는 진보를 이성과 과학이 추진한다고 믿었다. 계몽주의 시대를 '이성의 시대'라고도 하는 것은 그 시대가 인간 이성의 능력을 철석같이 믿었기 때문이다. 즉, 계몽주의는 "인간이 이성과 경험만 가지고도 이 땅에 행복한 삶을 완성할 수 있다"[34]고 확신했다. 타너스는 이렇게 덧붙인다. "강고한 서구 문명이 모더니즘의 절정을 구가하던 그때, 그러한 진보를 추진한 것은 종교와 믿음이 아니라 과학과 이성이었다. 세상이 발전하고 인류의 자유가 증진되던 그때, 그러한 변화의 공인된 출처는 하나님의 뜻이 아니라 인간의 뜻이었다."[35]

계몽주의의 관점에서 볼 때, 과학적 이성은 우선 자율적이어야 했다. 즉, 날로 더 무지몽매하고 미신적인 것으로 일축되던 (기독교) 신앙으로부터 해방되어야 했다. 아울러 과학적 이성은 도구적이어야 했다. 즉, 세상을 통제하고 예측하고 형성하는 데 이용되어야 했다. 끝으로, 과학적 이성은 보편적이어야 했다. 즉, 문화와 역사를 초월하여 모든 시대 모든 인간에게 해당되는 법칙들을 밝혀내야 했다.

과학 기술에 대한 신앙

계몽주의의 신조에 따르면, 진보는 과학적 이성이 기술로 전환되어서 인류의 유익을 위해 자연의 법칙들을 이용할 때 이루어진다. 자연의 법칙들을 알면 인류는 기술로는 인간 이외의 피조물을 통제하고, 합리적 조직으로는 인간 사회를 통제하게 된다. 이미 17세기에 프랜시스 베이컨은 과학과 기술의 연합을 예언한 바 있다. 그것이 현실화된 것은 19세기였지만, 세상을 기술로 통제하여 진보와 번영을 앞당기리라는 비전은 18세기 계몽주의에 분명히 나타난다. 그렇게 과학과 기술을 믿었던 한 예를 세바스티앙 메르시에(Sébastien Mercier)가 1770년에 쓴 「서기 2440년」(*L'An 2440*)이라는 책에서 볼 수 있다. "기하학과 기계학과 화학으로 무장했으니 인간이 완전해질 수 있는 능력은 도대체 어디서 멈출 것인가?"[36] 이와 비슷하게, 마르퀴 드 콩도르세(Marquis de Condorcet, 1743-1794)도 「인간 정신의 진보에 관한 역사적 개요」(*Sketch for a Historical Picture of the Progress of the Human Mind*, 책세상)에, 물질적 풍요로 가는 진보를 과학과 기술이 주도할 것이라는 비전을 개괄했다.

사회의 합리적 질서에 대한 신앙

계몽주의 사상에 따르면, 과학적 이성을 인간 사회에 적용하면 사회를 합리적으로 조직하여 사회 영역에도 진보를 이룰 수 있다. 뉴턴의 물리학이 인간 이외의 세상에서 불변의 질서를 찾아내 그것을 바탕으로 성공했으니 어쩌면 사회, 정치, 경제, 교육 세계에서도 비슷한 질서를 찾아낼 수 있을지도 몰랐다. 계몽주의 철학자들은 이성만으로 그런 질서를 찾아내 인간의 사회와 문화를 그에 맞게 조직할 수 있으며, 그 방법으로 천성(天城)을 건설할 수 있다고 믿었다. 이것은 사회 조직을 겨냥한 당찬 도전이었는데, 그 열쇠는 과학적 이성을 자유롭게 구사하는 데 있었다. 많은 계몽주의 사상가들은 그동안 유럽을 지배해 온 압제적인 정치·사회 구조들이 기독교 신앙의 열매라고 믿었다. 이런 억압적이고 시대에 뒤진 제도들은 중세의 잔재였으므로, 그들은 과학적 이성으로 무장하고 그 제도들에 맞서 싸우는 전사들로 자처했다.

물질적 부가 새로운 '천성'의 주된 특징이다 보니 경제 생활을 합리적으로 조직하는 부분이 두각을 드러낸 것은 당연한 일이다. 애덤 스미스(1723-1790)가 1776년에 펴낸 「국부론」(*The Wealth of Nations*, 동서문화사)은 합리적인 경제를 강조하는 계몽주의의 관점으로, 세상에 막대한 영향을 미쳤다. 스미스는 시장에 자유를 주면, 개인들이 자기 이익을 생각해서 내리는 경제적 결정들이 결국 우리 사회를 만인에게 더 나은 미래로 이끌어갈 거라고 믿었다.[37]

존 로크(John Locke, 1632-1704)는 「시민정부론」(*Two Treatises of*

Government, 연세대학교출판부)에서 과학적 이성을 정치 이론에 응용했다. 그는 왕의 신권에 이의를 제기했고, 시민의 동의에서 통치권이 나오는 좀더 합리적인 정치를 주창했다. 좀더 합리적인 교육 제도에 힘쓴 사람들도 있다. 사실, "18세기에 나온 교육에 관한 논문들이 그 이전의 것들을 다 합한 것보다 많았다."[38] 그런가 하면 1세기 전에 나온 휴고 그로티우스(Hugo Grotius, 1583-1645)의 책을 바탕으로 좀더 합리적인 법 이론을 개발한 사람들도 있다. 사회 전반에서 계몽주의 사상가들은 과학적 이성을 바탕으로 한 합리적 사회의 청사진을 내놓았다.

합리적 사회를 이루려는 욕구가 이렇게 편만해진 데는 뉴턴의 공이 컸다. 그의 과학적 방법은 계몽주의의 사회·정치·경제 철학자들이 이론을 전개해 나가는 방식에 영향을 끼쳤다. 뉴턴 계열의 물리학에서는 가장 작은 입자에서 시작해서, 그것을 지배하는 법칙들을 찾아내고, 다른 비슷한 것들과 조화를 이루게 한다. 폴 틸리히(Paul Tillich)는 이를 가리켜 "실재를 가장 작은 요소들로 분석한 다음, 그것들로 다른 더 큰 것들을 해석하는 기술적(技術的) 이성"이라고 했다.[39] 이러한 방법이 사회 조직에도 응용되었다. 예를 들어, 경제 철학자들과 정치 철학자들은 사회의 가장 작은 단위인 개인에서 시작해서, 개인과 개인이 서로 관계를 이룰 수 있는 원칙들을 찾아내려 했다. 조지 소로스(George Soros)는 계몽주의의 경제 이론이(정치 이론, 사회 이론, 교육 이론도 넣을 수 있다) "물리학에서 잘못 유추한 데 기초하고 있다"[40]라고 말했다. 뉴비긴은 이 잘못된 유추가 경제학에 어떻게 작용하는지를 이렇게 지적한다. "경제학도 과학이 되어, 시장도 뉴턴이 말한 우주처럼 자동 메커니즘으로 돌아간다고 보았다. 하지만 이 둘 사이에는 중요한 차이가 있다. 시장의 동향을 지배하는 근본 법칙 – 뉴턴의 만유인력법칙에 상응하는 – 은 탐욕의 법칙이며, 그것은 인간 본성에 깔려 있는 기본 욕구다."[41]

이러한 "보편법의 이론"은 (희한하게도) "자연법" 이론이라는 기독교의 오랜 전통에 뿌리를 두고 있다. 그것이 (18세기에 들어서서) 계몽주의 세계관에 맞게 새로 각색된 것이다. 중세기에 아퀴나스는 자연법이 기독교적 개념이라는 것을 명확히 밝혔다. 그는 우주의 질서를 이루는 법칙들을 창조주께서 우주 안에 두셨으며, 하나님 자신이 창조 세계에 대하여 품고 계신 목적이 거기에 드러나 있다고 말했다. 이렇듯 아퀴나스에게 자연법이란 하나님이 임재하신다는 증거였다. 계몽주의 이전까지만 해도 이러한 개념이 지배적이었는데, 계몽주의 때부터 일부 철학자들이 자연법이란 하나님과 별개로 창조 세계에 내장된 자체적 질서라고 말하기 시작했다. 폴 아자르(Paul Hazard)는 "이 운동의 목표는 법과 종교를 분리시키는 것이었다"[42]라고 말한다. 자연법을 보는 관점이 합리주의적이고 세속적으로 바뀐 것인데, 이러한 관점의 창시자는 흔히 휴고 그로티우스로 알려져 있다. 그는 하나님이 뜻하셨든 뜻하지 않으셨든 상관없이 자연법은 그 자체로 유효하다고 주장했다. 계몽주의 시대에 그로티우스를 계승한 사람들도 그의 논리를 그대로 이어받았고, 결국 "그들이 말하는 자연법은 완전히 세속적인 것이 되고 말았다."[43]

뉴비긴은 이러한 "'법'에 대한 새로운 관점"을 이렇게 평한다. "법을 주시는 하나님은 더 이상 존재하지 않는다. 하나님의 명령이기에 순종해야 할 그분도 존재하지 않는다. 법이란 현실의 속성상 필연적으로 생겨나는 장치일 뿐이다[몽테스키외(Montesquieu)]. 그런 법이라면 얼마든지 인간의 이성으로 찾아낼 수 있다."[44]

이렇듯 계몽주의에서 보는 자연법 개념은—이 개념이 사회에 대변혁을 일으킨다—역설적으로 기독교에 있는 창조 질서라는 개념에 뿌리를 두고 있다. 계몽주의 사회 이론은 기독교 세계관이라는 자산을 먹고산다. 우리가 보기에 토마스 아퀴나스는 이미 자연법에 자율권을 지나치게 많이 주었지만, 그래도 창조 질서 속에 창조주의 목적과 뜻이 드러나 있다는 믿음을 바로 지켰다. 계몽주의 인물들은 하나님을 버릴 때 하나님의 질서까지 쉽게 버릴 수는 없었다. 하나님의 질서는 여전히 그들이 사회 질서에 관한 이론을 세우는 데 꼭 필요한 개념이었다. 어떤 사회 제도를 새로 만들려면 당연히 그 제도에 해당하는 모종의 규범적 질서를 인정하는 것이 좋다! 계몽주의 시대에는 다음과 같은 가정들의 토대가 이미 닦여 있었다. (1) 그러한 규범적 질서를 자연 스스로 수립해 놓았다. (2) 그러한 보편적이고 비인격적이고 불변하는 법들이 자연에 내장되어 있는데, 그것을 인간의 이성으로 알아낼 수 있다. (3) 계시된 법이라든가 법을 주시는 하나님은 더 이상 꼭 필요한 개념이 아니다.

계몽주의 세계관은 인간을 이해함에 있어서나 인간 이외의 피조물을 이해함에 있어서나 이처럼 이신론을 떠받든다. 이신론은 기독교와 좀더 극단적인 세속 세계관 사이에 존재하는 과도적 신앙으로, 거기서 기독교의 창조 교리는 인간의 사회를 존재하게 한 기초 정도로 그 흔적만 남아 있다. "이신론의 철학에 따르면 하나님의 역할은 자연 질서를 창조하시는 것으로 이미 끝났고…지금은 하나님이라는 요소를 빼도 무방하다."[45] 이신론은 "종교와의 마지막 타협"[46]이며, "마음속으로 종교를 갈망하는"[47] 합리주의다.

계몽주의 신앙과 복음의 충돌

계몽주의 세계관이 무르익어 가면서 그 세계관은 기독교 세계관에서 특정한 요소들만 골라 자기들의 이야기에 맞게 재단했고, 그렇게 함으로써 기독교 세계관이 가지고 있는 포괄적 특성을 은근히 부정했다. 유럽은 이 새로운 신앙에 열심을 냈고, 기독교와 충돌할 수밖에 없었다. 유럽인들의 머리와 마음을 계몽주의 관점이 지배하게 되자 복음은 아예 배제되든지 새로운 질서에 맞추어 시녀가 되어야 할 것 같았다.[48] 서글프게도, 복음이 보편타당한 진리라는 주장을 버리고 복음을 계몽주의 신앙에 종속시킨 것은 종종 그리스도인들 자신이었다. 이렇게 그들은 복음에 함축되어 있는 포괄적 세계관을 버렸고, 그 결과 복음은 "지적인 면에서 훨씬 덜 포괄적인 새로운 역할"로 물러나 "오로지 내면의 영적인 문제에만 치중하게" 되었다.[49]

이처럼 그리스도인들은 복음의 범위를 축소할 것을 주장했는데, 뉴비긴은 여러 저작에서 그것을 현대 서구 문화의 기초가 된 "객관적 사실 대 주관적 가치의 이분법"을 가지고 지적했다. 계몽주의 시대에 인본주의가 승리를 거두면서 과학적 이성만이 진리의 유일한 권위로 받아들여졌다. 무엇이든 과학적 이성으로 입증될 수 있는 진리 주장은 유리한 고지를 점하여, 모든 사회 구성원이 진리로 받아들일 만한 공공의 사실이 되었다. 반대로, 과학적으로 증명될 수 없는 진리 주장은 개인의 주관(또는 선호나 취향)이라는 낮은 차원으로 밀려났고, 문화의 공적인 삶에는 들어설 자리가 없어졌다. 이로써 복음은 한낱 개인의 취향이 되고 만다. (바닐라 아이스크림보다 초코 아이스크림을 좋아할 수는 있지만 초코 아이스크림이 진리라고 말하는 것은 범주를 혼동하는 일이다.) 이런 관점대로라면, 누구든지 복음이 자기한테 좋다고 말하는 거야 괜찮지만, 복음이 진리이며 문화 생활에 대하여 권위가 있다고 주장하는 것은 구시대의 종교적 유물에 집착하는 일이 된다.

    이것을 다음과 같은 도식으로 나타낼 수 있다(참고. 그림9). 과학적 이성이 진리 주장들을 체질하여 구분한다. 과학적 이성의 기준에 부합하는 주장들—1+1=2(수학) 또는 사유재산권의 명시(정치) 등—은 객관적 사실이라는 지위를 얻어 공적으로 수용된다. (공립학교 교사가 학생들에게 1+1의 답을 물을 때 '3'이니 '4'니 하는 복수의 답을 받아들일 수는 없다!) 그러나 과학적 기준에 부합되지 않는 진리 주장들은 한낱 주관적 가치, 선호, 취향, 의견의 차원으로 전락된다. 즉, 개인적으로는 그렇게 믿을 수 있어도 공공의 진리로 선포되어서는 안 된다는 것이다.

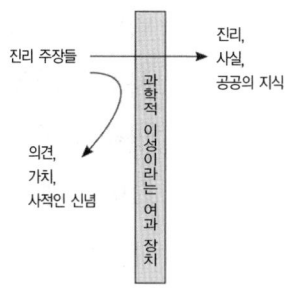

그림9. 객관적 사실 대 주관적 가치의 이분법

과학적 인본주의가 독단을 부리면, 복음은 한낱 사적인 취향의 문제가 되어 공적인 삶에서는 무용지물이 된다. 우리가 공유하는 문화 생활은 보편적 합리성에 기초하여 이루어져야 하며, 기독교 신앙을 포함한 모든 주관적 요소는 과학적 방법으로 걸러내야 한다는 것이다. 그렇게 되면 우리의 삶에서 과학, 정치, 경제 등은 공적이고 객관적인 영역에 속하지만, 복음은 주관적 가치의 영역으로 밀려난다. 그래서 계몽주의 세계관을 품은 사람들은 공적인 삶의 분야에서 계시의 빛이나 성경의 권위를 말하는 것을 범주를 혼동하는 일로 여긴다.

물론 이것은 그리스도인이 공적인 광장에 참여하는 데 심각한 장애물이 된다. 계몽주의 관점에서는 복음이 배제되고 더 이상 사회 생활과 문화 생활을 선도하는 힘으로 구실하지 못한다. 복음이 과학적 인본주의에 길들여지게 두는 것은 사실상 성경에 계시된 복음을 버리는 것과 같다.

혁명의 시대:
사회를 계몽주의 신앙에 맞추어 변혁하다
(19-20세기)

"서구는 '(하나님을 믿는) 신앙을 잃고' 과학과 인간을 믿는 새로운 신앙을 얻었다."[50] 그러나 진정한 신앙의 결단은 언제까지나 마음이나 머릿속에만, 말이나 글로만 남아 있을 수 없는 법이다. 항상 그것은 사회, 정치, 경제의 살을 입도록 되어 있다. 계몽주의 관점을 진리로 믿는 사람들에게 "새로운 사회 제도들을 수립하는 일은 따분하고 부수적인 일이 아니라 절박한 필연이며 숭고한 도덕적 의무다. 이 경우, 실낙원으로 가는 좁은 길은 **사회혁명**의 길밖에 없다."[51] 그래서 계몽주의 세계관은 18, 19세기를 거쳐 20세기 초까지 서구 문화에서 일련의 혁명 — 국가혁명, 산업혁명, 사회혁명, 정치혁명 — 들로 나타났다. 산업혁명과 프랑스대혁명은 서구의 세계관이 발전해 나가는 과정을 이해하는 데 중요하므로, 지금부터 그 두 혁명의 몇 가지 중요한 특징을 간략히 살펴보고자 한다.[52]

산업혁명 이전까지만 해도 경제의 기본 단위는 가정이었고, 가정은 작업장과 사업장을 겸했다. 노동은 수작업이었고 별로 전문화되거나 분화되지 않았으며, 사람들은 대부분 시골에 살았다. 산업혁명이 일어나면서 이 모든 것이 달라진다. 수작업은 기계가 대신하게 되었고, 노동은 분화되고 전문화되었을 뿐만 아니라 가정에서 공장으로, 시골에서 산업 도시로 옮겨 갔다. 계몽주의 세계관이 지배하면서 합리적 조직이 이루어지고 기술이 사회를 통제하게 되었는데, 그것을 유감없이 보여 주는 예가 바로 공장이다.

산업혁명을 통해 과학과 기술이 정말 연합했다. "프랜시스 베이컨이 이미 17세기 초에 과학과 기술의 결합을 예고했지만 결합이 완성된 것은 거의 3세기가 지나서였다. 실제로 그 둘은 내내 본질상 별개의 사안이었다.…그러다 19세기에 들어서면서 과학과 기술을 좀더 직결시키려는 시도가 시작되었다. 그래서 둘 사이에 긴밀한 상호작용이 이루어졌고, 이는 과학 기술을 낳았다."[53] 린 화이트(Lynn White)는 20세기라는 유리한 위치에서 그때 일을 돌아보며 이렇게 말한다. "과학과 기술이 결합한 것이야말로…인류 역사상 가장 큰 사건일 수 있다.…그때까지 거의 별개의 분야이던 과학과 기술이 지금으로부터 1세기 조금 전에 서로 손을 잡고 인류에게 막강한 힘을 주었는데, 생태계에 미친 많은 영향으로 미루어 보건대 그 힘은 통제 불능이다."[54]

이러한 과학 기술은 주로 경제 활동 쪽으로 나타났다. 증기기관, 수력 방적기, 다축 방적기가 면화 섬유업에 일제히 가동되었다. 기계는 인간의 노동력을 획기적으로 향상시켜 주었고, 증기기관은 한 사람에게 전 종업원에 맞먹는 힘을 주었다. 이렇게 기술로 일을 통제하는 것에 더하여 인간의 노동력도 더욱 효과적으로 조직되었다. 생산성을 극대화시키기 위해 공장의 일이 전문화되고 조정되었으며, 전

문화와 기계화가 함께 맞물리면서 생산성이 현저히 높아졌다.

영국에 산업화가 이루어진 1840-1900년에 300달러를 조금 웃돌던 영국의 GNP(국민총생산)는 약 900달러로 세 배나 뛰었다. 같은 기간에, 산업화가 이루어지지 않은 포르투갈의 GNP는 약 250달러에서 260달러로 약간 높아졌을 뿐이다.[55] 이는 번영의 사회로 진보한다는―과학으로 통제하고 기술을 개발하면 진보가 이루어진다는―계몽주의의 비전이 실현되고 있다는 확실한 증거처럼 보였다. 이것은 "세상의 문제들을 푸는 해답이 과학에 있다"는 유럽의 새로운 신앙을 더욱 굳혀 주었다. "19세기 증기(蒸氣) 시대의 관점에서 볼 때, 진보가 세상의 대세인 듯했고 과학은 복된 유토피아의 비밀을 열 수 있는 열쇠"였기 때문이다.[56]

과학 기술과 노동은 처음에는 경제 성장과 물질적 부를 이루는 쪽에 사용되었으나, 머잖아 그러한 경제적 변화가 자본주의의 사회 구조 내에 있는 다른 모든 부문의 사회 생활에까지 영향을 미치기 시작했다. 데이비드 웰스(David Wells)는 자본주의가 "제조, 생산, 소비를 목적으로 사회 구조를 탈바꿈시켰고⋯인구를 도시로 집중시켰으며, 방대한 금융, 은행, 법률, 통신, 교통 체제를 낳았다. 요컨대, 자본주의는 세상의 골격을 바꾸어 놓았다"라고 보았다. 또 과학 기술은 자본주의가 진행되는 과정에 속도를 붙여 주며, 삶 전체를 더 합리적이 되게 해준다.[57]

산업혁명처럼 프랑스대혁명도 계몽주의의 신조를 바탕으로 사회를 재건하는 일에 나섰다. 혁명의 표어는 '자유, 평등, 박애'였는

데, 이 슬로건은 그냥 말로만 끝나지 않았다. 이러한 이상은 엄청난 유혈 사태를 불러 왔으며, 1789년에 소집된 프랑스 국민회의도 그것을 개혁의 기조로 삼았다. 이러한 이상을 성취하는 길은 왕의 신권, 귀족의 특권, 교회의 권위—모두 낡고 위계적인 기독교 세계의 유물—를 철폐하는 것이라고 국민회의는 믿었다. 구질서가 밀려나고 그 자리에 시민 개인의 양도할 수 없는 권리, 국가에 대한 교회의 예속, 행정과 사법의 개혁, 기업의 법적 규제, 의무 공교육이 대신 들어섰다. 만인의 자유와 평등을 포괄적으로 진술한 "인간과 시민의 권리 선언"은 다음 두 세기 동안 서구 전반을 형성하는 원동력이 되었다.

산업혁명과 프랑스대혁명이 몰고 온 이러한 변화들은 사회를 현대 국가로 탈바꿈시켰고, 그 현대 국가의 기초는 고백적 인본주의였다. 앤드류 워커(Andrew Walker)는 현대 국가가 어떤 면에서 "모더니즘의 자식"이라고 했는데, 이 자식은 일단 태어나면 모더니즘의 신앙을 그대로 실천한다. "현대 세계에서 국가는 국제 사회에서 가장 강력한 제도적 세력이며, 아마도 현대화 과정을 가장 성공적으로 수행하는 기관일 것이다."[58]

자칫하면 이 이야기를 인본주의의 매력적인 이상들이 무지몽매한 종교를 이긴 것으로 읽기 쉽다. 하지만 그것은 실제로 있었던 일을 잘못 읽는 것이다. 모더니즘이 승리하면서 전복된 사회는 엄밀히 말해서 기독교 자체가 아니라 중세의 기독교 세계였고, 이는 기독교적 요소들과 이교적 요소들의 혼합물이었다. 인본주의자들처럼 그리스도인들도 중세기에 있었던 위계와 교회의 지나친 권력을 거부하겠지만, 그 이유는 다를 것이다. 대부분의 그리스도인은 여러 사회 제도가 교회의 통제로부터 해방되어야 한다는 점에서는 인본주의자들과 생각이 같겠지만, "일단 해방된 부분들을 어떤 기준을 따라 새로 세워 나갈 것인가?"라는 물음에는 당연히 답이 다를 것이다. 이성의 지시에 따를 것인가, 아니면 하나님의 계시에 따를 것인가? 더욱이, 현대의 인본주의는 계속 복음의 축적된 자산을 먹고산다. 인권, 자유, 평등, 생산적 변화, 교육 등 현재 가장 매력 있어 보이는 많은 것이 형성되는 데 기독교 세계관이 중요한 역할을 했기 때문이다. 그러한 것들은 결코 인본주의만의 산물이 아니다.

진보의 두 가지 이야기: 자유주의와 마르크스주의

그러나 이러한 여러 혁명이 있은 후로 모든 것이 좋지만은 않았다. 산업혁명은 두말할 것도 없이 모호한 결과를 낳았다. 부의 성장과 함께 많은 고통이 뒤따랐다. 시골에서 도시로 이주한 많은 가정이 해체되기 시작했고, 수많은 사람이 비위생적인 생활환경으로 내몰렸으며, 남녀노소 할 것 없이 공장에서 지독한 착취를 당했다. 근무 시간은 잔인하게 길고 보수는 잔인하게 적었다. 계몽주의가 예언한 지상낙원과는 섬뜩한 대조였다! 18세기의 그 믿음과 희망은 어찌되었단 말인가?

뿌리 깊은 신앙은 아무리 그 대상이 거짓 신일지라도 쉽게 무너지지 않는 법이다. 산업혁명의 역효과를 알리는 증거가 흉측하게 쌓여 가자, 진보의 참 신자들은 계몽주의 이야기를 믿는 신앙을 지키기 위해 인간의 비참한 현실을 보여 주는 지엽적인 증거들을 더 큰 신화 속으로 끌어들일 필요성을 느꼈다. 계몽주의 이후로 19세기에 두 가지 내러티브가 일어나 바로 그 일을 시도했는데, 둘 다 과학과 기술로 진보가 이루어진다는 신앙을 그대로 유지하면서[59] 거기에 반대되는 증거는 전체 이야기의 한 부분으로 해석했다. 그 두 가지 내러티브란 바로 자유주의와 마르크스주의다.

19세기에 제일 먼저 터져 나온 굵직한 이념적 세력은 자유주의였는데, 자유주의가 내놓은 사회의 청사진은 개인의 주권에 기초한 것이었다.[60] 경제적 형태의 자유주의는 경제 활동에서 개인의 자유를 존중하고, 정치적 형태의 자유주의는 개인의 인권을 존중한다. 19세기에 대두된 처참한 고통의 문제에 대해 자유주의자들은 최소한 두 가지 답을 내놓았다. 첫 번째 답을 내놓은 허버트 스펜서(Herbert Spencer, 1820-1903)는 (매정하게도) 고통은 진화의 과정에서 치러야 할 대가라고만 말했다. 존 스튜어트 밀(John Stuart Mill)과 토머스 힐 그린(Thomas Hill Green) 등 다른 자유주의자들은 좀더 사회의식이 있는 자유주의를 내놓았다. 이들은 인간의 자유와 정부가 정의를 추구해야 할 책임을 서로 조화시키려고 고심했다. 하지만 자유주의의 이 두 가지 답은 모두 진보를 믿는 신앙을 고수했고, 둘 다 인간의 고통을 전체 이야기의 한 부분으로 설명했다.

칼 마르크스(Carl Marx, 1818-1883)도 마찬가지로 진보의 이야기를 내놓아 고통을 설명했는데, 마르크스가 자유주의자들보다 더 동정심이 많아 보이기도 한다. 그의 저작에는 자신이 고통을 접하면서 느낀 도덕적 분노가 분명히 드러난다. 하지만 그가 고통에 대해서 내놓은 합리적 설명도 역시 스펜서처럼 다윈에 의존하고 있다. 다윈은 자연계에서 투쟁을 통한 정복을 보았는데, 마르크스의 정치사상은 그것을 사회의 차원으로 전환시켰다. 즉, 역사는 계급 간의 갈등을 통해 진보한다는 것이다. 진보의 이야기란 계급 혁명들이 계속 줄을 잇는 내러티브다. 그러한 혁명들을 통해 결국 평등이 이루어지고, 경제 발전이 낳은 모든 부가 공평하고 균등하게 분배된다는 것이다.

자유주의와 마르크스주의는 둘 다 19세기 인본주의에 뿌리를 두고 있지만 역사의 진보를 보는 개념은 서로 상반된다. 이 둘이 하나는 워싱턴 DC를 본거지로, 하나는 모스크바를 본거지로 하여 20세기의 대부분 동안 세상을 지배하게 된다.[61]

낭만주의의 반응(19세기)

하나님이 창조 세계의 질서를 떠받치고 계시므로, 그분의 선한 창조 세계의 일부를 억누르는 일은 마치 촘촘한 용수철을 꾹 누르는 것과 같다. 용수철은 결국 다시 확 튀어 오르게 되어 있다. 바로 직전에 존재하던 인생관들에 대해

19세기 낭만주의가 보인 반응을 그렇게 이해하면 가장 좋을 것이다. 계몽주의는 하나님의 창조 세계에서 좋은 면들을 우상화하면서 다른 면들은 축소시켰다. 그렇게 계몽주의 시대에 억눌리고 경시되던 삶의 요소들 중에서 일부가 서구 문화에 확 튀어 오른 운동이 바로 낭만주의다. 낭만주의는 계몽주의의 관점과 복잡하게 상호작용을 하는 가운데 하나의 막강한 세력으로 떠올랐다. 처음에는 지배적인 계몽주의의 관점에 비해 부수적인 정도였으나 20세기 전체에 걸쳐 다시 중요해졌다.

낭만주의나 계몽주의나 둘 다 기본적으로 일종의 인본주의이므로 낭만주의가 계몽주의에 아주 심도 깊은 도전이 되지는 않았다.[62] 그러나 낭만주의적 인본주의는 계몽주의의 환원주의에 어느 정도 반기를 들었다. 독일 작곡가 프란츠 슈베르트(Franz Schubert)는 계몽주의가 인간을 한낱 이성적 존재의 지위로 전락시켰다 하여 계몽주의를 "살과 뼈가 없는 흉한 해골"이라 불렀다.[63] 낭만주의자들은 그것이 인간의 풍요로운 경험과 복합적인 인격을 부정한다고 믿었다. 낭만주의의 반응을 계기로 감정, 상상력, 창의력, 본능이 거센 물결처럼 되살아났다. 비슷하게, 계몽주의는 자연을 생명 없는 기계로 환원시킨 반면, 낭만주의 작가들은 자연을 살아 있는 복잡한 유기체로 이해해야 한다고 믿었다. 계몽주의는 인간과 자연의 관계를 그저 관찰, 실험, 이론적 설명, 개발의 관계로만 환원시켰다. 낭만주의자들은 그런 초라하고 빈곤한 관계에 반기를 들면서, 인간은 자연을 즐거워하고 외경을 품어야 하며 감정과 상상력을 살려 흠뻑 빨아들여야 한다고 보았다. 나아가 그들은 인간이 자연의 주인으로 자연 위에 군림하는 것이 아니라 인간도 자연의 일부라고 믿었다.

계몽주의는 지식을 대상과 거리를 두어 분석적 방법으로 얻을 수 있는 것들로만 국한시킨 반면, 윌리엄 워즈워드(William Wordsworth, 1770-1850)는 그것을 극구 반대하며 이렇게 썼다. "우리의 주제넘은 지성이 사물의 고운 모습을 일그러뜨리나니 - 우리는 살해하거나 해부한다."[64] 거리를 두는 대신 자연과 교감하고 공감과 상상력을 구사할 때 세상을 더 참되게 이해하게 된다고 그는 암시했다. 참된 지식을 주는 것은 이성이 아니라 상상력, 창의력, 감정, 본능이라는 것이다. 존 키츠(John Keats)는 "나는 거룩한 감정과 진실한 상상 외에는 아무것도 확신하지 못한다. 아, 사고의 삶 대신 감각의 삶이여"[65]라고 말했다. 낭만주의자들이 보기에는, 이성만 사용하는 것보다 이성에 상상과 감정을 합할 때 창조 세계를 더 깊이 알고 이해할 수 있다.

계몽주의는 진리를 단지 과학으로 환원시켰다. 낭만주의자들에게 진리는 복잡하고 다면적이고 복수이며 시각에 따라서 변한다. 그래서 과학은 진리를 이해하는 최선의 길이 아니다. 대신 시, 문학, 데생, 회화, 음악이 세상의 신비롭고 복잡한 것들을 끌어내 준다. 계몽주의의 시선은 외부 세상을 이해하고 변화시킬 목적으로 밖을 향했지만, 낭만주의자들은 자아와 인간 영혼의 심연 - 그 기분과 동기, 사랑과 욕망, 두려움과 불안, 내적 갈등과 모순, 꿈과 잠재의식, 공상과 황홀경 - 을 이해하려고 안을 향한다. 끝으로, 계몽주의 전통은 인간의 선만 보았지만, 안으로 향하는 낭만주의는 인간의 어두운 면과 불합리하고 악한 동기도 탐색한다.

이 모두는 낭만주의가 과연 계몽주의의 인생관에 도전을 가했다는 뜻이다. 그렇다고 전자가 후자를 대체한 것은 아니다. 사실, 낭만주의는 계몽주의의 발전과 나란히 공존하게 된다. 낭만주의 입장에서 볼 때 인간이 존재하는 목적은 자신의 성격 속에 있는 독특한 잠재력을 개발하는 것이다. "인간의 전체 이상은 이성적 지식을 보급하는 것이 아니라 각자의 독특한 잠재력을 십분 개발하는 것이었다.···문화와 삶의 전체 목표는 자유를 개발하고, 개성을 살리고, 자기를 표현하는 것으로 선언되었다. '너 자신이 되라. 너의 성격을 가꾸라.'"[66] 이렇게 현대의 인본주의는 "두 문화"[67]로 갈라졌다. 계몽주의 세계관은 계속해서 문화의 발전과 공적인 삶을 지배하게 된다. 낭만주의는 문화의 한 부수적인 흐름을 형성하면서 사생활에 영향을 미치고, 특히 20세기 말에 되살아나 서구 문화에서 점점 더 막강한 영향력을 행사하게 된다.

후기 모더니즘: 자유주의적 인본주의의 발전과 쇠퇴(20-21세기)

20세기 전반에 걸쳐서 과학주의적 또는 자유주의적 인본주의는 괄목할 만한 진전을 이루었고, 복음이 거기에 소금 역할을 해주었다. 분명히 이것은 우리가 감사할 수 있는 부분이다. 과학 연구는 지식의 한계를 몰라보게 넓혔고,

눈부시게 빠른 기술 개발은 우리들 대부분에게 부모나 조부모 대보다 훨씬 편한 삶을 가져다주었다. 냉장고, 컴퓨터, 현대 의술이 없던 시절로 돌아가고 싶은 사람이 누가 있겠는가? 산업 발전과 경제 발전은 많은 사람 특히 서구인들에게 전례 없는 물질적 부를 안겨 주었다. 20세기에 이루어진 진보의 기념비라 할 만한 정치·경제·교육적 진전들은 그밖에도 많이 있다. 하지만 이러한 평가는 이야기의 일부에 지나지 않는다. 모더니즘의 세계관 자체가 위기에 처해 있고, 그 위기는 물질적 진보가 이루어지는 듯하던 20세기에도 내내 더 악화되었기 때문이다.

서구 국가들은 평화와 번영이 날로 더하리라는 이전의 예언들을 확신했었다. 그런데 그러한 확신이 참혹한 양차 세계대전에 허물어지면서, 계몽주의의 꿈은 먼저 유럽에서부터 빛이 바래기 시작했다. 1914-1918년에 '대전'이 있은 후에 심리학자 카를 융(Carl Jung)은 유럽인들의 심정을 이렇게 표현했다.

현대인들은 심리학적으로 말해서 거의 치명적인 충격을 받았으며 그 결과로 깊은 불안에 빠졌다고 해도 과언이 아니다.…세계대전의 참담한 결과는 세상을 보는 눈에 일대 변혁을 불러왔고, 그것이 우리의 내면 생활에도 나타나 이제 자신과 자신의 가치를 믿던 믿음이 무너져 내렸다.…한때는 세상이 합리적으로 조직될 수 있다고 믿었지만, 이제는 내가 그런 믿음을 잃고 있다는 것을 너무 잘 알고 있다. 평화와 조화가 지배하는 천년왕국이 도래하리라던 옛 꿈은 핏기를 잃고 말았다.[68]

북미의 사정은 현저히 달랐고 제2차 세계대전(1939-1945) 이후에 특히 그랬다. 북미에서는 경제가 눈부시게 급성장하면서, 진보를 꿈꾸는 이전의 비전을 확인해 주는 듯했다. 유럽인들은 "진보와 미래에 대하여 철없이 순진한 말이나 듣고 있을 계제가 아니었지만" 북미는 달랐다. "경험하는 현실이 다르다 보니 미국의 분위기는 눈에 띄게 달랐고 캐나다도 비슷했다. 1945년 이후로 미국에는 역사의 진보를 믿는 서구의 오랜 관념들을 다시 인정하는 자신감과 낙관론이 있었다. 전후 시대의 미국은 계몽주의와 그것의 신앙을 입증하는 새로운 본산이 되었다."[69]

진보의 신화를 믿는 믿음이 비록 북미에 더 많이 남아 있긴 해도, 모더니즘의 이야기를 믿는 신앙은 21세기 초에 들면서 북미에서도 쇠퇴하고 있다. 계몽주의 세계관이 심각하게 실패했음을 보여 주는 다섯 가지 증거를 서구가 점차 이해하게 되면서, 계몽주의 세계관을 믿는 신앙은 힘을 잃고 있다. 그 다섯 가지 증거란 바로 (1) 빈곤, (2) 환경 파괴, (3) 무기 확산, (4) 심리적 문제, (5) 사회·경제적 문제다.

빈곤. 1960년에 국제연합은 새로운 10년을 '10개년 개발' 기간으로 선포했다. 현대에 이루어지고 있는 기술 발전과 경제 발전에 개발도상국들도 동참하는 시기라는 뜻이었다. 이어 1970년대와 1980년대에도 '10개년 개발'이라는 이름이 붙었지만, 세상 만민에게 진보가 이루어진다는 비전은 시간이 갈수록 계속 퇴색했다. 빈부 차에 관한 통계 자료를 보면, 몇 차례의 '10개년 개발' 동안 실제로 이루어진 일이 거의 없음을 알 수 있다. 1960년에 세계 최고의 부유층 20퍼센트는 극빈층 20퍼센트보다 30배가 더 부유했으나, 1990년에는 부유층이 거의 60배나 더 부유했다.[70] 1999년에는 세계 최고의 부유층 20퍼센트가 극빈층 20퍼센트보다 거의 86배나 더 부유해졌고, 그 격차는 지금도 계속 벌어지고 있다.[71] 물질적으로 부유해진다는 꿈은 소수만의 것이었던 셈이다.

환경 파괴. 전 세계가 천연자원을 북미에서 쓰는 속도로 소비한다면 불과 10-20년 후면 자원이 고갈될 것으로 추산된다.[72] 만일 어떤 세계관이 있어 모든 사람이 그대로 살 때 창조 세계가 파괴된다면, 정녕 그것은 윤리적인 사람이 수용해야 할 세계관일 수 없다.

무기 확산. 온 세상을 파괴할 수 있는 무기가 대량으로 비축된 것은 현대에 기술이 발전하면서 나타난 직접적인 결과다. 또한 막대한 양의 시간과 돈과 자재가 거기에 소모되고 있다. 전 세계에서 무기에 소비되는 자원을 1년분만 식량에 쓴다면, 세상의 굶주린 사람들을 몇 년간 먹여 살릴 수 있다.[73]

심리적 문제. 케네스 거겐(Kenneth Gergen)은 20세기 들어서야 처음 등장한 정신적·심리적 결손의 증상들을 거식증, 과식증, 스트레스, 낮은 자존감, 탈진, 우울증 등 스무 가지도 더 꼽았다. 거겐에 따르면, 이러한 증상들을 낳는 심리적 빈곤은 주로 20세기에 발전한 과학 기술에 그 원인이 있다.[74]

사회경제적 문제. 가정의 붕괴나 범죄율과 실업률의 증가는 현대 서구 사회가 붕괴되고 있음을 보여 주는 많은 증상 중 일부에 지나지 않으며, 이 또한 모더니즘의 세계관을 믿는 믿음을 약화시키고 있다. 모더니즘의 세계관대로라면 그런 문제들이 쉽게 극복되어야 한다. 이러한 증상들 역시 지난 세기에 기술 일변도로 발전된 문화에서 그 원인을 찾을 수 있다.

21세기도 10년이 지난 지금, 모더니즘의 이야기는 자신이 했던 가장 중요한 약속들 중 다수를 지키지 못한 것으로 보인다. 그렇다면 거기서 다음과 같은 의문들이 생겨난다.

- 인류는 세상을 새롭게 할 능력이 있는가? 아니면 인간을 믿는 믿음이 무너져 내렸다는 융의 말은 정말 서구 인류의 실상을 정확히 짚어 낸 말인가?
- 과학적 이성은 과연 우리에게 확실한 지식을 줄 수 있는가? 20세기 내내 인류학, 사회학, 역사학, 언어학 등 여러 분야의 학자들이 인간의 지식이 상대적이라는 사실을 강조했다. 수많은 사회적 요인(전통, 공동체, 언어, 문화, 역사, 신앙)과 개인적 요인(감정, 상상, 잠재의식, 성별, 계층, 인종)이 우리의 지식에 영향을 미친다. 확실성은 더 이상 확실해 보이지 않는다.
- 우리는 정말 자연을 정복하여 더 나은 세상을 이룰 수 있는가? 아니면 인간 이외의 환경을 계속 파괴하여 더 이상 환경이 우리의 생명을 지탱해 줄 수 없는 지경에까지 이를 것인가?
- 과학 기술은 정말 우리를 구원할 수 있는가? 지금까지 과학 기술은 우리의 인간성을 말살하고, 수많은 사회 문제를 조장하고,

환경 파괴를 일삼고, 대량 살상 무기를 만들어 내지 않았던가?
- 미래는 과연 있는가? 아니면 미래에 대한 비관론이 점점 깊어져서 우리는 '현재를 답습하는' 삶으로 물러나 오락에 열중하고 온갖 현실 도피 수단이나 찾을 것인가?
- 경제 성장과 물질적 부는 정말 행복한 미래를 가져다줄 것인가? 아니면 우리가 지금 치르고 있는 심리적 붕괴와 깨어진 관계라는 값비싼 대가가 우리가 지금까지 한 투자에 대한 진짜 수익인가?

레슬리 뉴비긴은 다른 역사적 정황-교회 역시 엄청난 변화와 도전에 직면하고 있던 정황-에서 이런 유익한 글을 남겼다.

진짜 질문은 이것이다. 우리 시대의 이런 엄청난 사건들 속에서 하나님은 무엇을 하고 계시는가? 그런 사건들을 우리는 어떻게 이해하고 어떻게 다른 사람들에게 해석해 줄 것인가? 그리하여 우리나 그들이나 하나님의 동역자로서 그 속에서 제몫을 다할 수 있도록 말이다. 과거에 대한 향수와 미래에 대한 두려움은 똑같이 그리스도인에게 어울리지 않는다. 그리스도인은 하나님이 처하게 하신 상황 속에서, 현존하면서도 장차 임할 하나님 나라의 실상에 비추어 시대의 표적들을 이해해야 하고 모든 인간을 향한 하나님의 목적을 충실히 증언해야 한다.[75]

우리 시대의 중대한 사건들 속에서 하나님이 무엇을 하고 계시느냐는 물음에 대한 답은 일찍이 하나님이 예언자 이사야에게 주신 답과 동일해야 한다. "나는 여호와이니 이는 내 이름이라. 나는 내 영광을 다른 자에게, 내 찬송을 우상에게 주지 아니하리라"(사 42:8). 브라이언 월쉬는 계몽주의의 비전을 비추는 "불을 누가 껐는가?"라고 물은 뒤에 자신이 직접 이렇게 답한다. "어떤 의미에서 그들이 스스로 껐다.…하지만 더 궁극적인 차원에서 누가 불을 껐는가? 하나님이 끄셨다! 하나님은 우상을 숭배하는 문화들의 불을 늘 끄시듯이 이 문화의 불도 역사적으로 끄고 계신다."[76] "지금 우리는 미지의 세계로 들어서면서 우리가 알던 현대 세계가 후사경 속으로 사라지는 것을 보고 있다."[77]

7

지금은 어느 때인가?
우리 시대의 네 가지 징후

포스트모더니즘과 세계화의 출현, 남반구 기독교와 이슬람교의 눈부신 성장, 이는 21세기 초에 나타나는 특징의 일부다. 이토록 상이해 보이는 변화들을 한데 묶을 수 있는 역사관은 무엇인가? 이런 엄청난 다양성 사이에 공통점이 존재하는가?

우리는 공통된 주제가 존재한다고 믿는다. 이를 가장 잘 이해할 수 있는 길은 톰 라이트가 제기한 세계관 질문으로 돌아가는 것이다. "우리 문화는 지금 어느 때인가?" 「성경은 드라마다」에서 이미 살펴본 것처럼, 우주적 드라마의 제5막은 이미 우리를 찾아와 "상연" 중이며, 지금 우리는 마지막인 제6막을 준비하고 있다. 제6막은 그리스도께서 다시 오셔서 창조 세계를 완전히 되찾으시고, "창세 전부터" 품고 계신 계획에 따라 회복하시는 때다. 세계 역사의 제5막인 지금, 이제까지 우리가 말한 계몽주의 세계관 또는 (더 짧게) 모더니즘은 실재에 역행하면서 심각한 난관에 봉착했다. 포스트모더니즘에서 우리는 모더니즘의 쇠퇴를 보고 있다. 모더니즘이 안고 있는 내부적 긴장들과 근본적 모순들은 역설적이게도 특히 서구 국가에서 공격을 받고 있다. 모더니즘이라는 세계관을 형성한 것은 인류가 자신의 노력과 능력으로 결국 지상낙원을 이룩할 거라고 믿는 진보의 신화였다. 포스트모더니즘은 진보라는 우상을 속 빈 강정으로 여기는데, 이러한 시각은 성경을 읽는 사람에게는 뜻밖이랄 것도 없다. 하지만 세상의 실세는 포스트모더니즘만이 아니며, 아직도 현실 속에서는 우리의 사회, 정치, 경제 생활의 많은 부분을 모더니즘이 형성하고 있다. 많은 사람이 인간이 행복해지는 비결이 물질적 부를 무한히 증대하는 데 있지 않다는 것을 믿지 못하거나 믿으려 들지 않는다. 그래서 세계화는 모더니즘의 자유주의 이야기를 온 세상에 퍼뜨리는 운동이다.

　모더니즘(세계화를 통한 그것의 확산까지 포함하여)과 포스트모더니즘(방식은 아주 다르지만)은 비록 종교적 중립성을 표방하지만, 이미 보았듯이 이는 어불성설이다. 둘 다 일정한 신념들을 기초로 하여 지속성 있는 문화를 세우려 하기 때문이다. 그것들은 인류를 하나님과 무관한 자율적 존재로 보며, 하나님이 세상에 두신 창조 규범을 거부한다. 또한 하나님의 자리에 인간의 이성, 인간의 언어, 물질적 진보 등 여러 우상을 두어 왔지만, 그래봐야 그것들은 항상 우상일 뿐이다. 21세기에 들어서 우리는 기독교(특히 남반구에서)와 이슬람교가 둘 다 부흥하는 것을 목격하고 있다. 이 두 종교는 근본적으로 서로 대립되지만, 공통적으로 서구 우상들에 대해 철저한 반감을 갖고 있다. 서구의 영향권 밖에 있는 사람들은 모더니즘의 꿈이 쇠락하는 것을 보면서, 창조와 구속의 하나님을 믿는 성경적 신앙이나 이슬람교의 대안적 (그러면서도 똑같이 포괄적인) 세계관 중에서 점점 더 어느 한 쪽을 찾는 것 같다.

이 시대에 이 자리에서 복음 안에 살면서 복음을 성육신하게 하려면, 우리는 존 스토트가 말한 "이중적 경청"에 힘써야 한다. 한편으로는 성경과 기독교 전통에 열심히 귀 기울이고, 한편으로는 주변 문화에서 벌어지는 일들에 귀 기울여야 한다. 그래야만 제대로 준비되어 그리스도를 위해 살 수 있다. 세계관이란 세상에 관한 이야기에서 나오고 이야기란 시대의 사건들이 서로 어떻게 맞물리는가를 보는 것이므로, 우리에게 남는 핵심적 질문은 이것이다. "우리 문화는 지금 어느 때인가?"

이 장에서는 오늘날 서구 문화에서 벌어지는 사건들을 살펴보면서, 그러한 사건들이 우리 문화를 움직이는 종교적 신념들과 어떤 관계가 있는지 알아보고자 한다. 주변의 복잡한 문화에 비판적인 거리를 둔다는 것이 힘들 수 있지만, 이는 그리스도인들이 소명을 다하는 데 꼭 필요한 부분이다. 지금 우리 문화가 어느 때인지를 알아야 우리의 교차로를 이해할 수 있으며, 우리는 바로 그 교차로에서 그리스도를 위해 살아가도록 부름받았다. 우리는 자칫 그러한 무지에 속아서 현시대의 문화 속에 있는 우상들을 수용하기 쉽고, 현시대의 삶이 주는 좋은 것들까지도 놓칠 수 있다.

　복음이 형성하고 빚어낸 세계관에는 여러 의미가 함축되어 있는데, 이 장에서는 그러한 여러 의미를 삶으로 실천하려 할 때 그리스도인들이 명확히 분별해야 하는 네 가지 "시대의 징후"를 살펴보고자 한다. 그 네 가지 징후란 바로 (1) 포스트모더니즘의 출현, (2) 소비주의와 세계화, (3) 남반구 기독교의 부흥, (4) 이슬람교의 부흥이다. 우선 포스트모더니즘이라는 현상부터 살펴보면서 "우리 문화는 지금 어느 때인가?"라는 물음에 답해 보자.

징후1 : 포스트모더니즘

포스트모더니즘이란 무엇인가?

　포스트모더니즘을 주제로 한 현시대의 담론은 1950년대와 1960년대에 모더니즘 예술에 대한 반작용으로 시작되었다가 곧 모더니즘 문화 전반을 비판하는 쪽으로 확산되었다.[1] 앞서 보았듯이, 모더니즘은 이성과 과학에 기초한 진보가 인류를 신세계로 이끌어 평화와 번영을 누리게 할 것이라는 메타내러티브를 신봉했다. 하지만 20세기에 줄을 이은 여러 사건이 그런 순진한 낙관론에 타격을 입히면서, 결국 20세기 중엽에는 많은 사람에게 진보의 메타내러티브 자체가 오히려 세상의 문제들을 일으키는 원인으로 비치기에 이르렀다. 모더니즘을 비판하는 사람들 사이에서 모더니즘의 메타내러티브를 전면적으로 거부한다는 표시로 "포스트모던"이란 단어가 사용되었고, 장-프랑수아 료타르(Jean-François Lyotard, 1920-1998)는 그러한 새로운 사조를 규정짓는 요소의 하나로 "메타내러티브를 불신한다"라는 말을 지어냈다.[2] 료타르에게 메타내러티브들이란 모든 사건과 관점을 포괄적으로 설명하려는 큰 이야기들 또는 전체 내러티브들이다. 사실, 메타내러티브라는 말은 료타르에게 "세계관 이야기"와 거의 비슷한 말이었다. 특히 이성이 실재를 포괄적으로 설명할 수 있다고 믿은 점, 사회 질서의 보편타당한 기준을 추구한 점, 과학과 기술이 인간을 모든 악에서 해방시킬 수 있다며 그 능력을 맹신한 점 등에서 그는 모더니즘을 비판했다.

메타내러티브를 불신하게 되면, 그것은 확실한 지식을 얻으려는 사람들에게 심각한 영향을 미친다. 료타르는 과학과 이성에 근거한 내러티브들을 더 이상 믿을 수 없다고 보았다. 대신 그는 우리에게 있는 것이라고는 언어게임, 즉 세상을 언어상으로 저마다 다르게 해석하는 것뿐이며, 그러한 해석들은 결코 보편적이지 않고 늘 지엽적이라고 주장했다. 료타르를 따라, 미국의 철학자 리처드 로티(Richard Rorty, 1931-2007)는 모든 지식은 "전통으로 내려온" 것이고 현실을 정확히 기술한다는 개념은 신화이며, 서구에서는 바로 그러한 신화적 개념을 근간으로 지식을 추구한다고 주장했다.[3] 로티가 볼 때 모든 형태의 지식은 찾아내기보다 만들어 가는 것에 가까웠다. 그래서 그는 서구의 사상가들이 세상을 아는 참 지식을 얻으려고 집착하는 것을 완전히 구식이 되어 버린 세계관의 일부로 보았다.

포스트모던 철학자들은 이처럼 인식론에 대해 온갖 의문을 제기한다. 우리에게 현실을 알 수 있는 능력이 있는가, 현실을 아는 방법은 무엇인가, 현실을 정확히 기술한다는 것이 가능한 일인가 등에 의문을 품는 것이다. 보편적이고 객관적인 지식을 얻는 일은 모더니즘이 아주 핵심으로 삼는 목표인데, 많은 포스트모던 사상가는 그것을 불가능하다고 여긴다. 케네스 거겐의 말대로, "이것은 인간의 속성에 관한 진리 주장을 의심하는 문제가 아니라 객관적 진리라는 개념 자체를 완전히 버리는 문제다."[4]

이러한 회의론에 따른 부수적인 결과로, 모더니즘이 표방하는 소위 중립적인 지식 속에 다른 꿍꿍이속이 숨어 있다고 의심하는 시각이 깊어졌다. 모더니스트들이 객관적이고 가치중립적이라고 주장하던 것들은 많은 포스트모더니스트가 보기에 강력한 이데올로기의 탈이었다.[5] 모더니즘이 객관적 진리라고 내놓은 것들 속에 사실은 가부장제, 식민지주의, 유럽중심주의, 합리주의, 반유대주의 같은 이데올로기의 부하(負荷)가 잔뜩 걸려 있었는데, 포스트모더니스트들은 그 사실을 아주 성공적으로 밝혀냈다. 예를 들어, "콜럼버스(Columbus)가 아메리카를 발견했다"는 말은 역사를 중립적으로 진술한 것이 아니라 유럽중심으로 진술한 것이다. (이미 북미에 살고 있던 사람들 입장에서 보면) 콜럼버스는 그 땅을 발견한 것이 아니라 그 땅에 침입한 것이다. 장-프랑수아 료타르와 미셸 푸코(Michel Foucault, 1926-1984)는, 이성 자체가 권력 다툼과 얽히고설켜 있기 때문에, 이성은 믿을 수 없는 도구라고 여겼다.[6]

이러한 회의론의 결과로 지식이란 어쩔 수 없이 다원적이라는 인식이 생겨났고, 그래서 지금은 확실성과 진리 자체를 크게 의심하는 사람들이 많아졌다. 모더니즘은 이성과 과학으로 세상의 실재를 알 수 있다고 믿었지만, 포스트모더니즘은 거기에 심각한 이의를 제기했다. 포스트모더니스트들에게 세상을 아는 참 지식이란 아예 존재하지도 않는다. 세상을 아는 지식은 세계관과 불가분의 관계이므로, 여기서도 포스트모더니즘은 모더니즘의 폭넓은 합의를 무너뜨렸다. 한편, 19세기 서구 문화에 역사주의라는 것이 출현했는데, 역사주의는 역사에 하나님이 주신 질서란 없으며 오히려 역사가 유동과 변화의 과정이라고 보았다. 이러한 관점에 따르면, 모든 문화는 단순히 역사의 여러 요인이 부딪쳐서 생겨나는 산물이다. 포스트모던 사상가들에게서 그러한 관점을 흔히 발견할 수 있다. 또 하나 흔히 나타나는 개념은 언어가 현실의 가장 근본적인 요소이며 실재를 규정하는 것이 언어라는 개념인데, 프랑스의 철학자 자크 데리다(Jacques Derrida, 1930-2004)가 그러한 사상을 선도적으로 주창했다.

대부분의 포스트모던 이론과 마찬가지로, 이러한 입장대로라면 현실에 인간이 만들어 내는 구성물 외에 다른 질서가 존재한다는 개념은 들어설 여지가 없다. 세상이란 우리가 만들어 내는 것이며, 그동안 우리가 만들어 낸 세상들이 하도 많아서, 현실을 보는 관점들 중에 어떤 것이 옳다고 주장할 수도 없다. 역설적이게도, 인간의 지식을 믿지 못하는 회의론은 인간의 공동체를 호의적으로 보는 시각과 짝을 이룬다. 인간의 공동체를 우리가 살고 있는 세상을 만들어 내는 주체로 보기 때문이다. 이 또한 현실 전체에 하나님의 창조 질서가 존재한다는 것을 속에서부터 부인하는 세계관이 그대로 드러난 것이다.

포스트모더니즘은 인간으로 존재한다는 것이 무슨 의미인가에 대해서도 모더니즘의 관점에 이의를 제기한다. 인간을 합리주의적이고 자율적인 존재로 보는 관점이 모더니즘에 아주 팽배했지만, 차차 그런 관점이 약해지면서 많은 대안이 제시되었다. 예를 들어, 로티는 인간의 도덕적 자아를 "배후에 아무것도 없는 신념들과 욕망들과 감정들의 네트워크"로 보아야 하고, "그 신념들과 욕망들과 감정들 뒤에 아무런 본체도 없이 인간은 그냥 그 네트워크 자체이며, 도덕적·정치적 사고와 대화도 거기서 나온다"[7]라고 말했다. 인간의 여러 측면 중에서 감정, 욕망, 신념은 이성을 떠받들던 모더니즘이 억압하던 부분인데 이제는 그 부분들이 새 생명을 얻고 있다. 포스트모더니즘의 관점대로라면, 인간은 주어진 본성이 없고 만들어지는 구성물일 뿐이다. 푸코는 인간으로 존재한다는 것이 무슨 의미인가에 대한 우리의 관점까지도 철저히 구성물이요 허구라고 역설했다.

이상하지만 인간은…사물의 이치에 난 일종의 균열이나 구성물에 지나지 않을 것이고, 그 구성물의 윤곽은 자신이 지식 분야에서 아주 최근에 취한 새로운 입장에 의해 정해질 것이다.…인간이란 최근에야 등장한 발명품이고, 아직 출현한 지 채 두 세기도 되지 않은 존재이며, 최신 유행하는 우리의 지식일 뿐이다.…그 유행은 지식이 새로운 형태를 발견하자마자 사라질 것이다.[8]

포스트모더니즘은 우리에게 진리를 아는 능력, 현실을 지각하는 능력, 나아가 인간으로 존재한다는 것의 의미를 확실히 아는 능력이 있다는 것을 의심하며, 그러한 의심이 모더니즘의 기초를 허문다. 이렇듯 계몽주의 세계관은 끝내 붕괴될 위험에 처한 듯 보인다.

포스트모더니즘에 대한 기독교의 반응

그리스도인들은 포스트모더니즘에 어떻게 반응해야 할까? 예술과 철학에서 시작된 포스트모더니즘은 이제 다른 모든 학문과 대중문화에 확산되었다. 문학, 심리학, 예술, 신학, 경제, 법학, 역사, 과학, 의학, 연극 등 어떤 전공을 공부하더라도 포스트모더니즘과 해당 전공을 연관 지어 연구한 자료들이 이미 나와 있다. 예를 들어 영문학을 공부한다면, 포스트모던 철학(종종 이해할 수 없는)이 많이 담겨 있는 비평 이론 과목들이 개설되어 있을 것이고, 아마 포스트모던 소설 과목도 있을 것이다. 요즘은 포스트모더니즘과 성경신학을 함께 다루는 문서도 엄청나게 많이 나와 있다. 포스트모더니즘의 영향력은 영화, 건축(포스트모던 건축은 여러 스타일로 콜라주를 합성한다), 도시 설계, 그림, 음악, 조경과 정원 설계 등 대중문화 전반에 걸쳐 뻗어 나간다. 포스트모더니즘은 서구 문화에서 수많은 사람의 상상력을 사로잡았다.

그리스도인들이 포스트모더니즘에 접근하는 방식은 순진해선 안 된다. 포스트모더니즘에는 좋은 면도 있고 나쁜 면도 있다. 긍정적인 측면에서, 포스트모더니즘은 모더니즘이 자체적 이데올로기를 신봉하는 하나의 특정한 세계관이라는 사실을 드러내는 데 큰 역할을 했다. 요즘은 모더니즘의 학문과 실천이 객관적이고 중립적이라고 가정하기가 훨씬 더 어려워졌다. 포스트모더니즘은 모든 사람이 세계관을 가지고 있음을 밝히는 데 일조했고, 기독교적 관점에서 볼 때 이는 축하할 일이다. 하지만 포스트모더니즘은 어느 하나의 세계관도 진리로 인정하지 않는데, 그러한 강한 배격이 위험한 상대주의로 흐를 수 있다. 데이비드 하비(David Harvey)는 모더니즘이 전통과 종교적 권위를 거부하긴 했어도 이성만으로 진리에 이르리라는 희망만은 붙들고 있었다고 지적했다.⁹ 포스트모더니스트들은 인간의 이성이 우리를 진리로 이끌리라는 망상을 (제대로) 버렸지만, 그렇다고 전통을 되찾은 것도 아니고 종교적 권위를 되찾은 것은 더더욱 아니다. 대신, 포스트모더니스트들은 허무주의에 신이라도 난 듯이 인간의 한계와 유한성을 당당히 즐기며 '놀이하고' 있다. 분명히 이는 기독교 세계관과 양립할 수 없으며 그야말로 위험하기 짝이 없는 일이다.

우리가 세상을 만들어 낸다는 관점에도 큰 위험이 도사리고 있다. 그리스도인 철학자 앨빈 플랜팅가는 포스트모더니즘에 그러한 측면이 들어오게 된 뿌리를 칸트의 관념론 또는 (플랜팅가의 표현으로) "창조적 반(反)현실주의"로 추적해 올라간다.

이것은 세상의 근본을 이루는 구조와 세상에 근본적으로 존재하는 것들이 어떤 식으로든 인간의 행동-특히, 인간의 사고와 언어-으로부터 생겨났다는 관점이다. 그러나 신학적 관점에서 보면, 우주를 창조적 반현실주의라는 관점에서 보는 것은 우스운 허세에 지나지 않는다. 하나님의 존재나 속성은 우리와 우리의 사고방식으로부터 생겨난 것이 아니기 때문이며, 진리는 오히려 그 정반대다. 창조된 우주에 관한 한, 그 존재와 속성은 과연 한 인격체의 활동으로부터 생겨났지만, 그 인격체는 결코 인간이 아니다.[10]

포스트모더니즘이 서구 문화에 끼친 한 가지 긍정적 영향은 종교라는 주제를 학계의 진지한 담론에 복귀시킨 점이다. 이미 여러 포스트모던 사상가가 자신의 저작에 종교적 주제들을 다루어 왔다. 이제는 유수한 학술회의 의제에서 용서와 기도 같은 주제들을 볼 수 있는데, 이것은 20년 전만 해도 상상조차 할 수 없는 일이었다. 우리는 이러한 변화를 반겨야 하지만, 또한 이들 사상가들이 말하는 "종교"가 정통 기독교 신앙과는 거리가 멀다는 점도 인지해야 한다. 포스트모더니스트들이 이성을 믿는 믿음을 버렸을지는 모르지만, 그렇다고 해서 인간의 자율성을 탐하는 우상숭배까지 버린 것은 아니다. 더욱이 그들은 과거의 전통과 살아 계신 하나님을 믿는 믿음을 되찾은 것도 아니며, 그것과는 전혀 거리가 멀다.

포스트모더니스트들은 세계관 내지 큰 이야기를 받아들이지 않기에, 세상에 관한 진리를 발견할 수 있는 가능성을 거부한다. 그래서 그중 많은 사람은 자신에게 어떤 세계관도 없으며 대신 무엇이든 쓸 만한 요소들을 합성하여 그 콜라주대로 살아간다고 강력히 주장할 것이다. 하지만 세계관을 갖지 않는다는 것은 그리 쉬운 일이 아니다. 역설이지만, 포스트모더니스트들이 세계관을 부정하는 것 자체가 그들이 매우 특정한 세계관을 신봉하고 있음을 보여 준다. "우리는 진리를 알 수 없다"라고 말하는 사람은 그럼에도 불구하고 그 주장만은 진리로 받아들여지기를 원하며, 감히 자신이 그 진리를 확실히 아는 듯 행세한다.[11] 포스트모더니스트들은 겸손의 옷을 입고 있지만, 자신들만큼은 자신들의 규칙에 예외라는 그 은근한 주장은 겸손과 거리가 멀다. 그도 그럴 것이, 포스트모더니스트들은 "진리를 발견할 수 없다"라는 명제 자체를 철석같이 진리로 믿는 모순을 범하고 있다. 따라서 그들은 포스트모더니즘이 세계관을 경멸한다고 말하지만, 얄궂게도 포스트모더니즘 자체가 그들이 경멸한다고 고백하는 바로 그것이다.

나아가, 기독교적 관점에서 아주 중요하게 지적해야 할 것이 있다. 많은 포스트모던 철학자가 모더니즘의 뿌리들을 공격하지만, 사실은 그들도 그 뿌리들을 완전히 버린 것이 아니다. 예를 들어, 인간의 자율성이라는 이상은 지금도 이전만큼이나 단단히 꿈쩍도 하지 않고 있다. 과학 철학자 메리 헤세(Mary Hesse)가 날카롭게 지적한 대로, "자유주의라는 합의는 아주 성공적으로 서구 지성 문화에 이데올로기로 자리를 잡았다. 그래서 모든 포스트모던 담론에는 그것이 거의 눈에 띠지 않게 전제로 깔려 있다."[12] 아울러 포스트모더니즘은 주로 서구의 현상이고 세속적 현상이다. 서구에서도 그것은 소수파의 세계관으로 남아, 사람들의 관심을 끌고자 다른 많은 세계관과 겨루고 있다. 일례로 영문학을 생각해 보면, 문학 회의에 참석하는 일은 차라리 포스트모더니즘 철학 회의에 참석하는 일에 더 가까울 때가 많다. 해체비평, 급진적 페미니즘, 소설을 읽고 쓰는 온갖 잡다한 방법이 제시되기 때문이다. 하지만 많은 영문학 교수들, 강사들, 작가들은 문학에 포스트모던 방식으로 접근하는 것을 거부해 왔으며, 다른 학문 분야들도 마찬가지다. 예를 들어, 포스트모던 건축물을 보여 주는 유명한 예들이 이미 있긴 하지만, 모든 건축가가 그러한 추세를 따르는 것은 결코 아니다. 다른 건축 양식들도 포스트모더니즘과 경쟁하고 종종 거기에 역행하면서 함께 지속되고 있다.

 포스트모더니즘이 소수파의 세계관으로 남아 있는 한 가지 이유는 그 관점이 극단적이라 실효성이 없거나 실천이 불가능하기 때문이다. 삶이 있으려면 질서가 존재해야 하는데, 그 질서는 창조 세계에 깊이 새겨져 있다. 이러한 전제가 없이는 학문이든 일상생활이든 오래갈 수 없다. 철학에서 예를 들면, 포스트모더니스트인 자크 데리다가 아주 특이한 책들―예를 들어, 본문을 여러 단(column)으로 하여 각 단마다 다른 언어로 만든 책, 다른 작가들의 글과 데리다의 글을 병치하여 그 연관성을 탐색하는 일을 독자의 몫으로 맡긴 책 등―을 쓰기는 했지만, 흔히들 책을 그렇게 쓰지는 않는다. 데리다에 관하여 쓰는 사람들도 서론, 분명한 장 구분을 통한 논리

전개, 결론 등으로 책 내용을 통상적 방식대로 구성하여 명료하게 쓰는 편이다.

이렇듯 21세기 서구에서는 많은 세계관이 서로 지배권을 얻고자 다투고 있다. 데이비드 라이언(David Lyon)의 말대로, 계몽주의 세계관이 판을 치던 시대가 끝나갈 무렵에 포스트모더니즘은 우리가 살고 있는 시대에 관하여 중요한 의문들을 환기시켜 주었고, 그런 점에서 포스트모더니즘은 그리스도인들에게 유익하다. "포스트모더니즘을 계기로 우리는 모더니즘을 재평가할 수 있고, 시대의 징후들을 모더니즘 자체가 불안정하다는 지표로 읽을 수 있으며, 한때 장래성이 있어 보였으나 이제는 폐기처분된 허황한 미래를 버릴 수 있다."[13] 하지만 포스트모더니즘은 모더니즘이 가지고 있던 중요한 개념들을 많이 버렸음에도 모더니즘의 불안정한 세속적 기초들은 버리지 않았다. 그런 점에서 포스트모더니즘은 그리스도인들에게 유익하지 못하다. 그렇기 때문에 우리는 포스트모더니즘 자체가 안고 있는 약점들을 무시해서는 안 된다.

징후2: 소비주의와 세계화

소비주의

지금 우리 문화는 의미를 찾고 있다. 포스트모더니즘이 우리 문화에 분열을 초래하고 모더니즘을 약화시키면서, 서구 문화는 의미와 실천을 도출할 든든한 구심점을 날로 잃어 가고 있다. 포스트모더니즘은 모더니즘의 큰 이야기를 "동상들이 무너져 쌓인 무더기"로, 조각난 파편들로 전락시켰다. 하지만 포스트모더니즘이 도래했다고 해서 한시라도 모더니즘이 정말 사라졌다고 생각해서는 안 된다. 에드워드 케이시(Edward Casey)는 이렇게 말한다. "이론적 차원에서 모더니즘을 비판하는 것이 점점 설득력을 얻는다는 사실과⋯실제적 차원에서 우리가 모더니즘에 속속들이 물들어 있다는 사실, 그 둘을 구분해야 한다. 이러한 괴리가 생겨난 것은 다분히 모더니즘의 의붓자식인 과학 기술이 우리의 일상생활을 완전히 지배하고 있기 때문이다."[14]

문화의 중심부에 생겨난 빈자리는 채워지고자 안간힘을 쓰는데, 모더니즘의 여러 가지 요소는 사라지기는커녕 이래저래 그 중심부에 남아 있거나 다시 중심부로 돌아오고 있다. 피터 허슬람(Peter Heslam)은 모더니즘의 그런 집요한 잔재 하나를 찾아냈는데, 그것은 서구 문화의 핵을 이루는 실용주의적 소비주의 인생관이다. 그는 "자본주의와 소비주의라는 지배적 이데올로기는⋯유일하게 통하는 시스템으로 제시되고 있으며, 실제로 '통한다.' 포스트모던 세계관에서 그것은 특별한 지위를 부여받았다"[15]라고 말한다. 리처드 보캄(Richard Bauckham)은 이렇게 예리하게 지적했다. "메타내러티브들을 불신한다는 개념은 현시대의 서구 사회에서 일정한 개연성을 지니지만, 그것 때문에 우리는 모더니즘의 말기에 나타난 소비주의적 개인주의와 자유 시장의 세계화라는 아주 강력한 메타내러티브를 보지 못하고 놓칠 수 있다. 그 메타내러티브는⋯빈곤층을 빈곤하게 남겨 두고 부유층만 더 부유하게 만들며, 또한 환경을 파괴한다. 이런 식으로 그것은 진보를 믿는 모더니즘의 메타내러티브들이 늘 정당화해 온 압제를 지속시키고 있다."[16]

사실, 수잔 화이트(Susan White)는 소비주의가 서구 문화를 규정하는 새로운 이야기가 되려고 그 자리를 노리는 유력한 경쟁자의 하나가 되었다고 주장하면서, 그 골자를 짤막한 말에 명쾌히 담아낸다.

실재를 설명한다는 포괄적 메타내러티브라는 것이 20세기 말에 행여 존재한다면, 그것은 분명히 자유 시장 경제라는 내러티브다. 이 내러티브는 인간이 독립적이고 스스로 충족한 존재라는 개념에서 시작되어 큰 집, 큰 차, 비싼 옷으로 끝난다. 그리고 그 중간은 성공을 이루려는 몸부림, 탐욕, 공짜가 없는 세상에서 마음껏 벌고 쓰는 것 등으로 이루어진다. 우리는 대부분 그 영향력을 거의 의식하지 못할 정도로 그것을 철저히 "우리의 이야기"로 삼아 왔다.[17]

소비주의 문화는 소비가 핵심 가치관으로부터 파생되는 것이 아니라 갈수록 정반대인 문화다. 그래서 사실상 모든 것이 사고팔 수 있는 상품이 된다. 돈 슬레이터(Don Slater)가 지적한 대로, "누가 무엇을 소비할 수 있는가를 제한하는 원칙이 없다면, 소비될 수 있는 대상을 구속하는 원칙도 없어진다. 모든 대인관계, 활동, 물건이 다 상품으로 교환될 수 있다는 말이 된다. 이는 현대 세계가 실행한 가장 뿌리 깊은 세속화의 하나다."[18] 슬레이트의 말이 무슨 뜻인지 성(性)이라는 예에서 볼 수 있다. 기독교적 관점에서 성은 결혼 관계 안에서 한껏 누려야 할 하나님의 값진 선물이다. 늘 성을 사고파는 상품으로 전락시키는 것은 포르노지만, 오늘날의 광고와 인터넷도 그 과정을 유례없이 부채질하고 있다. 그래서 이제 어느 나라의 것이든 아주 방대한 양의 포르노를 즉각 구하여 소비할 수 있게 되었다. 포르노 중독이 기하급수적으로 늘어나는 것도 무리가 아니다.

나아가 소비주의 문화는 자유가 개인의 선택권과 동등시되고 사생활과 동등시되는 문화다. 계몽주의는 개인이 종교나 전통의 권위에 맞설 때 이성을 자원으로 써야 한다고 보았지만, 슬레이터는 삶의 어떤 분야에서나 내 마음대로 아무 상품이나 선택할 수 있는 자유가 계몽주의의 그러한 관점을 다분히 몰아냈다고 지적했다. "쇼핑의 자유"는 실제로 민주주의의 다른 자유들을 이기려고 위협하는데, 그 좋은 예를 월마트(Wal-Mart)가 애리조나 주 플래그스태프에 강압적으로 입점하려고 벌인 운동에서 볼 수 있다.[19] 플래그스태프 시의회는 이미 주민발의안 제100호라는 조례를 통과시켜 12만 5천 평방피트가 넘는 점포는 일체 건축할 수 없도록 금했었다. 그런데 월마트는 플래그스태프에 대형 점포를 새로 개장하고 싶어서, 주민발의안을 지지하는 사람들을 서적을 불사른 나치에 빗대는 광고를 "애리조나 데일리 선"(*Arizona Daily Sun*)에 게재했다. 앤서니 비앙코(Anthony Bianco)는 이렇게 예리하게 지적했다.

"선출직 시의원들이 통과시킨 법을 언론의 자유를 폭력으로 억압한 사건과 동등시하고 할인 쇼핑을 권리장전에 보장된 자유들과 동등하게 격상시킴으로써 월마트는 현지의 반대자들뿐만 아니라 모든 미국인을 모욕했다."[20]

끝으로, 소비주의 문화는 욕구가 무한하여 도무지 채워지지 않는 문화다. 소비주의는 우리의 욕구를 사상 유례없이 채워 준다고 약속하지만, 소비주의가 지속되려면 우리의 욕구가 절대로 채워져서는 안 되기 때문에 아이러니다. "그래서 시장 사회는 사람들의 욕구가 채워지거나 돈이 떨어질까 봐 늘 전전긍긍한다."[21]

자주 지적되어 왔듯이, 소비주의가 군림하게 된 결과로 쇼핑몰이 우리 시대의 성당이 되었다. 중세에는 성당이 한 도시의 중심이었고, 그 도시의 삶이 하나님을 지향해야 함을 상기시켜 주는 상징물이었다. 이와는 대조적으로, 현대 도시들의 지주(支柱)는 쇼핑몰이다. 60여 개의 쇼핑몰을 설계한 건축가 제임스 라우즈(James Rouse)가 말했듯이, "부자와 가난한 자, 노인과 젊은이, 흑인과 백인 할 것 없이 모든 사람이 시장에서 모인다. 시장은 도시에 정신과 개성을 부여하는 민주적이고 통합적이고 보편적인 장이다."[22] 그러나 존 팔(Jon Pahl)은 쇼핑몰의 문제를 이렇게 지적한다.

> 시장은 우리에게 시장이 만들어 내는 이상들 외에는 집단에게 유의미한 삶의 이상을 일체 망각하도록 부추긴다. 쇼핑몰은 영속적인 공동체를 만들어 내지 못하고, 어떤 전통에도 기초하지 않으며, 기업들이 정하는 가

치관 외에는 어떤 가치관도 장려하지 않는다. 기업에게 소비자는 익명의 단위나 부호에 지나지 않는다. 우리는 각자의 소비 능력에 따라 정해지는 위계상의 자리를 통해서만 하나로 '연합된다.' 그 위계는 부자는 더 많은 것을 얻고 가난한 자는 발길을 돌려야 하는 위계인데, 바로 그 위계가 미국 정치를 지배하는 것도 우연은 아니다.[23]

경제적 세계화

1950년대 이후로 발달한 소비주의라는 세계관은 세계화와 밀접하게 얽혀 있으며, 세계화는 "사상과 지식의 국제적 유동, 문화의 공유, 세계 시민 사회, 세계적 환경 운동 등 많은 것을 포괄하고 있다."[24] 그리고 세계화의 중심에 통신 혁명으로 가능해진 세계 시장이 있다. 이 시대의 대기업들은 통신 기술을 통해 전 세계로 영향력을 확대했으며, 그 과정에서 기업들은 점점 더 다국적 모델(한 나라에 기반을 두고 다른 나라들에 지부를 두는)을 벗어나 이익을 극대화하기 위해 특정한 연고 없이 전 세계로 사무실과 공장을 옮겨 다닐 수 있는 국적 초월의 모델로 옮겨 가고 있다. 거대한 양의 세계 자본이 (온라인으로) 신속히 한 나라로 유입될 수도 있고 신속히 빠져나갈 수도 있으며, 이는 특히 가난한 나라에 막대한 피해를 입힐 수 있다.

세계화의 중심에 시장 경제가 있다 보니 사고파는 과정이야말로 서구 문화를 움직이는 원동력으로서 타의 추종을 불허한다. 따라서 오늘날 우리 문화가 어느 때인지를 알려면 소비주의로 나타나는 경제학을 자세히 들여다볼 필요가 있는데, 잘 보면 놀랍게도 소

비주의는 포스트모더니즘과 전혀 무관하다.[25]

그리스도인 경제학자 밥 하웃즈바르트가 지적한 대로, 모더니즘의 계몽주의 세계관은 유럽이 몹시 불안정한 시기에 출현했다. 가톨릭과 개신교가 유럽 전역에서 싸우고 있었기에 종교는 사회 생활에 안정된 기반이 되어 주지 못하는 것 같았다. 이렇듯 모더니즘은 두려움을 극복하고 안정을 찾으려는 절실한 욕구에서 생겨났다. "모더니즘은 인간의 안정을 되찾아 주었다고 할 수 있는데, 처음에는 논리의 영역에서 수학과 기계의 확실한 법칙으로 그리했다. 그러나 나중에는…인간 사회를 조직하고 재조직하고 재창조하려는 합리적이고 체계적인 노력으로 불안정을 극복하려 했다."[26] 이렇게 사회를 조직해 나가는 기세 속에는 지금도 세계화를 주도하는 시장 메커니즘도 들어 있었다.[27]

지금까지 대부분의 서구 사회가 채택해 온 경제학은 고전 경제 이론(이미 두 세기나 지난)이 기초를 놓은 것인데, 그 이론의 가장 중요한 원칙 두 가지가 오늘날까지도 계속 막대한 영향을 미치고 있다. 그 첫 번째인 공리주의는 일정량의 노동이 최대치의 결과를 낳을 때 인간의 행복이 최고조에 달한다고 결론지었다. 이런 관점에서 보면, 인간에게 행복을 가져다주는 출처는 재화와 서비스를 생산하여 시장에 내다파는 양과 직결된다. 두 번째는 자유로운 시장이 본래부터 옳다는 신념이다. 즉, 시장이 반드시 우리를 더 나은 미래로 데려갈 것이므로 시장이 이끄는 대로 따라야 한다는 소신이다. "사실, 자유 시장은 서구 사회가 정의하는 서구 사회의 핵심과 밀접하게 얽혀 있다. 즉, 서구에서 정부는 시장에 간섭할 권한이 없다. 그것은 '자유로운 사회'에서 한 발짝 멀어져 '전체주의적 사회'로 가고 있다는 표시이기 때문이다."[28]

현대의 신고전주의 경제학자들은 자신들이 사회에 어느 특정한 방향을 권고하는 사람들로 비치지 않으려고 애써 왔다. 그래서 "현대 경제학도 그냥 설명만 내놓으려 한다. 자연과학이 단지 현실을 설명하려 하는 것처럼, 즉 보편타당한 법칙들과 부인할 수 없는 사실들을 찾아내서 그것들을 편견 없이 객관적으로 연결시키려 하는 것처럼 말이다." 그 결과로 그들은 인간의 욕구와 동기와 갈망을 경제학의 계산에서 일부러 배제한다. "경제학자는 시장의 메커니즘이 변화하는 과정을 분석하는 선에서 그쳐야 하기" 때문이다.[29] 거기서 지독히 왜곡된 세계관이 나오게 되는데, 그것이 왜곡된 세계관인 까닭은 그것이 (1) 모든 욕구를 무조건 당연시하고, (2) 인간의 욕구가 본래 무한하다고 믿고, (3) 자연과 환경을 '데이터'로 간주하여 연구 영역에서 배제하며, (4) (인간의) 노동을 여러 가지 생산 요인 중 하나 정도로 축소하기 때문이다. 이러한 지배적 이론을 하웃즈바르트와 드 랑게(de Lange)는 다음과 같이 가차 없이 비판한다.

그것은 시장의 관점에서 돌아가기 때문에, 시장이 감지하지 못하는 빈곤이라는 큰 문제는 완전히 놓친다. 그것은 물자 부족을 가격의 관점에서만 접근하기 때문에, 생태계의 문제가 지니는 경제적 가치를 평가할 줄 모른다. 그것은 노동을 유급 생산 요인으로만 보기 때문에, 작업의 양과 질이라는 문제를 간과한다. 신고전주의 경제학은 이러한 문제들을 해결하려고 만들어진 것이 아니다. 그것이 이해하고 옹호하려는 것은 시장 경제에 따르는 생산, 소비, 소득, 돈 등과 관련된 문제들뿐이다. …

현재 우리의 경제는 '사후 복지'로 흐르는 경제다. 일단 소비와 생산을 최대한 늘리고 보자는 것이고, 점점 필요성이 커지는 복지는 나중에 어떻게 무마해 보겠다는 것이다. 하지만 그것을 나중에 보상하려면 오히려 어마어마한 비용이 들어갈 때가 많다.[30]

그렇다고 세계화가 돌이킬 수 없을 정도로 악하다거나 자본주의가 다 나쁘다는 말은 아니다. 세계화에서 나쁜 것들뿐만 아니라 좋은 것들도 나왔다.

그러나 세계화의 기초가 되는 인간관은 인간의 이성과 자율과 개성을 떠받든다. 포스트모더니즘이 그러한 신념들에 이의를 제기하긴 했지만 진정한 대안을 내놓지는 않았다. 아무리 세속에 찌든 인간이고 세상에 대한 진리를 알 수 없다고 스스로 체념한 인간일지라도, 자율적 인간이라면 여전히 소비만은 할 수 있다! 이렇듯 포스트모더니즘은 역설적으로 실용주의가 군림할 수 있는 공간을 내주었다. 이치에 맞는 것이 아니라 무조건 통하는 것에 자리를 내준 셈인데, 대부분의 서구인에게 세계화는 통한다. 즉, 세계화는 소비 품목을 늘려 주었고 서구를 전체적으로 더 부유하게 해주었다. 그 결과, 세계화에 대한 집착이 소비주의를 조장했고 그리하여 소비주의는 우리 시대를 지배하는 세계관이 되었다.

그러나 세계화가 다 좋지만은 않다는 징후들이 쭉 있었다. 맨 처음으로 중요한 항의는 1990년 11월 30일에 터졌는데, 세계무역기구(WTO)가 시애틀에 모였으나 대규모 거리 시위가 무역 협상들(어쨌거나 잘 되지 않았다)에 어두운 그림자를 던졌다. 시애틀 시장(市長)은 민간 비상사태를 선포하고 통행 금지령을 내렸으며, 워싱턴 주지사는 주(州) 방위군을 소집했다. 이후의 WTO 회의들은, 비록 시위대를 애써 막아내기는 했으나, 더 나은 것이 별로 없었다. 개발도상국들은 이미 세계화에 내포된 여러 가지 의미에 눈떴고, 언제라도 불만을 토로할 태세였다.

흔히 세계화의 요체가 '자유 무역'이라고들 말하지만, 조셉 스티글리츠(Joseph Stiglitz)는 "지금까지 자유 무역은 통하지 않았으며, 그것은 우리가 자유 무역을 시도해 본 적이 없기 때문이다. 과거의 무역 협정들은 자유롭지도 않았고 공정하지도 않았다"[31]라고 역설한다. 농업이 가장 확실한 예인데, 개발도상국들은 대부분 기술 국가가 아니라 농업 국가다. 그런데 서구 국가들은 (보조금을 지급하는 방식으로) 계속 자국의 농업을 보호했고, 그로써 자국의 농산물 생산자들과 개발도상국의 농산물 생산자들 사이에 공정한 경쟁을 사실상 막아 버렸다. 유럽에서는 소 한 마리 당 매일 평균 2달러씩 보조금이 지급되는데, 비참하게도 개발도상국에 사는 사람들의 절반이상이 그보다 적은 돈으로 살아가고 있다. 이런 보조금 때문에 아프리카 농부들은 아예 세계 시장에서 경쟁할 수가 없다. "미국과 유럽이 완성시킨 기술이 있는데, 그것은 한편으로는 자유 무역을 주장하면서 다른 한편으로는 무역 협정을 맺을 때 개발도상국들로부터 수입하지 않음으로써 자국을 보호하는 것이다."[32]

스티글리츠는 세계화에 개혁이 시급히 필요한 부분을 (1) 빈곤에 대처할 필요성, (2) 대외 원조를 베풀고 부채를 경감해 줄 필요성, (3) '자유' 무역이 아니라 공정 무역을 시행할 필요성, (4) '자유 무역'에 시장을 열기에는 개발도상국들의 능력에 진정한 한계가 있음을 인식할 필요성, (5) 지구 온난화의 위험을 비롯한 환경 위기에 대처할 필요성, (6) 세계를 통제할 시스템을 구축할 필요성 등 여섯 가지로 꼽는다.[33] 스티글리츠의 목록에 우리는 서구 문화를 확산하는 일을 제한할 필요성을 일곱 번째 항목으로 추가하고 싶다. 서구 문화는 개발도상국들의 토착 문화가 가지고 있는 가치관들과 충돌될 때가 너무 많다.

오늘날 기독교 세계관을 성육신하게 하려면 세계화를 사려 깊게 비판하고 그것을 개혁할 좋은 대안들을 개발해야 한다. 시장을 좀 더 인간적인 (또한 인도적인) 이야기의 정황 속에 들여 놓으려면 시장이 어느 정도 자율성을 잃어야 하는데, 우리에게 그 이야기란 물론 성경 이야기다. 하웃즈바르트, 반더 베넨(Vander Vennen), 반 헤임스트(Van Heemst)는 「어려운 시대의 희망」(Hope in Troubled Times)에서 건전한 성경적 개혁들을 주창하여 그러한 작업을 시작했다.

우리의 소득 수준과 소비 수준에 한계가 있음을 수용하고 웬만한 수준에서 만족하면 어떨까? 그러면 우리가 생산하는 과정은 극도의 스트레스에서 해방될 수 있고, 가난한 사람들의 필요를 채워 주는 쪽으로 전환될 수 있고, 문화와 환경을 진정으로 보전하는 데 투자할 수 있다. 사실 우리의 기업, 노동조합, 정당, 기타 조직들은 물론이고 나아가 우리 자신까지도 물질을 무한히 팽창시키려는 데서 시급히 돌아서, 환경을 파괴하지 않고도 제대로 지속될 수 있는 경제를 지향해야 한다.[34]

징후3: 기독교의 부흥

포스트모더니즘은 세속 인본주의의 많은 가정을 모더니즘과 공유하다 보니 모더니즘의 많은 맹점도 똑같이 공유하고 있다. 모더니즘 세계관에서 "사생활"로 통하는 종교는 (계몽주의 이후로) 하나의 문화적 요인으로 진지하게 취급된 적이 거의 없다.[35] 포스트모더니즘은 종교를 담론의 주제로 되살리기는 했어도 모더니즘의 세속적 가정들이 규정한 테두리에 계속 가둬 두었다.[36] 하지만 사실 종교는 갈수록 우리 시대에 문화의 주요 요인이 되어 가고 있다. "지금 우리는 세계적으로 종교 역사에 닥쳐온 일대 변화기를 살고 있다."[37] 그러한 변화의 한 예가 기독교의 부흥이다. 특히 남반구에서, 20세기 중반 이후에 신실한 기독교 신자들의 수가 경이적으로 증가했다. 필리핀, 나이지리아, 멕시코, 브라질, 중국 등 고속으로 성장하는 많은 나라에서 그리스도인은 이제 다수 아니면 상당히 큰 소수가 되었다. 현재의 통계로 추정한다면, 2050년이면 "그리스도인이 약 26억 명에 달하고, 그중 아프리카에 사는 사람이 6억 3천 3백만 명, 라틴아메리카는 6억 4천만 명, 아시아는 4억 6천만 명이 될 것이다. 유럽은 5억 5천 5백만 명으로 3위로 밀려날 것이다."[38]

이처럼 개발도상국들에서 신앙이 아주 활발하게 성장하는데, 여기서 그 신앙의 특징을 눈여겨볼 만하다. 그 신앙의 주를 이루는 것은 성경을 매우 중시하고 사회적 양심이 투철한 정통 보수 기독교다. 필립 젠킨스(Philip Jenkins)는 「기독교의 새 얼굴들: 남반구에서 믿는 성경」(*The New Faces of Christianity: Believing the Bible in the Global South*)에서 그것을 상세히 파헤쳤다. "성경의 능력"이라는 장(章)에 쓸 명구(epigraph)로 그는 마르틴 루터의 말을 인용했다. "성경은 살아 있으며, 성경은 손이 있어서 나를 붙잡고 발이 있어서 나를 쫓아온다." 남반구 그리스도인들이 경험하는 성경은 하나님의 살아 있는 말씀이요 진리의 말씀이다. "특정한 이슈들에 대해 아무리 이견이 있을지라도 이 새로운 교회들은 성경을 확실하고 포괄적인 권위의 출처로 보며, 이는 성경의 본문 전체와 신구약 모두에 해당된다."[39] 개발도상국에서는 이렇게 성경의 권위를 존중하는 것이 현 체제를 수호하려는 정치적 보수주의와 결탁되지 않았다. 사실, 자신의 안전을 희생하면서까지 개혁과 인권을 위해 분투하는 사람들은 바로 교회 지도자들이다.

북반구 교회들은 포스트모더니즘 속에서 갈피를 잡지 못하고 우왕좌왕하고 있다. '무엇이든 통하는' 문화, 관용이 최고의 덕목인 문화, 자신의 생활 방식을 선택할 수 있는 권리를 무엇보다 존중해야 하는 문화, 그런 문화의 한복판에서 우리는 어떻게 복음을 선포하고 복음대로 살아갈 것인가? 동성애에 어떤 입장을 취할 것이냐가 요즘 북반구의 주류 교회들에서 가장 논란이 되는 이슈인 것도 놀랄 일은 아니다. 선택의 자유를 최고의 가치로 여기는 극도로 세속적인 문화이다 보니, 동성애를 비판하는 것은 무조건 동성애 혐오증으로 비쳐지고 '타인'의 평등을 부정하는 행태로 비쳐진다. 남반구 기독교의 도움으로 우리는 이 부분에서 바른 시각을 되찾고 성경 이야기에 더욱 헌신해야 한다. 우리가 책임을 질 대상은 일차적으로 하나님과 그분의 계시며, 이웃에 대한 책임은 부차적인 것임을 상기해야 한다. 이웃이 선택의 자유를—성적인 성향, 낙태, 포르노, 소비주의, 세상의 자원을 이용하는 것 등 무엇에서든—요구한다고 해서, 그리스도인의 본분을 망각해서는 안 된다. 다른 무엇을 고려하기 전에 우리는 하나님께 충실하도록 부름받았다.

개발도상국에서 발전하는 정통 기독교는 타협을 일삼는 서구 국가들의 기독교에 도전이 될 수 있으며, 신앙이 철저히 개인의 문제와 사생활의 영역으로 밀려나는 이때에 특히 더하다. "종교가 개인적이고 사적인 문제여야 한다는 것, 교회와 정부가 분리되어야 한다는 것, 삶의 일부 영역을 세속적 가치관이 지배해야 한다는 것, 성경을 그 시대의 학문의 기준에 따라 평가해야 한다는 것, 이런 것들이 서구 바깥에 사는 많은 그리스도인에게는 결코 당연한 일이 아니다."[40] 그러므로 남반구의 그리스도인들은 우리 모두에게 본래의 복음을 회복할 것을 도전하는데, 본래의 복음이란 삶 전체를 포괄하는 세계관이다. 북반구의 기독교는 다분히 종교를 사유화하는 데 굴복했기 때문에, 참으로 살아 있는 기독교 세계관에 어떤 것들이 포함되는지를 상상하기가 어려워졌다. 예술, 교육, 정치, 결혼, 성, 경제, 비즈니스에서 그리스도를 따른다는 것은 무슨 뜻인가? 남반구의 그리스도인들도 온전한 기독교 세계관의 이론과 실제는 아직 개발해야겠지만, 기독교 신앙이 지닌 포괄성을 되찾아 함께 세상 전체에 복음 전체를 전하자고 그들이 예언자가 되어 우리에게 촉구하는 것만은 틀림없는 사실이다.[41] 젠킨스는 다수 세계(Majority World: 제3세계를 가리킨다—편집자 주) 교회가 세상 전체에 던지는 가장 큰 도전을 이렇게 보았다.

삶에서 종교를 별개의 영역으로 분리하여 일상의 현실과 구분해야 한다는 것은 계몽주의에서 파생된 전제인데, 바로 그 전제도 그러한 도전에 포함될 것이다. 서구의 관점에서 보면…영적인 삶은 주로 사적인 내면의 활동이요 개인적인 사고의 문제가 되었다. 특히 미국 사람들은 교회와 정부, 성과 속이 완전히 별개의 사안이며 물과 기름처럼 늘 분리되어야 한다는 공공의 전제를 가지고 있다. 하지만 그러한 구분은 대부분의 시대에 해당되지 않을 뿐만 아니라 이해할 수도 없는 일이다.[42]

그러한 구분은 아프리카, 라틴아메리카, 아시아에서도 이해할 수 없는 일이다.

우리의 문화는 지금 어느 때인가? 개발도상국에 있는 그리스도의 교회들은 지금이 우리가 그리스도께서 삶 전체의 주인이시라는 의식을 회복해야 할 때이며, 예수님이 "하늘과 땅의 비밀이며 하나님이 창조하신 우주의 비밀"[43]임을 당당히 말할 때라고 말한다. 그들은 우리에게 그리스도를 전체 창조 세계의 열쇠로 보는 시각을 되찾을 것과 그 열쇠를 끈질기게 추구할 것을 촉구한다.

징후4: 이슬람교의 부흥

새뮤얼 헌팅턴(Samuel Huntington)은 「문명의 충돌」(*The Clash of Civilization and the Remaking of World Order*, 김영사)에서 남반구에 나타나는 기독교의 성장에 필적하여 최근에 이슬람교가 놀랍게 성장하는 현상을 환기시킨다.[44] 1900년에 세계 인구의 12.4퍼센트를 차지했던 이슬람교도가 1993년에는 19.6퍼센트로 성장했다. 1970년대에 시작된 이러한 이슬람교의 부흥은 현재 인류의 5분의 1 이상에게 직접적인 영향을 미치고 있으며, 나머지 세상에 중대한 의미를 던지고 있다. 예를 들어, 젠킨스는 2050년이면 세계 25개 대국 가운데 20개국이 완전히 또는 주로 기독교나 이슬람 국가가 될 것이라 했다.[45] 그중 9개국은 완전히 또는 주로 이슬람교도로 이루어지고, 8개국은 완전히 또는 주로 그리스도인들로 이루어지며, 나머지 3개국은 두 신앙으로 깊이 갈라질 것이다. 21세기 중반에 이슬람교와 기독교 신봉자들의 치열한 각축장이 될 수 있는 곳이 세계 25개 대국 가운데 10개국이나 된다.

정치적인 면에서, 부흥하는 이슬람교의 주된 특징은 삶이 충만해지고 정부가 건강해지는 열쇠를 서구의 법 대신 이슬람 법(Sharia)에서 찾는다는 점이다. 부흥하는 이슬람교는 서구에 대해 매우 비판적이기 때문에, 모더니즘이 안고 있는 여러 가지 문제의 해법을 자신들의 전통에서 찾는다. 부흥하는 이슬람교에는 삶을 성과 속으로 나누는 이분법이 없으며, 삶의 모든 면이 진지하게 신앙의 문제로 취급된다. 쿠르시드 아마드(Khurshid Ahmad)의 말처럼, "흔히들 종교라는 단어의 뜻을 왜곡시켜 종교의 범위를 인간의 사생활로 국한시키는데, 이슬람교는 그런 종교가 아니다.…이슬람교는 삶의 모든 영역—개인과 사회, 물질과 도덕, 경제와 정치, 법과 문화, 국내와 국제—에 대해 지침을 내놓는다. 코란은 인간에게 무조건 이슬람 교회에 들어와 삶의 모든 분야에서 신의 인도에 따를 것을 명한다."[46]

부흥하는 이슬람교는 주로 일반 주류에 속하지만, 그 안에는 엄격한 근본주의적 과격파도 상당히 있다. 이들 과격파는 배후에서 이슬람 테러단들을 조종하는데, 많은 테러단이 밝히는 "궁극적 목표는 전 세계의 이슬람교가 연합하여 움마(*ummah*)라는 정치 공동체를 회복하는 것이다. 움마를 통치하는 것은 이슬람교에 있는 칼리프(caliphate: 모하메드의 후계자로 이슬람 세계의 교황에 해당된다—역주)라는 중앙집권 권부다. 움마는 또한 샤리아(*shari'a*)라는 보수적인 이슬람법의 지배를 받으며, 나머지 세상을 상대로 하여 조직적으로 지하드(*jihad*)라는 전쟁을 벌인다."[47]

부흥하는 이슬람교는 기독교에 두 가지 큰 도전을 던진다. 이슬람교가 기독교에 주는 첫째 도전은 성속을 구분하는 이원론을 단호히 벗어 버리라는 것이다. 예를 들어, 이원론은 학문과 교육을 대하는 기독교의 사고에 엄청난 영향을 미치는데, 이슬람교는 그러한 이원론을 거부한다. 그래서 차우드리 압둘 카디르(Chaudhry Abdul Qadir)의 책 「이슬람 세계의 철학과 과학」(*Philosophy and Science in the Islamic World*)의 첫 장은 이렇게 시작된다. "이슬람의 지식 이론은…인간과 인간이 사는 우주에 관한 영적인 개념에 기초하고 있으나, [서구의 이론은] 세속적이며 신성한 세계를 인식하는 부분이 빠져 있다. 이슬람 사상가들에 따르면, 바로 그것 때문에 서구의 지식 이론은 인류에게 크나큰 문제가 되고 있다."[48] 이슬람교가 알라(Allah)의 주권을 믿는다는 것은 "신성한 세계를 인식하는 부분이 지식의 궁극적 기반이 되어 모든 단계의 교육 과정에 수반되고 스며들어야 한다는 뜻이다. 알라는 지식의 시작뿐만 아니라 끝에도 계셔서 전체 학습 과정을 쭉 따라가며 그 안에 은혜를 불어넣어 주신다."[49]

이렇듯 이슬람교는 세속화되는 모더니즘에 기독교보다 훨씬 성공적으로 저항했다. 이슬람교가 포스트모더니즘에 보이는 반응에는 생각 깊은 그리스도인들이 표명하는 우려가 그대로 묻어난다. 아크바르 아메드(Akbar Ahmed)의 책에 나오는 말이 좋은 예다. "무슬림들이 봉착한 시험은 이 시대에 어떻게 코란을 공허하고 낡은 독경(讀經)으로 전락시키지 않으면서…코란에 담긴 메시지의 정수를 보전할 것이냐 하는 것이고, 어떻게 자신들의 정체를 잃지 않으면서 세계의 문명에 동참할 것이냐 하는 것이다. 이는 혹독하기 짝이 없는 절체절명의 시험이기에, 무슬림들은 지금 교차로에 서 있다."⁵⁰

어떤 의미에서 이슬람교와 기독교는 똑같은 결정을 앞두고 똑같은 교차로에 서 있는데, 그것은 바로 극단으로 치달은 서구의 모더니즘을 상대하면서 어떻게 자신들의 신앙이 지닌 포괄성을 보전할 것인가 하는 문제다. 그런데 신앙의 포괄성을 고수하는 면에서 이슬람교의 전적(前績)이 더 좋다. 런던에서 활동하는 이슬람교 언론인 지아우딘 사르다르(Ziauddin Sardar)는 이슬람교가 기독교를 불신하는 이유 하나를 이렇게 꼽는다. "기독교는 세속주의의 시녀가 되었다.···기독교는 늘 세속주의가 시키는 대로 선택하는 것 같다."⁵¹ 그는 세속주의 자체가 지극히 종교적임은 물론이고 성경적 기독교가 결코 이원론적이지 않기 때문에, 성경적 기독교가 "세속주의에 대립해야" 한다는 점까지 인식하고 있다.⁵² 사르다르는 이러한 이원론을 기독교가 역사 속에서 플라톤주의와 타협하고 합리주의와 타협했다는 증거로 진단한다. 그 결과, "기독교가 제3세계에 전파되면 그와 나란히 개발도상국의 사회에 자유주의적 세속주의와 서구 자본주의가 도입된다.···요란하게 사랑을 외치고 겉으로는 진실해 보여도 기독교는 이렇듯 제3세계에서 세속주의를 이롭게 하고 있으며, 기독교의 선교 활동은 인간성을 말살하는 서구 문화와 자본주의를 퍼뜨릴 때가 많다."⁵³

부흥하는 이슬람교를 보면서 그리스도인들은 포스트모더니즘과 세계화를 보는 시각이 더욱 건강해져야 한다. 지금이야말로 어느 때보다 매사에 복음을 서구의 세속 문화와 타협해서는 안 된다. 복음을 타협하면 우리에게 남는 거라고는 사실상 아무것도 믿지 않는 착한 사람들뿐이다. 지금은 우리가 신앙의 본질을 되찾고 그 위에 견고히 서야 할 때다. 부흥하는 이슬람교는 그리스도인들에게 신앙의 모든 차원을 회복해야 한다고 예언자처럼 도전하고 있다. 정말 그리스도인들이 신앙의 모든 차원을 회복하면, 다양한 신앙을 자유롭게 표현할 수 있는 사회를 건설하는 방법에 관해 그리스도인들과 온건파 무슬림들이 함께 노력하는 것도 가능해진다. 그렇게 되면 우리는 자유주의적 민주주의가 말하는 압제적인 "종교의 자유"를 피할 수 있다. 단, 이것은 이슬람교가 진정한 다원주의라는 도전에 응할 때만 가능한 일이며, 그래야 기독교를 비롯한 다른 종교들이 이슬람교와 함께 나란히 피어날 수 있다. "여기서 근본적인 질문은 이슬람교와 기독교가 공존할 수 있느냐 하는 것이다."[54]

거기서 이슬람교가 기독교에 던지는 둘째 도전이 나온다. 즉, 그리스도인들과 무슬림들은 지구촌에서 평화롭게 더불어 살아갈 수 있을 것인가? 9·11 사태를 계기로 많은 사람이 이슬람교 내에 과연 관용을 베풀 만한 여유, 진정 이웃다운 모습, 기본 인권을 인정할 수 있는 역량 등이 있는가 하는 의문을 품게 되었다. 이슬람교나 기독교 둘 다 역사 속에서 끔찍한 압제와 강압을 저지른 예들이 있기는 하지만, 중요한 질문은 각 종교에서 강압이 어느 정도나 고유한 속성인가 하는 것이다. 이 점에서 레슬리 뉴비긴의 말은 옳다.

기독교의 복음이 독특한 것은 증인으로 부름받은 사람들이 복음이 진리라고-모든 시대의 모든 사람에게 해당되는 진리라고-열심히 공적으로 선포하면서도, 동시에 복음을 강압하고 강요하는 것만은 허락되지 않는다는 점이다. 그러므로 그들은 남들이 복음을 부정하더라도 그것을 관용해야 한다.…진리란 알 수 없는 것이고 모든 인간은 대등한 권리를 지니고 있기에 모든 신념을 관용해야 한다는 그런 의미에서가 아니다. 그리스도인이 베풀어야 하는 관용은 복음이 진리라고 믿음에도 불구하고 베푸는 것이 아니라 바로 그 믿음 때문에 베풀어야 하는 것이다. 이것이 이슬람교와 기독교의 아주 중요한 차이점 가운데 하나다.[55]

인권이나 여성의 권리를 신장하려 애쓰는 사람들이 볼 때 또는 단순히 이슬람 과격파가 품은 정치적 의제에 반대하는 사람들이 볼 때, 이슬람 과격파가 보인 폭력의 역사는 아무리 좋게 말해도 선하지 못했다. 이들 과격파는 자신들은 전투적으로 전도를 하면서 자신들이 전도의 대상이 되는 것은 거부하며, 무슬림들에게 다른 신앙으로 개종할 권리도 허용하지 않는다. 자크 엘륄(Jacques Ellul)은 "전쟁은 모든 무슬림의 의무다.…전쟁은 이슬람교의 고유한 속성이며 이슬람교의 가르침에 새겨져 있다"[56]라고 역설한다. 폭력에 대한 이슬람교의 태도를 이해하려면 지하드 또는 투쟁이라는 개념을 생각해야 한다. 지하드는 내부를 향할 수도 있고 외부를 향할 수도 있으며, (외부를 향할 경우에) 방어가 될 수도 있고 공격이 될 수도 있다. 버나드 루이스(Bernard Lewis)는 "기록에 남아 있는 이슬람교의 역사는 총 14세기에 달하는데, 그중 대부분의 기간 동안 지하드는 이슬람 세력을 방어하거나 확장하기 위한 무장 투쟁을 뜻하는 말로 가장 널리 해석되었다"[57]라고 지적한다. 피터 리델(Peter Riddell)과 피터 코트렐(Peter Cotterell) 같은 사상가들은 코란에서 방어적 접근과 공격적 접근 사이에 있는 긴장을 짚어 낸다. "이슬람은 무슬림 온건파의…말대로 평화의 종교인가, 아니면 과격파의 발언에 풍기는 대로 폭력과 성전(聖戰)을 일삼는 종교인가?…답은 둘 중 하나가 아니라 '둘 다'이다. 코란의 본문은 양쪽 모두로 해석될 수 있는 소지가 있다. 무슬림 개개인이 어떻게 읽고 싶으냐에 달려 있다."[58]

지금까지 기독교는 이슬람의 과격파에 대해 다양한 반응을 보였다. 리델과 코트렐 같은 사람들은 문제의 핵심이 이슬람교의 신학에 있으며, 무슬림들과 다른 사람들 사이에 평화로운 공존이 이루어지려면 온건파 무슬림들이 신학을 정리할 필요가 있다고 주장한다. 그런가하면 존 에스포지토(John Esposito) 같은 사람들은 이슬람교의 경전과 전통에 모호성이 있음을 짚어 내면서, 테러 행위가 금지된 일이고 이슬람교답지 못하다고 보는 주류 무슬림들의 해석을 수용한다.[59]

코란은 신앙을 전파하는 수단으로서 폭력을 어느 정도나 정당화하는가? 이슬람교는 그 문제를 똑바로 직시할 필요가 있다. 하지만 동시에 우리는 이슬람교의 '테러리스트들'이 쓰는 폭력적 방법은 철저히 피하면서도 그들이 제기하는 이슈들만은 어떻게든 이해하고자 힘써야 한다. 그러려면 우리는 세상의 일들 속에서 자신이 차지하는 역할과 정부가 차지하는 역할을 좀더 비판적으로 보아야 한다. 예수 그리스도처럼 우리도 정의를 시행하는 데 열의를 품어야 한다. 에스포지토가 바로 지적했듯이, "지구촌의 암과도 같은 테러는 우리가 그 정치적·경제적 원인들에 대처하지 않는 한 계속해서 국제 사회를 괴롭힐 것이다. 그냥 내버려 두면 그 원인들이 계속 온상이 되어 증오와 과격론을 키우고, 극단적 운동들을 불러일으켜, 이 세상의 빈 라덴(bin Laden)들을 끌어 모을 것이다."[60]

한 예로, 콜린 채프먼(Collin Chapman)은 이스라엘이 그동안 팔레스타인을 상대로 저지른 불의를 이렇게 지적한다. "엘리야는 기근이 닥칠 것도 예언했지만, 또한 나봇을 죽이고 그의 포도원을 가로챈 아합을 정죄하기도 했다. 오늘날 웨스트 뱅크(West Bank)를 방문하는 것이 나에게는 몹시 고통스러운 일인데, 그 이유는 산꼭대기마다 하나 걸러서 이스라엘이 불법 점거하고 있는 나봇의 포도원들이 수십 개 아니 수백 개에 달하기 때문이다."[61] 그러면서 채프먼은 또 이렇게 말한다. "개인적으로 나는 서구(특히, 미국) 쪽에서 팔레스타인 사람들, 아랍 사람들, 무슬림들의 분노를 이해하고 이스라엘과 팔레스타인 사이의 갈등을 좀더 공평하게 해결하려고 진지하게 노력한다면, 많은 무슬림이 서구를 향해 느끼는 분노를 완화하는 데 큰(어쩌면 아주 큰) 도움이 될 거라고 믿는다."[62]

맺는 말

　　우리는 지금 흥미롭고 복잡한 시대를 살아가고 있다. 모더니즘은 포스트모더니즘의 공격을 받으면서도 세계화 과정을 통해 전 세계로 퍼져나가고 있다. 포스트모더니즘과 세계화는 둘 다 소비주의 문화를 부추기는 것 같고, 세계적으로 남반구의 기독교와 이슬람교가 성장하는 것 또한 그 나름의 도전을 제기하고 있다. 이런 것들이 다 어우러져, 오늘날 서구 문화는 위기와 불확실성의 시대를 맞고 있다.

　바로 이러한 정황 속에서 교회는 교차로에서 살아가도록 부름받았다. 즉, 우리는 성경이라는 드라마와 문화라는 이야기들이 만나는 교차로에서 살아가야 하는데, 이것은 분명히 쉬운 일이 아니다. 그동안 포스트모더니즘이 모더니즘의 세계관들을 전복시킨 결과로 기독교적 시각이 목소리를 내기가 더 쉬워지긴 했지만, 동시에 포스트모더니즘은 세계관 자체를 일체 용납하지 않으며 복음이 진리라는 기독교의 주장을 철저히 배격한다. 이렇게 세속주의가 서구를 계속 틀어쥐고 있는 동안, 기독교 교회는 개발도상국에서 경이적인 성장을 경험하고 있다. 그렇다면 우리는 이 교차로에서 어떻게 살아갈 것인가?

8

충실하고 시의성 있는 증언

문화 참여에 대한 포괄적 시각

이 책 전반에 걸쳐서 우리는 그리스도인들의 문화적 과제에 근본이 된다고 믿는 두 가지 진리를 강조했다. 첫째 진리는 예수 그리스도가 누구인가에 관한 것이다. 그분은 만물의 창조주이자 구속자로서 모든 역사를 통치하시며, 역사를 친히 정해 두신 목표점 쪽으로 이끌고 계신다(골 1:15-20; 계 4-5장). 예수님은 주님이시다. 둘째 진리는 성경이 말하는 구원의 범위가 포괄적이고 그 속성이 회복이라는 점이다. 하나님이 구원하시는 목적은 창조 세계를 새롭게 하시고 그 정황 안에서 인간의 삶 전체를 회복하시는 것이다. 예수님을 주님으로 믿는다면 우리는 인생과 문화의 모든 영역에서 그리스도의 주권을 증거해야 한다. 구원이 참으로 포괄적이라고 믿는다면 우리는 인생과 문화의 모든 영역에서 그리스도의 구원을 구현해야 한다. 주 예수님을 따르고 그분의 구원을 증거한다는 것은 범사에 그분을 섬기고, 사회와 문화 전반을 다스리시는 그리스도의 통치를 고백하며, 그 통치를 방해하는 모든 악에 맞서는 것이다.

20세기 후반에 북미의 복음주의 교회는 복음의 포괄적 범위를 되찾는 쪽으로 뜻 깊은 진보를 이루었다. 20세기 초반의 신앙은 그리스도인이 문화에 참여할 수 있는 범위를 심각하게 제한했었는데, 이제 복음주의가 그런 신앙으로부터 입장을 바꾸는 것이다. 그때만 해도 복음주의는 다분히 개인적, 내세적, 이원론적이었고, 복음을 삶의 내면과 개인 차원에 가뒀었다.

그렇게 문화 참여에 몸을 사렸던 동기는 대개 좋은 뜻에서였다. 많은 복음주의 지도자가 너무 많은 '자유주의' 교회에서 벌어진 일, 즉 복음을 단순히 사회적·정치적 활동의 메시지로 전락시킨 일을 피하고자 했던 것이다. 하지만 복음주의자들은 사회 참여와 정치 참여를 복음에 비추어 재고한 것이 아니라 사회적 소명을 저버렸고, 그리하여 결국 인간의 경험을 '신성한' 영역과 '세속적' 영역으로 구분하는 오류에 빠졌다. 관심사를 '신성한' 문제들(기도, 성경 공부, 전도, 개인 구원)로 국한시킨 복음주의 교회는 그리스도께서 '세속적' 영역에 대해 주장하신 주권은 거의 다 버렸다. 이는 어떤 사람이 말 잔등의 왼쪽으로 떨어질까 두려워서 지나치게 반대쪽으로 몸을 기울였다가 오른쪽으로 떨어졌다는 비유를 생각나게 한다.

20세기 초반의 복음주의 전통은 결코 복음을 인간의 문화를 변화시키는 능력으로 여기지 않았다. 데이비드 보쉬는 공적인 삶에서 뒤로 물러나려는 이 욕구가 교회에 항상 유혹이 되어 왔다고 말한다.

날뛰는 세속화에 대한 관심이 높아지면서, 우리는 서구 문화의 선교학을 정립하는 과정에서 [문화의] '종교적' 측면에만 치중하고 나머지는 세속 세력들에 맡겨 두려는 유혹에 쉽게 빠질 수 있다. 특히나 이것은 그러한 세력들이 개인의 영혼에만 국한하라고 교회에 엄청난 압력을 가하기 때문이다. 결국 이는 종교란 사적인 일이고 종교의 진리 주장은 상대적이라서 공적인 '사실'의 영역에는 들어설 자리가 없다는 계몽주의 세계관을 그대로 따른 것이다. 하지만 기독교의 신학 자체도 구원을 점점 더 개인과 내면과 교회에만 해당되는 사적인 일이 되게 함으로써 그러한 개념에 일조했다.[1]

20세기 중반에 몇몇 복음주의자는 이러한 비성경적 입장에 점점 불편함을 느꼈다. 1947년에 칼 헨리는 복음주의(그는 '근본주의'라 불렀다) 진영이 세상의 엄청난 문제들에 비추어 교회의 사회적 소명을 다시 한 번 진지하게 생각할 것을 도전했다.

한때 세상을 변화시키는 메시지였던 구속(救贖)의 복음이 이제 세상에 저항하는 메시지로 좁혀졌다.…근본주의는 사회 복음에 반항하다가 그리스도인이 다해야 할 사회적 본분에마저 반항한 것 같다.…근본주의는 전체주의의 불의, 현대 교육의 세속주의, 인종 혐오의 악, 현행 노사관계의 해악, 국제 관계의 부실한 기초 등에 이의를 제기하지 않고 있다.[2]

그러나 이러한 변화가 뿌리를 내리기 시작한 것은 수십 년이 더 지나서다. 1974년 로잔(Lausanne)[3]에서 복음주의 지도자들이 결집한 역사상 가장 큰 모임이 있었는데, 그 회의에서 채택된 공식 문서("로잔 언약")는 사회적·정치적·경제적 참여가 교회의 사명을 다하는 데 중요하다는 사실을 천명했다. 로잔 언약에는 그리스도인의 사회적 책임에 관한 부분이 특별히 포함되어 있고, 교회가 역사적으로 사회 참여를 경시해 온 데 대한 회개도 명시되어 있다. "우리가 선포하는 구원은 개인적 책임과 사회적 책임 전체에서 우리를 변화시켜야 한다(고후 3:18). 행함이 없는 믿음은 죽은 것이다(약 1:14-26)."[4] 그로부터 10년 후인 1983년, 세계복음주의협회(World Evangelical Fellowship)는 휘튼(Wheaton)에서 성명서를 채택하고 복음주의자들이 문화 참여에 헌신할 것을 재천명했다. "악은 인간의 마음속뿐 아니라 사회의 구조 속에도 있다.…교회의 사명에는 복음을 선포하는 일과 예시하는 일이 다 포함되어 있다. 따라서 우리는 전도하고, 인간의 당면한 필요에 대응하고, 사회 변혁에 힘써야 한다."[5]

교회가 다해야 할 사명의 범위는 인간의 문화만큼이나 넓고 창조 세계만큼이나 넓으며, 요즘 그 사실을 인정하는 복음주의자들이 점점 늘고 있다. 이런 그리스도인들이 벌이는 사회적·경제적·환경적·정치적 활동은 최근 수십 년 사이에 몰라보게 증가했다. 하지만 복음주의자들은 특정 이슈들만 골라서 다루고, 삶의 다른 부분들은 회피하기도 했다. 그러한 부분들에도 복음을 증거할 사람들이 절실히 필요한데 말이다. 예를 들어 성, 가정, 의료 윤리, 개인의 도덕성을 둘러싼 이슈들은 이제 복음주의의 의제로 자리를 굳혔으나 자본주의 경제 제도가 지닌 불의, 인본주의적 공교육과 학문이 안고 있는 위험 등에 대해서는 교회의 비판이 그에 미치지 못하고 있다.[6]

교차로에서의 삶: 선교에서 얻는 통찰

기독교 공동체는 지금 성경 드라마의 제5막을 살고 있으며 그러한 우리를 형성해야 할 것은 본연의 사명, 즉 삶과 말과 행위로 하나님 나라의 도래를 증거하는 사명이다. 하지만 우리는 다른 이야기에 정체성을 둔 문화 공동체의 일원이기도 하며, 그 이야기는 성경 이야기와 다분히 양립할 수 없다. 하나님 나라를 구현하는 일은 우리 자신의 특정한 시대와 장소에서 문화적 형태를 띠어야 하기에, 지금 우리는 두 이야기가 모두 진리로 자처하며 우리의 삶 전체를 요구하는 교차로에 서 있다. 어떻게 하면 우리는 지금 여기서 성경 이야기에 충실할 수 있을까?

초대교회는 이교 로마 제국의 한복판에서 복음에 충실하게 살고자 고민했다. 4세기에 콘스탄티누스가 기독교로 개종한 후에도, 서구의 충실한 그리스도인들은 그리스도인다운 삶을 살며 복음을 문화에 접목하려면 종종 힘든 선택들이 요구된다는 것을 알았다. 중세에 많은 공공 기관은 주로 기독교 신앙의 영향을 받았고, 수도원들은 적대적일 때도 있는 문화 속에서 그리스도인의 충실한 삶을 나름대로 제시했다. 15세기 이후로 지리상의 탐험과 식민지 건설이 확장되자, 가톨릭 선교사들로 시작하여 개신교 선교사들이 복음을 몰랐던 문화 속에 들어가면서 문화 참여의 문제에 대한 심각한 고민이 다시 대두되었다. 우리가 21세기 초의 깊어가는 반기독교적 환경에 처해 있기는 하지만, 그것은 우리만의 일이 아니었다. 그럼에도 불구하고, 두 문화의 교차로에서 어떻게 진정성 있게 살아갈 것이냐 하는 문제는 남아 있다.

반세기가 넘도록 리처드 니버(Richard Niebuhr)의 「그리스도와 문화」(*Christ and Culture*, IVP)는 복음과 문화의 관계를 모색하는 데 유익한 범주들을 제공해 주었다.[7] 좀더 최근 들어서, 선교학 특히 "토착화"의 연구에 나타난 발전은 복음을 문화에 충실히 접목하고자 하는 사람들에게 탁월한 통찰을 주고 있다.[8]

레슬리 뉴비긴은 토착화에서 얻은 통찰을 서구 문화에 처음으로 적용한 사람들 중의 하나다. 그는 40년간 인도에서 선교사로 살면서 힌두교 문화 속에 복음을 토착화하고자 고심했다. 그 경험에서 얻은 통찰을 복음을 서구 문화에 접목하는 작업에 적용했으며, 아울러 토착화에 관한 방대한 양의 문서들도 읽었다. 뉴비긴이 지적한 대로, 니버와 틸리히 같은 사람들이 그동안 신학 연구를 통해 복음과 문화의 관계를 논했지만, 그러한 연구들은 전혀 다른 문화에서 실제로 복음을 전해 본 적이 없는 사람들에게서 나온 것이었다.[9] 다른 한편으로, 토착화에 관한 연구들은 주로 서구 문화가 아닌 문화들을 다루어 왔고, 뉴비긴의 말대로, "현시대의 모든 문화 중에서 가장 널리 퍼져 있고 강력하고 설득력 있는 문화…[즉] 현대의 서구 문화를 대체로 간과했다."[10] 그는 타문화권에서 복음을 전한 선교사들의 경험이 복음을 자기 문화에 접목하려는 생각 깊은 그리스도인들에게 어떻게 도움이 될 수 있는가를 밝히고자 했고, 그래서 그는 선교사들이 복음을 전한 과정(즉, 토착화 과정)을 고찰했다. 우리도 토착화에 관한 문서들이 유익하다고 보고, 지금부터 교차로의 삶에 충실하게 임하는 길을 그러한 통찰에 힘입어 모색해 보고자 한다.

출발점: 몇 가지 사례

교차로에서 살아가는 하나님의 사람들은 두 가지 궁극적이고 포괄적인 이야기-성경 이야기와 문화 이야기-가 충돌하는 선교적 대면 속에 들어와 있다.[11] 복음을 세상의 참 이야기로 믿고 그리하여 삶 전체를 복음으로 형성하기로 헌신했다면, 우리는 주변 사람들이 살고 있는 문화의 이야기에 참여할 수밖에 없다. 그리스도의 나라의 기쁜 소식은 동시대 사람들이 삶의 방식으로 선택할 수 있는 신빙성 있는 대안이기 때문에, 우리는 그 기쁜 소식을 삶으로 실천할 것이다. 아울러 서구 문화의 이야기에 깔린 신념들은 우상숭배와 같기에, 우리는 사람들에게 거기서 벗어나 세상을 복음에 비추어 이해하고 살아가라고 권유할 것이다. 그렇다면 이러한 선교적 대면에 내포된 역동을 더 깊이 고찰하기 전에, 그리스도인들이 문화의 교차로에서 어려운 선택에 직면한 구체적인 사례를 몇 가지 생각해 보자.

(1) 어느 큰 회사의 중간 관리직으로 일하는 그리스도인 여성 사업가가 있다. 다른 모든 요인은 안중에 없이 영리적 목적만이 회사를 지배하고 있고 정말 중요한 것은 돈뿐이라는 사실을 그녀는 점점 분명히 알게 된다. 하지만 그렇게 영리만 추구하면 불의한 경제 구조가 굳어져 개발도상국들의 빈곤을 악화시키고 자연 환경을 파괴한다는 것을 그녀는 알고 있다. 일자리를 지키면서도 이러한 불의에 대처하려면 이 여성 사업가는 어떻게 반응해야 할까?

(2) 공립 대학에서 박사 과정을 밟고 있는 그리스도인 대학원생이 있다. 자신이 연구하는 주제의 기초 자체가 상대주의라는 사실을 그는 점점 분명히 알게 된다. 교수들과 동료 학생들은 독단적인 자세를 취하여, 성경을 비롯한 참된 메타내러티브가 존재할 수 있는 가능성 자체를 아예 배제한다. 하지만 그들의 세계관 자체도 극히 신앙적인 것이며, 거기에 근거하여 그들은 동성애자 차별, 가부장제, 인종 차별, 자민족 우월주의 등을 '죄'로 여기고 가차 없이 맹비난한다. 그들은 모든 학자가 자신들의 기준대로 학문을 해야 한다고 독단적으로 주장한다. 생각하는 그리스도인인 학생은 이러한 학계에서 어떻게 처신할 것인가?

(3) 어느 정신과 병원에 부임한 그리스도인 여성 사회복지사가 있다. 인간의 죄성이라는 사실을 무조건 부인하는 인간관이 그동안 병원의 정책을 이끌어 왔음을 그녀는 알게 된다. 이 문화의 관점에 따르면, 모든 문제는 외부의 환경 탓이며 개인은 자신의 문제에 대해 일말의 책임도 없다. 하지만 이 그리스도인 사회복지사는 그런 식으로 접근하는 의료 문화가 자신이 섬기는 사람들의 존엄성을 박탈하며 오히려 문제의 해결을 방해한다고 확신한다. 그녀는 인간이 하나님의 형상대로 지음 받았으되 죄성을 지닌 존재임을 진지하게 받아들이는 편이 훨씬 더 유익한 접근이라고 믿고 있다. 그렇지만 그녀가 일하는 분야의 문화 전체는 그러한 접근을 거부한다. 이렇게 신념이 상충되는 환경 속에서 그녀는 어떻게 자신의 본분을 다할 것인가?

(4) 어느 공립 초등학교에 역사 교사로 부임한 그리스도인 교사가 있다. 학교 측은 그녀에게 어떤 식으로든 신앙이 일에 '개입' 되어서는 안 된다고 못 박는다. 교과서에 나온 대로 역사를 가르치라는 것이다. 하지만 곧 알고 보니, 그 교과서가 말하는 이야기는 복음을 출발점으로 한 이야기와 일치하지 않는다. 그 학교에서 가르쳐야 할 공식 '역사'는 인류가 특히 과학과 기술을 통해 진보하고 진화한다는 개념을 당연시하고 있다. 이러한 상황 속에서 이 교사는 어찌할 것인가?

(5) 마침내 꿈을 이루어 프로 야구팀에 입단한 그리스도인 야구 선수가 있다. 그는 경쟁을 하나님의 선물로 보고 즐기는 사람이지

만, 프로 스포츠 세계를 지배하는 경제학이 점점 불편하게 느껴진다. 한 선수의 가치가 정말 수천만 달러만 된단 말인가? 목숨만이라도 부지하려고 발버둥치는 사람들이 세상에 수없이 많은데, 그런 어마어마한 연봉이 과연 정당화될 수 있는가? 연봉을 협상하는 기준이 선수들에게 현실적으로 필요한 돈의 액수도 아니고 선수 생활이 아주 짧을 수 있다는 인식에 있지도 않음을 그는 곧 알게 된다. 그보다, 선수들이 요구하는 연봉은 이기주의와 노골적 탐욕의 산물이다. 이러한 환경 속에서 그는 '하나님의 영광을 위해' 야구를 한다는 것이 과연 어떤 의미일지 의문이 든다.

(6) 관직에 선출된 그리스도인 여성 정치인이 있다. 그녀는 진정으로 사회를 더 정의롭게 하는 법률들을 제정하고 싶다. 하지만 정치 과정에 점점 더 개입하면서 그녀는 어떤 희생도 마다않고 개인의 자유만 떠받드는 자유주의 이데올로기가 편만해 있으며 그것이 오히려 불의를 조장하고 있음을 알게 된다. 진정으로 정의를 우려하는 마음보다 돈과 정치적 압력이 정책의 결정을 좌우할 때가 더 많다는 것도 알게 된다. 그런데도 이것은 정치판의 당연한 모습일 뿐 주변의 누구도 그런 사실들 때문에 고민하지 않는다. 이 여자는 끝까지 현실에 동화되지 않고도 훌륭한 정치인이 될 수 있을까?

그리스도인들이 문화의 교차로에서 충실하게 선택하고 살아가려 애쓰는 이 여섯 가지 사례는 전부 실화다. 이들은 우리가 개인적으로 아는 실존 인물이며, 이들의 고민은 지금 현재 서구 문화 속에 사는 그리스도인들이 교차로에서 복음에 충실하게 살려면 어떻게 해야 하는지를 분별하려 애쓰는 현실적인 고민이다. 거기서 제기되는 이슈가 이 장에서 다루려는 문제다. 즉, 대체로 문화를 형성해 온 이야기는 전혀 다른 이야기인데 그리스도인은 그러한 문화 속에 살면서 어떻게 성경 이야기에 계속 충실할 수 있을까?

"세상에 있으나 세상에 속하지 않은" 우리: 비판적 참여

성경 이야기 속에서 충실하게 살아가려면 주변 문화에 대해 비판적 참여자가 되어야 한다. 우리는 참여자이므로 우리와 문화의 관계는 긍정적이다. 우리는 문화의 일부고, 문화에 공감하며, (구성원, 동료 시민, 참여자로서) "문화가 창조하는 선(善) 전체를 사랑하고 아끼려" 한다.[12] 하지만 우리는 또한 비판적 참여자이므로 종종 문화에 대립하며, 문화의 발전을 왜곡하고 변질시키는 우상숭배를 거부하고 거기에 항거한다. 이렇듯 문화에 충실하게 참여하는 데는 긍정과 거부, 참여와 대립, 연대와 분리의 양면이 있다. 흔히 이것은 "세상에 있으나 세상에 속하지 않은" 상태로 표현된다(요 17:13-18).

성경 이야기에 들어 있는 두 가지 줄기가 우리에게 참여와 연대를 요구한다. 우선 하나님은 인간을 사회와 문화 속에서 더불어 살도록 지으셨다(창 1:26-28). 따라서 하나님의 사람들은 공동체적 피조물로서 사회 속에서 기꺼이 즐겁게 제 역할을 다하며 문화를 발전시키는 데 기여해야 한다. 뿐만 아니라 예수님이 주님이시므로 우리는 그분이 소유권을 주장하신 모든 것을 위해 싸우며 그분을 섬기도록 부름받았다. 아브라함 카이퍼가 그것을 이렇게 힘주어 말했다. "인생의 전 영역에서 주권자 그리스도께서 '내 것이다!'라고 말씀하시지 않은 부분은 손톱만큼도 없다."[13] 그리스도께서 과연 인간의 모든 문화의 주인이실진대, 그분을 따르는 사람들은 그냥 물러나서는 안 되며 오히려 그 부분에서 그분의 정당한 소유권을 지지해야 한다. 그런가하면 성경 이야기가 요구하는 다른 면도 있다. 사도 바울은 우리에게 "이 세대(세상)를 본받지" 말라고 명하는데(롬 12:2), 바울에게 "세대"는 우상숭배로 일그러진 문화다. 이렇듯 우리는 한편으로 문화를 긍정하면서도 또 한편으로는 문화를 거부해야 한다.

그리스도인이 문화에 참여하는 데는 이렇게 양면적 책임이 있는데, 십자가가 이것을 잘 보여 준다. 한편으로 십자가는 세상을 향한 하나님의 사랑이 표현된 절정이며, 그분이 타락하고 고통당하는 세상과 연대하신 행위다. 바로 그러한 세상을 그분은 사랑하셔서 구원하러 오셨다. 그러나 십자가는 세상의 죄와 우상숭배에 대한 하나님의 심판이 표현된 절정이며, 창조 세계의 샬롬을 멸하려는 모든 것을 그분이 단호히 거부하신 행위이기도 하다.[14] 십자가 자체가 세상과의 관계를 그렇게 보여 주기 때문에, 십자가를 지고 예수님을 따르라는 소명을 받은 신자들도 그 관계를 그대로 이어받는다. "내가 보기에 우리는 모든 상황 속에서 다음과 같은 양면적 사실과 씨름해야 한다. 즉, 교회는 세상을 대적함으로써 세상을 위하고, 세상을 위함으로써 세상을 대적한다. 교회는 그 자리, 그 마을, 그 도시, 그 나라에 있는 인간의 공동체를 위하되 그리스도께서 세상을 위하신다는 바로 그 의미에서 그리한다. 이것이 모든 면에서 결정적 기준이 되어야 한다."[15] 그 그리스도인 여성 사업가는 어떻게 영리 목적이라는 우상을 대적하면서도 건강한 기업 생활을 도모할 것인가? 그 그리스도인 대학원생은 어떻게 상대주의라는 우상에 맞서면서도 '세속' 학문이 창조 세계에 대해 주는 많은 통찰을 긍정할 것인가?

견디기 힘든 긴장

교회와 문화의 관계는 긍정에서 출발하며, 우리는 문화의 동시대 사람들과 연대하여 그 속에서 살아간다. 하나님이 세상을 사랑하시므로 우리도 마땅히 그리해야 한다. 하지만 그렇게 긍정한다고 해서 뉴비긴이 말하는 "견디기 힘든 긴장"이 덜어지는 것은 아니다.[16] 사람이 두 개의 공동체에 속해 있는데 그 둘의 뿌리가 "서로 양립할 수 없는 상반된 이야기"에 있다면, 그러한 긴장이 생기는 것은 당연하다. 우리에게 이 "견디기 힘든 긴장"은 복음과 문화의 이야기 사이에 존재한다. 헨드릭 크레이머(Hendrik Kraemer)는 교회가 충실하려면 이러한 긴장감을 기르고 충분히 품어야 한다고 생각했다. "그런 긴장감과 이 멍에를 지려는 마음이 깊을수록 교회는 더 건강해진다. 반대로, 그런 긴장을 망각하고 세상 속에서 편해지고 안정될수록 교회가 맛 잃은 소금이 될 치명적 위험은 더 높아진다."[17] 그런데 서구 문화의 많은 그리스도인이 복음과 문화의 이야기 사이에 있는 그 긴장감을 잃었다.[18] 현시대의 서구 문화가 정말 '기독교' 문화라서 기독교 신앙에 아무런 위협도 되지 않는다는 생각은 신화인데, 우리가 의식·무의식중에 그 신화를 받아들이면 그러한 긴장감을 잃을 수 있다. 그것은 그야말로 신화이며, '진짜 기독교 문화'란 과거에도 없었고 지금도 없다. 아울러 우리 시대를 지배하는 신화가 또 하나 있는데, 그 신화를 받아들여도 우리는 복음과 문화 사이에 있는 건강한 긴장감을 잃을 수 있다. 그것은 바로 현시대의 문화가 세속 문화이거나 다원주의 문화이기 때문에 종교적으로 중립적이라는 신화다.[19] 하지만 서구 문화도 (인간의 모든 문화가 그렇듯) 근본적 신념들에서 생겨난 산물이기 때문에 이 또한 분명히 신화다. 뉴비긴이 지적한 대로, "완전히 세속적인 나라, 즉 권력을 행사하는 사람들이 무엇이 참인가에 대한 신념도 없고 자신이 옳다고 믿는 바에 헌신하지도 않는 그런 나라란 없다. 그 신념들과 헌신들이 무엇인지를 묻고 그것을 복음의 빛 가운데 드러내는 것이 교회가 할 일이다."[20] 사실은 인본주의의 기본 신념들도 바로 그 탈을 쓰고 스스로 종교적으로 중립적이라고 주장하고 있다. 오래 전에 T. S. 엘리엇(Eliot)은 당대의 그리스도인들 대다수가 자신이 기독교에 위험한 문화 속에 살고 있다는 사실을 모른다고 경고했다.

비기독교적 사회에서 그리스도인으로 살아가는 문제는 이미 우리가 당면한 문제다. 이것은 단순히 개인들로 이루어진 사회에서 하나의 소수 집단이 남들과 다른 신앙을 갖고 있다는 문제가 아니다. 이것은 우리가 촘촘한 제도들에 얽혀 있고 거기서 스스로 헤어날 수 없는 데서 비롯되는 문제이며, 그 제도들이 운영되는 것을 보면 더 이상 중립적이지 않고 비기독교적으로 보인다. 대다수 그리스도인이 이런 딜레마를 모르고 있으며, 그래서 그들은 온갖 무의식의 압력에 떠밀려 점점 기독교에서 떨어져나가고 있다. 가장 비싼 광고 자리들은 이제 모두 이교의 손에 넘어갔다.[21]

긴장을 해결하는 불충실한 방법들

물론 그리스도인들은 문화를 외면하거나 문화에 순응하거나 이원론을 내세움으로써 두 문화 속에 사는 긴장을 피할 수 있다. 우선 우리는 서구를 우상들에게 버려둔 채 '세속' 문화로부터 기독교 격리 구역으로 아예 물러날 수 있다. 하지만 하나님이 우리를 문화적 피조물로 지으셨고 자신의 사람들에게 현세에서 빛과 소금이 되라고 명하셨으므로, 문화를 외면하는 것은 충실한 대안이 못 된다. 또한 우리는 현대 문화에 순응할 수 있다. 하나님이 세상을 사랑하신다는 점만 기억하고, 인간의 문화를 기초에서부터 변질시키고 방해해 온 죄는 하나님이 사랑하지 않으신다는 대등한 반대 진리에는 눈을 질끈 감는 것이다. 문화에 순응하는 것을 충실한 대안으로 여길 수 있는 그리스도인은 아무도 없다.

일종의 이원론인 셋째 방법은 위태롭게 매혹적이며 또한 꽤 널리 퍼져 있다. 지금 여기서 말하는 이원론은 두 개의 세계관이 부딪쳐 싸우는 데서 '전투 지대'와 '중립 지대'를 확실히 구분하는 이원론이다. 그래서 우리는 기독교가 예를 들어 의료 윤리에 대해서는 분명히 (또한 까다롭게) 할 말이 있지만 현시대에 자본주의가 보이고 있는 경제적 관행들은 아마 중립적인 문제일 거라고 부득이 인정해야 할 수도 있다. 낙태에는 반대하지만 공교육은 중립 지대로 통하고, 어떤 부분들에서는 문화에 참여하지만 다른 부분들에서는 그냥 맞추는 것이다. 이런 식의 이원론은 문화의 기초가 되는 종교적 신념들이 포괄적이라는 사실을 보지 못한 것이다. 인류는 창조 세계를 향한 하나님의 목적에 반항했고, 그것은 현시대의 윤리 기준을 형성한 것만큼이나 틀림없이 경제, 정치, 교육도 형성해 왔다. 성경적 세계관을 진정으로 구현하려면 우리 왕께서 소유권을 주장하신 큰 땅덩이들을 우리가 (이원론이라는 두 마음을 품어) 세상에 넘겨주어서는 안 된다.

충실한 접근

위에 말한 세 가지 접근을 거부한다면 이제 우리는 어떻게 두 이야기가 낳는 "견디기 힘든 긴장" 속에서 충실하게 살아갈 것인가? 하나님은 문화가 발전하는 것을 좋아하시는데, 그렇다면 우리는 어떻게 그 부분은 긍정하면서 그 발전한 문화를 변질시키는 우상숭배는 거부할 것인가?

그 출발점으로 앞서 3장에 언급한 중요한 구분을 상기하는 것이 도움이 된다. 즉, 구조와 방향을 구분하고 창조 설계와 영적 세력을 구분하는 것이다. 문화의 모든 소산과 제도와 관계와 양식은 하나님이 본래 정하신 창조 설계 내지 구조를 어느 정도 드러내 보여 준다. 죄는 결코 어떤 문화 소산이나 사회 제도를 그 안에 창조 때의 선(善)이 조금도 남지 않을 정도로까지 심하게 변질시키거나 파괴하지는 못한다. 하나님은 자신의 창조 세계를 말씀으로 충실히 붙들고 계신다. 그러나 동시에, 그리스도를 대적하는 영적 세력이 문화의 그 동일한 소산과 제도와 관계와 양식을 하나하나 건드려 더럽혔다. 그래서 예를 들어 정치 분야에서, 우리는 정부로 하여금 공공의 정의를 추구하게 하신 하나님의 창조 설계를 충분히 인식하지만, 자유주의 이데올로기라는 영적 세력이 그 설계를 타락시켜 불의로 이끌 수 있다는 것도 보게 된다. 경제 분야에서도, 기업으로 하여금 세상의 자원을 청지기적 자세를 가지고 효율적으로 나누게 하신 하나님의 설계를 웬만큼 인식할 수 있지만, 경제의 우상화와 영리적 목적이라는 영적 세력들이 경제 생활을 변질시켜 천연자원을 낭비하고 빈곤을 악화시키는 것도 보게 된다. 학문 분야에서는, 복음에서 출발하지 않은 사람들의 학문적 성과에서 많은 진리와 통찰을 얻을 수 있지만, 합리주의, 자연주의, 상대주의라는 영적 세력들이 많은 학자의 통찰을 뒤틀어 놓은 것도 볼 수 있다. 무엇이든 비판적으로 검토해 보면, 하나님의 선한 창조 구조도 웬만큼 보이고 죄가 그것을 일그러뜨린 증거도 보인다. 이렇듯 세상의 모든 것에는 한편으로 창조 구조와 설계가 있고 다른 한편으로 하나님의 선한 세상을 변질시키는 종교적 이탈과 반항이 있는데, 우리가 처한 문화적 상황 속에서 복음을 충실히 구현하려면 그 둘을 가려내야 한다.

이 부분에서 우리는 지난 200년 동안 경험해 온 타문화권 선교로부터 많은 것을 배울 수 있다. 어떤 문화를 지배하는 신앙적 전제들은 기독교를 노골적으로 대적하는 종교에 뿌리를 두고 있는데, 그런 문화에 선교사가 들어가면 선교사는 그러한 지배적 전제들과 종교의 기본적 신념들을 이해하기 위해 그 문화를 신중히 분석해야 한다. 예를 들어 힌두 문화나 이슬람 문화의 경우, 선교사는 그 문화의 중심이 되는 신념들이 복음과 양립할 수 없음을 알게 되며, 둘 사이의 그러한 대립이 명백히 보인다. 하지만 동시에 선교사는 복음을 구현하기 위해, 지배 문화의 구조가 창조 세계를 인정하는 방식들을 찾아야 한다. 복음에 반하는 문화 속에서 복음을 증언하는 것이 자신의 과제임을 알기에, 선교사는 그 문화를 지배하는 전제들 속에 흡수되지 않으려고 조심한다. 그러면서도 그 문화 속에 있는 사람들에게 기쁜 소식을 구현하고 싶기에, 선교사는 복음이 그 곳에도 착생하기를 원한다. 이렇듯 선교사는 문화 이야기와 친해지는 동시에 그것과 대립되는 긴장 속에 살아간다. 이러한 일관된 의식으로부터 선교사의 내면에 성경 이야기와 문화 이야기 사이의 대화가 생겨나고, 그 대화는 문화를 회피하거나 문화에 흡수되는 두 가지 극단적 위험을 물리치는 데 도움이 된다. 선교사는 둘 사이의 대화가 내면화될 정도로 온전히 두 전통과 두 공동체 속에 사는 법을 배운다. 그리스도인으로서 선교사는 성경 이야기를 내 것으로 삼아 온전히 그 속에 살기로 헌신할 것이고, 그래서 현지의 문화를 성경의 렌즈로 볼 수 있게 된다. 이러한 내면의 대화가 선교사의 생활 양식과 마음 상태가 되고 문화에 참여하는 데 상수(常數)가 된다. 이렇게 긴장이 지속될 때 그것이 충실한 삶의 닻이 될 수 있다.

선교사에게 그러한 긴장은 꼭 필요하다. 문화에 타협하고 순응하면 전해 줄 복음도 없어지고 선교사로 남을 이유도 없어진다. 그렇다고 선교사가 전하는 복음이 그 문화 사람들에게 완전히 이질적인 것으로 보인다면 복음은 거부당할 것이다. 복음은 선교사 자신의 삶과 말을 통해 빛나되, 그 빛을 받을 대상들에게 친숙한 형태로 그리 되어야 한다. 이렇듯, 선교사의 의식을 품는다는 것은 한편으로 선한 창조 질서에 깨어 있고 다른 한편으로 우상숭배에 깨어 있다는 뜻이다.

신약 성경에 나타난 충실한 토착화의 사례들

사도 바울은 타문화권 선교사였다. 당대의 로마에 있던 우상숭배 문화에 접근할 때, 그는 창조 설계와 문화적 우상숭배를 구분했다.[22] 로마 제국의 기본적인 사회 제도는 가정(*oikos*)이었는데, 흔히 '집'으로 번역되는 이 말에는 대가족 구조가 지닌 경제적 관계와 정치적 권위라는 의미가 함께 들어 있다. 절대 권력을 지닌 아버지(*paterfamilias*)가 집안의 주인(*kyrios*)이었고, 가정 전체를 존립시킨 것은 로마 제국의 부당하고 계급적인 권위의 개념이었다.

바울은 로마의 가정이라는 문화적 제도를 단순히 거부하거나 긍정하는 것이 아니라 남편과 아내의 관계, 부모와 자녀의 관계 등 그 안에 있는 창조 본연의 관계를 가려낸다. 그리고 복음의 능력으로 그것을 변화시키고 탈바꿈시키려 한다. 에베소서 5장을 우리는 그런 맥락에서 읽을 수 있다. 바울은 남편들에게 아내를 희생적으로 사랑하고, 자녀를 사랑으로 양육하고, 종을 존중해 주라고 권고했는데, 이는 그 시대, 그 지역, 그 사람들에게는 완전히 혁명적인 것이었다. 아버지들에게도 바울은 사랑과 희생으로 권위를 행사하라고 권면한다. 여자들과 종들에게 말할 때는 자발적으로 복종할 것을 당부하여 그들의 존엄성을 회복시켜 준다. 이렇듯 집안의 모든 식구의 동기가 새로워져서 모든 일을 주님을 위해 해야 한다. 가정은 "더 이상 가부장적 제도가 아니라…그리스도께서 교회에 베푸시는 희생적인 사랑으로 다시 규정되어…문화를 지배하는 모델에 대한 가시적 대안이 되어야 한다."[23] 이렇듯 바울의 선교 전략은 교회로 하여금 기존의 문화 제도들 속에서 살되 비판과 변화의 주체가 되게 하는 것이었다.

바울이 로마 제국의 사회 제도라는 분야에서 촉구한 일을 요한은 언어, 즉 헬레니즘 문화의 어휘와 사고방식이라는 분야에서 했다. 그는 "태초에 로고스(logos)가 계시니라"(요 1:1)라는 선언으로 말문을 연다. 그리스인 독자에게 로고스는 세상에 편만하여 질서를 부여하는, 눈에 보이지 않는 가상의 원리를 가리키는 말이었다. 요한은 세상에 질서를 창조하고 유지하는 것이 과연 로고스라고 일단 긍정한다. 그런 다음에 우상을 숭배하는 그리스의 개념을 전복시켜, 이 로고스가 그리스인들의 우상이 아니라 인간으로 오신 예수 그리스도라고 선포한다. 로고스가 육신(sarx)이 되었다고 요한은 말한다(요 1:14). 이렇듯 요한은 로고스라는 용어로 표현된 창조 질서의 실재는 긍정하되, 그 개념에 대한 당대의 잘못된 종교적 관점에는 이의를 제기하며 반박한다. 그래서 요한은 시의성 있으면서도 충실하다. 실존적 고민을 표현할 때 사람들에게 익숙한 범주들을 사용했으니 시의성 있고, 그러한 범주들을 만들어 낸 우상숭배의 세계관에는 이의를 제기했으니 충실하다.

복음은 각 문화의 형태를 긍정함과 동시에 부정한다. 즉, 창조 설계나 구조는 긍정하되 그 설계를 왜곡시킨 우상숭배의 종교적 세력은 부정한다.

창조 설계,
문화적 우상숭배,
치유 활동을 분별한다

충실한 토착화는 (1) 창조 설계, (2) 문화적 우상숭배, (3) 치유의 잠재력 등 세 가지 차원에서 분별을 요한다. 이 장 서두에 나오는 사례들을 생각해 보라. 회사를 지배하는 영리적 목적과 씨름하는 여성 사업가의 경우, 우선적인 질문은 이것이다. "기업의 창조 설계 내지 본연의 책임은 무엇인가?" 여기에 대해 그녀는 기업이란 청지기적 자세로 공정하게 재화와 서비스를 제공함으로써 이웃을 사랑하기 위한 것이라는 식의 결론에 이를 수 있다. 박사 과정에서 인본주의적 학문과 씨름하는 학생의 경우, 질문은 "학문의 목적과 사명은 무엇인가?"가 될 수 있다. 여기에 대해 그는 하나님의 세상을 보는 체계적이고 역사적인 통찰을 얻는 것이 학문의 목적과 사명이라고 결론지을 수 있다. 그리스도인 여성 정치인의 경우, 질문은 "정부의 고유한 의무는 무엇인가?"가 될 것이다. 여기에 대해 그녀는 관할 구역의 공무를 공정한 법대로 시행하는 것이라고 답할 수 있다. 물론 이것들은 대강의 줄기일 뿐이며 훨씬 더 상세하게 다듬을 필요가 있다. 그럼에도 불구하고, 그리스도인이 문화에 충실하게 참여하려면 우선은 문화의 그 특정한 제도가 존재하는 목적을 암시적으로든 명시적으로든 웬만큼 이해해야 한다. 나아가 예술, 스포츠, 국제 관계, 노동, 결혼,

가정 등이 그러한 목적을 지향할 때 그 결과로 나타나게 될 건강한 상태가 무엇인지도 알아야 한다.

둘째로, 교차로에서 충실하려면 문화적 우상숭배와 그것이 하나님의 창조 세계를 타락시키는 방식을 알아야 한다. 모든 기업체와 교육 기관과 정부는 하나님이 의도하신 목적에 인간이 어떻게 반응하는가를 대변해 주는데, 그 반응에는 순종과 불순종이 섞여 있다. 모든 기업은 어느 정도 청기기적 자세로 공정하게 재화와 서비스를 제공하지만, 또한 모든 기업은 문화의 배후에 있는 우상들이 어떻게 그 기업을 지배해 왔는지도 보여 준다. 영리가 알맞게 다른 목적들 밑에 있으면 사업 활동의 한 정당한 측면이 되지만, 영리가 사업의 유일한 목적 즉 우상이 되면 그 우상숭배가 사업을 변질시킨다. 모든 학문에는 하나님의 세상을 보는 통찰이 어느 정도 담겨 있지만, 과학적 객관성과 중립성이라는 환상 또는 포스트모던 시대의 우상인 상대주의가 학문의 근간이 되면 통찰이 왜곡된다. 모든 정부는 공정한 법을 시행하려고 웬만큼 애쓸 수 있지만, 인간의 모든 정부가 가지고 있는 정의의 개념은 그 배후에 있는 우상숭배 때문에 어느 정도 왜곡될 수밖에 없다. 개인의 자유는 그 자체로 공공의 정의에 꼭 필요한 요소지만, 그것이 왕으로 군림하여 자유주의로 흐르면 정의의 다른 측면들(공동체의 권리, 가난한 자들의 권리, 인간 이외의 피조물의 권리 등)이 무시되기 쉽다. 이러한 각 경우마다 우리는 관련된 사회 제도에 대한 창조 질서뿐 아니라 우상숭배가 그 창조 구조를 변질시켜 온 방식까지 분별해야 한다.

끝으로, 충실한 증인은 각각의 특정한 상황 속에서 치유의 활동이 어떤 모습일지를 분별한다. 사업가는 자신의 사업이 재화와 서비스를 제공하는 방식 속에 희미하게나마 나타나는 정의와 청지기 정신에 주목하고, 그 부분을 더 키우고 계발하려 할 것이다. 박사 과정을 밟는 학생은 자신의 전공 분야에 있는 진정한 통찰을 전략적으로 취하면서도 일부 이론의 기초가 되는 잘못된 전제들은 거부할 것이다. 정치인은 공공의 정의가 법적으로 잘 구현되는 부분들을 분별하려 애쓸 것이다. 더 많은 청지기 정신, 더 많은 통찰, 더 많은 공공의 정의 쪽으로 나아가려고 노력하는 것이 우리의 과제며, 이 과제는 주변의 정황에 크게 영향을 받는다. 우리가 취해야 할 행동은 각 그리스도인이 현재 가지고 있는 지위, 해당 분야에 나타난 왜곡의 정도, 대안적 세계관을 충실히 증언할 수 있는 기회 등에 달려 있다. 그러나 세상의 문화 속에서 일하는 그리스도인들은 하나님이 창조 세계를 조화롭게 하나로 붙들고 계시다는 것과 인생의 기쁨과 샬롬이 그분의 지혜에 따르는 데 달려 있다는 것을 되새기며 용기를 얻을 수 있다.

네 가지 위험을 물리친다

지금까지 우리는 문화에 어떻게 참여할 것인가를 개괄했거니와 이러한 관점은 적어도 네 가지 비판을 받을 소지가 있다. 첫째, 그것이 사회 속에 있는 신자 개개인의 사명만 강조하고 교회가 공동체로서 해야 할 증거는 간과하는 개인주의적 관점이라는 비판이다. 둘째, 사회와 문화의 여러 제도를 하나님의 설계에 더 일치시키는 쪽에 주력하다 보면 그런 제도들 때문에 소외된 사람들을 자칫 망각할 위험이 있다. 셋째, 이런 접근은 그리스도인들을 승리주의의 유혹과 강압의 유혹에 더 약해지게 할 수 있다. 즉, 그것은 지금 여기에 그 나라를 세우고 여러 강압적 방법으로 '기독교' 사회를 건설하려는 유혹이다. 끝으로, 타협의 위험이 늘 도사린다. 그리스도인이 내부에서부터 문화에 참여하려다 보면, 변화를 일으키는 복음의 능력을 문화에 접목하는 것이 아니라 오히려 거기서 활동하는 강력한 우상들에 의해 자신이 변할 위험성이 있다. 그동안 이러한 정당한 관심사들을 강조한 사람들은 특히 재세례파 전통과 국교(國敎) 폐지론 전통의 사람들인데, 이 네 가지에 잘 대응하면 교차로의 삶을 보는 우리의 이해가 깊어질 것이다.

공동체적 증거

우리 시대를 선도하는 선교학자 두 사람은 신자들 개개인이 문화 속에서 사명을 다하는 것이 중요하다고 역설했다. "서구를 상대로 선교적 대면을 하는 것은 주로 평신도의 사역이어야 한다"[24]는 데이비드 보쉬의 말은 "그리스도의 주권을 증거하는 일이 주로 사업가, 정치인, 전문직, 농부, 공장 인부 등 일반 남녀들이 속해 있는 세상의 평범한 일터에서 이루어져야 하고 거기서만 이루어질 수 있다"[25]는 레슬리 뉴비긴의 말과 상통한다. 그리스도인들 개개인이 자신의 삶과 주변의 문화가 만나는 자리에서 복음을 접목하는 것이 중요하다는 뉴비긴과 보쉬의 말에 우리도 십분 공감하지만, 또한 우리는 다른 그리스도인 사상가들의 경고도 진지하게 받아들이고 싶다.

대럴 구더(Darrell Guder)와 공저자들은 우리가 교회의 문화적 사명을 자칫 교인들 개개인의 증거로 축소시킬 위험이 있음을 우려한다. 대표적인 예로 이들은 니버의 「그리스도와 문화」를 겨냥한다. "니버의 분석에는 교회가 들어설 자리가 없다. 그리스도인들 개개인이 주인공이 되어 그리스도와 문화에 관한 선택들을 내려야 한다. 암시적으로 교회는 단순히 그리스도인들 개개인의 집합이다."[26] 이들은 교회의 증거가 개인의 일일 뿐 아니라 공동체의 일이어야 함을 제대로 지적했다. 어디까지나 교회는 하나님 나라의 삶을 증거하도록 부름받았다. 뉴비긴도 그것을 인정하며, "교회가 새로운 사회 질서에 기여할 수 있는 가장 중요한 길은 교회 자체가 새로운 사회 질서가 되는 것이다"[27]라고 말했다. 교회는 우리 문화의 우상숭배에 맞서 다른 형태의 삶을 구현하고 대안 공동체와 반문화 집단이 되도록 부름받았다. 교회는 "하나님 나라의 샬롬을 보여 주는 가시적이고 매력적인 징후가 되어 희망을 주고 길잡이 역할을 하도록"[28] 부름받았다.

이 대안 공동체는 세상 속에서 하나님의 임재를 경험한다. 즉, 그 공동체는 경제적·환경적 불의가 있는 세상에서 정의를 추구하고, 소비주의 세상에서 남에게 베풀며 검소하게 살아가고, 이기심에 찌든 세상에서 이타적으로 자신을 내준다. 또한 그 공동체는 상대주의가 판치는 세상에서 진리를 (담대하고 겸손하게) 증거하고, 미래의 비전을 잃은 세상에서 희망을 치켜들며, 권리 의식에 도취된 세상에서 찬송과 기쁨과 감사를 표현한다.

교회가 문화를 향해 공동체로서 증거할 수 있는 두 번째 방법이 있다. 정치, 직능별 노조, 언론, 교육 등의 분야에서 충실한 증거를 수행하기 위해 별도로 그리스도인들의 조직을 설립하는 것인데, 이러한 전통은 그간 영국과 미국보다 유럽 본토에서 훨씬 두드러지게 나타났다. 교회의 사명은 "주로 공동체적 성격을 띤다"라고 한 헤르만 리델보스의 말은 맞는 말이다. 이어 그는 "적절한 조직적 연대가 없이는 우리는 많은 부분에서 공동의 책임을 다할 수 없다"라고 지적했다. 특히 학문과 정치 분야에서 "조직적으로 서로 연대하지 않고는" 그리스도인의 책임을 다하기 어려울 것이다.[29] 이것이 워낙 복잡하고 규모가 큰 과제인 만큼 우리는 공적인 삶에서 참신한 주도권과 상상력을 발휘하여 다함께 증거해야 한다.

끝으로, 교회가 문화를 향해 증거하는 데는 세 번째 차원이 있다. "교인들이 기독교 신앙에 입각하여 지식을 따라 적극적으로 사회의 공적인 삶에 참여하도록" 교회가 예배와 교육을 통해 그들을 "무장시키는" 일에 힘쓰는 것이다.[30]

자비로운 증거

주변의 문화에 있는 사회 구조들을 하나님을 영화롭게 하는 쪽으로 바꾸려고 열심을 내다가 자칫 그런 구조들 때문에 압제당하고 소외된 사람들 자체를 망각하지 않도록 조심해야 한다.

"응급 활동"을 무시해도 좋다고 여긴다면 우리는 기독교의 기본적 자세를 저버린 것이고, 사회를 개발하기 위해 인간 개인을 말살하는 사람들에게 그 분야를 넘겨준 것이다. 우리는 두 가지를 병행해야 한다. 즉, 재난이나 불의에 희생당한 사람들도 직접 돌봐야 하고, 재난이나 불의의 발생을 예방하는 데 필요한 사회의 변혁이나 개선책도 강구해야 한다.[31]

예수님이 자신의 사명을 수행하실 때 가난하고 소외된 사람들에게 특전을 주시고 그들에게 다가가 자비를 베푸신 데는 의심의 여지가 없다.[32] 그러므로 가난하고 압제당하는 사람들에게 관심을 갖는 것은 예수님의 사명을 따르는 사람들에게도 꼭 필요한 일이다.[33] 자비는 정의와 짝을 이루고, 구조를 변혁시키려 힘쓰는 일은 소외층 사람들에게 긍휼을 베푸는 일과 짝을 이룬다.

관용하며 고난당하는 증거

예수님은 여러 비유를 통해 하나님 나라에 대한 몇 가지 오해를 바로잡아 주셨다. 씨 뿌리는 자의 비유(마 13:1-9)에서 예수님은 하나님 나라가 힘과 강압을 통해 오지 않고 그 나라를 전하는 연약한 메시지를 통해 임한다는 것을 보여 주신다. 메시아는 교만한 전사가 아니라 겸손한 농부를 닮았다. 하나님 나라는 하나님의 말씀을 통해 임하여 삶으로 구현되고, 행위로 나타나고, 말로 선포된다. 그다음 비유(마 13:24-30)에서 예수님은 농부가 좋은 씨를 뿌린 밭에 원수가 가라지를 뿌렸다고 말씀하신다. 가라지를 뽑아야 하는가라는 물음에 예수님은 아니라고 답하신다. 세상의 끝이 이를 때까지 가라지도 자라게 그냥 두라는 것이다. 하나님 나라가 단숨에 총력으로 침투하여 단번의 일격으로 모든 반대 세력을 멸할 것이라는 오해가 당시에 편만해 있었는데, 이 비유로 예수님은 그 오해를 바로잡아 주신다. 그런 강압적인 나라는 예수님이 선포하신 나라가 아니다. 그분의 사명은 하나님의 말씀을 호소력 있게 전하고 구현하는 것 외에는 어떤 식으로도 그 나라를 강요하지 않는 관용의 사명이었으며, 우리의 사명도 마땅히 그러해야 한다. 유명한 찬송가 "이끄소서, 영원한 왕이여"(Lead On, O King Eternal)의 가사처럼, "하늘 나라는 요란하게 울리는 검이나 떠들썩한 북소리로 오지 않고 사랑과 자비의 행위로 온다."

이 관용은 서구 문화의 이야기가 다원주의 사회의 큰 덕목으로 떠받드는 불가지론적 관용도 아니고, 모든 진리 주장을 (자신들의 것만 빼고) 사적인 영역으로 몰아내는 그런 관용도 아니다. 오히려 이것은 실제로 인간들이 서로 다른 신앙적 소신을 품고 살아가고 있다는 사실과 마땅히 그러한 삶의 자유가 허용되어야 한다는 사실을 인정하는 관용이다. 이른바 "원칙적 다원주의"[34]나 "주관적 다원주의"[35]

의 차원에서 우리는 문화 안에 있는 각 공동체마다 자신들의 관점과 신앙적 소신이 만인의 진리라고 주장할 수 있는 권리가 있음을 인정한다. 공공의 진리로 나아가는 길은 상이한 관점들과 상충되는 진리 주장들 사이에 정중한 대화와 노력을 해 나가는 것이다.

그리스도인은 또한 하나님 나라를 강압적으로 들여오거나 건설하려고 힘을 휘둘러서도 안 된다. 하나님의 나라는 그리스도께서 재림하실 때만 온전히 임한다. 그때까지 그리스도인의 사회 활동은 주로 장차 될 일을 증언하는 것이다. 우리가 문화 속에서 하는 증거는 기껏해야 잠정적인 것이며, 그 나라가 임하기를 구하는 기도가 행동으로 나타난 것이다.

우리가 "이미 그러나 아직"이라는 이 중첩된 시대에 사명을 수행한다는 것은 고난도 따를 수 있다는 뜻이다. 중간 시대인 지금의 역사는 장차 임할 하나님 나라를 향해 탄탄대로를 전진해 나가는 역사가 아니다. 우리의 사명 또한 문화를 점진적으로 변화시킨다는 목표를 향해 연승가도를 달리지 않을 것이다. 오히려 구속(救贖)의 시대인 지금은 많은 사상자를 남길 치열한 싸움의 시대다. 우리의 사명은 희생을 요하며 고난도 따를 수 있다. 바울은 "무릇 그리스도 예수 안에서 경건하게 살고자 하는 자는 박해를 받으리라"(딤후 3:12; 참고. 행 14:22)고 했다. 선교를 보는 우리의 관점이 신약 성경에 얼마나 가까운지는 우리가 교회의 사명을 이해할 때 고난에 어떤 자리를 부여하느냐에 상당히 달려 있을 것이다.

고난은 우상을 숭배하는 우리 문화의 세력들을 상대로 선교적 대면을 할 때 거기에 따라오는 결과다. 모든 문화의 이야기는 그냥 지배적인 이야기 정도로 만족하지 않고 아예 배타적인 이야기가 되려고 한다. 그러니 교회가 똑같이 포괄적인 성경 이야기에 충실하려면 선택에 봉착할 수밖에 없다. 우리는 소수 집단으로서 현실에 순응하여 복음의 포괄적 주장을 대충 양보할 수도 있고, 아니면 충실함을 고수하여 어느 정도의 투쟁과 고난을 경험할 수도 있다.[36]

우리의 사명은 십자가 밑에 있으며, 기쁜 소식은 박해와 투쟁과 거부를 부를 수 있다. 우리가 선포하고 구현하는 승리는 마지막 날까지 숨어 있으며, 그래서 그 승리가 이루어지는 모습은 종종 세상이 보기에 연약하다 못해 어리석어 보이기까지 한다. 하지만 십자가의 승리는 부활로 보증되었으며, 그 부활의 삶이 임할 때까지 교회의 사명은 투쟁과 고난의 사명이다. 뉴비긴은 이렇게 말한다. "우리가 인간 사회의 제도들 속에서 하나님의 종으로서 진지하게 본분을 다한다면, 의를 위해 고난당한다는 것이 무슨 뜻인지 배울 기회가 충분할 것이고 의를 위해 고난당하는 것이 정말 복된 일임을 알게 될 것이다."[37]

충실한 증거

그리스도인이 사회의 구조들을 상대하다 보면 문화의 시류에 그냥 따르라는 압력에 부딪히게 된다. 즉, 문화의 우상숭배에 순응하고 타협하라는 압력이다. 예를 들어, 앞에 말한 사업가는 영리적 목적에 따르라는 압력을 늘 받을 것이고, 성실성을 지킨 대가로 일

자리를 잃거나 적어도 승진에서 밀려날 수 있다. 차라리 지금까지 강조한 똑같은 성경 진리들-창조 세계는 선하며 우리가 누려야 할 대상이고, 창조 명령은 중요한 것이며, 문화 생활 전반에 대한 주권은 그리스도께 있고, 우리는 문화 전반에 참여할 의무가 있다는 등-을 고백은 하되 그것을 이기적 목적으로 이용하는 편이 더 쉬울 것이다. 그렇게 되면 우리는 비즈니스계에 들어서면서 "그리스도는 사업의 주인이시다"라고 말은 하겠지만, 사업을 조종하는 강력한 우상숭배에 맞서기 위해서가 아니라 최대한 돈을 벌어 그것이 주는 편안한 삶을 누리기 위해 그렇게 할 것이다.

냉혹한 선교적 대면에 직면하는 일(특히 거부와 고난이 따를 때)과 우상숭배로 빗나간 현실 속에서 창조 설계를 분별해 내는 일은 힘든 사명이다. 그 일을 충실히 해내려면 뜻을 같이하는 신자들의 (교회) 공동체로부터 지원을 받는 것과 건강한 영성을 기르는 것이 대단히 중요하다.

그동안 서구의 그리스도인들은 하나님 나라를 위해 사회적, 정치적, 경제적 활동에 미친 듯이 매달리면서도 그 일의 뿌리를 기도에 두지 않을 때가 너무 많았다. 톰 라이트는 이렇게 말한다.

교회가 예수님의 대행자가 되어 온 세상에 그분의 모든 뜻을 펼치려면 그분 자신의 영이 필요하다. 사실, 교회가 예수님의 영으로 계속 충만해지고 무장하기를 힘쓰지 않으면서 본연의 일을 하려 한다면, 그것은 오히려 입을 뗄 때마다 신성 모독을 범하는 것이다. 이것은 모든 그리스도인이 은사주의 운동에 나서야 한다는 말이 아니다. 그보다 모든 그리스도인, 특히 세상을 치유하고 새롭게 하는 교회의 사명을 최전선에서 수행하는 사람들이 기도의 사람이 되어 매일 매시간 예수님의 영을 부르며 사역에 임해야 한다는 말이다. 그래야 자칫 속아서 자신의 교만한 생각이나 비겁한 상대주의에 빠지지 않을 수 있다.[38]

조직이니 전략이니 문화적 힘이니 세계관의 분석도 다 좋지만, 교회의 사명은 일차적으로 그것이 아니다. 교회의 사명은 건강한 기도와 묵상의 삶, 세상의 참된 이야기인 성경에 푹 잠기는 것, 회중의 삶에 마음으로부터 동참하는 것이다. 바로 거기서 우리는 하나님 나라의 삶을 배우고 체험하고 나누게 된다. 뉴비긴이 그것을 잘 표현했다. "헌신된 백성은 하나님이 의도하신 바를 보여 주는 징후이고 대행자이고 첫 열매인데, 그런 헌신된 백성이 존재한다면 그것은 그들의 삶이 하나님과 교통하여 계속 새로워질 때만 그럴 수 있다."[39] 선교적 대면에 충실하려는 교회는 생명력 있는 영성을 가꾸고 길러야 한다.

교회가 복음에 충실하려면 교인들을 지원하는 공동체가 되어야 한다. 일찍이 레슬리 뉴비긴은 동료 목사들에게 이렇게 물으며 간곡히 호소했다.

우리는 전투 중인 〔우리의 평신도들을〕 지원하는 본분에 진지하게 임하고 있습니까? 그들을 진지하게 최전선 부대로 여기고 있습니까?…시내 저편의 사무실과 점포에서 일하는 수많은 그리스도인은 어떻습니까? 우리는 그들이 그리스도인으로서 증인의 삶을 살도록 격려해 주어야 하고, 날마다 부딪혀야 하는 아주 난감한 윤리적 문제들에 잘 맞서도록 도와주어야 하고, 매일 영적 전투 속에서 살아가는 그들을 온 교회가 뒤에서 지원하고 있다는 확신을 주어야 합니다. 그런데 이러한 부분에서 우리가 무엇이든 진지하게 해 본 일이 과연 있습니까?[40]

하나님의 백성은 말씀, 성만찬, 기도, 예배, 교제 등 하나님이 허락하신 다양한 방법을 통해 그리스도의 생명을 양분으로 얻어야 한다. 하나님의 백성은 활발한 격려, 중보 기도, 상담 등으로 사명에 지원을 받아야 하며, 충실성을 지킨 대가로 고난을 당하는 교인들에게는 경제적 지원도 필요할 수 있다. 하나님의 백성은 또한 과제를 잘 감당할 수 있도록 무장되어야 하며, 그러려면 같은 과제를 지닌 다른 그리스도인들을 만나 함께 고민하는 것도 좋다. 예를 들면, 그리스도인 변호사들이 그룹으로 모여서 변호사라는 직업 환경에서 하나님 나라의 비전을 가장 잘 이루는 길을 토론할 수 있다.

소금, 빛, 산 위에 있는 동네

지금까지 살펴본 대로 우리는 하나님 나라를 충실하게 증거해야 하는데, 예수님 시대에 그러한 충실한 증거 말고 일견 일리 있어 보이지만 매우 위험한 대안이 적어도 네 가지가 있었다. 에세네파(Essenes)는 사회를 등졌고, 사두개인은 로마 제국과 타협했고, 바리새인은 종교라는 조직으로 물러났으며, 열심당(Zealots)은 자신들의 힘으로 하나님 나라를 이루려고 온갖 방법과 폭력도 불사했다. 이렇게 문화에 접근하는 불충실한 방법들이 시퍼렇게 살아 있던 바로 그 정황 속에서 예수님은 산상수훈의 말씀을 주셨다.

너희는 세상의 소금이니 소금이 만일 그 맛을 잃으면 무엇으로 짜게 하리요. 후에는 아무 쓸데없어 다만 밖에 버려져 사람에게 밟힐 뿐이니라. 너희는 세상의 빛이라. 산 위에 있는 동네가 숨겨지지 못할 것이요. 사람이 등불을 켜서 말 아래에 두지 아니하고 등경 위에 두나니 이러므로 집 안 모든 사람에게 비치느니라. 이같이 너희 빛이 사람 앞에 비치게 하여 그들로 너희 착한 행실을 보고 하늘에 계신 너희 아버지께 영광을 돌리게 하라.(마 5:13-16)

헬무트 틸리케(Helmut Thielicke)는 "소금과 빛은 공통점이 하나 있다. 둘 다 자신을 내주고 소멸하기에, 온갖 부류의 자기중심적인 신앙과 반대된다"[41]라고 말했다. 우리의 문화적 사명을 복음에 비추어 바르게 이해하고 충실히 수행하면, 우리는 세상을 창조하시고 새롭게 하시는 정당한 주님을 알릴 뿐 아니라 이웃도 사랑하게 된다. 인간의 삶을 활짝 피어나게 하는 것은 하나님 나라의 정의와 평화와 기쁨과 의인데, 하나님은 그것들을 창조 세계에 선물로 주신다. 바로 그 선물들을 하나님은 우리에게 맡기셔서 이웃들에게 나누어 주게 하셨다.

9

몇 가지 공적인 삶의 영역을 보는 관점

복음은 삶의 모든 영역에 성육신해야 한다. 이 장에서는 기독교 세계관이 현대 생활의 여섯 가지 영역에 어떤 의미가 있는지를 고찰하면서, 그것이 복음을 성육신하게 하는 작업에 우리를 어떻게 무장시켜 줄 수 있는지 살펴보고자 한다. 물론 그 밖에도 논할 수 있는 영역들이 많이 있고 또 우리가 선택한 각 영역에 대해서도 훨씬 많은 말을 할 수 있겠지만, 오늘날 '행동하는' 기독교 세계관의 모습이 어떠한지를 이 여섯 가지가 잘 보여 줄 것이다.

사업

사업이란 새삼스러울 게 없는 일이다. 사고파는 것은 구약 시대에도 흔한 일이었고, 하나님은 이스라엘 백성에게 사업을 공정하게 규제하는 법을 많이 주셨다.[1] 예를 하나 들자면, "너는 네 주머니에 두 종류의 저울추 곧 큰 것과 작은 것을 넣지 말 것이며…오직 온전하고 공정한 저울추를 두며 온전하고 공정한 되를 둘 것이라. 그리하면 네 하나님 여호와께서 네게 주시는 땅에서 네 날이 길리라. 이런 일들을 행하는 모든 자, 악을 행하는 모든 자는 네 하나님 여호와께 가증하니라"(신 25:13-16)라는 말씀이다. 신명기의 이 법은 약속의 땅에 들어가려고 준비 중인 이스라엘 백성에게 주신 것인데, 하나님은 그들이 사업을 하는 관행이 그분 자신의 성품대로 정직하고 공정하기를 원하셨다.[2] 두 종류의 저울추를 두고 사업을 하는 사람은 살 때는 큰 것을 쓰고(그래서 치르는 값보다 더 많이 얻어 내려) 팔 때는 작은 것을 쓰려는(그래서 판매 수익을 높이려는) 속셈에서 그렇게 한다. 신명기 본문은 이스라엘 백성들 사이에 거래-재화의 교역-가 있을 것과 공정하고 정직하게 이루어지는 한 근본적으로 거래가 선하다는 것을 전제하고 있다. 잠언 11:1에도 보면, 사업에 대한 창조 본연의 구조는 인정하고("공평한 추는 그가 기뻐하시느니라") 사업이 잘못된 길로 빠지는 죄악은 단죄했다("속이는 저울은 여호와께서 미워하시나").

잠언 31장에 나오는 여인은 지혜의 근본인 여호와를 경외하는 마음에서 귀감이 된다(참고. 잠 1:7; 31:30). 비록 공공연한 '종교' 활동은 없어도 이 경건한 여인이 하나님께 뜨겁게 헌신한 모습은 주부와 사업가로서 일상의 활동 속에 나타난다. 그녀는 자신이 번 돈으로 밭을 사고 포도원을 일구고(16절), 베옷과 띠를 팔아 이익을 남기며(18, 24절), 페니키아의 값비싼 염료로 물들인 호화로운 "자색" 천과 세마포로 옷을 짓는다.³ 이 모든 세세한 설명이 어우러져 그녀와 하나님의 관계를 똑똑히 보여 준다. 즉, 여호와를 경외하는 마음이 그녀가 하는 사업 활동에 그대로 구현된 것이다.

성경의 관점에서 볼 때, 분명히 사업은 우리가 주님을 섬기도록 부름받은 하나의 장이다. 하지만 성경은 사업이 얼마나 쉽게 변질되어 압제와 우상숭배로 흐를 수 있는지도 알고 있다. 구약의 예언자들이 그런 변질을 질타했지만(예를 들어, 암 8:4-6; 미 6:10-11), 빗나간 사업을 가장 매섭게 비판한 예는 1세기 로마에서의 정치적·경제적 방종을 단죄한 요한계시록에 있지 않을까 싶다. 리처드 보캄은 이렇게 말한다.

로마는…"땅의 왕들을 다스리는 큰 성"이다(17:18). 로마의 방대한 소비가 제국의 모든 제품을 빨아들였다.…세상의 시스템이 그렇다 보니 중앙의 로마가 부유해지는 대가로 변방은 빈곤에 시달려야 했다. 이것은 우리 시대의 1세기라 할 수 있는 현시대에 당연히 예상되는 경제적 세계화와 가장 닮은꼴이다. 로마로 수송되는 화물 목록의 맨 끝에 요한은 "종들-즉, 사람의 목숨들"(18:13, 나의 번역)을 부각시키는데, 이는 전체 목록에 대한 주석인 셈이다. 서구의 부유한 소비자들이 원하는 값싼 제품들이 일부 아시아 국가들에서 미성년자들의 강제 노동으로 생산되고 있는 현실을 생각할 때, 동일한 주석이 현시대의 세계화된 경제에도 틀림없이 적용될 것이다.⁴

물론 성경에는 고대 중동의 문화에서 행해지던 사업에 대해 많은 말이 나오지만, 현시대를 사는 그리스도인의 사업관은 그 시대 이후로 문화가 발전해 온 역사는 물론 우리 현시대의 상황까지도 진지하게 고려해야 한다. 산업혁명과 특히 세계화는 사업의 힘과 영향력을 이전에 알던 무엇보다도 훨씬 증대시켰다. 성경의 세계와 우리의 세계는 유사점도 있고 중요한 차이점도 있지만, 그럼에도 불구하고 성경의 진리에 근거한 두 가지 확신이 그리스도인이 사업관을 정립하는 데 도움이 될 것이다. 첫째 확신은 사업이 근본적으로 선하다는 것이다. 사업이란 생필품을 교환하는 수단이므로 건강한 사업의 가장 중요한 동기는 이웃을 사랑으로 섬기는 것이다. 내 노동을 통해 나는 이웃에게 필요한 것을 공급하며, 그 과정에서 내 가족의 필요도 공급할 수 있다. 내가 일을 열심히 잘 하면 이익이 돌아올 수 있는데, 이는 선한 것이지만 내 사업의 기본 동기는 아니다. 성경이 주는 둘째 확신은, 세상은 선하지만 타락했고 사업하는 남녀들도 죄인이므로 사업이 잘못된 목표로 빗나가기 쉽다는 것이다. 사업의 동기가 이기적인 이익이나 부정직한 이익으로 변할 수 있고, 그러면 사업 자체가 압제의 수단이 된다.

건강하고 공정한 기업 공동체는 가난한 사람들을 압제하여 극소수 사람들을 거부로 만드는 것이 아니라 국가들과 시민들에게 필요한 것들을 진정으로 채워 준다. 그러므로 그리스도인의 사업관에는 현시대의 사업체들이 안고 있는 폐해들을 사려 깊게 비판하는 일이 포함되어야 하며, 특히 다국적 기업의 세계를 잘 살펴야 한다. 아울러 그리스도인의 사업관은 성경에 나오는 교역과 관련된 명령들을 존중하는 건강하고 긍정적인 사업체들을 개발하는 쪽으로 나아가야 한다. 충실한 기독교적 비판이라면 오늘날 사업체가 조직되는 방식들을 생각할 것이고, 우리가 얼마나 쉽게 그런 조직들에 휘말려 그들이 저지르는 일에 공범이 될 수 있는지도 인식할 것이다. 예를 들어, 일부 기업들이 늘 외국의 값싼 노동을 이용해 제품을 아주 헐값에 만들어서 자국에서 막대한 이익을 남기고 판다는 것을 우리는 이미 알고 있다. 그리스도인은 그런 압제적인 사업의 관행에 자칫 소비자로서 가담하지 않도록 알찬 정보를 갖출 필요가 있다.

기업체들의 삶과 우리의 삶이 우리의 매매, 취직, 투자 등을 통해 서로 얽혀 있기 때문에 우리는 그 회사들이 어떤 곳이며 국내외에서 그들의 관행을 지배하는 윤리가 무엇인지 알아야 한다. 그래야 그들의 제품을 구입할지 결정할 수 있고, 다른 사람들에게도 동참을 권할 수 있다. 동료 그리스도인들과 협력해야 하고 다른 사람들의 연구 자료에서도 도움을 받아야 한다. 예를 들어, 한 교회나 여러 교회가 함께 이 분야에서 일할 위원회를 결성할 수 있다. 교인들 중에서 기업 간부들을 초청하여 그들의 관행에 대해 인터뷰를 할 수도 있다. 그리스도인은 국내에서 공정하게 이루어지고 있는 사업의 관행들을 지원해야 한다. 불공정한 거래의 결과로 시장에 나온 제품들에 대해 우리를 교육하고 경고해 주는 "공정거래"(Fairtrade) 같은 기관들이 있다.[5] 우리 중에 사업에 몸담고 있는 사람들은 각자의 지역에 앞서 말한 성경적 원리들을 구현하는 건강한 사업체들을 세우는 데 주력할 수 있다. 이러한 사업체들은 본이 되는 건전한 관행으로 지역 사회에 책임을 다하는 곳들이다.

2006년 2월에 남아공의 텔레비전에 "빵: 국가의 양식"(Bread: Feeding the Nation)이라는 주목할 만한 프로그램이 방영되었다. 웨셀 밴 휘스테인(Wessel van Huyysteen)은 오늘날 남아공의 빵 생산을 큰 회사 네 개가 독점하고 있음을 알게 되었다. 이 회사들은 규모에 걸맞게 많은 직원을 채용해 빵을 생산하는 것이 아니라 고도의 기계화 방식으로 빵을 대량 생산하고 있다. 이들은 밀가루를 도정할 때 밀의 좋은 성분을 거의 다 깎아내므로, 완제품은 먹기에 좋지만 건강에는 별로 좋지 않다. 밴 휘스테인은 또 남아공에 소규모의 빵 생산업체들이 많다는 것과 그중 다수가 건강식 밀가루를 쓰고 있고, 직원을 채용하는 비율도 더 높고, 더 싼 값으로 지역에 빵을 공급하고 있다는 것도 알아냈다. 결론은 아주 간단해 보인다. 남아공의 빵 생산을 독점 체제에서 분산 체제로 바꾸는 것이다. 그러면 건강에 훨씬 좋은 제품이 나오고 고용이 증대되고 빵 값도 내려가 지역 사회를 더 잘 섬길 수 있다. 하지만 이러한 행동 방침은 큰 회사들의 이익에 부합되지 않을 것이다!

영어 교수, 켄터키의 농부, 시인, 평론가, 소설가인 웬델 베리(Wendell Berry)는 「미국 흔들기」(The Unsettling of America)에서 미국의 농업을 냉철하게 비판했는데, 거대한 기계화 영농이 개발되면서 그것이 그동안 농촌에도 해롭고, 토지에도 해롭고, 동물에게도 해롭고, 소비자에게도 해로운 일이었음을 지적했다.[6] 하지만 베리의 메시지는 근본적으로 긍정적이다. 그는 우리에게, 현지인이 직접 짓는 농사를 알아내서 지원할 것, 힘닿는 한 무엇이든 스스로 재배할 것, 내가 사는 제품의 출처를 알아내서 그것을 생산한 사람들의 관행이 건강하고 건전한지 확인할 것 등을 권한다. 베리는 사업체들이 지역 사회와 손잡고 지역 사회에 책임을 다해야 한다고 역설한다.

이미 길을 잘못 든 회사에서 정직하게 일하기란 어려운 일이며, 성경의 원리들과 반대되게 돌아가는 사업체는 헌신된 그리스도인이 일하기에 아주 힘든 곳이다. 이럴 때 기독교 교계가 취할 수 있는 한 가지 중요한 방법은, 그리스도인들 및 뜻이 맞는 사람들이 이웃들을 섬기고 그들의 필요를 채워 주는 것을 목표로 새로운 사업체를 창업하는 것이다. 물론 그런 사업체들은 영리를 극대화하는 것만이 사업의 진짜 목표라는 통념에 역행하기 때문에 종종 "교차로의 삶"으로 부름받을 것이다. 그럼에도 불구하고, 동료 시민들의 필요를 사랑으로 채워 주는 것을 가장 중요한 목표로 삼는 사업체들이 우후죽순으로 생겨나는 일은 상상만 해도 흥이 난다.

사업이 이웃들의 필요를 채워 주면, 그 사업은 하나님을 섬기는 기쁘고 보람된 직업이 될 수 있다. 그리스도인은 참으로 하나님을 공경하고 참으로 이웃을 섬기는 사업체들을 분별력 있게 개발하고 지원할 필요가 있다. 이곳이야말로 세상에서 가장 도전적이면서도 보상이 큰 선교지의 하나다.

정치

정치를 생각하면, 정부가 우리의 타락하고 망가진 세상과 관련이 많다는 것을 알게 된다. 일례로, 조지 부시(George Bush)와 토니 블레어(Tony Blair)가 이라크 전쟁을 벌이기로 한 결정을 생각해 보라. 그 결정이 옳았든 틀렸든 관계없이, 세상이 타락한 곳이 아니라 사람들과 나라들이 서로 평화롭게 살아가는 곳이었다면 그런 결정은 필요 없었을 것이다. 상충되는 관점들을 중재하는 일이 워낙 정치의 큰 부분이다 보니, 정부라는 제도가 오직 인류의 타락에 응하여 생겨났다고 주장하는 사람들이 있다. 반면, 정부라는 제도도 창조 질서의 일부이며 따라서 타락이 있었든 없었든 어차피 생겨났을 것이라고 주장하는 사람들도 있다. 후자의 관점은 사회를 정의롭게 다스리는 정부의 긍정적 역할을 강조한다. 우리는 정부가 하나님의 창조 질서의 일부라고 믿지만, 각자 어느 관점을 취하든 성경에 정부와 정치에 관한 가르침이 가득하다는 것만은 분명하다. 구약에서 가장 중시되는 정부는 이스라엘을 다스리는 정부였다. 하나님은 이스라엘에 왕정을 구축하실 때, 그것이 자기 백성을 다스리시는 하나님 자신의 통치를 보필하는 통치가 되게 하셨다(참고. 신 17:14-20; 삼상 8-12장). 그런 면에서 모범이 되는 왕들이 몇 있기는 하지만(다윗, 솔로몬, 요시야, 히스기야), 구약의 왕정 역사는 서글픈 역사였으며 자기 백성을 다스리시는 하나님의 통치를 정부가 보필할 수 있는 잠재력은 지금도 실현되지 않고 있다.

구약이 말하는 정치적 특성을 그대로 회복한다고 해도 우리는 구약의 이스라엘과 신약의 교회는 사정이 다름에 주의해야 한다. 이스라엘은 신정(神政) 체제, 즉 하나님과 언약 관계를 맺은 나라였고 그래서 현대의 어느 나라와도 달랐다. 이스라엘은 온전히 하나님의 백성으로 살기로 정식으로 협약했고 이는 경제, 정치, 가정을 비롯하여 삶의 모든 부분에서 하나님의 통치 아래서 살겠다는 뜻이었다. 그런데 오순절 이후로 모든 것이 달라져서 이제 하나님의 백성, 즉 교회는 모든 나라에 흩어져 있다. 교회 자체는 신정 체제이지만 그리스도인들이 살고 있는 나라들은 그렇지 않다.

신약 성경에서 정부에 관한 가르침에 중심이 되는 본문 하나는 로마서 13:1-7이다. 여기서 바울은 정부라는 기관이 해야 할 독특하고 중요한 역할이 있음을 인정한다. 로마서 13:1-7의 바로 앞 문맥인 로마서 12:14-21에서 바울은 로마 그리스도인들이 자신들을 박해하는 사람들에게 원수를 갚지 말고 오히려 축복해야 한다고 가르치는데, 이것은 산상수훈을 연상시키는 어법이다. 그들은 "하나님의 진노하심"의 여지를 남겨 두어야 한다. 정부 자체는 원래 "하나님의 종, 악을 행하는 자를 벌하는 진노의 대행자"(NIV), 정의를 유지하기 위해 하나님이 정하신 기관이다. 바로 그런 목적으로 정부는 "칼을 가지고" 있다. 즉, 나라의 법을 집행할 권력이 있다는 것이다(롬 13:4). 따라서 그리스도인은 자기 손으로 원수를 갚지는 않지만(오히려 자신을 해치는 사람들까지 사랑하고 긍휼을 베풀지만), 반면에 정부가 하나님께 맡은 역할대로 사회에 정의를 시행할 것을 마땅히 기대해야 한다. 그 결과로 그리스도인은 바울이 말한 대로 정부를 긍정적으로 대하고 존중하며 세금을 납부하는 선량한 시민이 된다(롬 13:5-6).

여기까지는 좋지만, 그렇다면 로마서 13장은 불의하고 압제적인 정부라도 정부가 하는 일이면 무조건 정당화하는가? 이 성경 본문의 의미가 그런 식으로 오용될 때가 많았다. 남아공에 압제적인 인종차별 정책이 있던 시절에 마이클 캐시디(Michael Cassidy)가 [전국 화해 추진위원회(National Initiative for Reconciliation)의 대표로] P. W. 보타(Botha) 대통령을 찾아갔을 때, 보타는 로마서 13장을 펴서 손에 들고 있었다. 보타는 국가에 저항하거나 국가를 비판하는 일이 비성경적이고 반기독교적이라는 것을 이러한 상징적 행위로 암시했던 것이다.

하지만 로마서 13장을 포함한 성경 전체는 그런 암시를 부인한다. 로마서 13:4, 6에 통치자는 "하나님의 종"(NIV)으로 표현되어 있는데, 이는 기품(통치자는 하나님의 종이므로)과 책임(하나님의 종)을 함께 담아 낸 말이다. 로마 제국이라는 정황에서, 통치자를 종으로 표현한다는 것은 통치자들이 무엇이든 자기 마음대로 할 수 있다는 통념에 종지부를 찍는 일이었다. 본래 종이라는 것은 주인에게 복종하라고 있는 사람이 아니던가. 이렇듯 로마서 13장은 정부가 하는 일을 무조건 정당화하는 의미로 읽힐 수 없는데, 이는 정부가 정의를 이루어 하나님을 섬겨야 하기 때문이다. 그 역할을 제대로 못하면 정부는 하나님의 심판을 받게 된다.

구약 성경에서 출애굽기에 나오는 열 재앙 이야기나 엘리야와 엘리사 시대에 있었던 기적 이야기들을 보면, 주관자가 (헤롯이나 아합이나 이세벨이 아니라) 하나님임을 똑똑히 알 수 있다. 출애굽기 1장에서 산파 십브라와 부아는 시민 불복종을 하고서 칭찬을 받는다. "산파들이 하나님을 두려워하여 애굽 왕의 명령을 어기고 [이스라엘의] 남자 아기들을 살린지라.…하나님이 그 산파들에게 은혜를 베푸시니…그 산파들은 하나님을 경외하였으므로 하나님이 그들의 집안을 흥왕하게 하신지라"(출 1:17-22). 이렇듯 성경 이야기에는 중요한 원리들이 나오는데, 그것을 바탕으로 우리는 정부와 정치를 보는 기독교의 확고한 입장을 다음과 같이 정리할 수 있다. (1) 정부는 하나님이 우리의 유익을 위해 제정하신 것이며 하나님의 설계에 따라야 한다. (2) 정부의 역할은 사회에 공공의 정의를 유지하는 것이며 그 일을 위해 정부는 힘을 행사할 권한이 있다. (3) 하지만 정부는 여러 가지 우상숭배로 인해 타락할 수 있다.[7] (4) 그리스도인은 모범 시민이 되어 정부를 공대하고 존중해야 한다. (5) 단, 그리스도인이 궁극적으로 충성을 바칠 대상은 인자 되신 예수님이므로, 어떤 정부에도 비판 없이 무조건 충성해서는 안 된다.

그렇다면 이러한 통찰들은 오늘의 상황에 어떻게 적용될까? 이책에 거듭 강조했고 지금도 다시 말하지만, 기독교 세계관을 정립할 때는 성경 이야기 속에 사는 것만이 아니라 그 이야기를 오늘 우리의 상황과 결부시키는 것이 중요하다. 한 가지 분명한 예로, 오늘날 정부의 형태로서 가장 지배적인 것은 민주주의인데, 이는 성경의 세계에는 전혀 없던 것이다. 오늘날의 그리스도인들은 여러 세계관이 서로 다투는 다원주의 사회에 살고 있기 때문에, 구약의 율법들을 현시대의 문화에 그대로 적용할 수 없다. 사형 제도의 예를 생각해 보라. 설령 사형 제도의 정당성을 인정할 수 있다고 해도, 구약 성경에서 사형에 해당하던 죄들(예를 들어, 간음, 우상숭배, 동성애)이 우리의 다원주의 문화에서 행해지는 입법과 어떤 관계가 있는지는 결코 분명하지 않다.

이렇듯 오늘의 정치와 관련하여 기독교 세계관을 정립한다는 것은 쉬운 일이 아니다. 지금부터 말하는 몇 가지가 그러한 작업에 중요한 요소가 되기를 바란다. 첫째, 성경의 단서들을 진지하게 받아들여야 한다.[8] 올리버 오도노반의 말대로, 성경이 과연 하나님의 말씀일진대 우리는 하나님이 아브라함에게 주신 말씀에서 출발하여 오늘날 이라크 문제를 대하는 방식에까지 이르는(아브라함이 살았던 곳이 현재의 이라크에 해당됨을 기억하며) 긴 여정에 올라야 한다. 오도노반은 이어서 설교자는 그 여정을 20분 만에 마칠 수 있어도 학자는 평생이 걸릴 수 있다고 했다.[9] 성경의 이야기를 오늘의 정치에 접목하는 것은 복잡한 일이며, 성경 구절 한두 개를 근거로 제시하여 지나친 단순논리를 펴는 식으로는 아무에게도 도움이 안 된다.

둘째, 이제까지 정치를 고찰해 온 기독교의 오랜 전통을 잘 알고 있어야 한다. 예를 들어 올리버 오도노반과 조앤 로크우드 오도노반(Joan Rockwood O'Donovan)은 우리가 정의로운 전쟁의 요건에 관해 기독교 사상이 지니고 있는 풍성한 고찰에 무지한 것을 당연히 통탄했다.[10] 그리스도인은 이러한 전통을 정말 알아야 하며, 그래야 그러한 자원들에 힘입어 비판적 고찰을 할 수 있고, 국가가 전쟁을 할 때와 그렇지 않은 때를 결정할 때 거기에 동참할 수 있다.

셋째, 정치 이야기 자체를 어느 정도 알아야 한다. 즉, 정치가 역사적으로 어떻게 발전되어 왔으며 이 시대의 제도들이 어떻게 전수되어 왔는지를 웬만큼 알 필요가 있는 것이다. 그러면 그러한 제도들을 역사적·문화적 맥락에서 보고 거기에 통찰력 있게 반응할 수 있다.

넷째, 재능 있는 그리스도인들이 정치인으로, 학자로, 사회 지도자로 정치 분야에 들어가 정부에 직접 영향력도 행사하고 아울러 동료 그리스도인들에게 현시대의 정치 이슈들을 기독교적 관점에서 사고하는 법도 가르쳐 주어야 한다. 비교적 소규모 단체인 공공정의센터(Center for Public Justice, CPJ)가 짐 스킬렌(Jim Skillen)의 지도 아래서 지난 수십 년 동안 해온 일이 좋은 예다. CPJ가 추진하여 정부에서 "자선 선택"(Charitable Choice)이라는 법률을 제정했는데, 이로써 기독교와 타종교 단체들이 신앙을 타협하지 않고도 복지 사업에 정부의 기금을 받을 수 있는 길이 활짝 열렸다. 그동안 정교 분리가 세속적이고 건강하지 못한 방향으로 흘러왔는데, 이번의 성과는 그러한 정교 분리를 약화시키는 일대 쾌거였다.[11]

우리가 편안하게 살고 있는 중산층 사회에서는 건강한 정치에 얼마나 많은 것이 걸려 있는지를 알기가 어렵다. 하지만 우리가 집단 학살이 자행되던 시기의 르완다나 지금의 이라크나 수단의 다르푸르에 살아야 한다면, 건강한 정치가 절대적으로 중요하다는 사실에 금세 눈뜨게 될 것이다.[12] 정부는 하나님께로부터 난 것이지만, 성경의 드라마는 정치를 하나님께 영광이 되고 모든 민족에게 축복이 되는 쪽으로 이끌도록 최선을 다하라고 우리를 부르고 있다.

스포츠와 경쟁

세상을 부정하는 편협한 관점으로 복음을 보는 사람에게는 스포츠와 운동의 경쟁이 들어설 자리가 별로 없을 것이다. 하지만 복음이란 하나님 나라에 관한 복음이기에, 기독교 세계관에서는 스포츠와 경쟁을 그렇게 쉽게 버릴 수 없다. 이것 역시 하나님의 창조 세계에 들어 있고 감사로 풍성히 누려야 할 선물이기 때문이다. 우리에게 그것을 주시는 것이 하나님께는 기쁨이었다. 인간을 지으실 때 그분은 그것을 발견하고 계발하고 즐길 수 있는 잠재력도 함께 주셨다. 우리가 그것을 선물로 받아 그분께 영광이 되게 쓰고 그것을 인하여 감사할 때 하나님은 기뻐하신다. 스포츠를 경시하는 금욕적·이원론적 영성은 하나님의 선한 선물 하나에 배은망덕한 자세를 보이는 것이다. 영화 "불의 전차"(Chariots of Fire)에 나오는 에릭 리델(Eric Liddell)의 말이 맞다. "하나님이 나를 빨리 달리게 지으셨다. 그래서 나는 달릴 때면 그분이 기뻐하시는 게 느껴진다.…이것은 그냥 재미가 아니다. 승리는 곧 그분의 영광이다."

스포츠 분야 전체는 두 가지 면에서 창조에 뿌리를 두고 있다. 첫째, 스포츠는 우리가 하나님의 형상대로 지음받은 데서 기원한다. 우리는 다양한 기능과 능력을 지닌 존재로 지음받았고, 놀이와 여가와 상호 간의 경쟁 등 다양한 관계를 가꾸고 즐기는 사회적 동물로 지음받았다. 바트 지애매티(Bart Giamatti, 전 미국 프로야구 메이저리그 총재)의 말대로, 스포츠는 "우리의 예술성과 상상력에서 비롯되는 건강한 욕구의 일부"다.[13] 예술과 마찬가지로 스포츠에서도 우리는 자체적 목표와 규칙과 장애물을 갖춘 가상의 세계를 창의적으로 지어내 한동안 그 속으로 들어갈 수 있다.

스포츠는 또한 하나님이 태초에 인류에게 주신 창조의 사명, 즉 이른바 문화 명령(창 1:26-28; 2:15)에 뿌리를 두고 있다. 인간은 하나님이 창조 세계 속에 두신 잠재력을 탐험하고 발견하고 계발해 나가는 즐거운 과제를 맡았으며, 그 일은 우리가 하나님과 사랑의 교제를 나누는 가운데 이루어진다. 물론 하나님의 선물인 스포츠가 완전히 개발된 상태로 우리에게 주어진 것은 아니다. 에덴동산에는 스쿼시 코트와 야구장이 없었다. 대신, 하나님은 인간에게 창조 세계의 잠재력을 다양한 방식으로 탐험하고 발견하고 계발할 수 있는 창의력을 주셨다. 바로 그러한 기본 과제에서 스포츠와 운동 경기가 하나의 문화적 산물로 나온 것이다.

스포츠와 운동 경기가 하나님의 선물이라는 데는 많은 사람이 동의하겠지만, 경쟁까지 선한 선물이라는 데는 동의할 사람이 적을 것이다. 마빈 주디마(Marvin Zuidema)가 바르게 지적한 대로, 경쟁은 스포츠와 운동 경기의 "기본 요소"이며 "아무도 지기 위해서 책임감 있게 경기할 수는 없다." 이어서 그는 스포츠의 이러한 측면에 대해 기독교 교계의 많은 사람이 "경쟁은 선수나 팀 간에 적대적인 싸움을 붙여 대개 증오를 낳기 때문에 도덕적으로 잘못된 것이다"라는 관점을 가지고 있다고 지적한다.[14] 하지만 주디마 등은 경쟁의 관건은 서로 적대하는 것이 아니라고 역설한다. 존 바일(John Byl)은 "불필요한 장애물을 극복하는 것"을 스포츠와 운동 경기의 핵심으로 꼽는다.[15] 프라이(Frey)와 공저자들은 "선수는 가장 효과적인 방법으로 목표를 달성하려 하고 장애물은 그것을 막고 방해한다. 시합의 기쁨은 전술을 짜서 장애물을 극복하고 목표를 달성하는 데 있다"[16]라고 설명한다. 스포츠 시합에는 목표와 규칙과 장애물이 정해져 있는데, 팀이나 개인은 그러한 틀 안에서 서로 대결하기로 협조적으로 동의한다. 다시 말해서, 경쟁의 핵심은 서로 적대하는 것이 아니라 협력하는 것이다.

경쟁은 기량을 다듬어 주고 체력을 마음껏 발산하게 해주어 운동에서 느끼는 기쁨과 감동을 배가시킬 수 있다. 그래서 상대는 우선 라이벌이 아니라 스포츠를 더 즐길 수 있는 기회를 주는 존재다. 경쟁은 삶을 풍요롭게 해주는 하나님의 선물이며, 팽팽한 경쟁으로 상대의 운동을 더 즐겁게 해주는 것이 스포츠에서 할 수 있는 이웃 사랑이다. "경쟁이 협력과 축제와 존중심과 사랑까지 이끌어낼 수 있다"[17]라고 한 주디마의 신념에 많은 운동 선수는 공감할 것이다.

하지만 경쟁은 죄 때문에 왜곡되어 흉해질 수 있기에 우리는 건강하고 정상적인 경쟁이 어떤 것인지 반드시 알아야 한다. 경쟁자를 단순히 방해물로 여겨서는 안 되며, 역도에서 들어야 할 역기의 저항처럼 그저 이겨내야 할 저항으로 여겨서도 안 된다. 인간이 하나님의 형상대로 지음받았기 때문에, 우리는 치열한 경쟁 속에서도 늘 인간의 존엄성과 가치를 인정하며 상대방을 사랑과 존중으로 대해야 한다. 빈스 롬바르디(Vince Lombardi)는 "승리가 전부인 정도가 아니가 승리만 있을 뿐이다"["레드" 샌더스("Red" Sanders)의 말을 인용하여][18]라든가 "풋볼을 하려면 속에 불을 품어야 하는데 증오만큼 그 불을 지펴 주는 것은 없다"와 같은 악명 높은 말을 했는데, 이런 말들에 표현된 정서가 그리스도인이 인식하는 스포츠에는 들어설 자리가 없다.

스포츠와 운동 경기는 창조 세계의 일부이며, 우리에게 즐거움을 줄 수 있는 하나님의 선물이다. 몸의 건강이나 심리적 발산에 좋다든지, 일의 청량제가 된다든지, 성품과 자제력을 길러 준다든지, 전도의 통로가 된다든지 하는 그런 이유로 굳이 스포츠를 정당화할 필요는 없다. 그런 부대 효과는 가치가 있을 수도 있고 없을 수도 있으나 어쨌든 부수적인 것이다.[19] 스포츠와 운동 경기는 단순히 하나님이 그것을 선물로 주셔서 누리게 하셨다는 이유만으로 그 존재가 정당화된다. 에드워드 쇼네시(Edward Shaughnessy)의 말대로, "본질적으로 스포츠는 아무런 목적이 없으며 그냥 그 자체가 목적이다.⋯예술, 종교, 우정이 그러하듯, 스포츠도 여러 용도로 쓸 수 있지만 그것은 다 부수적이다."[20]

하나님의 창조 세계의 다른 면들과 스포츠 사이에는 유기적 연관성이 존재하기 때문에, 모든 운동에는 신체적, 정서적, 경제적, 사회적, 미적 요소가 공존한다. 한편으로 이것은 창조 세계의 다른 면들이 약해지면 운동도 그만큼 위축된다는 뜻이다. 바일은 사회적·심리적 조화가 스포츠에 꼭 필요한 조건이지만 그 밖의 다른 조건들도 많이 있다고 보았다.[21] 숫자를 세지 못한다든지 5분 이상 버틸 체력이 없다든지 감정을 표현할 능력이 없는 상황에서 경쟁이란 것이 가능한 일이겠는가? 경제적 형편상 누구나 밤낮없이 생계에 매달려야 하는 문화나 부정직이 성행하는 문화에서 과연 스포츠가 발전할 수 있겠는가? 좋은 스포츠는 문화의 다른 조건들이 균형을 이룰 때 피어나는 것이며, 거꾸로 우리 삶의 다른 요소들이 빈곤해지면 운동도 설 곳을 잃는다.

교향악단에서 어느 한 악기 소리가 너무 약하면 전체의 조화가 깨진다. 운동과 여가를 없애고 스포츠를 경시하면 문화 전체가 빈곤해진다. 하지만 교향악단의 또 다른 위험은 어느 한 악기 소리가 너무 커지는 것이며, 이 또한 조화를 망치기는 마찬가지다. 창조 세계의 어느 한 부분을 우상화하여 정도 이상의 의미를 부여하면 창조 세계의 조화가 깨진다. 우리 시대의 스포츠와 운동에 바로 그런 식의 우상숭배가 다반사로 나타난다. 찰스 프리비쉬(Charles Prebish)는 스포츠를 미국에서 가장 빠르게 성장하는 종교, 2위가 무엇이든 그것을 압도적으로 따돌리는 종교라고 보았다.[22] 이렇듯 스포츠, 운동 경기, 경쟁은 그것을 하나님이 창조하신 세상의 정당한 일부로 보고 창조 설계에 부합되게 쓰면 선한 것이지만, 쉽사리 본연의 자리를 잃고 우상으로 변하여 숭배의 대상이 될 수도 있다.

건전한 스포츠와 레크리에이션에도 창조 본연의 설계가 있는데, 그것을 분간하는 데 학문이 도움을 줄 수 있다. "운동을 학문적으로 연구하는 일은 정당하고도 중요하다. 그 일을 통해 우리는 레크리에이션 활동을 비판적으로 보는 통찰이 깊어지고 풍성해지고 넓어질 수 있다. 그것은 또한 여가 시간을 보내는 습관에 책임을 지게 해주며, 그리하여 삶의 이 부분을 바로잡고 개혁하는 데도 도움이 될 수 있다."[23] 사회학자들이 결혼이라는 창조 설계를 이해하는 데 기여할 수 있고 심리학자들이 감정의 역할을 이해하는 데 기여할 수 있듯이, 이 분야의 학자들은 하나님이 스포츠에 두신 본래의 뜻을 기독교 교계가 더 깊이 이해할 수 있도록 해주어야 한다. 물론 스포츠와 경쟁에 관한 하나님의 창조 설계를 이해하려면, 죄가 그것을 타락시키고 오염시킨 방식을 이해하는 게 중요하다. 하나님의 선한 창조 설계를 본래 그대로 구현해 주는 운동 경기란 없다. 하나님의 창조 설계를 탐구하려면 여러 모양으로 스포츠를 변질시켜 온 문화적 우상들에 민감해져야 하는데, 예를 들면 "무조건 이기고 보자"는 식의 의식 구조, 경제적 동기를 우상화하는 것, 운동을 최고선의 자리로 올리는 쾌락주의 같은 것들이다.[24]

타고난 천성이 다르다 보니 사람마다 하나님의 창조 세계 중에서 기쁨을 얻는 분야도 각기 다르다. 어떤 사람에게는 그것이 음악, 어떤 사람에게는 목공, 어떤 사람에게는 책일 수 있다. 하나님은 우리 삶의 모든 분야에서 마땅히 감사와 찬양을 받으셔야 하는데, 각자에게 특별히 즐거움을 주는 분야들이 우리에게 그 사실을 상기시켜 줄 수 있다. 얼마 전에 고든 스파이크만은 주교 회의에서 이런 말로 연설을 시작했다. "하나님 나라 외에는 아무것도 중요하지 않습니다." 그러고는 듣는 사람들의 마음속에 그 말의 진리가 새겨지도록 잠시 뜸을 두었다가 이렇게 말을 이었다. "하지만 하나님 나라 때문에 모든 것이 중요합니다." "하나님 나라"란 하나님이 그리스도 안에서 성령을 통해 능력으로 만물을 회복하시고 해방시키셔서 다시 그분의 통치 아래 살게 하시는 것이며, 그렇기 때문에 모든 것이 중요해진다. 스포츠, 운동 경기, 경쟁은 그리스도께서 그것을 창조하셨고 회복하시는 중이므로 중요하다. 장차 우리가 그리스도의 심판대 앞에 서면 금과 은과 보석만 하나님의 심판의 불을 견디고 영원히 남게 되는데(고전 3:12-15), 그때 금과 은 같은 운동 행위들도 영원히 남을 것이다. 스파이크만은 요한계시록 21:24-26을 언급하면서 "만국의 보화가 새 예루살렘에 들어갈 것이며, 그 보화들 중에는 …선하고 건전하고 건강한 여가 활동도 있다"[25]라고 바로 말했는데, 거기에 우리는 선하고 건전하고 건강한 스포츠도 덧붙이고 싶다.

창의력과 예술

그리스도인들은 때로 예술적 창의력 하면 오페라, 발레, 회화, 조각 같은 '정통 예술'만 생각하며,

또 그런 것들이 복음이나 전도와 무슨 관계가 있는지 궁금해 한다. 대개 이런 그리스도인들은 교회에 도움이 될 때만 창의력을 가치 있게 여긴다. 예를 들어, 메시지가 강력하고 누가 봐도 주제가 기독교적인 작업에 몰두한다든지, 교회 게시판을 꾸미는 데 도움이 된다든지, 촌극으로 교회 예배에 살을 붙여 준다든지 할 때만 말이다. 물론 정통 예술도 문화에서 중요한 자리를 차지하지만, 창의력을 정통 예술에 국한한다면 그것은 창의력을 시시하게 여기는 것이다. 창의력이 '신성한' 활동에 쓰일 때만 유효하다고 말한다면, 그것은 하나님을 영화롭게 하는 데 쓰라고 하나님이 주신 중요한 수단을 놓치는 것이다. 넓은 의미에서 창의력이란 집을 설계하고 꾸미는 방식, 식탁을 차리는 일, 옷차림과 장신구, 작업 공간을 배치하는 구도, 정원을 배열하는 방식, 좋아하는 자동차 스타일, 자신이 말하는 이야기들, 듣는 음악 등으로 표현된다.[26] 삶의 미적 차원이라고도 할 수 있는 창의력은 우리가 살고 있는 온 세상에 가득하다.

   그리스도인에게 있어서 창의력의 기원은 창조론에 있다. 한스 로크마커(Hans Rookmaker)는 「예술과 기독교」(*Art Needs No Justification*, IVP)라는 작은 책을 썼는데, 거기서 그는 예술이 어떤 "좋은"(전도용, 교회용, 하다못해 상업용) 목적으로 쓰일 때만 가치가 있다는 식으로 예술을 정당화할 필요가 없다고 주장한다.[27] 예술의 정당성은 하나님이 우리를 창조하신 방식에 이미 들어 있다. 창조 세계에 나타난 하나님의 솜씨는 비범하고 창의력이 넘쳐흐른다. 예를 들어, 단 두 개의 눈송이도 똑같은 게 없다는 사실을 생각해 보라. 눈송이의 숫자가 상상할 수 없을 정도로 많다는 것을 생각하면 정말 놀라운 일이다. 우리를 자신의 형상대로 지으실 때 하나님은 그 일부로 우리에게 자신의 창의력, 즉 "아름다운 것을 창조하고 그것을 즐거워할 수 있는 능력"도 어느 정도 주셨다.[28]

창의력은 선물이며 창세기 4:21-22 같은 말씀들은 그 진리를 확증해 준다. 거기 보면 유발이 수금과 통소를 연주하는 모든 사람의 조상이 되었고 두발가인이 구리와 쇠를 벼려 여러 가지 기구를 만들었다는 말이 나오는데, 그 말에 문화가 제대로 발전해 나갔다는 암시가 깔려 있다.[29] 시편은 놀라운 시집이며("인도자를 따라 부르는 노래, 특정한 곡조에 맞춘 노래"와 같은 흥미로운 표제가 붙어 있는 것도 많다), 시집 전체가 절정에 달하는 150편에 가면 가지각색의 악기와 춤으로 여호와를 찬양하라는 권고가 나온다.[30]

예술을 전도용이니 교회용이니 해서 굳이 정당화할 필요는 없지만, 그래도 하나님이 이 신기한 창조의 능력을 우리에게 왜 주셨는지를 묻는 것은 여전히 값지고 중요한 일이다.[31] 화가, 조각가, 작가, 영화 제작자 등(그밖에도 많다) 예술가들은 우리로 하여금 세상을 신선한 방식으로 보고 경험하게 해준다. 그 "신선한 방식"이 전혀 새로운 방식일 때도 있지만 반드시 그래야 하는 것은 아니다. 니콜라스 월터스토프는 예술 작품에 세상을 그대로 투사하는 능력이 있다면서 이렇게 말했다. "구상 예술을 관찰할 때마다 거듭 부딪히는 명백한 사실이 있다. 예술가가 투사하는 세상은 그냥 예술가 자신의 주관적 공상을 사로잡은 세상이 아니라 전체 사회가 중요하다고 믿고 실재라고 믿는 것들에 굉장히 충실한 세상이다."[32] 소설가 조셉 콘래드(Joseph Conrad)는 소설가의 숙제는 "기록된 언어의 힘으로 우리로 하여금 듣게 하고 느끼게 하고 무엇보다도 보게 하는 것"[33]이라고 했다. 리랜드 라이큰(Leland Ryken)은 "문학이 보여 주는 상상의 세계는 현실 세계를 고도로 압축해 놓은 것이며, 산만하고 복잡한 것들을 벗겨 내고 이미지와 인물과 줄거리만 제시한 세계다"[34]라고 말했다. 문학을 비롯한 예술은 대개 우리를 축소판의 세계로 데려가기에, 우리는 현실 세계 중에서도 어떤 특정한 면들에만 집중할 수 있다. "예술은 삶을 사진처럼 실사하려 하지 않는다. 예술은 삶의 재료를 재배열하여 삶의 본질을 보는 지각을 높여 준다. 예술이란 상상을 빌려서 삶에 적당히 거리를 띤 것이다."[35]

파라 포셋(Farrah Fawcett)이 강간당한 피해자로 나오는 영화 "방황의 끝"(Extremities)이 좋은 예다. 영화는 강간이 주는 극한 공포를 강간에 관한 통계 수치나 보도로는 어림도 없는 방식으로 관객들 앞에 불편하게 들이댄다. 비슷하게, 앨런 페이튼(Allan Paton)의 「울어라 사랑하는 조국이여」(Cry, The Beloved Country, 홍성사) 같은 고전 소설은 독자들에게 남아공의 인종차별 정책이라는 고통스런 현실을 재현하면서, 흑인 청년과 백인 청년의 이야기와 양쪽 가족들 사이의 상호작용을 통해 인종차별 정책이 얼마나 사람 사이에 공포를 자아내는지 보여 준다. "오프 더 블랙"(Off the Black) 같은 영화는 어머니가 떠나 버려 아버지와 함께 살아가는 십대 아이의 고통과 아울러 그 아이와 코치 사이에 피어나는 구속(救贖)의 관계를 느끼게 해준다. 좀더 오래된 영화 "보통 사람들"(Ordinary People)은 흔히 가정의 점잖은 가면 속에 숨어 있는 관계의 고통을 들춰내면서 성장과 관계의 회복이라는 희망을 제시한다.

예술은 또한 개인의 경험을 넓혀 주기도 한다. C. S. 루이스의 말대로, "우리는 자신의 존재가 확장되기를 갈구하며 자기 자신 이상이 되기를 원한다. 본래 모든 인간은 자기만의 시각과 입맛대로 온 세상을 하나의 관점으로만 보게 되어 있다.…그래서 우리는 자신의 눈으로만이 아니라 타인의 눈으로 보고 타인의 상상력으로 상상하고 타인의 마음으로 느끼기를 원한다.…내가 보는 한 이것이 문학의 특정한 가치 내지 효용이다.…문학은 우리를 나 자신의 것이 아닌 경험들 속에 들어가게 해준다."[36] 예술은 우리의 상상력을 자극하고 길러 준다. 과학 기술이 지배하는 세상은 이성적으로 분석하는 것을 매우 중시하기 때문에, 우리는 어린 시절에 있었던 상상력을 쉽게 잃는다. 하지만 비록 예술가가 아닐지라도 상상력은 우리의 존재에 없어서는 안 되는 부분이다. 알베르트 아인슈타인(Albert Einstein)은 자신이 광선을 타고 있는 모습을 상상하다가 상대성 이론을 개발했다.[37] 최근에 인간의 뇌를 분석력이 뛰어난 좌뇌와 상상력이 풍부한 우뇌로 구분하는 연구들이 많이 나왔다. 서구 문화(특히, 학문 세계)에서 좌뇌는 과잉으로 발육되는 경향이 있으나 분방하고 상상력이 풍부한 우뇌는 발육되다 말고 오그라든다. 예술을 접하고 창의력을 발휘하면 우리의 상상력이 자극을 받고 자아의 여러 다른 면이 조화를 이루게 된다. 이처럼 사업가도 과학자도 비록 예술가로 부름받지는 않았지만 훌륭한 사업과 과학의 활동에는 창의력과 상상력이 요구되며, 예술이 그것을 우리 안에 길러 줄 수 있다.

예술은 또 우리에게 놀이 의식을 북돋아 주는데, 이 또한 어른들이 흔히 유년기와 함께 버리는 것이다. 정신과의사 카를 융은 중년에 위기를 맞았을 때, 자신이 치유되려면 놀이로 돌아가야 함을 깨달았다. 인생의 위기를 지나는 동안 그는 날마다 모형 마을을 지었고, 이것이 그가 치유를 얻는 데 결정적 역할을 했다.[38] C. S. 루이스는 "우리의 여가와 놀이까지도 아주 중대한 일이며, 우주에 중립지대란 없다. 한 치의 공간, 1초의 시간까지도 하나님이 권리를 주장하시고 사탄은 그 주장에 맞선다.…건전한 레크리에이션을 선택하는 것은 중대한 일이다"[39]라고 역설했다.

물론 창의력과 예술은 결코 중립적이지 않다. 예술의 위력이 얼마나 강한지 알면 예술이 얼마나 심각하게 빗나갈 수 있는지도 알게 된다. 라이큰은 "예술가는 청중에게 자신의 비전을 공유하게 만들려 한다. 자신이 보는 대로 보고, 자신이 느끼는 대로 느끼며, 삶을 자기처럼 해석하게 만들려 한다"[40]라고 지적했다. 키스 맥킨(Keith McKean)은 "문학 속의 현실은 작가가 꼼꼼히 구상하여 통제하는 현실이며, 모든 요소 하나하나마다 작가 자신의 신념과 가치관이 배어 있다"[41]라고 했다. 예술가가 선택하는 주제와 소재는 늘 그 예술가의 세계관에서 비롯되며 늘 특정한 시각을 대변한다. 그러한 세계관과 시각을 우리는 사실대로 바로 알 필요가 있다.

악한 정부들이 상징물과 상상력을 동원해 자신들의 이미지를 퍼뜨리고 이데올로기를 선전한 데서 예술을 악용한 극단적 사례들을 볼 수 있다. 1930년대와 1940년대에 있었던 아돌프 히틀러(Adolf Hitler) 정권이 좋은 예다. 요제프 괴벨스(Joseph Goebbels)는 대대적인 선전 영화들을 제작했고, 나치는 수시로 군사력을 집결시켜서 치밀한 연출로 대중의 열광을 과시했다. 그러한 노력은 상상력 면에서는 더없이 생생하고 강했지만 그 목적은 상상을 초월할 정도로 악했다. 그보다는 덜 명백하지만, 창의력이 엉뚱한 방향으로 빗나간 예들은 우리 주변에도 얼마든지 많이 있다. 하나님이 선물로 주신 예술적 표현력을 기독교적 범퍼스티커나 성경 구절이 찍힌 연필과 심지어 박하사탕으로 격하시킬 때, 우리는 복음을 시시하게 만들고 그리스도를 욕되게 하는 것이다. 기독교 연극이 겨우 교회에서 전도할 때 쓰는 조잡한 공연으로 격하될 때, 우리는 은근히 복음이 작고 하찮은 존재라고 말하는 것이다. 기독교 영화를 휴거에 치중하여 신파조로 제작해서 관객들을 겁주어 회심시키려 할 때, 우리는 하나님이 창조 세계 속에 두신 창의력의 넓은 범위를 제대로 대변하지 못하는 것이다.

 역사적으로 교회는 예술과 창의력의 분야에서 위대한 전통을 지니고 있다. 성경 자체에만도 시, 비유, 비극과 희극의 내러티브, 전기, 환상 등 비범하게 아름다운 문학이 많이 들어 있다. 한때 교회는 장식된 채색 사본, 그림, 조각, 스테인드글라스, 시, 연극, 문학, 음악, 건축이 한데 어우러져 하나님의 영광을 선포하는 예술적 창의력의 본산이었다. 이것은 우리가 회복해야 할 풍부한 유산인데,

어떻게 하면 그것을 회복할 수 있을까?

첫째로, 삶의 모든 영역에서 창의력을 발휘할 수 있다는 사실을 인식해야 한다. 우리 모두 예술가로 부름받지는 않았지만 모두 창의적이 되도록 부름받았다. 자신의 집이나 아파트나 기숙사 방을 편안하고 건강에 좋은 삶의 공간으로 꾸미는 것, 정원에 자생종 식물을 많이 심어 새들도 깃들 만한 쾌적한 곳으로 가꾸는 것, 식탁을 특별한 행사에 맞추어 특별하게 차리는 것, 자녀에게 재치와 상상력을 살려 이야기를 해주는 것, 좋은 작품을 알아보는 안목을 기르는 것, 옷차림에 감각을 기르는 것, 자연의 아름다움을 감상할 줄 아는 것, 이 모두가 우리의 삶 속에서 예술적 창의력이라는 하나님의 선물을 계발해 나가는 작지만 중요한 방법들이다. 보다시피 기회를 찾으려면 얼마든지 많이 있다.

기독교가 가지고 있던 예술적 유산을 되찾는 둘째 방법은 우리 중 일부를 예술가로 부르시는 하나님의 부르심에 진지하게 임하는 것이다. 하나님이 예술을 구속(救贖)하시는 일에 기독교 교계 전체가 진정으로 헌신하여 동참한다면, 예술가의 소명을 그리스도인의 떳떳한 소명이자 전임 사역으로 인정해야 한다. 지금까지 교회는 예술에 소질과 재능을 받은 사람들이 마음껏 활약하기 힘든 곳일 때가 많았고, 비성경적인 이원론이 예술을 '열등한' 또는 덜 영적인 삶으로 밀어내던 시대들에 특히 그랬다. 하지만 이제는 바꿀 필요가 있다. 교회는 예술가들을 인정해 주고 그들이 하나님께 받은 직업 속에서 그리스도를 섬기도록 격려해 줄 책임이 있다. 교회에서 연례 회의를 할 때 교회의 각종 사역과 재정에 대해서만 보고하는 것이 아니라 예술가들(물론 다른 사람들도)의 전임 사역이 어땠는가에 대해서도 거론하게 될 그날을 우리는 사모한다.

우리 모두 예술가로 부름받지는 않았지만 모두 예술가들이 내놓는 선물을 받을 준비는 되어 있어야 한다. 예술가들의 창작 활동을 지원하거나 화랑을 찾아가거나 음악을 듣거나 작품을 구입해 줄 사람은 하나도 없는데, 무턱대고 그리스도인들에게 예술가가 되어 그리스도를 섬기라고 독려하는 것은 부질없는 짓이다. 모든 선한 예술에 관심을 갖고 지원해야 하지만(그 주체가 그리스도인이든 아니든), 그리스도인이 하는 예술 작업을 특히 전심으로 지원해야 함은 물론이다. 당신이나 당신의 교회나 회사는 그림이나 조각품을 의뢰할 수 있고, 지역의 기독교 시인이 실시하는 시 낭독회에 참석할 수 있고, 미술 공예의 축제를 개최할 수 있다. 당신은 미술사(美術史)나 예술 감상법 과목을 들을 수도 있고 화랑에 갈 수도 있다. 또한 스케치, 목공예, 종이 접기, 자동차 수리, 스테인드글라스 작업 등 무엇이든 시도하여 자신의 예술적인 면을 자극할 수 있다.

셋째로, 예술과 창의력에 대한 분별력을 길러야 한다. 인류의 타락은 창조 세계 전체에 영향을 미쳤으며 거기에는 예술도 포함된다. 예술도 하나님의 창조 세계에 있는 다른 어떤 분야 못지않게 얼마든지 방향이 빗나갈 수 있다. 포르노는 하나님의 선물인 예술이 어떻게 변질되어 죄의 도구로 쓰일 수 있는지를 보여 주는 확실한 예의 하나일 뿐이다. 포르노가 빗나갔다는 것은 누가 보아도 뻔한 사실이다. 마찬가지로 기독교 예술을 연필에 찍힌 성경 구절로 격하시키는 일이 비극이라는 것도 쉽게 알 수 있다. 그러나 예술과 창의력에서 선과 악과 그 사이의 모든 점진적 이행을 훨씬 분간하기 어려운 경우도 많이 있다.

예술의 미묘한 차이까지 비평하는 안목은 쉽게 얻어지는 게 아니다. 그러려면 성찰이 필요하고 예술에 대한 지식도 점점 쌓여야 한다. 하지만 삶을 참되고 경건하고 정결하고 사랑받을 만하고 칭찬받을 만하고 덕과 기림이 되는 것들로 채우려면(빌 4:8), 그것은 꼭 필요한 자원이다. 창의력이 이래저래 빗나가고 변질되어 그것을 당연히 거부해야 하는 경우도 있지만, 지식에 따른 세심한 성찰도 없이 교만하게 예술을 일축하는 일이 없도록 조심해야 한다. 그래야만 우리가 하나님이 창조 세계에 심어 두신 창의력이라는 놀라운 선물을 구속하는 일에 긍정적인 역할을 할 수 있다. 요한계시록의 결말을 이루는 새 예루살렘의 환상을 보면, "땅의 왕들이 자기 영광을 가지고 그리로 들어가리라"(21:24)라는 말이 나온다. 여기서 우리는 창의력으로 이루어낸 보화들이 새 창조의 한 부분이 되리라는 것을 엿볼 수 있다.

학문

조지 마스덴(George Marsden)은 「기독교적 학문 연구@현대 학문 세계」(*The Outrageous Idea of Christi-*

an Scholarship, IVP)[42]에, 대체로 그리스도인 학자들은 학계에 들어가는 대가로 종교적 신념을 사생활에 국한시키도록 교육받기 때문에 진정한 기독교적 학문은 보기 드물다고 지적했다. 대학원생들은 기독교 세계관을 현대의 인본주의 세계관에 맞추어야 하며, 그렇지 않으면 자신의 학문이 진지한 대접을 받지 못한다는 것을 안다. 마스덴은 진정한 기독교적 학문은 그러한 통념을 거부하고 복음이 학문을 형성하는 역할을 한다고 선포하기 때문에 "도발적"이라고 주장한다.

튼실한 기독교적 학문이 결핍된 현실은 두 가지 이유에서 비참하다. 첫째로, 이는 그리스도인들의 학문 활동이 (롬 12:2에 나오는 바울의 표현을 빌려) "이 세대를 본받고" 있다는 뜻이다. 바울에게 "이 세대"는 우상숭배로 인해 변질된 문화를 가리킨다. 그래서 그리스도인의 학문 활동을 형성하는 것이 복음이 아닌 정도만큼 그리스도인의 학문 활동은 우상을 숭배하는 불신과 타협한 것이고 또한 불충실한 것이다. 우리가 이것을 우려하는 둘째 이유는 현대의 세속 대학교와 그것이 퍼뜨리는 사상들이 엄청난 위력을 지니고 있기 때문이다. 찰스 말리크(Charles Malik)가 25년 전에 대학교의 위력에 대해 한 말은 지금도 사실이다.

> 서구의 대단한 기관인 이 대학교는 오늘날 다른 어느 기관보다 세상을 지배하고 있다. 교회보다 더하고, 정부보다 더하고, 다른 모든 기관보다도 더하다. 정부의 모든 지도자는 대학교 아니면 적어도 전문학교나 단과대

학을 졸업했으며, 그곳의 직원들과 교사들도 대학교를 졸업했다. 교회 지도자들도 마찬가지다.…의사, 기술자, 변호사 등 전문직들도 다 전문학교, 단과대학, 대학교 등의 과정을 거쳤다.…이렇듯 대학교는 직간접적으로 세상을 지배하고 있다. 대학교의 영향은 워낙 편만하고 전면적이라 무엇이든 대학교가 앓고 있는 문제는 곧 서구 문명의 전 분야에 광범위한 반향을 일으킬 수밖에 없다. 오늘날 서구 대학교의 사고와 정신 상태를 진찰하는 것보다 더 중대하고 시급한 일은 없다.[43]

알버트 월터스는 「사상에도 다리가 있다」(Ideas Have Legs)에서 학문에서 비롯되는 사상의 위력을 잘 보여 주었다. "사상에도 다리가 있다는 말은 사상이 그저 상아탑이 낳은 추상적 관념이 아니라 실재하는 영적 세력이라는 의미다. 그 세력은 어딘가로 움직이고 누군가의 군대에서 행진하여, 우리가 실제로 사는 일상생활에 폭넓은 영향을 미친다."[44] 월터스는 20세기의 영향력 있는 경제학자 존 메이너드 케인스(John Maynard Keynes)의 말을 인용한다. "경제학자들과 정치 철학자들의 사상들은 옳든 그르든 흔히 생각하는 것보다 위력이 세다. 사실, 세상을 지배하는 것은 그것들 외에 별로 없다. 자신만은 모든 사상의 영향력으로부터 예외라고 생각하는 실용파 인사들도 대개는 지난날에 활약했던 경제학자들의 노예다."[45]

월터스는 잘못된 구분들이 일상생활 속에 침투해 들어와 무의식 중에 사람들의 생각과 행동을 지배한다면서 그 예들을 들었다. 바로 객관적 사실과 주관적 가치의 구분, 이론과 실제의 구분 같은 것들이다. 이런 구분을 무의식중에 받아들이면, 무의식중에 우리는 잊힌 지 오래이면서도 아직 영향력이 건재한 일부 사상가들의 눈으로 세상을 해석하게 된다. 월터스는 "우상을 숭배하는 세계관 전체, 왜곡된 의식 구조와 인본주의적 사고방식 전체가 그렇게 얼핏 무해해 보이는 단어들과 문구들을 통해 잠재의식 중에 우리의 문명 속으로 퍼져나간다"[46]라고 결론짓는다. 브라이언 월쉬와 리처드 미들턴도 「그리스도인의 비전」에서 비슷한 작업을 하면서, 행동주의 이론과 신고전주의 이론이 각각 심리학과 경제학에 미친 악영향을 지적했다.[47] 창조 세계를 두고 벌어지는 영적 전투에서 사상은 중요한 무기다. 기독교적 학문은 모든 연령대의 그리스도인들이 삶 전반에서 하나님 나라를 충실하게 증언할 수 있도록 그들을 무장시켜 줄 수 있다. 반대로, 진정한 기독교적 학문이 부재하면 어쩔 수 없이 우리는 문화를 지배하는 세계관을 받아들이기 쉽다.

그리스도인 학자들과 기독교 고등교육 기관들은 자신들이 두 개의 유서 깊은 학문 전통과 맥이 닿아 있음을 인식해야 한다. 첫째는 고대 그리스로 거슬러 올라가는 서구의 학문 전통이고, 둘째는 교회 교부들로 거슬러 올라가는 교회가 고등교육에 참여해 온 전통이다. 기독교 학문 기관들은 신종 '기독교적 학문'을 무에서 창출하여 학계에 격리 구역을 만들려 해서는 안 된다. 오히려 그리스도인 학자들은 주변 문화와 그 문화에 있는 학문 전통에 비판적 참여자가 되어, 우리와 종교적 소신이 같지 않은 동료들과도 학문 활동을 꾀해야 한다. 학문 활동이라는 문화적 시류에 우리 자신이 하는 기여는 기독교 전통에서 흘러나오며, 그러려면 학문의 세계를 비추는 빛인 복음의 진리에 우리가 깊이 헌신되어 있어야 한다. 이렇듯 그리스도인 학자들은 서구의 학문 전통과 '친해져야' 하지만, 또한 자신이 그것과 '대립된다'는 사실도 잊어서는 안 된다. 성경 이야기가 말하는 세계관은 포괄적이라서 주변 문화가 지닌 관점들과 충돌하게 마련이고, 그러한 충돌이 그리스도인 학자들이 하는 작업을 형성하게 마련이다.

이러한 문화적 이중성은 우리가 다른 종교적 소신으로부터 형성된 학문을 상대하는 부분에서 두 가지 의미를 띤다. 한편으로, 하나님은 창조 세계에 신실하신 분이므로 우리는 비기독교적 학계에서도 하나님의 세상을 보는 참된 통찰을 많이 얻을 수 있다. 다른 한편으로, 서구 학문의 밑바닥에 깔린 우상숭배는 그 통찰을 변질시킨다. 그리스도인 학자의 과제는 어떤 출처에서든 세상에 대한 참된 통찰을 수용하고 기뻐하되 또한 그것을 변질시켜 온 우상숭배를 밝혀내는 것이다.

기독교적 학문이 그러한 과제에 임할 때, 작업의 기초를 성경에 두는 방식에 특히 주의하여 성경주의와 이원론이라는 쉬운 답을 둘 다 배격해야 한다. 성경주의자는 성경에 본래 답이 없는 물음들까지 성경으로 답하려 한다. 그래서 성경은 다양한 학문 분야가 현시대에 안고 있는 물음들에 직답을 주는 참고서 내지 정답지가 된다. 이는 성경의 목적이 근본적으로 구원에 있음(딤후 3:15-16)도 인식하지 못하고, 성경과 우리 시대의 문화적 차이도 인식하지 못하는 접근이다. 성경주의는 성경 본문과 현시대의 학문을 기만적으로 간단히 직결시킨다. 성경을 사용함에 있어서 두 번째로 문제가 되는 방식은 성경을 학문과 완전히 분리시키는 일종의 이원론이다. 이러한 이원론적 관점에서 보면, 성경의 목적은 '영적인 문제들'만 다루는 것이므로 성경의 권위는 신학이나 종교에만 적용되고 그 이상에는 적용되지 않는다. 그래서 더 폭넓은 학문 영역들은 성경의 소관 밖이 된다. 이러한 관점은 구속의 범위가 전 우주적이라는 성경 자체의 주장을 명백히 부정하며, 결국 충실한 기독교적 학문의 가능성을 부인한다. 그리스도인 학자가 정립하는 이론에 성경적 세계관이 중심이 되지 않는다면, 틀림없이 우상을 숭배하는 문화의 이야기가 그 공백을 메울 것이다.

대신 우리는 성경이 학문에 제 역할을 다할 수 있는 세 가지 긍정적이고 정당한 방식에 주목한다. 이러한 접근들은 성경의 고유한 특성은 물론이고 성경의 세계와 현대 세계의 문화적 차이까지도 진지하게 받아들인다. 첫째로, 성경의 참된 이야기에는 인생의 의미와 학문 활동을 수행하는 소명이 제시되어 있다. 둘째로, 성경 이야기를 세계관의 관점에서 정리한 창조, 타락, 구속이라는 세 가지 범주를 그것이 학문 활동에 주는 의미와 연관 지어 상술할 수 있다. 예를 들어, 창조 질서라는 개념을 정립해 두면 자연과학의 자연주의와 사회과학의 상대주의에 맞서는 데 도움이 될 수 있다. 우상숭배라는 개념을 열어 두면 창조 세계의 한쪽 측면에만 설명을 국한시키는 이론들을 짚어내는 데 도움이 될 수 있다.

성경이 우리의 학문에 제 역할을 다할 수 있는 셋째 방식은, 학자들에게 길잡이가 되어 줄 다양한 주제와 기준이 성경에 계시되어 있다는 점이다. 시드니 그레이다누스(Sidney Greidanus)가 몇 가지 실제적인 예를 보여 준다.

> 정치학에서는 하나님의 주권, 하나님이 정부에 주신 권위, 정부가 (성경적 기준의) 정의와 자유와 평화를 추구해야 한다는 과제, 시민들에게 요구되는 순종 같은 성경적 주제들이 길잡이가 될 것이다. 사회학에서는 결혼, 가정, 기타 사회 제도에 대한 성경적 기준에 유념할 것이다. 심리학에서는 인간을 조건화가 가능한 동물이나 프로그램화가 가능한 기계가 아니라 특별한 가치를 지닌 피조물로 볼 텐데, 이는 인간만이 하나님의 형상대로 지음 받았기 때문이다.…경제학에서는 정의, 청지기, 소유권, 일, 놀이 같은 성경적 개념들에 유념할 것이다.[48]

서구 문화의 학문의 전통에서 온 통찰들은 인정하면서도 그 통찰들을 거느리는 이데올로기적 정황은 비판하는 것이 충실한 기독교적 학문의 특징이다. 모든 학문 활동은 창조 질서를 설명하는 것이며, 하나님은 그 질서를 붙들고 계시고 인간의 내면에 있는 하나님의 형상을 붙들고 계신다. 그렇기 때문에 학문은 늘 하나님의 세상을 보는 통찰을 주게 마련이다. 그러나 인간의 죄와 우상숭배가 모든 문화적 활동에 영향을 주기 때문에 하나님의 창조 질서를 보는 학문적 통찰도 늘 어느 정도 왜곡되게 마련이다. 그리스도인 학자들은 이론들을 우상숭배라는 토양에서 뽑아내서 더 풍성한 열매를 맺을 수 있는 복음의 토양에 이식하려 해야 한다. 창조 본연의 구조와 그것을 보는 통찰을 모든 이론-자신들의 이론들까지도 포함하여-이 우상숭배로 흐르는 방향과 구별하려 해야 한다. 기도하는 자세로 겸손하고 충실하게 일해야 하며, 그리하여 이론을 세우는 방향을 성경적 세계관에 맞게 고쳐야 한다.[49]

예를 들어, 심리학의 행동주의 이론은 인간의 풍부하고 복잡한 기능을 설명하지 못하는 자연주의적 환원주의를 조장한다. 그리스도인 심리학자는 행동주의자들의 작업에서 인간의 행동을 보는 풍부한 통찰을 많이 얻겠지만, 자신이 연구할 때는 인간의 책임을 축소시키는 결정론적 세계관으로부터 그러한 통찰들을 뽑아내야 한다. 마르크스주의는 경제라는 요인을 인간의 역사와 삶을 설명하는 결정적 요인으로 보고 거기에 집착한다. 그리스도인 경제학자에게 그것은 인간의 문화와 사회를 보는 많은 통찰을 열어 줄 수 있지만, 성경은 인간의 역사와 행동 속에 가장 깊이 흐르는 역동이 경제적 요인이 아니라고 명백히 가르친다. 오히려 맨 밑바닥에 기초가 되는 것은 종교적 소신이다. 뿐만 아니라 성경 이야기에 있듯이, 창조 세계는 풍요롭고 다채롭기에 경제적, 미적, 정치적, 윤리적 요인 등 많은 요인이 맞물려 인간의 역사를 빚어낸다. 이렇듯 마르크스주의의 분석이 그리스도인 경제학자가 하는 작업에 상당히 기여할 수는 있으나 성경적 세계관은 이데올로기적 마르크스주의의 왜곡된 부분들을 바로잡는다. 그리스도인 학자는 악한 가부장제가 인간의 역사와 사회를 형성해 온 방식을 간파하는 페미니즘의 통찰에서 유익을 얻을 수 있으나, 무조건 성(性)만이 인간의 정말 중요한 속성이라는 사상은 받아들이지 않는다. 낭만주의 문학을 연구하는 그리스도인 문학가는 낭만주의 전통이 상상력의 작용에 대해 밝혀 준 내용은 마땅히 존중하지만, 낭만주의가 상상력을 최고 권위의 자리로 끌어올리는 우상숭배에는 저항해야 한다. 전 세계를 지배하는 자유 시장이라는 강력한 이데올로기를 연구하는 그리스도인 경제학자는 경제 생활이 어떻게 돌아가야 하는가에 대한 통찰은 얻겠지만, 불의한 구조들이 국제적으로 시장을 형성해 온 데 대해서는 분명히 반대의 목소리를 낼 사명이 있다.[50]

인생의 다른 모든 면이 그렇듯 학문도 하나님의 나라와 어둠의 나라 사이의 전쟁터에 있다. 양쪽 세력 모두 각자의 목적을 위해 학문을 형성하고 지배하려고 다툰다. 학문은 그리스도인이 문화에 참여하는 중요한 장이다.

교육

두 문화의 교차로에서 충실하게 살아가려면 두 세계관 사이의 긴장을 피할 수 없는데, 우리가 싸워야 할 그 싸움을 교육계에서도 다반사로 볼 수 있다. 레슬리 뉴비긴은 그러한 긴장을 "세속적 세상을 사는 사도적 딜레마"라고 표현했다. 그리스도인은 어떻게 자신의 정체인 사도적 신분에 충실하여 복음의 참 이야기를 증거하면서도 전혀 다른 이야기가 빚어낸 문화의 공적인 삶에 참여할 수 있을까?[51] 뉴비긴에 따르면, 그리스도인이 공립학교 제도에 참여하려 하면 인생의 목적과 목표에 대해 근본적으로 다른 두 가지 관점 사이에서 고민해야 한다. 국가는 소기의 목적을 위해 교육을 의무화하며, 그 목적에 부합하는 한에서만 기독교적 교육을 지원할 의사가 있다. 반면, 복음이 제시하는 인생의 목적과 목표는 그것과 전혀 다르다. 목표가 서로 다르기 때문에 교육의 취지를 보는 관점도 완전히 다르다. 국가의 입장에서 보면, 복음이 아이들을 양육하는 방식은 국민의 단합에 위협이 될 수도 있다. 그러나 그리스도인의 입장에서 보면, 국가가 주입하려는 세계관은 성경적 세계관과 완전히 다를 뿐만 아니라 아예 성경적 세계관을 대적할 때도 많다. 어떻게 그리스도인은 문화를 발전시키는 일에 동참하면서도 복음에 충실할 수 있을까?

현시대의 공교육을 형성한 것은 다분히 계몽주의 세계관이다. 이 세계관이 교육에 미치는 의미가 콩도르세의 「인간 정신의 진보에 관한 역사적 개요」에 잘 설명되어 있다. 콩도르세는 교육이 계몽주의 관점을 실행에 옮기는 주된 도구가 되어야 한다고 생각했다. 계몽주의 사상에 따르면, 교회의 지배를 벗어난 의무 공교육만이 모두에게 균등한 기회를 가져다줄 수 있다. 무지는 진보의 적으로 간주되었기에 교육은 인본주의적 인생관을 길러 주어야 했다. 그러려면 보편적인 과학 지식을 하나로 통합하여 다음 세대에 전수해야 했고, 자유와 정의와 진리와 물질적 부가 실현된 더 합리적인 사회를 건설하도록 사람들을 무장시켜야 했다.

계몽주의 관점이 서구 정부들의 교육 정책을 온전히 형성하기까지는 200년도 더 걸렸다. 서구 교육 철학의 태반을 떠받치고 있는 세계관이 심각한 도전에 부딪힌 것은 비교적 최근의 일이었다. 이러한 패러다임의 전환은 브라이언 월쉬의 말대로 특히 교육에 심각한 영향을 미칠 수 있다.

서구의 진보 이야기가 교육에 미치는 영향을 생각해 보라. 역시 어셔(Usher)와 에드워즈(Edwards)가 도움이 된다. "역사적으로 교육은 모더니즘의 '큰 내러티브들'을 실증하고 실현하는 방편이라 볼 수 있다. 모더니즘의 큰 내러티브들이란 계몽주의가 내세운 이상들로, 예를 들어 비판적 이성, 개인의 자유, 진보와 긍정적 변화 등이다." 문명이 진보한다는 이 이야기를 빼 보라. 현대의 대중 교육은 근본적인 존재 이유를 잃고 말 것이다.[52]

사회는 "과학과 기술을 통해 진보한다"는 이야기를 더 이상 사실로 믿지 않는다. 그런데 200년이 넘도록 교육을 지배해 온 것이 그 이야기라면, 이제 사회는 잃어버린 목표를 어떤 새로운 목표로 대신할 것인가? 계몽주의 관점에 따르면, 교육의 목적은 만인 보편의 지식을 하나로 통합하여 전수하는 것이었다. 그런데 사회가 이제 그렇게 전수할 지식 자체가 없는 게 아닌가 하고 의심한다면, 사회는 무엇을 교육의 새로운 목표로 선택할 것인가?

경제주의와 소비주의는 모더니즘 후기와 포스트모던 세계에 워낙 확실한 영향을 끼쳤기 때문에 닐 포스트만(Neil Postman)이 경제 효용, 소비주의, 과학 기술, 다문화주의를 서구 사회의 "신들"이라고 말하는 것도 무리는 아니다.[53] 이러한 세상에서 교육의 목적이란 그저 학생들이 세계 시장이라는 정글 속에서 경쟁하여 살아남을 수 있도록 유용한 정보와 시장성 있는 기술들을 전수해 주는 것뿐이다. 이러한 관점대로라면, 학생들은 인구의 성장, 재화의 감소, 각박하고 경쟁이 치열한 시장 때문에 동료 경쟁자들보다 뭔가 한 발 앞서야 하며, 그들에게 이 소비주의 세상을 살아가고 기여하는 데 필요한 것들을 줄 수 있는 것이 교육이다. "문제는 교육이 큰 이야기에 뿌리를 두고 있느냐 하는 여부가 아니라 어떤 큰 이야기에 뿌리를 둘 것이냐 하는 것이다. 자본주의의 진보 이야기가 가장자리부터 닳아지기 시작했다면 지금이야말로 기독교 교육이 다른 이야기를 내놓을 수 있는 전도의 호기일 것이다. 다른 이야기란 인간이 경제적 진보를 통해 스스로를 구원할 수 있다던 이야기 대신에 장차 하나님 나라가 임하여 구속을 완성한다는 이야기다."[54] 현대의 인본주의 이야기가 형성해 온 교육 제도에 어떻게 복음을 접목할 것인가? 어떻게 교육에 성경의 인생관을 불어넣을 수 있을 것인가?

여기서 문화에 대해 비판적 참여자가 되는 것이 우리의 사명임을 상기할 필요가 있는데, 거기에는 교육 문화도 포함된다. 즉, 우리는 문화에 가담하는(참여자들로서) 동시에 문화에 초연해야 한다(현대 서구 문화의 밑바닥에 깔린 전제들에 비판적 거리를 유지하는 사람들로서).

먼저 참여자의 역할부터 생각해 보자. 그동안 어떤 그리스도인들은 따로 기독교 학교를 세우거나 가정에서 교육하는 쪽을 선택함으로써(우리가 전심으로 지지하는 방안들이다) 교육이라는 공적인 문화에 직접 참여하지 않고 손을 뗐다. 이러한 노선이 안고 있는 위험은 그것이 우리를 이웃과 격리시킬 수 있고, 우리가 문화를 발전시켜 나가야 할 참여자임을 망각하게 할 수 있다는 것이다. 한 세대에서 다음 세대로 통찰을 전수하여 자녀들을 이 세상에서 살아가도록 준비시키는 일은 우리가 비그리스도인 이웃들과 함께 해 나가야 할 공동의 과제다. 스튜어트 파울러(Stuart Fowler)는 자녀를 어떤 방법으로 교육하기로 선택하느냐와 상관없이 주변 문화에 참여할 책임이 우리에게 있다고 말한다.

우리는 세상에 폐쇄된 기독교 단체들을 세우도록 부름받은 것이 아니라 소금이 되어 세상 속에 침투하도록 부름받았다. 예수님은 모든 세대의 제자들을 가리켜 아버지께 "아버지께서 나를 세상에 보내신 것 같이 나도 그들을 세상에 보내었고"(요 17:18)라고 말씀하셨거니와, 기독교 단체들은 그 말씀대로 이 세상에 침투할 것을 독려할 때만 '기독교'라는 이름을 달 자격이 있다. 그리스도 안에 있는 우리의 세계를 세상에 밝히 보여 주는 것이라면 기독교 학교와 기독교 대학을 유지하는 것은 타당한 일이다. 그러나 폐쇄된 기독교 교육망 안에서 우리끼리 지낸다면 기독교 학교와 기독교 대학은 타당성을 잃는다. 진정한 기독교 단체가 되려면 주변 세상에 있는 다른 교육 단체들에 마음을 열어야 한다. 그리스도인의 진실성이란 세상과 손을 끊음으로써 지키는 것이 아니다. 오히려 그러한 고립은 우리의 소명을 부인하고 우리의 증언을 거짓되게 한다.[55]

우리는 문화에 대해서도 비판적 참여자가 되어야 한다. 교육 분야에서 참으로 진실한 증언을 하려면 우리의 교육관의 기초가 주변 문화의 세계관과 철저히 다른 세계관에 있음을 확인해야 한다. 우리의 세계관에서 비롯되는 신앙적 소신은 근본적으로 다르다. 우리의 과제는 그동안 우리 문화 속에서 발전해 온 교육 전통과 씨름하면서, 그 상황 속에 복음을 (또한 복음이 교육에 미치는 의미를) 충실히 옮기려 애쓰는 것이다. 우리는 서구의 세속적 교육 전통에서 나온 정당한 통찰들을 가져다가 복음의 토양에 이식하려 해야 한다.

분명히 이는 몇 시간 만에 될 일이 아니라 오랜 세월을 요하는 일이다. 또한 어느 한 사람이나 한 가정의 자원만으로 되지 않는 공동의 과제이며 여러 문화와 세대에 걸쳐서 될 일이라는 것도 아주 분명하다. 그래서 충실한 기독교 교육이라는 목표를 이루어 나가는 일에 우리 각자는 작은 역할밖에 하지 못할 수 있다. 여러 세대에 걸쳐 신실한 그리스도인들이 이미 지나간 그 길을 따라 우리가 천천히 진보하는 것을 볼 때가 많을 것이다. 그럼에도 불구하고 우리는 신실하도록 부름받았으며, 작은 진보도 아예 없는 것보다는 훨씬 낫다. 그렇다면 우리는 어떻게 진보해 나갈 것인가?

복음을 교육에 접목하는 방법을 가장 집중적으로 고찰하는 작업은 기독교 학교 운동에서 이루어졌다. 공교육 제도 안에서 활동하는 사람들이나 홈스쿨링 분야에 있는 사람들에게서는 이에 견줄 만한 문헌이 아직 나오지 않았다. 기독교 학교 운동은 기독교 세계관을 가지고 있다는 유리한 입장을 살려서, 교육 이론을 정립하는 일에 그동안 진보를 이루었다. 교수와 학습에 대한 기독교적(또는 성경적) 관점, 그리스도 중심의 커리큘럼 편성, 기독교 세계관과 인생관의 함양 같은 주제들로 이미 풍부한 문헌이 나와 있다. 이렇게 방향성을 제시하는 연구에서 얻어진 통찰들이 그동안 교육 목적, 교수법, 커리큘럼, 리더십, 기관의 조직 같은 문제들에 접목되었다.[56] 전문 기독교 교육자들의 관점에서 이루어진 이러한 고찰들은 기독교 학교든 공교육 제도든 홈스쿨링이든 상관없이 교육에 참여하고 있거나 참여하려는 모든 그리스도인에게 많은 것을 가르쳐 준다.

존 헐(John Hull)이 쓴 "목표는 기독교 교육인데 그리스도인들이 하는 교육에 머물다"라는 기사는, 그 제목에 중심 이슈가 선명히 드러나 있다.[57] 기독교 교육은 공교육 제도와 구별되는 대안이며, 공교육을 형성해 온 문화적 우상숭배(특히, 인본주의 세계관)를 거부하는 대안이다(마땅히 그래야 한다). 기독교 교육은 독특하고 포괄적인 철학에 기초를 두어야 하며, 그러한 철학이 교육의 취지, 목표, 커리큘럼, 교수법, 평가, 리더십 등 교육 전체를 바꾸어 놓게 된다. 그런데 헐은 우리가 흔히 진정한 기독교 교육 대신에 그리스도인들이 하는 교육에 머문다고 경고한다. 즉, 공립학교의 교육을 거의 그대로 수용하여 타협해 놓고는 거기에 진실한 도덕성이라든가 경건한 신앙심 같은 이슈들만 덧붙여 좀더 신경을 쓴다는 것이다. 창세기 1장과 지구의 기원 문제 같은 특정한 주제들에 대한 성경적 관점도 그러한 이슈에 해당될 수 있다. 하지만 이러한 접근은 인본주의적 교육을 현상 유지하는 차원에서 거의 벗어나지 못한다. 그래서 휠은 진정으로 기독교 세계관에서 형성된 교육과 (비록 선의의 헌신된 그리스도인들이 수행할지라도) 인본주의라는 지배적 패러다임의 큰 영향에서 벗어나지 못하는 교육을 유익하게 구분한다.

잭 미첼슨(Jack Mechielsen)도 「금상첨화란 없다」(*No Icing on the Cake*)에서 아주 분명하게 구분한다. "복음을 교육에 접목하는 일은 단순히 기존의 세속적 교육이라는 비단 위에 종교라는 꽃을 수놓는 문제가 아니다. 그리스도의 이름을 고백하는 사람들은 하나님의 말씀에 기초한 교수와 학습을 개발하도록 부름받았다. 그리스도의 구속이 창조 세계 전체에 이른다는 점을 인식할 테니, 그리스도인들은 교육에 참신하고 새로운 접근들 즉 전혀 새로운 비단을 짜낼 것이다!"[58] 금상첨화 식으로 접근하거나 "그리스도인들이 하는 교육"으로 타협하는 데는 문제점이 있다. 계몽주의는 교육이 종교적으로 중립적이기 때문에 종교와 분리될 수 있다는 잘못된 전제를 가지고 있는데, 위와 같은 접근들은 그러한 잘못된 전제를 암묵적으로 수용하는 것이다.[59]

기독교 교육을 실속 있게 논하려면 교육 자체의 궁극적 취지 내지 목표가 무엇인가 하는 문제를 빼놓을 수 없다. 포스트만은 「교육의 종말」(*The End of Education*, 문예출판사)에서 바로 이 주제가 20

세기 말과 21세기 초에 공교육에 닥친 위기의 핵심이라고 지적했다. 우리는 무엇을 위하여 교육하는가? 포스트만의 책 제목에 담긴 언어유희는 거기서 나온 것이다. 즉, 교육의 취지 내지 목표(end)에 더 이상 합의하지 못한다면 이미 교육의 종말(end)에 이르렀으리라는 것이다. 그는 우리가 교수법과 교육의 조직과 과정과 정치에 대해서는 말들이 많으면서 교육 자체의 이유-교육의 목표-는 거의 생각하지 않는다고 지적한다. 하지만 그는 교육이란 모종의 신을 섬기지 않고는 이루어질 수 없다고 역설한다. 즉, 교육이란 "세상이 어떤 곳이고, 어쩌다 지금처럼 되었으며, 미래는 어찌될 것인가에 대한 포괄적인 내러티브" 안에 자리할 수밖에 없다는 것이다. "내러티브가 없으면 삶은 의미가 없[기 때문이]다. 의미가 없으면 학습의 목적도 없고, 목적이 없으면 학교는 주의(attention)의 집이 아니라 구금(detention)의 집이 된다."[60] 교육의 목표와 취지를 의식적으로 고찰하지 않으면 저절로 다른 목적들을 받아들이게 되는데, 그 목적들은 곧 문화가 위기 속에서 만들어 온 "신들"이다.

교육의 목적에 관한 모더니즘과 포스트모더니즘 사상은 자녀들을 교육하는 이유를 깨닫는 통찰을 열어 주었다. 대부분의 공교육 교육자들은 교육이 학생들을 사회에서 긍정적이고 생산적인 역할을 하도록 준비시켜야 한다고 보는데, 우리도 거기에 동의할 수 있다. 더 나은 사회를 건설하는 일은 정녕 그리스도인들이 에너지를 쏟을 만한 가치가 있는 목표다. "더 나은 사회"가 어떤 사회인지에 대해서는 당연히 생각이 다르겠지만, 선량한 시민들을 길러내기 위해 통찰들을 전수하는 일을 교육의 목표로 삼는 것은 그리스도인들도 인정할 수 있다. 최근 들어서는 자녀들에게 자립하고 가족을 부양하는 데 필요한 지식과 기술을 길러 주는 것이 교육의 목표로 대두되는데, 대부분의 그리스도인은 이 목표도 인정할 것이다. 생활비를 벌고 자신에게 필요한 것들을 조달하는 것은 그리스도인들이 비그리스도인인 이웃들과 공유할 수 있는 정당한 목표다.

그럼에도 불구하고 우리는 현재의 많은 교육 이론과 실제에 들어 있는 우상숭배를 식별하고 배격해야 한다. 과학주의는 과학이 우리에게 더 나은 사회를 가져다준다고 믿지만, 그것은 우상일 뿐만 아니라 그 우상이 약속을 지키지 못하고 실패한 것이 이미 명백해졌다. 마찬가지로 우리는 소비주의도 거부해야 한다. 소비자 놀음이나 하라고 자녀들을 교육하는 것은 이스라엘이 약속의 땅에서 가나안의 우상숭배에 굴복한 것과 같다.

교육의 목표와 취지를 참으로 성경적으로 정립하려 할 때, 지난 수십 년 동안 그리스도인 교육자들이 내놓은 많은 유익한 제안을 고려할 수 있다. 예를 들어, 순종하는 제자도를 위한 교육,[61] 자유를 위한 교육,[62] 책임감 있는 행동을 위한 교육,[63] 샬롬을 위한 교육,[64] 헌신을 위한 교육[65] 등이다. 교육의 성경적 기초를 확실히 다지려는 또 다른 입장에서 보면, 교육의 목적은 증언에 있다고 할 수 있다. 하나님의 백성인 우리는 장차 임할 하나님의 통치를 삶 전반에서 증언하도록 부름받았다. 그렇다면 교육의 목적은 삶 전반에서 복음을 충실히 증언하도록 학생들을 준비시키는 데 있다.

본래 증언이라는 말에서 중요하게 강조되는 것 하나는 그리스도인들이 문화 속에서 대립적인 자세를 취해야 한다는 것이다. 본의 아니게 기독교 교육은 학생들을 기존 문화에 도전하도록 훈련하는 것이 아니라 그 문화에 순응하고 맞추도록 훈련할 때가 너무 많다. 기독교 교육 기관들의 목표도 그저 기관을 설립하여 세간의 기준들에 따라 공인을 받는 것일 때가 너무 많다. 세간의 기준들이 우리가 지지할 수 없는 세계관에서 비롯된 것일 때조차도 말이다. 무엇이 우수한 교육인가에 대한 우리의 사고는 때로 세속적 세계관의 기준들을 그대로 따라간다. 그런데 증언은 삶의 모든 영역에서 우리 신앙의 근본 전제들이 비그리스도인 이웃들의 전제와 당연히 충돌할 것을 상기시켜 주며, 이것은 교육 분야에서도 예외가 아니다. 증언은 선교적 대면을 요구하며 인간의 경험만큼이나 그 폭이 넓기에, 우리는 교육을 포함한 모든 공적인 분야에서 그리스도를 증언한다. 진정한 기독교 교육은 증언을 위한 것이다.

우리는 또 기독교 교육 자체를 증언으로 보아야 한다. 이러한 관점은 특히 홈스쿨링을 하는 사람들과 기독교 학교들을 당면한 위험으로부터 지키기 위한 것이다. 위험하게도 우리는 교육이라는 등불을 말 아래에 감추어 두기 쉽다. 우리가 누구며 누구에게 속한 사람들인지를 밝히기보다는 그냥 공립학교들에 안전 거리를 두고 격리 구역으로 숨어드는 편이 훨씬 안전하고 편하다. 세간을 지배하는 교육 관행들에 감히 이의를 제기하는 사람들은 적대적인 감시를 당하고, 기금이나 공인을 박탈당하고, 사회적인 소외를 자초

할 수 있다. 또한 해답이 보이지 않는 난감한 문제들에 봉착할 수도 있다. 그러나 우리가 교육하는 방식은 그 자체로 증언이 되어야 한다. 다시 말해서, 우리는 단지 증언을 위해 학생들을 준비시키는 것만이 아니라 복음에 충실하게 교육하는 그 자체로 교육계에서 증인의 역할을 다해야 한다. 교육이 길을 잃어 가는 어두운 세상에서 예수 그리스도의 빛을 비추어야 한다.

우리의 심중과 담론에 증언이 교육 목표로 확실히 새겨져 있으면 커리큘럼, 교수법, 리더십, 기타 모든 면의 교육 실무에 관해 우리가 내리는 결정들은 그 목표가 이끌어갈 것이다. 정부에서 규정한 커리큘럼을 놓고 고민할 때도 우리는 학생들을 증언하는 삶에 준비시키기 위해 꼭 가르쳐야 할 내용들을 함께 생각할 것이다. 세간에 시행되는 교육의 조직들, 교수법의 관례들, 평가 절차들을 응용할 때도 우리는 예수 그리스도 중심의 학교에서 그 작업을 가장 잘 해낼 수 있는 방법들을 모색할 것이다. 각 경우마다 우리는 교육이라는 문화의 영역 속에 들어가 기존의 문화적 전통에 참여하면서도 성경에 나오는 포괄적 이야기에 충실하고자 힘써야 한다. 우리와 함께 교육에 몸담고 있되 우리와 다른 신앙적 소신을 가지고 활동하는 이웃들로부터도 우리는 많은 것을 배울 수 있다. 우리는 복음, 기독교 세계관, 기독교 교육 철학 안에서 비판적으로 활동하면서도 우상을 숭배하는 주변 문화의 기초들과 그 기초들이 공교육의 형태를 지금처럼 좌우해 온 방식을 분별해야 한다.

계몽주의 관점을 실행에 옮기는 주된 기관이 공교육 제도인데,

그 공교육 제도를 어떻게 대하는 것이 가장 좋은가에 대해서는 그리스도인들 사이에서도 의견이 분분하다. 계몽주의 세계관은 복음과 양립할 수 없는 인생관과 교육관인데 그 세계관이 공교육 제도를 철두철미 형성해 왔기 때문에 당연히 이런 질문이 나온다. "우리는 공립학교와 갈라서야 하는가? 그렇다면 어떻게 그리해야 하는가?" 그리스도인 교육자들과 학습자들 중 일부는 계속 공교육 제도 안에 남아서 소명을 다하는 쪽으로 반응했는데, 그 가운데 일부(어쩌면 다수)는 종교를 사적인 문제로 치부하는 계몽주의의 이야기에 순응했고 그리하여 종교적 중립성이라는 신화를 존속시켜 왔다. 어떤 사람들은 좁은 의미의 전도를 내세워 그러한 순응을 정당화하기도 한다. 즉, 동료 학생들과 교육 종사자들에게 복음을 전할 기회가 주어진다는 것이다. 이러한 접근이 안고 있는 위험은, 비록 공교육 제도에 선하고 옳은 요소도 많지만 그 제도를 송두리째 형성해 온 것이 인본주의의 다양한 우상이라는 사실을 경시한다는 점이다. 하지만 이러한 위험을 아주 잘 알면서도 공교육 제도 안에 남아서 복음에 충실하고자 혼신을 다해 온 그리스도인들이 많이 있다. 이들은 그것을 전도하기 좋은 시점을 포착할 수 있는 가장 좋은 길로 본다. 반면에, 공립학교에 불가항력적으로 흐르는 인본주의적 전통이 내부에서 저항하기에는 너무 막강하다고 판단한 그리스도인들도 있다. 그들은 손을 떼고 따로 기독교 학교들을 세우거나 여러 모양의 홈스쿨링을 통해 직접 교육을 맡아 왔다. 그러나 공립학교에서든 따로 세운 기독교 학교에서든 홈스쿨링에서든, 신자들의 공동체가 풀어야 할 과제는 복음을 교육에 접목하는 것이다.

우리는 지금까지 말한 세 가지 접근에 각각 분명한 유익이 있다고 믿는다. 그런가하면 각 접근마다 위험도 따른다. 그래서 이들 세 그룹에 따로 몇 가지 질문을 던지면서 이번 단락을 마무리하고자 한다. 이 질문들은 그들이 어느 길을 택했든 계속 거기서 충실한 증인으로 살아가도록 돕기 위한 것이다.

먼저 홈스쿨링 진영에 묻는다. 어떤 형태들의 공동체가 되어야 기독교적 교육이라는 어려운 과제를 수행할 수 있겠는가? 당신이 홈스쿨링을 하는 진정한 동기는 무엇인가? 성품을 길러 주고, 학교보다 더 엄격한 교육을 실시하고, 자녀를 세상의 악에서 보호하기 위해서인가? 그것들도 훌륭한 목표일 수 있지만 그것만으로는 부족하다. 삶 전반에서 복음을 증거하는 충실한 제자들을 길러 내는 것이 당신의 목표인가? 장차 임할 하나님 나라의 이야기가 정말 우리의 교육을 형성한다면, 이는 엄청난 작업이 될 것이다. 다시 말하지만, 그 일을 해내도록 부모들과 가정들을 준비시키려면 어떤 형태들의 공동체가 되어야 하겠는가?

다음은 기독교 학교 진영에 묻는다. 공립학교의 패러다임을 벗어난 대안 교육을 어떻게 하면 실현할 수 있겠는가? 존 힐과 켄 배들리(Ken Badley)는 기독교 학교가 공립학교와 실제로 크게 다른가에 대해 의문을 제기했다.[66] 힐은 캐나다의 열세 개 기독교 고등학교를 연구하면서 그 과정에서 "수십 종의 설문지, 인터뷰, 관찰 노트를 정밀 조사한" 결과, "커리큘럼 편성, 교수법, 평가 절차, 기관의 조직, 학생들의 삶의 방식 등에서 전체적으로 이 학교들은 딱히 기독교적이랄 것이 하나도 없었다"라는 결론을 내렸다.[67] 그 앞에 한 말은 우리를 더욱더 낙심시킨다. "기독교 학교들은 기독교적 대안 교육을 제공하지 못하고 있다. 기독교적 대안 교육이라는 말을 우리가 가진 성경적 인생관이 성경적 교육 모델을 낳는다는 의미로 쓴다면 그렇다."[68] 헐의 결론이 지나치게 비관적인지도 모르지만, 어쨌든 그는 기독교 교육다운 기독교 교육을 실행하는 일이 심히 어렵다는 것만은 분명히 보여 주었다. 인본주의적 전통의 위력, 학부모들의 기대, 많은 교사가 안고 있는 시간과 실력과 훈련의 한계, 부담스러운 정부의 기대, 철저한 인본주의적 세계관에서 비롯된 '우수한' 교육에 대한 통념. 이 모든 것이 공모하여 우리의 노력을 방해한다. 기독교 학교를 제창하는 사람들이 풀어야 할 과제는 이 문제를 정면으로 직시하는 것이고, 이러한 만만찮은 장애물들을 극복하려면 무엇이 필요한가를 묻는 것이다.

끝으로, 공립학교 제도 안에 남아 있기로 한 그리스도인들에게 묻는다. 어떤 형태의 공동체가 되어야 당신의 자녀를 참으로 기독교적으로 교육할 수 있겠는가? 이 질문은 다음 두 가지를 전제로 한다. 첫째, 우리는 공교육 제도의 바탕에 깔린 근본적 소신들이 중립적이지 않고 어느 정도 복음과 대립된다는 것을 인정한다. 둘째, 개인이 공교육 제도 안에서 인본주의적 전통의 위력에 맞선다는 것은 매우 어려운 일이다. 그렇다면 당신은 어떻게 자신이 부름받은 이 일에 힘쓰되, 동일한 확신을 공유하는 사람들과 함께 그 일을 해 나갈 것인가?

하나님의 사람들이 교육이라는 소명에 충실하려면 협력과 공동체가 꼭 필요하다. 어느 길을 택했든 기독교 공동체의 구성원들은 나란히 걸으면서 힘과 격려, 그날그날의 실제적 지원과 기도를 나누어야 한다. 여러 모로 교회가 서구 문화 속에서 장차 해 나갈 증언은 오늘 이 일에 충실히 임하는 데 달려 있다.

목회적 후기

그동안 전 세계 여러 곳에서 그리스도 중심의 세계관이라는 방대한 주제로 그리스도인들의 상상력을 자극하려 애쓰면서 알게 된 것이 있다. 많은 사람이 기독교 신앙이 자신이 알던 것보다 크다는 데 흥분하지만, 해야 할 일이 엄청나다는 데 기가 질리기도 한다. 세계관을 공부하다 보면 복음의 범위와 우리에게 주어진 사명의 범위가 포괄적이라는 사실과 우리의 문화 속에 있는 세속적 '신앙'이 종교적 위력을 지니고 있으며 그 또한 범위가 포괄적이라는 사실을 알게 된다. 뿐만 아니라 그 두 이야기가 교차하는 갈림길의 삶에 수반되는 견디기 힘든 긴장까지도 더 깊이 인식하게 된다. 그러니 흥분에 휩싸이면서도 기가 질리는 것은 어쩌면 당연한 일이다. 이렇게 인식이 깊어지면서 우리는 흔히 공적 장소에서 복음을 증거하는 일이 규모도 크고 복잡하고 어렵다는 생각을 하게 된다. 내일이라도 당장 하나님 나라를 이룰 수 있다는 환상에 젖을 수도 있고, 낙심에 빠져 "누가 이 일을 능히 감당할 수 있을까?"라고 반문할 수도 있다. 전자는 승리주의 인데, 그렇게 생각하는 사람들은 타락하고 망가진 세상에서 하나님 나라를 증거하는 일이 얼마나 힘든지 금방 깨닫게 된다. 후자의 반문에 답하자면, 그런 일을 능히 감당할 자는 물론 아무도 없다. 그렇다면 이제 어찌할 것인가? 하나님 나라를 증거하는 신나고도 도전적인 소명을 짊어진 우리가 바른 시각을 얻는 데 다음 네 가지 목회적 결론이 도움이 되기를 바란다.

첫째로, 우리는 공동체의 지원 없이 단신으로 세상에 보냄을 받은 것이 아니다. 예로부터 세상의 모든 문화 속에 복음을 전하는 방편으로 예수님이 결정하여 파송하신 것은 다수의 개인이 아니라 공동체였다. "아버지께서 나를 보내신 것같이 나도 너희를 보내노라"(요 20:21)라고 하신 이 말씀에서 "너희"는 어디까지나 복수다. 우리가 문화 속에서 하나님 나라의 기쁜 소식을 증거하는 것은 공동체로서 하는 일이다.

고립 상태로는 결코 증언이 이루어질 수 없으며, 우리는 여러 모로 서로를 필요로 한다. 각자 지역 교회에 몸담기로 결단해야 하며, 지역 교회에서 하나님 나라의 복음으로부터 양분을 얻는다. 문화를 선교적으로 대면하거나 그러한 대면에 따를 불가피한 고난에 맞설 때도 우리는 지역 교회에서 지원을 받는다. 우리는 지역 교회 안의 뜻이 맞는 사람들 즉 공적 삶에서 충실하게 증거하는 일을 진지하게 받아들이는 사람들과는 물론이고, 소명(직업, 전공, 관심)이 같은 사람들과도 만나 함께 기도하고 읽고 공부하고 토의해야 한다. 인터넷, 각종 집회, 서적, 학술지에 자료들이 점점 늘어가기 때문에, 그런 자료들에 익숙해지고 그것을 활용해야 한다. 그런 자료들이 기독교 세계관과 관련된 여러 이슈를 숙고하는 데 도움이 될 수 있다.

둘째로, 치열한 영성만이 이런 일을 해내도록 우리를 떠받쳐 줄 수 있다.[1] 유진 피터슨(Eugene Peterson)은 하나님 나라를 증거하는 데 요구되는 특성을 니체의 말에서 포착해 내서, 그리스도인들에게 "한 방향으로 가는 오랜 순종"이 필요하다고 말했다.[2] 일례로, 노예제도를 폐지하기 위해 평생 동안 애쓴 윌리엄 윌버포스(William Wilberforce)를 생각해 보라. 그런 일은 우리가 그리스도 안에 깊이 뿌리박고 있어야만 끝까지 해낼 수 있다. 예수님은 제자들이 세상에서 사명을 다하도록 그들을 준비시키실 때(요 13-17장), 그분 안에 거하지 않고는 아무런 열매도 없다고 천명하셨다(요 15:1-11). 사도 바울도 비슷하게 원예 은유로 말하다가 다시 건축의 은유를 덧붙여서, 골로새 교인들에게 계속 그리스도 안에 살며 사명을 다하되 그리스도 안에 뿌리를 박고 복음의 기초 위에 세움을 받으라고 권면했다(골 2:6-7). 기독교 교회의 역사에는 묵상하는 삶과 행동하는 삶의 관계를 고민하며, 기도 생활과 현실 참여 사이에 균형—기도하고 일하라(ora et labora)—을 유지해 온 치열한 전통이 있다.[3] 그러나 실제로는 이 둘이 너무나 쉽게 분리될 수 있다. 공적인 삶에서 계속 그리스도의 주권을 충실하게 적극적으로 증거하려면 활기찬 영성을 가꾸어야 한다. 그래야 묵상하는 삶과 행동하는 삶이 서로에게 양분이 되어 줄 수 있다. 「그리스도로부터 새롭게 출발함」(Starting Afresh from Christ)이라는 가톨릭 자료에도 그렇게 나와 있다.

진정한 영적 삶이 이루어지려면 직업과 상관없이 모든 사람이 날마다 꾸준히 적당한 시간을 드려서 자신이 사랑받는 존재임을 알게 하시는 그분과 함께 말없는 대화 속에 깊이 들어가야 한다. 거기서 자신의 삶을 그분께 나누고 그날의 여정에 대해 깨우침을 받아야 한다. 오늘날의 사회와 특히 과도한 통신 수단이 끊임없이 우리를 공략하며 그분과 멀어지게 하기 때문에 이것은 충실성을 요하는 훈련이다. 때로 이러한 개인의 예배와 기도에 충실하려면 미친 듯한 활동주의에 파묻히지 않으려는 각고의 노력이 필요하며, 그렇지 않고는 열매를 맺을 수 없다.[4]

성경, 기도, 묵상, 교제에서 영적인 양분을 얻지 못하면 우리는 충실한 증언을 지속할 수 없다.

셋째로, 무엇보다도 우리의 증언이 하나님의 영이 하시는 일임을 알아야 한다. 이제까지 문화에 참여하고 대면할 것을 가장 큰 소리로 부르짖은 사람들은 대개 활동주의라는 병에 걸린 사람들이었다. 동유럽의 어느 주교가 마이크에게 북미의 기독교는 다분히 인본주의적 자신감에 이끌리는 듯한 점이 가장 두드러진 특징이라고 말한 적 있다. 이렇게 은근히 인간의 힘을 믿으면 탈진과 낙심은 불 보듯 뻔한 일이다. 우리는 절대 하나님 나라를 건설하도록 부름 받은 것이 아니다. 하나님 나라를 우리가 건설한다는 은유는 일부 진영에서만 유행할 뿐 성경에는 한 번도 나오지 않는다. 우리가 해야 할 일과 되어야 할 모습은 증언이라는 단어로 훨씬 더 잘 표현되며, 증언은 우리의 삶과 말과 행위를 통해 이루어진다. 게다가 증언에 성공하는 것마저도 우리의 소관이 아니다. 우리는 역사의 주된 창시자들도 아니고 역사를 최종 목표점으로 이끌어 가도록 부름받지도 않았다. 이런 문제들은 안전하게 우리의 주권자이신 하나님의 손안에 있다.

근래에 선교 분야에서 하나님의 선교(missio Dei)라는 말을 흔히 쓰는데, 이렇게 하나님을 강조하는 것은 반가운 일이다.[5] 인간의 기획과 노력을 믿는 자신감은 모더니스트들이 내세우던 진보의 개념을 가지고 서구 문화를 뿌리부터 병들게 했으며, 그 똑같은 자신감은 19세기와 20세기 초에 타문화권 선교까지도 어느 정도 오염시켰다. 다행히 연단을 받은 한 선교 공동체가 좀더 최근에 와서 성경의 가르침을 재발견했는데, 그것은 바로 하나님이 역사 속에서 하시는 일에 교회인 우리를 끼워 주셨다는 사실이다. 성부 하나님은 창조 세계를 회복하신다는 장기적 목적을 가지고 계시며, 창세로부터(그러니까 대부분 우리의 도움 없이) 그 목적을 이루어 오셨다. 그러다가 그분은 그 일을 결정적으로 완수하시고자 성자 예수님을 보내셨다. 이제 예수님의 초청과 명령에 따라 우리는 그분이 과거에 하셨고, 지금도 하고 계시며, 장차 하실 일을 증언하도록 성령의 능력 안에서 보내심을 받았다. 예수님이 새로 생겨난 기독교 공동체에 그들의 선교가 성령이 임하신 후에야 시작된다고 말씀하신 것은 우연이 아니다(행 1:8).

이 모든 것은 우리가 속해 있는 시대와 지역, 우리의 삶을 이루는 작은 반경, 우리의 미약한 노력 등보다 훨씬 크다. 하나님은 지금 일하고 계시며, 그분의 목적들은 반드시 성취된다. 우리는 그분이 이미 하고 계신 일을 그분의 영의 능력으로 말미암아 우리의 삶과 말과 행동으로 증언하도록 부름받았을 뿐이다. 그래서 우리는 기쁨으로 일할 수 있고 또한 안식할 수 있다. 활동주의자들에게서는 그러한 안식과 당당한 기쁨을 보기 힘들다. 세상에서 사명을 다하도록 제자들을 준비시키실 때 예수님이 분명히 그들에게 자신의 평안(요 14:27; 16:44)과 자신의 기쁨(요 15:11; 16:20-24; 17:13)을 선물로 주신 것은 놀랄 일이 아니다.

끝으로, 공적 장소에서 반대 세력들과 싸울 때 우리는 희망을 잃지 않을 수 있다. 우리는 그리스도께서 이미 이루신 일 때문에 우주 역사의 종말이 이미 확정되었다는 것과 하나님의 나라가 장차 충만한 영광 중에 임하리라는 것을 확신할 수 있다. 하지만 그날은 아직 오지 않았고, 그래서 때로는 그날이 신기루나 한갓 꿈처럼 보일 수 있다. 웬델 베리가 말한 "어려운 희망"[6]이 우리 삶의 특징이 되어야 한다. 그러니 성경이 신자들에게 상황이 아무리 어려워도 희망 중에 살아가라고 거듭 촉구하는 것이 당연하다. 하나님이 창조 세계를 향해 품고 계신 목적들은 예수님이 이미 이루신 일 때문에 반드시 실현된다. 희망은 그것을 확실히 믿고 흔들림 없이 확신하는 것이다.

역사의 끝에 예수님이 최후의 심판자로 서 계시며, 최후의 심판이 이루어지는 근거는 그분이 이미 이루신 일이다. 이 부분에서 성경은 우리에게 세 가지 확신을 준다. 첫째, 그리스도의 편에 서는 사람들은 결국 신원(伸冤)된다는 약속이다. 주님의 일에 온전히 자신을 드리고 그분의 나라를 먼저 구하면 우리의 수고는 절대로 헛되지 않다(고전 15:58). 둘째, 심판의 근거가 우리가 성공했는가의(인간적 기준으로) 여부에 있지 않고 충성했는가의 여부에 있음을 우리는 안다. 칼 마르크스는 자신이 쓴 어떤 책을 이런 말로 맺었다. "철학자들은 세상을 여러 방식으로 해석했을 뿐이며, 관건은 세상을 변화시키는 것이다."7 그러나 인간의 힘으로 세상을 변화시킬 수 있다던 마르크스의 믿음은 순전히 착오였다. 그리스도인들은 복음으로 변화된 세상을 간절히 보기 원하며, 예수님이 다시 오시는 날 과연 세상이 변화될 것을 안다. 그날까지 우리의 노력이 다소나마 소금의 역할을 하여 선을 이루기를 바란다. 하지만 변화 자체가 우리가 하는 일의 동기가 되어서는 안 된다. 우리의 노력은 세상에 영향을 미칠 수도 있고 그렇지 않을 수도 있으며, 설령 영향을 미친다 해도 한시적일 것이다. 분명히 인간의 모든 노력은 결국 역사의 파편 속에 묻힐 것이다. 복음에 늘 충실하고 결과는 성령의 역사에 맡기는 것이 우리의 목표여야 한다.

셋째, 인간의 노력이 비록 유한하다 해도 그리스도와 그분의 나라를 위해 한 일은 영원하다는 것을 우리는 확신할 수 있다. 바울은 자신이 하나님께 받은 소명을 평소에 즐겨 쓰던 건축 은유로 표현했다(그의 말을 우리 각자가 받은 문화적 소명에도 적용할 수 있다). 바울은 우리가 각각 예수 그리스도의 복음이라는 터 위에 삶을 지어야 한다고 말한다. 우리가 사용해야 할 재료는 금과 은과 보석인데, 이것들은 (나무와 풀과 짚과 달리) 심판의 불을 견디고 영원히 남을 것이기 때문이다. 하나님이 불로 심판하실 때 각 사람의 공적을 시험하실 텐데, 충실한 수고는 하나님의 나라에 합당하므로 불에 타지 않는다(고전 3:10-15). 아울러 충실한 수고로 이룬 문화의 모든 성과물은 새 땅에까지 들어간다(계 21:26). 짐 스킬렌은 그것을 다음과 같이 잘 표현했다.

우리가 행한 일이 우리를 따를 것을 알기에 우리는 정치에서 [공적인 삶의 다른 모든 분야도 여기에 추가할 수 있다] 참된 기대감을 품고 일할 수 있다.…모세는 시편 90편에 "우리의 손이 행한 일을 견고하게 하소서"라고 기도한다. 예수 그리스도의 마지막 계시를 담은 사도 요한의 환상에 보면, 주 안에서 죽는 자들에게 하나님의 복이 임하고 성령께서 "그들이 수고를 그치고 쉬리니 이는 그들의 행한 일이 따름이라"(계 14:13)라고 말씀하신다. 정치를 비롯한 이 땅의 모든 직업을 통해 우리가 성령의 능력으로 주 안에서 하는 일은 마지막 안식의 때에 반드시 완성될 것이다. 지금 우리가 하는 정의의 행위들은 결코 소실되지 않을 하나님 나라의 행위임을 확신해도 좋다. 그리스도께서 그분의 큰 보물 창고 안에 그것들을 모

아들이고 계신다. 그것들은 하나님이 우리 안에 이루신 구속의 열매이므로 불에 타지 않는 금이다.[8]

우리는 기쁨과 확신, 믿음과 소망을 가지고 이렇게 고백할 수 있다.

새 땅을 향한 우리의 희망은
인간이 할 수 있는 일에 달려 있지 않다.
하나님의 통치에 맞서는 모든 도전과
그분의 뜻을 막으려는 모든 저항이
언젠가는 무너질 것을 우리가 믿기에,
그때 그분의 나라가 온전히 임하여
우리 주께서 영원히 다스리시리라.

우리는 그날을 사모한다.
예수님이 승리의 왕으로 다시 오실 날,
죽은 자들이 살아나고
만인이 그분의 심판대 앞에 설 그날을.
우리는 그날을 두려움 없이 맞이한다,
재판관이 우리의 구주이시기에.
매일 섬기는 우리의 삶은 그 순간을 향하여 나아간다,
아들이 자기 사람들을 아버지께 바칠 그때를 향하여.
그때에 참되고 거룩하고 은혜로운 하나님이 알려지시리라.

주님 편에 섰던 자들은 모두 높임을 받고
작은 순종의 행위조차 그 열매가 드러나리라.…

우리는 하나님의 선하심을 기뻐하고
어둠의 행위를 버리고
거룩한 삶에 헌신한다.
언약의 참예자로서 충실하게 순종하도록 부름받고
즐겁게 찬송하도록 해방된 우리는
마음과 삶을 드려
하나님의 세상에서 하나님의 일을 한다.
어서 불의의 종말을 보고 싶어 조바심을 참아가며
우리는 주의 날을 고대한다.
그리고 우리는 확신한다.
현재의 어둠 속에 비치는 빛이
그리스도께서 나타나시면 이 땅을 가득 채울 것을.

주 예수여, 오시옵소서!
우리의 세상은 주님의 것입니다.[9]

주

머리말

1. 이것은 마이크가 고등학교에 다니던 시절에 그에게 중요한 부분이었다. 그는 복음에 비추어 이 부분과 씨름하고자 했는데, 그러한 시도의 한 예를 다음 글에서 읽어 볼 수 있다. "Delighting in God's Good Gift of Competition and Sports", *Engaging the Culture: Christians at Work in Education*, Richard Edlin & Jill Ireland ed.(Sydney: National Institute for Christian Education, 2006), pp. 173-186.
2. 다음 기사를 참고하라. Michael W. Goheen, "Mission and the Public Life of Western Culture: The Kuyperian Tradition", *The Gospel and Our Culture Network Newsletter(U.K.)* 26(1999년 가을호): pp. 6-8. Newbigin을 Kuyper 전통과 비교하면서, 서로 풍성하게 해주고 바로잡아 줄 수 있는 부분들을 설명하고 있다.
3. Abraham Kuyper로부터 시작된 네덜란드의 칼뱅주의 전통을 가리킨다. 2장의 "기독교 사상에 원용된 세계관" 부분을 참고하라.
4. 기독교 세계관 네트워크는 얼마 전에 활동을 중단했으나 다음 웹사이트에서 많은 간행물을 볼 수 있다. http://thebigpicture.homestead.com/
5. 남아공의 복음주의자들 중에는 물론 일부 눈에 띄는 예외도 있었다. African Enterprise를 설립한 Michael Cassidy가 그런 경우다. 그러나 이런 복음주의자들은 소수에 그쳤다.

주 367

6. 다음 책을 참고하라. Richard Mouw, *The Smell of Sawdust: What Evangelicals Can Learn from Their Fundamentalist Heritage*(Grand Rapids: Zondervan, 2000).
7. Herman Bavinck, *The Philosophy of Revelation*(1909; repr. Grand Rapids: Baker Academic, 1979), p. 242. 「계시 철학」(성광).
8. N. T. Wright, *The New Testament and the People of God*, Christian Origins and the Question of God 1(London: SPCK, 1992), p. 40(강조 추가). 「신약성서와 하나님의 백성」(크리스챤다이제스트).
9. Jonathan Chaplin을 대표로 하여 영국의 여러 저자가 공저한 미간행 자료 "An Introduction to a Christian Worldview" (Open Christian College, 1986)도 언급할 수 있다. 이 자료는 통신 강좌용 교재로서 Brian Walsh & Richard Middleton, *The Transforming Vision: Shaping a Christian World View*(Downers Grove, IL: InterVarsity, 1984, 「그리스도인의 비전」 IVP)와 Albert Wolters, *Creation Regained: Biblical Basics for a Reformational Worldview*(Grand Rapids: Eerdmans, 1985, 「창조 타락 구속」 IVP)를 활용하여 제작한 것이다. 이 강좌는 그 구조가 Walsh와 Middleton을 따르고 있으므로 역시 세계관을 포괄적인 방식으로 다루었다.

1. 복음, 이야기, 세계관 그리고 교회의 사명

1. 이 단락의 성경적 기초는 Craig Bartholomew와 Michael W. Goheen의 *The Drama of Scripture*, "Act 4: The Coming of the King: Redemption Accomplished"에 자세히 나와 있다. 「성경은 드라마다」(IVP).
2. Christopher J. H. Wright, *The Mission of God: Unlocking the Bible's Grand Narrative*(Downers Grove, IL: InterVarsity, 2006), pp. 54-55. 「하나님의 선교」(IVP).
3. Erich Auerbach, *Mimesis: The Representation of Reality in Western Literature*, Willard R. Trask trans.(Princeton, NJ: Princeton University Press, 1968), p. 15. 「미메시스」(민음사).

4. N. T. Wright, *Jesus and the Victory of God*, Christian Origins and the Question of God 2(London: SPCK, 1996), p. 198. 「예수와 하나님의 승리」(크리스찬다이제스트).
5. Lesslie Newbigin, *The Gospel in a Pluralist Society*(Grand Rapids: Eerdmans, 1989), p. 15. 「다원주의 사회에서의 복음」(IVP).
6. Wright, *Mission of God*, p. 17.
7. Wright, *Mission of God*, p. 51.
8. Wright, *Mission of God*, pp. 22-23.
9. Christian Reformed Church, *Our World Belongs to God: A Contemporary Testimony*(Grand Rapids: CRC Publication, 1987), 32, 44-45절(다음 웹사이트에서도 볼 수 있다. http://www.crcna.org/pages/our_world_main.cfm).
10. Newbigin, *Gospel in a Pluralist Society*, pp. 15-16(강조 추가).
11. "선교적 대면"은 Lesslie Newbigin이 자주 쓰는 표현이다. 일례로 다음 책을 참고하라. *Foolishness to the Greeks: The Gospel and Western Culture*(Grand Rapids: Eerdmans, 1986), p. 1. 「헬라인에게는 미련한 것이요」(IVP).
12. Lesslie Newbigin, *The Other Side of 1984: Questions for the Churches* (Geneva: World Council of Churches, 1983), p. 23.

2. 세계관이란 무엇인가?

1. 이 놀라운 은유를 우리에게 지적해 준 Roy Clouser에게 감사한다.
2. 이 주제를 아주 권위 있게 다룬 책으로는 David Naugle, *Worldview: The History of a Concept*(Grand Rapids: Eerdmans, 2002)를 참고하라.
3. Naugle, *Worldview*, p. 59.
4. Albert M. Wolters, "On the Idea of Worldview ahd Its Relation to Philosophy", *Stained Glass: Worldviews and Social Science*, Paul A. Marshall, Sander Griffioen & Richard J. Mouw ed., Christian Studies Today(Lanham, MD: University Press of America, 1989), p. 15.
5. Naugle, *Worldview*, p. 55.

6. Peter Heslam, *Creating a Christian Worldview: Abraham Kuyper's Lectures on Calvinism*(Grand Rapids: Eerdmans, 1998), p. 89.
7. Naugle, *Worldview*, pp. 76, 81를 참고하라.
8. Sander Griffioen, "The Worldview Approach to Social Theory: Hazards and Benefits", Marshall, Griffioen & Mouw, *Stained Glass*, p. 87. Dilthey의 관점을 여섯 가지로 탁월하게 요약했다.
9. 원전은 H. A. Hodges, *Wilhelm Dilthey: An Introduction*(New York: Oxford University Press, 1945)이며, Dorothy Emmet, "The Choice of a World Outlook", *Philosophy* 23, no. 86(1948년 7월): p. 208에 인용되어 있다.
10. Wilhelm Dilthey, *Selected Writings*, H. P. Rickman ed. and trans. (Cambridge: Cambridge University Press, 1976), p. 141.
11. Griffioen, "Worldview Approach", p. 87.
12. Dilthey, *Selected Writings*, p. 141.
13. James Orr, *The Christian View of God and the World*(1983; repr. Grand Rapids: Eerdmans, 1947), p. 4.
14. Orr, *Christian View*, p. 378,
15. Orr, *Christian View*, pp. 4, 5, 17, 18.
16. 나중에 *Lectures on Calvinism*(Grand Rapids: Eerdmans, 1931)으로 출간되었다. 「칼빈주의 강연」(크리스챤다이제스트).
17. Kuyper, *Lectures on Calvinism*, p. 11.
18. Kuyper, *Lectures on Calvinism*, p. 11.
19. Abraham Kuyper, *Principles of Sacred Theology*, J. Hendrick de Vries trans.(1898; repr. Grand Rapids: Baker Academic, 1980), p. 154.
20. 다음 책을 참고하라. Carl F. H. Henry, *God, Revelation, and Authority*, vol. 5, *God Who Stands and Stays: Part One*(Waco: Word, 1982), 20장 "Man's Mind and God's Mind."
21. Schaeffer가 합리주의자였는가 아닌가에 대해서는 다소 논란이 있다. 다음 책을 참고하라. B. A. Follis, *Truth with Love: The Apologetics of Francis*

Schaeffer(Wheaton: Crossway, 2006), 3장. "Rationality and Spirituality."
22. 다음 책을 참고하라. Alasdair MacIntyre, *Whose Justice? Which Rationality?*(Notre Dame, IN: University of Notre Dame Press, 1988).
23. 예를 들면, 다음 두 권의 책을 참고하라. J. F. Sennet 외, *The Analytic Theist: An Alvin Plantinga Reader*(Grand Rapids: Eerdmans, 1998). Nicholas Wolterstorff, *Reason within the Bounds of Religion*(Grand Rapids: Eerdmans, 1976). Plantinga와 Wolterstorff는 소위 개혁주의 인식론의 주도적 인물로 활약하고 있는데, 여기에 대한 입문으로는 다음 책을 참고하라. Dewey J. Hoitenga, *Faith and Reason from Plato to Plantinga: An Introduction to Reformed Episemology*(Albany: State University of New York Press, 1991).
24. Francis A. Schaeffer, *The Complete Works of Francis A. Schaeffer: A Christian Worldview*, 2nd ed., 5 vols.(Wheaton: Crossway, 1982).
25. Albert M. Wolters, *Creation Regained: Biblical Basics for a Reformational Worldview*(Grand Rapids: Eerdmans, 1985). Michael Goheen이 후기를 함께 쓴 개정판이 2005년에 출간되었다.
26. Brian J. Walsh & J. Richard Middleton, *The Transforming Vision: Shaping a Christian World View*(Downers Grove, IL: InterVarsity, 1984). 아울러 다음 두 권의 책도 참고하라. J. Richard Middleton & Brian J. Walsh, *Truth Is Stranger Than It Used to Be: Biblical Faith in a Postmodern Age*(Downers Grove, IL: InterVarsity, 1995). (IVP 역간 예정).
Brian J. Walsh, *Subversive Christianity: Imaging God in a Dangerous Time* (Briston: Reguis, 1992).「세상을 뒤집는 기독교」(새물결플러스).
27. James W. Sire, *The Universe Next Door: A Basic Worldview Catalog*, 4th ed.(Downers Grove, IL: InterVarsity, 2004).「기독교 세계관과 현대사상」(IVP).
28. Arthur F. Holmes, *Contours of a World View*, Studies in a Christian World View 1(Grand Rapids: Eerdmans, 1983).「기독교 세계관」(엠마오).
29. N. T. Wright, *The New Testament and the People of God*, Christian Origins

and the Question of God 1(London: SPCK, 1992), pp. 38-44, 122-144.
30. Charles Colson & Nancy Pearcey, *How Now Shall We Live?*(Wheaton: Tyndale, 1999). 「그리스도인 이제 어떻게 살 것인가」(요단).
31. 다음 책을 참고하라. Nancy Pearcey, *Total Truth: Liberating Christianity from Its Cultural Captivity*(Wheaton: Crossway, 2004). 「완전한 진리」(복있는사람).
32. 다음 책을 참고하라. John R. W. Stott ed., *Making Christ Known: Historic Mission Documents from the Lausanne Movement 1974-1989*(Carlisle: Paternoster, 1996), 로잔 언약에 관한 1장과 7장. 아울러 전도와 사회 참여의 관계에 대해서는 다음 책을 참고하라. 1982 Grand Rapids Report, *Evangelism and Social Responsibility: An Evangelical Commitment*, John W. R. Stott ed., Lausanne Occasional Papers 21(Exeter: Paternoster, 1982).
33. John. R. W. Stott, *Christian Mission in the Modern World*(London: Falcon, 1975). 「현대 기독교 선교」(성광).
34. John. R. W. Stott, *New Issues Facing Christians Today*(London: Marshall Pickering, 1999). 「현대 사회 문제와 그리스도인의 책임」(IVP).
35. T. Dudley-Smith, *John Stott: A Global Ministry*(Leicester, UK: Inter-Varsity, 2001), 9장. 「존 스토트」(IVP 역간 예정).
36. James Sire, *How to Read Slowly: Reading for Comprehension*(Downers Grove, IL: InterVarsity, 1978). 「어떻게 천천히 읽을 것인가」(이레서원).
37. Sire, *Universe Next Door*, p. 16.
38. Sire, *Universe Next Door*, p. 16. 같은 저자의 다음 책도 참고하라. *Naming the Elephant: Worldview as a Concept*(Downers Grove, IL: InterVarsity, 2004), p. 12. 「코끼리 이름 짓기」(IVP).
39. Sire, *Naming the Elephant*, p. 122.
40. Sire, *Naming the Elephant*, p. 122. 같은 저자의 책 *Universe Next Door*, p. 17도 참고하라.
41. Sire, *Naming the Elephant*, p. 124.
42. 다소 애매하게 Sire는 "세계관은 이야기나 일련의 전제들은 아니지만 그런 형태

로 표현될 수 있다"라고 말한다(*Naming the Elephant*, p. 126).
43. Romano Guardini, *The World and the Person*, Stella Lange trans.(Chicago: Henry Regnery, 1965). 원제는 *Welt und Person: Versuche zur christlichen Lehre vom Menschen*(Würzburg: Werkbund-Verlag, 1939)이다. Scott Hahn 의 CD 세트, *Building a Catholic Biblical Worldview*(West Covna, CA: St. Joseph's Communications, 1999)도 좋은 자료다.
44. Alexander Schmemann, *For the Life of the World: Sacraments and Orthodoxy*, repr.(Crestwood, NY: St. Vladimir's Seminary Press, 1973). 「세상에 생명을 주는 예배」(복있는사람).
45. Naugle, *Worldview*, p. 52. Schmemann, *For the Life of the World*, pp. 20-21에서 인용한 것이다.
46. Harry Blamires, *The Christian Mind*(London: SPCK, 1963), p. 189. 「그리스도인은 어떻게 사고해야 하는가?」(두란노).
47. Thomas Merton, *Contemplative Prayer*(London: Darton, Longman & Todd, 1969), p. 85. 「마음의 기도」(성바오로).
48. Karl Barth, *Church Dogmatics*, 제3권, *The Doctrine of Creation: Part 1*, G. W. Bromiley & T. F. Torrance ed.(Edinburgh: T&T Clark, 1958), p. 343. 「교회 교의학」(대한기독교서회).
49. Francis Schaeffer, *Escape from Reason: A Penetrating Analysis of Trends in Modern Thought*(Downers Grove, IL: InterVarsity, 1968), p. 21. 「이성에서의 도피」(생명의말씀사).
50. Wright, *New Testament and the People of God*, pp. 41-42.
51. 전 3:11에 대해서는 Craig G. Bartholomew, *Ecclesiates*(Grand Rapids: Baker Academic, 2009)를 참고하라.
52. Richard Middleton과 Brian Walsh는 세계관과 관련하여 네 가지 유익한 질문을 내놓았다. 나는 어디에 있는가? 나는 누구인가? 문제가 무엇인가? 해결책은 무엇인가?(*The Transforming Vision*, p. 35) N. T. Wright는 단수 "나"를 복수 "우리"로 바꾸어 세계관의 신념들을 공동체가 공유한다는 사실을 나타내야 한

다고 제안했다. 아울러 다섯 번째 질문으로 "지금은 어느 때인가?"를 추가하여, 세계관이 현재 우리가 처한 상황까지도 포함하고 있는 내러티브임을 나타낼 것을 제안했다[*Jesus and the Victory of God*, Christian Origins and the Question of God 2(London: SPCK, 1996), p. 443, 주1. 아울러 pp. 467-472도 참고하라]. 또한 선교학자 J. H. Bavinck는 인간은 "세상에 존재한다는 이유만으로 언제 어디서나 동일한 질문들에 답해야 한다. 자신의 존재 자체에 필연적으로 딸려 나오는 근본 문제들로 씨름해야 한다"라고 말했다[*The Church between Temple and Mosque: A Study of the Relationship between the Christian Faith and Other Religions*(1996; repr. Grand Rapids: Eerdmans, 1981), p. 31]. 그는 그러한 질문들을 세상의 모든 종교에 존재하는 다섯 가지 필연적 요지들의 형태로 제시했는데, 그것은 바로 "나와 우주", "나와 종교적 규범", "나와 내 실존의 수수께끼", "나와 구원", "나와 초월적 존재"다. 우리의 경험상, 이 대목에서 그 필연적 요지들을 압축해 네 가지 질문을 던지면 도움이 된다. 궁극적 실재의 본질은 무엇인가? 나는 어떻게 구원을 얻을 수 있는가? 인생의 의미는 무엇인가? 질서의 출처는 무엇이며 그것을 어떻게 알 수 있는가?(Bavinck, *The Church between Temple and Mosque*, pp. 32-33). James Sire가 내놓은 진단 질문들은 이미 본문에 제시한 바 있다.

53. 다음 기사를 참고하라. James Olthuis, "On Worldviews", *Christian Scholar's Review* 14(1985): pp. 153-164. 같은 제목으로 Marshall, Griffioen & Mouw, *Stained Glass*, pp. 26-40에도 수록되었다.

54. Roy Clouser, *The Myth of Religious Neutrality: An Essay on the Hidden Role of Religious Beliefs in Theories*(Notre Dame, IN: University of Notre Dame Press, 1991), p. 1.

55. Calvin의 책이 그런 경우다. John Clavin, *Institutes of the Christian Religion*, John T. McNeill ed. Ford Lewis Battles trans. 2 vols. Library of Christian Classics 20-21(Philadelphia: Westminster, 1960), 1:3-5. 그것이 그 책의 목적이었다. 「기독교 강요」(크리스챤다이제스트).

56. S. MacDonald, "Augustine, Confessions", *The Classics of Western*

Philosophy: A Reader's Guide, Jorge J. E. Gracia, Gregory M. Reichberg & Bernard N. Schumacher ed.(Oxford: Blackwell, 2003), p. 103.
57. 특히 다음 책을 참고하라. Oliver O' Donovan, The Desire of the Nations: Rediscovering the Roots of Political Theology(Cambridge: Cambridge University Press, 1996).
58. O' Donovan, The Desire of the Nations를 참고하라. 아울러 Craig Bartholomew 외 ed. A Royal Priesthood? The Use of the Bible Ethically and Politically: A Dialogue with Oliver O' Donovan, Scripture and Hermeneutics 3(Grand Rapids: Zondervan, 2002)도 참고하라.

3. 창조와 죄

1. 다음 책을 참고하라. Christopher J. H. Wright, The Mission of God: Unlocking the Bible's Grand Narrative(Downers Grove, IL: InterVarsity, 2006), pp. 105-121.
2. John Henry Newman, The Idea of a University(1873; repr. London: Longman, Green, 1923), pp. 50-51.
3. Herman Bavinck, The Doctrine of God, William Hendriksen ed. and trans. Twin Brooks Series(Grand Rapids: Baker Academic, 1977, 「개혁주의 신론」, CLC), p. 89. 처음과 마지막에 인용한 문장은 John Calvin, Institutes of the Christian Religion, I. V.1, 5에 나온다.
4. 다음 책에 인용된 말이다. Newman, The Idea of a University, p. 36.
5. 불가타(Vulgate) 역은 5세기 초에 번역된 라틴어 성경으로, Jerome이 일부를 번역하고 수정했다. 이 성경은 가톨릭에서 최고의 권위를 갖는 공식 성경이 되었고 중세 교회와 문화에 큰 영향을 미쳤다.
6. 다음 세 권의 책을 참고하라. Paul G. Schrotenboer 외, God's Order for Creation(Potchefstroom: Institute for Reformational Studies, 1994). Albert M. Wolters, "Creation Order: A Historical Look at Our Heritage", An Ethos of Compassion and the Integrity of Creation, Brian J. Walsh, Hendrik Hart

& Robert E. VanderVennen ed.(Lanham, MD: University Press of America, 1995), pp. 33-48. David Koyzis, *Political Visions and Illusions: A Survey and Christian Critique of Contemporary Ideologies*(Downers Grove, IL: InterVarsity, 2003), pp. 194-201.

7. Bruce Milne, *Know the Truth: A Handbook of Christian Belief*(Leicester, UK: InterVarsity, 1984), p. 74. (IVP 역간 예정).
8. Abraham Kuyper, *Lectures on Calvinism*(Grand Rapids: Eerdmans, 1931), p. 78.
9. Kuyper, *Lectures on Calvinism*, p. 53.
10. Albert M. Wolters, *Creation Regained: Biblical Basics for a Reformational Worldview*, repr.(Grand Rapids: Eerdmans, 2005), p. 17.
11. Wolters, *Creation Regained*, p. 29.
12. Gerhard von Rad, *Old Testament Theology*, D. M. G. Stalker trans. 2 vols.(New York: Harper & Row, 1962-1965), 1:418. 「구약성서신학」(분도).
13. Gordon Spykman, *Reformational Theology: A New Paradigm for Doing Dogmatics*(Grand Rapids: Eerdmans, 1992), p. 180. 「개혁주의 신학」(CLC).
14. Gerhard von Rad, *Wisdom in Isreal*, James D. Martin trans.(Nashville: Abingdon, 1972), p. 71.
15. Wolters가 바로 말했다. "'인간의 모든 제도를 주를 위하여 순종하되' (벧전 2:13). 여기서 굵은 글씨로 강조한 부분은 헬라어 *ktisis*를 번역한 것인데, 이 단어는 성경에 '창조' 나 '피조물' 의 뜻으로 흔히 쓰였다. 그러므로 인간의 권위는 하나님의 명령 위에 세워진 것이 분명해 보인다" (Creation Regained, pp. 25-26).
16. Bernard Zylstra, "Thy Word Our Life", *Will All the King's Men···: Out of Concern for the Church, Phase II*, James Olthuis ed.(Toronto: Wedge, 1972), p. 157.
17. Hendrikus Berkhof, *Christian Faith: An Introduction to the Study of the Faith*(Grand Rapids: Eerdmans, 1979, 「기독교 신앙론」, 크리스챤다이제스트), pp. 523, 543. *Christ the Meaning of History*(Grand Rapids: Baker Academic,

1966), pp. 188-192.

18. 다음 두 권의 책을 참고하라. Gunnlaugur Jónsson, *The Image of God: Genesis 1:26-28 in a Century of Old Testament Research*, Lorraine Svendsen trans. Michael S. Cheney rev. Coniectanea Biblica: Old Testament Series 26(Stockholm: Almquist & Wiksell, 1988), pp. 143-144. J. Richard Middleton, *The Liberating Image: The Imago Dei in Genesis 1*(Grand Rapids: Brazos, 2005), pp. 93-145. 「해방의 형상」(SFC).

19. Henri Blocher, *In the Beginning: The Opening Chapters of Genesis*, David G. Preston trans.(Downers Grove, IL: InterVarsity, 1984), p. 82.

20. 다음 두 권의 책을 참고하라. Anthony Hoekema, *Created in God's Image*(Grand Rapids: Eerdmans, 1986, 「개혁주의 인간론」(부흥과 개혁사), p. 100. Richard J. Mouw, *When the Kings Come Marching In: Isaiah and the New Jerusalem*(Grand Rapids: Eerdmans, 1983), p. 47.

21. Blocher, *In the Beginning*, p. 85.

22. Blocher, *In the Beginning*, p. 96.

23. 이 말씀을 복으로 해석한 데 대해서는 다음 두 권의 책을 참고하라. Nicholas Wolterstorff, *Educating for Life: Reflections on Christian Teaching and Learning*, Gloria Goris Stronks & Clarence W. Joldersma ed.(Grand Rapids: Baker Academic, 2002), p. 296, Clarence Joldersma의 후기. John Stek, "What Says the Scripture?" *Portraits of Creation: Biblical and Scientific Perspectives on the World's Formation*, Howard J. Van Till 외(Grand Rapids: Eerdmans, 1990), p. 251.

24. Lynn White, "The Historical Roots of Our Ecologic Crisis", *Science* 155(1967): pp. 1203-1207.

25. Jonathan Chaplin 외, "An Introduction to a Christian Worldview"(미간행 교과 내용, Open Christian College, 1986), p. 53.

26. Spykman, *Reformational Theology*, p. 178.

27. Nicholas Wolterstorff는 샬롬의 다음과 같은 측면을 강조한다. "샬롬은 사람의

모든 관계 속에 기쁨을 통합한다. 샬롬 안에 거한다는 것은 하나님 앞에서 바르게 사는 데서 기쁨을 얻고, 자신이 처한 물리적 환경 속에서 바르게 사는 데서 기쁨을 얻고, 동료 인간들과 더불어 바르게 사는 데서 기쁨을 얻고, 나아가 자기 자신과 더불어 바르게 사는 데서 기쁨을 얻는 것이다"[*Educating for Shalom: Essays on Christian Higher Education*(Grand Rapids: Eerdmans, 2004), p. 23].

28. Cornelius Plantinga Jr., *Not the Way It's Supposed to Be: A Breviary of Sin*(Grand Rapids: Eerdmans, 1995), p. 10.
29. Plantinga, *Not the Way It's Supposed to Be*, p. 7.
30. Gerhard von Rad, *Genesis: A Commentary*, John H. Marks trans.(Philadelphia: Westminster, 1961), p. 78.
31. Plantinga, *Not the Way It's Supposed to Be*, p. 30.
32. Bruce Waltke는 "인류가 타락하여 하나님이 그들을 심판하신 결과로 여자는 남편을 좌우하려 하고 남자는 아내를 지배하려 한다"(창 3:16하)라고 했다 ["The Role of Women in Worship in the Old Testament", http://www.ldolphin.org/waltke.html(2008년 2월 14일 접속)]. 다음 두 권의 책도 참고하라. Susan T. Foh, "What Is the Woman's Desire?" *Westminster Theological Journal* 37(1975), pp. 374-383. *Women and the Word of God: A Response to Biblical Feminism*(Philadelphia, NJ: Presbyterian & Reformed, 1979), pp. 68-69.
33. G. C. Berkouwer, *Sin*, Philip C. Holtrop trans., Studies in Dogmatics(Grand Rapids: Eerdmans, 1971), p. 235. 아울러 pp. 235-322도 참고하라. Plantinga, *Not the Way It's Supposed to Be*도 참고하라.
34. Chaplin 외, "An Introduction to a Christian Worldview", p. 64.
35. 렘 3장과 호세아서를 참고하라.
36. Brian J. Walsh & J. Richard Middleton, *The Transforming Vision: Shaping a Christian World View*(Downers Grove, IL: InterVarsity, 1984), p. 67.
37. Berkouwer, *Sin*, pp. 235, 240, 259.
38. Plantinga는 죄에는 3중으로 타락시키는 위력이 있다고 보았다. 즉, 죄는 창조

세계를 뒤틀거나 변질시켜 헛된 일에 쓰이게 하고, 창조 세계를 더럽히고 오염시키며, 또한 해체와 퇴락을 초래한다.

39. Berkouwer, Sin, p. 262. Barvinck가 Gereformeerde Dogmatiek, III, p. 125에 논한 내용을 요약해 놓았다.
40. 죄를 privatio(결핍)의 관점에서 보는 역사는 오래되어 Augustinus까지 거슬러 올라간다. Augustinus는 악이란 "오직 선의 결핍으로서만 존재할 뿐이다"라고 말했다(Confessions, 3.7.12). Berkouwer, Sin, pp. 256-267의 내용을 참고하라.
41. Plantinga, Not the Way It's Supposed to Be, p. 89.
42. C. S. Lewis, Mere Christianity(New York: Macmillan, 1952), p. 49. 「순전한 기독교」(홍성사).
43. Herman Bavinck, Gereformeerde Dogmatiek, III, p. 126. Berkouwer, Sin, p. 262에 인용되어 있다. 「개혁주의 교의학」(크리스챤다이제스트).
44. Wolters, Creation Regained, pp. 53-68.
45. Bob Goudzwaard, Aid for the Overdeveloped West(Toronto: Wedge, 1975), p. 14.
46. Goudzwaard, Aid for the Overdeveloped West, p. 15.
47. G. C. Berkouwer는 이렇게 썼다. "이 땅의 삶은 아직 죄의 결과를 완전히 다 들추어내지는 않는다. Calvin은 '일반 은총'을 말했고, 비신자들의 삶에서도 볼 수 있는 덕을 그러한 맥락에서 논했다. 그러한 현상을 그는 마치 하나님을 등진 배교가 별로 심각하지 않다는 듯이 본성에 잔존하는 선의 탓으로 돌릴 뜻이 없었고, 오히려 거기서 완전한 파괴로부터 생명을 보존하시는 하나님의 능력과 계시와 은혜를 보았다"["General and Special Divine Revelation", Revelation and the Bible, Carl F. H. Henry ed.(Grand Rapids: Baker Academic, 1959), pp. 20-21]. 「신, 계시, 권위」(생명의말씀사).

4. 회복

1. Craig Bartholomew & Michael Goheen, "The Story-Line of the Bible", http://www.biblicaltheology.ca/blue_files/The%20Story-Line%20of%20

the%20Bible.pdf에 그 이야기를 일곱 페이지로 요약해 놓았다(2008년 2월 14일 접속).
2. Christopher J. H. Wright, *The Mission of God: Unlocking the Bible's Grand Narrative*(Downers Grove, IL: InterVarsity, 2006), p. 23.
3. 다음 세 기사를 참고하라. Michael W. Goheen, "(Re)New(ed) Heavens and Earth: The End of the Story", http://www.biblicaltheology.ca/blue_files/(Re)New(ed)%20Creation-The%20End%20of%20the%20Story.pdf(2008년 2월 14일 접속). J. Richard Middleton, "A New Heaven and a New Earth: The Case for a Holistic Reading of the Biblical Story of Redemption", *Journal for Christian Theological Research* 11(2006): pp. 73-97(http://www.luthersem.edu/ctrf/JCTR/Vol11/Middleton_vol11.pdf에서도 볼 수 있다). Michael Williams, "A Restorational Alternative to Augustinian Vertical Eschatology", *Pro Rege* 20, no. 4(1992년 6월): pp. 11-24.
4. Albert M. Wolters, *Creation Regained: Biblical Basics for a Reformational Worldview*, repr.(Grand Rapids: Eerdmans, 2005), p. 49.
5. Wolters, *Creation Regained*, p. 77.
6. Middleton, "A New Heaven and a New Earth", pp. 75-76.
7. 다음 훌륭한 책을 참고하라. Michael Williams, *As Far as the Curse Is Found: The Covenant Story of Redemption*(Phillipsburg, NJ: Presbyterian & Reformed, 2005).
8. Wolters, *Creation Regained*, p. 40를 참고하라.
9. Gerhard von Rad, *Wisdom in Isreal*, James D. Martin trans.(Nashville: Abingdon, 1972), p. 159.
10. David Bosch, *Transforming Mission: Paradigm Shifts in Theology of Mission*(Maryknoll, NY: Orbis, 1991), p. 33. 「변화하고 있는 선교」(CLC).
11. E. H. Scheffler는 누가복음에 나타난 구원에 경제적·사회적·정치적·신체적·심리적·영적 차원 등 여섯 가지 차원이 있다고 주장한다[원전은 "Suffering in

Luke's Gospel"(박사학위 논문, University of Pretoria, 1988), pp. 57-108이며, Bosch, *Transforming Mission*, p. 117에 인용되어 있다.
12. Colin Gunton, *Christ and Creation*(1992; repr. Eugene, OR: Wipf & Stock, 2005), pp. 17-18.
13. John Driver, *Understanding the Atonement for the Mission of the Church*(Scottdale, PA: Herald, 1986), pp. 71-86.
14. Lesslie Newbigin, *The Gospel in a Pluralist Society*(Grand Rapids: Eerdmans, 1989), p. 179. Newbigin은 "개인화했고…절정에 이르렀다는 듯이…말했다"라고 과거 시제를 썼지만 우리가 문맥의 흐름상 현재 시제로 바꾸었다. 이것을 19세기의 허무주의 철학자 Friedrich Nietzsche가 다음과 같이 그리스도인들을 신랄하게 비판한 말과 비교해 보라. "'영혼의 구원'이란 쉽게 말해서 '세상이 나를 중심으로 돌아간다'는 뜻이다"(*The Antichrist*, 금언 43,「안티 크리스트」, 이너북).
15. 성령이 종말론적 하나님 나라를 임하게 하시는 선물이라는 개념은 성서학과 신학에 잘 정립된 개념이다. 예를 들어, 다음 두 권의 책을 참고하라. Neill Q. Hamilton, *The Holy Spirit and Eschatology in Paul*, Scottish Journal of Theology Occasional Papers 6(Edinburgh: Oliver & Boyd, 1957), p. 17. Hendrikus Berkhof, *The Doctrine of the Holy Spirit*(Richmond: John Knox, 1964), p. 105.「성령론」(성광).
16. 다음 책을 참고하라. Lesslie Newbigin, *Mission in Christ's Way: A Gift, a Command, an Assurance*(New York: Friendship Press, 1987).
17. Herman Ridderbos, *The Coming of the Kingdom*, Raymond O. Zorn ed., H. de Jongste trans.(Philadelphia: Presbyterian & Reformed, 1975), pp. 354-356.「하나님 나라」(솔로몬).
18. Lesslie Newbigin, *Household of God: Lectures on the Nature of the Church*(New York: Friendship Press, 1954), p. 153.「교회란 무엇인가」(IVP).
19. 다음 책에 인용된 말이다. George Marsden, *Fundamentalism and American Culture: The Shaping of Twentieth-Century Evangelism, 1870-1925*(New

York: Oxford University Press, 1980), p. 38. 「근본주의와 미국문화」(생명의 말씀사).
20. Lesslie Newbigin, "The Bishop and the Ministry of Mission", *Today's Church and Today's World: With a Special Focus on the Ministry of Bishops*, John Howe ed.(London: CIO Publishing, 1977), p. 242.
21. Bosch, *Transforming Mission*, p. 35.
22. Lesslie Newbigin, "Abiding in Him", World Council of Churches, Faith and Order Commission, *Uniting in Hope: Reports and Documents from the Meeting of the Faith and Order Commission, 23 July-5 August, 1974, University of Ghana, Legon*, Faith and Order Paper 72(Geneva: Commission on Faith and Order, World Council of Churches, 1975), p. 141. 아울러 Lesslie Newbigin, *The Good Shepherd: Meditations on Christian Ministry in Today's World*(Grand Rapids: Eerdmans, 1977), pp. 140-144도 참고하라.
23. 다음 책을 참고하라. Albert M. Wolters, "The Reformational-Evangelical Worldview and the Future Mission of Institutions of Christian Higher Education in a North American Context", *Vision and Mission: 25 Years; The Reformational-Evangelical Vision of Life and the Future Mission of Christian Higher Educational Institutions in World Perspective*(아프리카어로도 나와 있다), B. J. van der Walt ed.(Potchefstroom: Pot Chefstroomse Universiteit vir Christelike Höer Onderwys, 1989), p. 87.
24. 이 은유는 Wolters, *Creation Regained*, pp. 45-46에서 빌려온 것이다.
25. 이는 천국이 존재한다는 사실이나 우리가 죽으면 몸이 부활할 때까지 천국에 간다는 사실을 부정하는 것이 아니다. 여기에 대한 단순하면서도 유익한 설명은 David Lawrence, *Heaven: It's Not the End of the World! The Biblical Promise of a New Earth*(London: Scripture Union, 1995)를 참고하라. 천국에 대한 성경적 개념은 pp. 48-59에, 죽음과 부활 사이의 "중간 상태"는 pp. 60-74에 나와 있다.
26. Lawrence, *Heaven*, pp. 17-18. 다음 세 권의 책도 참고하라. Paul Marshall &

Lela Gilbert, *Heaven Is Not My Home: Learning to Live in God's Creation*(Nashville: Word, 1999, 「천국만이 내 집은 아닙니다」, IVP). Michael Wittmer, *Heaven Is a Place on Earth: Why Everything You Do Matters to God*(Grand Rapids: Zondervan, 2004). Nathan Bierma, *Bringing Heaven Down to Earth: Connecting This Life to the Next*(Phillipsburg, NJ: Presbyterian & Reformed, 2005).

27. Lawrence, *Heaven*, p. 17.

5. 모더니즘의 뿌리

1. Lesslie Newbigin, "Gospel and Culture-But Which Culture?" *Missionalia* 17, no. 3(1989년 11월): p. 214.
2. Friedrich Nietzsche, *The Gay Science*, Walter Kaufmann trans. and ed.(New York: Vintage, 1974), pp. 181-182(125절). 「즐거운 학문」(책세상)
3. *Humanist Manifesto I*(1933). 이 문서가 처음 나온 뒤로 *Humanist Manifesto II*(1973)와 *Humanism and Its Aspirations: Humanist Manifesto III*(2003)라는 두 개의 선언이 더 뒤를 이었다. 웹사이트 http://www.americanhumanist.org/about/에서 각 내용을 볼 수 있다(2008년 2월 18일 접속).
4. Corliss Lamont, *The Philosophy of Humanism*, 8th ed.(Amherst, NY: Humanist Press, 1997), p. 309. 웹사이트 http://www.corliss-lamont.org/philos8.pdf에서 책 전체를 볼 수 있다(2008년 2월 18일 접속). 「휴우머니즘」(정음사).
5. 이것이 Lamont가 신봉한 인본주의다(*Philosophy of Humanism*, p. 317를 참고하라).
6. 여기에 자유주의적, 공산주의적이라는 말을 추가하여 20세기에 출현한 인본주의의 두 가지 주요 형태를 기술할 수 있다. 물론 1991년에 소련이 붕괴된 뒤로 서구 세계를 지배해 온 것은 자유주의적 인본주의다.
7. Alan D. Gilbert, *The Making of Post-Christian Britain: A History of the Secularization of Modern Society*(London: Longman, 1980), p. 153.

8. Michael Polanyi, *Personal Knowledge: Toward a Post-critical Philosophy* (Chicago: University of Chicago Press, 1958), pp. 265-266. 우리는 Polanyi의 은유를 빌려다가 약간 고쳤다. Polanyi는 "그리스의 합리주의의 산소 덕분에 기독교의 유산(遺産)이 발화되었다"라는 말을 했다. 「개인적 지식」(아카넷).

9. Christopher Dawson, *Religion and the Rise of Western Culture*(New York: Image, 1958), p. 16.

10. Dirk H. Th. Vollenhoven, *The Problem-Historical Method and the History of Philosophy*, Kornelis A. Bril ed.(Amstelveen: De Zaak Haes, 2005), pp. 29-88. Vollenhoven은 사람들 사이에 포스트모더니즘이라는 말이 나오기 전에 세상을 떠났다. 그는 이교 시대와 혼합 시대와 대립 시대 세 가지만 말했고 신이교 시대는 우리가 추가한 것이다. 다음 책을 참고하라. John Kok, *Patterns of the Western Mind: A Reformed Christian Perspective*, repr.(Sioux Center, IA: Dordt College Press, 1998), p. 27.

11. Lesslie Newbigin은 서구 문화에 대해 이렇게 말한다. "그것은 이교 사회이며, 기독교를 거부하고 태동한 이 이교가 기독교가 도입되기 이전의 이교보다 복음에 훨씬 더 저항적이다. 후자라면 오히려 타문화권 선교가 잘 아는 분야다. 우리 시대의 가장 힘든 선교 전선은 단연 이 부분이다"[*Foolishness to the Greeks: The Gospel and Western Culture*(Grand Rapids: Eerdmans, 1986), p. 20].

12. 이러한 시도를 그것도 딱 한 장만 할애해서 한다는 것이 어렵고 위험한 일이라는 것을 우리도 잘 안다. 하지만 그리스도인들이 충실하게 살아가는 데 그것이 꼭 필요하다고 믿기에 이렇게 감행한다. 이 내러티브를 다른 사람들이 얼마든지 더 좋게 바로잡아 주기를 바란다.

13. James Shiel, *Greek Thought and the Rise of Christianity*, Problems and Perspectives in History(New York: Barnes & Noble, 1968), p. 5.

14. 연역법과 귀납법의 구분, 삼단논법, 질료인과 작용인과 형상인과 목적인 등 네 원인의 구분, 주체와 객체, 필연과 우연, 질료와 형상, 잠재와 실제, 보편과 특수, 속종(屬種)과 개체 등의 구분, 열 개 범주인 실체, 양, 질, 관계, 장소, 시간, 위치, 상태, 능동, 수동 같은 것들이 거기에 포함된다.

15. Richard Tarnas, *The Passion of the Western Mind: Understanding the Ideas That Have Shaped Our World View*(New York: Ballantine, 1991), p. 62.
16. 예를 들어 다음 책을 참고하라. Rodney Stark, *The Victory of Reason: How Christianity Led to Freedom, Capitalism, and Western Success*(New York: Random House, 2005).
17. Augustinus가 회심한 이야기는 그의 유명한 책 *Confessions*에 나온다. 397-398년에 쓴 이 책은 총 열세 권의 자전적 작품으로 처음 열 권에는 자신의 이야기를, 나머지 세 권에는 성경 창세기에 대한 묵상을 담았다.
18. Tarnas, *The Passion of the Western Mind*, p. 147.
19. Hans Küng, *Christianity: The Religious Situation of Our Time*, John Bowden trans.(London: SCM, 1995), p. 417. 「그리스도교」(분도).
20. Fernand van Steenberghen, *Aristotle in the West: The Origins of Latin Aristotelianism*, Leonard Johnson trans.(Louvain: E. Nauwelaerts, 1955), p. 67.
21. Küng, *Christianity*, p. 426.
22. Brian J. Walsh & J. Richard Middleton, *The Transforming Vision: Shaping a Christian World View*(Downers Grove, IL: InterVarsity, 1984), p. 115.
23. Lesslie Newbigin, *Sign of the Kingdom*(Grand Rapids: Eerdmans, 1980), p. 47.
24. Lesslie Newbigin, *Household of God: Lectures on the Nature of the Church* (New York: Friendship Press, 1954), p. 1.
25. Lesslie Newbigin, *Priorities for a New Decade*(Birmingham: National Student Christian Press and Resource Centre, 1980), p. 6.

6. 모더니즘의 성장

1. Lesslie Newbigin은 이렇게 말한다. "계몽주의(Enlightenment)라는 말은 종교적 의미가 깊이 함축되어 있는 단어다. 부처(Buddha)가 했던 결정적 체험이 그 단어로 표현되었다. 요한의 저작에서 예수께서 오신 것도 그 단어로 기술되었다.…18세기 중반의 주요한 사상가들은 자신들이 그러한 광명(깨달음)의 순간

에 있다고 느꼈다." 빛을 발견했다는 이러한 감격이 그 시기의 특징이 되었는데, 그것은 "이제까지 모호하던 것들이 이제야 '설명되고' 있다는 확신에서 비롯된 것이다. 지성을 더 이상 만족시켜 주지 못하던 '독단적' 또는 '비과학적' 설명 대신에, 드디어 현상에 대한 참된 설명이 밝혀지고 있었던 것이다"[The Other Side of 1984: Questions for the Churches(Geneva: World Council of Churches, 1983), pp. 7-8].

2. 이러한 구분을 실제로 처음 사용한 사람은 아마 독일의 고전학자 Christoph Cellarius(1638-1707)일 것이다. 17세기에 쓴 그의 책 *Universal History, Divided into Ancient, Medieval, and Modern Time Periods*에 나온다. 다음 책을 참고하라. Geoffrey Barraclough, *History in a Changing World*(Oxford: Blackwell, 1955), p. 54.

3. Johan Huizinga, *Men and Ideas: History, the Middle Ages, the Renaissance; Essays*, James S. Holmes & Hans van Marle trans.(New York: Harper & Row, 1970), pp. 243-267.

4. John Dewey, *Reconstruction in Philosophy*, enlarged ed.(Boston: Beacon, 1957), pp. 47-48.

5. 다음 책을 참고하라. Romano Guardini, *The World and the Person*, Stella Lange trans.(Chicago: Henry Regnery, 1965). 원제는 *Welt und Person: versuche zur christlichen Lehre vom Menschen*(Würzburg: Werkbund-Verlag, 1939)이다. Guardini는 중세 후기와 특히 르네상스기에 모더니즘 세계관이 출현한 출발점을 자연, 주체, 문화 세 가지로 유익하게 정리했다. 이 세 가지를 이해하는 열쇠는 자율성인데, Guardini가 말하는 자율성이란 창조 세계와 인간의 삶과 문화의 발전이 모두 하나님과 그분의 권위를 떠나서 존재한다고 보는 것이다. Guardini가 말한 자연, 주체, 문화는 우리가 요약한 르네상스 세계관의 네 가지 특징 중 2-4번과 대략 일치한다.

6. Guardini, *The World and the Person*, p. 9.

7. J. B. Ross & M. M. McLaughlin ed., *The Portable Renaissance Reader*(New York: Penguin, 1977), p. 478.

8. Guardini, *The World and the Person*, p. 11.
9. Bob Goudzwaard, *Capitalism and Progress: A Diagnosis of Western Society*, Josina Van Nuis Zylstra trans. and ed.(Toronto: Wedge; Grand Rapids: Eerdmans, 1979), p. 134. 「자본주의와 진보 사상」(IVP).
10. Guardini, *The World and the Person*, p. 11.
11. Ronald A. Wells, *History through the Eyes of Faith: Western Civilization and the Kingdom of God*(San Francisco: Harper & Row, 1989), p. 75. 「신앙의 눈으로 본 역사」(IVP).
12. Crane Brinton, *The Shaping of the Modern Mind: The Concluding Half of Ideas and Men*(New York: New American Library, 1953), p. 22.
13. Richard Tarnas, *The Passion of the Western Mind: Understanding the Ideas That Have Shaped Our World View*(New York: Ballantine, 1991), p. 321.
14. 종교개혁이 세속화를 재촉한 것을 기독교에 동조적이 아닌 관점에서 논한 내용을 자세히 보려면 Tarnas, *Passion of the Western Mind*, pp. 237-247를 참고하라.
15. Roland A. Bainton, *Here I Stand: A Life of Martin Luther*(1950; repr. New York: Penguin, 1995), p. 144. 「마르틴 루터의 생애」(생명의말씀사).
16. Lesslie Newbigin, *Foolishness to the Greeks: The Gospel and Western Culture*(Grand Rapids: Eerdmans, 1986), pp. 15, 22.
17. *Novum Organum*, 제1권, 금언3. 「신기관」(한길사).
18. *Novum Organum*, 제1권, 금언129.
19. 다음 책을 참고하라. Peter A. Schouls, *Descartes and the Enlightenment*, McGill-Queen's Studies in the History of Ideas 13(Kingstone: McGill-Queen's University Press, 1989). 저자는 Decartes의 사상 특히 자유, 정복, 진보를 보는 그의 관점이 계몽주의 철학자들의 그것과 근본적으로 유사함을 예증해 보인다.
20. René Descartes, *Discourse on Method*, 3rd ed. Donald A. Cress trans.(Indianapolis: Hackett, 1993), p. 3. 「데카르트 연구-방법서설 성찰」(창).

21. Pope가 쓴 Newton의 묘비명.

22. Donald H. Kobe, "Copernicus and Martin Luther: An Encounter Between Science and Religion", *American Association of Physics Teachers*(1998년 3월): p. 192. 이 말은 Luther 자신이 기록한 것이 아니라 Luther와 대화한 한 친구의 회상으로부터 인용된 것이다. 이 기사에 보면, Luther가 본래 한 말에 세월이 가면서 살이 붙어서 어떻게 과학과 종교 사이에 전투의 은유를 부추기는 말로 과장되고 오용되어 왔는지를 알 수 있다. 이 참고 문헌은 캐나다 브리티시컬럼비아 랭글리에 있는 Trinity Western University의 환경학 교수 겸 학장 Paul Brown 박사한테서 얻은 것이며, 인용된 Luther의 말도 그가 확인해 주었다.

23. Max Wilders, *The Theologian and His Universe: Theology and Cosmology from the Middle Age to the Present*, Paul Dunphy trans.(New York: Seabury, 1982), p. 140[원제는 *Wereldbeeld en teologie: Van de middeleeuwen tot vandaag*(Antwerp: Standaard, 1977)이다].

24. Tarnas, *Passion of the Western Mind*, p. 261.

25. Carl Becker, *The Heavenly City of the Eighteenth-Century Philosophers* (New Haven: Yale University Press, 1923), p. 31.

26. Immanuel Kant, *Criticism of Herder*(1785). 다음 책에 인용되어 있다. F. S. Marvin, *The Living Past: A Sketch of Western Progress*, 4th ed.(Oxford: Clarendon, 1928), p. 217.

27. Becker, *Heavenly City*, p. 145에 인용되어 있다.

28. William Goodwin, *Enquiry Concerning Political Justice and Its Influence on Morals and Happiness*(Toronto: University of Toronto Press, 1946), 2:528. 다음 책에 인용되어 있다. Goudzwaard, *Capitalism and Progress*, p. 41.

29. Becker, *Heavenly City*, p. 31.

30. 다음 책에 인용되어 있다. John B. Bury, *The Idea of Progress: An Inquiry into Its Origin and Growth*(London: Macmillan, 1920), p. 173.

31. Lawrence Osborn, *Restoring the Vision: The Gospel and Modern Culture* (London: Mowbray, 1995), p. 46.

32. Osborn, *Restoring the Vision*, p. 57.
33. Ronald Wright, *A Short History of Progress*, CBC Massey Lecture Series(Toronto: House of Anansi Press, 1994, 「진보의 함정」, 이론과실천), p. 4. 다음 책도 참고하라. Christopher Dawson, *Progress and Religion: An Historical Inquiry*(London: Sheed & Ward, 1929), p. 3.
34. Becker, *Heavenly City*, p. 31. 다음 책도 참고하라. Goudzwaard, *Capitalism and Progress*, p. 38.
35. Tarnas, *Passion of the Western Mind*, p. 323.
36. 다음 두 권의 책을 참고하라. Bury, *The Idea of Progress*, p. 197. Goudzwaard, *Capitalism and Progress*, p. 49.
37. Alexander Pope는 인간이 자신의 이익을 추구하는 것이 하나님이 본래 경제 생활에 두신 목적과 결국 맞아떨어지리라는 견해를 이렇게 비웃었다. "이처럼 하나님과 자연이 공동 기구를 설립하고는 사욕과 공익더러 서로 같아지라고 명하였다" [*An Essay on Man: In Epistles to a Friend*, 4 vols.(London: J. Wilford, 1733-1734), 서신3, pp. 317-318].
38. Marvin Perry 외, *Western Civilization: Ideas, Politics, and Society*, 5th ed.(Boston: Houghton Mifflin, 1996), p. 439.
39. Paul Tillich, *Perspectives on 19th and 20th Century Protestant Theology*, Carl E. Braaten ed.(London: SCM, 1967), p. 33. 「19-20세기 프로테스탄트 사상사」(대한기독교서회).
40. George Soros & Jeff Madrick, "The International Crisis: An Interview", *The New York Review of Books*(1999년 1월 14일): p. 38. 다음 책에 인용되어 있다. Bob Goudz-waard 외, *Globalization and the Kingdom of God*, James W. Skillen ed.(Washington, DC: Center for Public Justice; Grand Rapids: Baker Academic, 2001), p. 24.
41. Newbigin, *Foolishness to the Greeks*, p. 31.
42. Paul Hazard, *European Thought in the Eighteenth Century: From Montesquieu to Lessing*, J. Lewis May trans.(Cleveland: World Publishing,

1963), p. 145. 원제는 *La Pensée européenne au XVIIIème siècle: De Montesquieu à Lessing*, 3 vols.(Paris: Boivin, 1946)이다. 같은 저자의 다음 책도 참고하라. *The European Mind: 1680-1715*, J. Lewis May trans.(New York: World Publishing, 1963), pp. 269-270. 원제는 *La crise de la conscience européenne, 1680-1715*, 3 vols.(Paris: Boivin, 1935)이다. 「유럽 의식의 위기」(민음사).

43. A. P. d' Entrèves, *Natural Law: An Introduction to Legal Philosophy* (London: Hutchinson's University Library, 1951), p. 55.

44. Newbigin, *The Other Side of 1984*, p. 12. Newbigin이 언급한 Montesquieu(1689-1755)의 말은 1748년에 처음 간행된 정부에 관한 에세이 *De L'esprit des lois*(「법의 정신」, 책세상)의 유명한 첫 장에 나온다.

45. Eduard Heimann, *History of Economics Doctrines: An Introduction to Economic Theory*(London: Oxford University Press, 1945), p. 49. 다음 책에 인용되어 있다. Goudzwaard, *Capitalism and Progress*, p. 20.

46. Peter Gay, *The Enlightenment: An Interpretation*, 2 vols.(New York: Knopf, 1966-1969), 1:149. 「계몽주의의 기원」(민음사).

47. Hazard, *The European Mind*, p. 256.

48. 어떤 면에서 그 둘은 자본주의 사회와 공산주의 사회가 택한 길이다. 계몽주의의 세계관은 결국 그 두 가지 형태를 띠게 된다. 인본주의의 공산주의적 형태는 기독교 신앙을 완전히 배제하려 하고, 자본주의적 형태는 기독교 신앙을 사적인 영역으로 밀어낸다.

49. Tarnas, *Passion of the Western Mind*, pp. 306-307.

50. Tarnas, *Passion of the Western Mind*, p. 320.

51. Goudzwaard, *Capitalism and Progress*, pp. 50-51.

52. 계몽주의 세계관을 실행에 옮긴 혁명으로 미국 독립전쟁도 함께 생각해 볼 수 있다.

53. Stephen Monsma 외, *Responsible Technology: A Christian Perspective* (Grand Rapids: Eerdmans, 1986), pp. 85, 91. 「책임 있는 과학 기술」(CUP).

54. Lynn White, "The Historical Roots of Our Ecologic Crisis", *Science* 155(1967): pp. 1203-1207.
55. Norman J. G. Pounds, *An Historical Geography of Europe, 1800-1914* (Cambridge: Cambridge University Press, 1985), p. 32.
56. Andrew Walker, *Telling the Story: Gospel, Mission, and Culture*(London: SPCK, 1996), p. 57.
57. David Wells, *God in the Wasteland: The Reality of Truth in a World of Fading Dreams*(Grand Rapids: Eerdmans, 1994), p. 8.「거룩하신 하나님」(부흥과개혁사).
58. Walker, *Telling the Story*, pp. 110-111.
59. Mark Poster는 이렇게 썼다. "자유주의와 마르크스주의의 관점에서 볼 때, 사회에 관한 담론에는 해방을 증진시키려는 의도가 담겨 있다. 지식은 자유를 촉진한다는 기본적 가정이 계몽주의 이후에 나온 담론의 특징이다"[*Foucault, Marxism, and History: Mode of Production versus Mode of Information* (Cambridge: Polity, 1984), p. 160].「푸꼬, 마르크시즘, 역사」(인간사랑).
60. 자유주의(liberalism)라는 말이 영어로 처음 쓰인 것은 1819년경이다. 그러나 이러한 철학에 담겨 있는 교의들은 훨씬 일찍부터 나타나며, John Locke를 자유주의의 아버지라고 볼 수 있을 것이다. 하지만 본격적인 내러티브로서의 자유주의는 19세기에 나타나며, David Wells가 정의한 자본주의에 거의 상응한다.
61. 다음 책을 참고하라. Newbigin, *Foolishness to the Greeks*, p. 106. Newbigin은 이 두 가지 주의에 관해 "둘 다 무신론이다. 하나는 공적 영역에는 물론 사생활에까지 무신론을 강요하려다가 실패했고, 또 하나는 하나님을 믿는 선택을 사생활에는 허용하나 그것이 공적인 삶까지는 주관하지 못하게 일체 배제한다"라고 지적했다.
62. 우리는 두 가지 형태의 인본주의를 말하고 있지만 Authur Holmes는 네 가지 형태의 인본주의를 말한다. 바로 과학주의적, 낭만주의적, 실존주의적, 마르크스주의적 인본주의다[*Contours of a World View*, Studies in a Christian World View 1(Grand Rapids: Eerdmans, 1983,「기독교 세계관」, 엠마오), pp. 21-

27]. 앞에 이미 암시했듯이, 마르크스주의는 과학주의적 인본주의가 취하는 한 형태다. 실존주의적 인본주의는 낭만주의적 인본주의라는 시류에 뒤따라 나오는 운동들 중의 하나다.

63. 다음 책에 인용되어 있다. Wells, *History through the Eyes of Faith*, p. 188.
64. Wordsworth의 시 "The Tables Turned"에서.
65. John Keats, *The Letters of John Keats*, 1814-1821, Hyder E. Rollins ed., 2 vols.(Cambridge, MA: Harvard University Press, 1958), 1:184-185.
66. John Herman Randall, *The Making of the Modern Mind*(Cambridge, MA: Riverside, 1940), p. 415. 다음 책도 참고하라. Newbigin, *The Other Side of 1984*, p. 13.
67. 이 구분은 C. P. Snow의 유명한 책 제목에서 나오는데, 그 책은 이러한 두 가지 형태의 인본주의가 대학 생활에 낳은 두 가지 문화―자연과학과 예술―를 탐색하고 있다[*The Two Cultures and the Scientific Revolution*(Cambridge: Cambridge University Press, 1959). 「두 문화와 과학혁명」(박영사)].
68. Carl Jung, *Modern Man in Search of a Soul*(Yew York: Harcourt & Brace, 1933), pp. 231, 234-235.
69. Wells, *History through the Eyes of Faith*, p. 218.
70. United Nations Development Programme, *Human Development Report 1992*(New York: Oxford University Press, 1992), p. 34.
71. United Nations Development Programme, *Human Development Report 1999*(New York: Oxford University Press, 1999), p. 2.
72. Bod Goudzwaard, Mark Vander Vennen, & David Van Heemst, *Hope in Troubled Times: A New Vision for Confronting Global Crises*(Grand Rapids: Baker Academic, 2007), p. 153.
73. 다음 세 가지 자료를 비교해 보라. Stockholm International Peace Research Institute, "Recent Trends in Military Expenditures", http://www.sipri.org/contents/milap/milex/mex_trends.html(2008년 4월 5일 접속). World Food Programme, "Hunger Facts", http://www.wfp.org/aboutwfp/facts/hunger_

facts.asp(2008년 4월 5일 접속). Feed the Children, "Hungry and Poor…", http://www.feedthechildren.org/site/PageServer?pagename=org_nicaragua(2008년 4월 5일 접속).

74. Kenneth J. Gergen, *The Saturated Self: Dilemmas of Identity in Contemporary Life*(New York: Basic Books, 1991), p. 13.
75. Lesslie Newbigin, "Rapid Social Change and Evangelism" (미간행 논문, 1962), p. 3.
76. Brian Walsh, *Who Turned out the Lights? The Light of the Gospel in a Post-Enlightenment Culture*(Toronto: Institute for Christian Studies, 1989), p. 15.
77. Walker, *Telling the Story*, p. 143(강조 추가).

7. 지금은 어느 때인가?: 우리 시대의 4대 징후

1. 포스트모던이라는 단어가 처음 사용된 예들을 보려면 다음 두 권의 책을 참고하라. Hans Bertens, *The Idea of the Postmodern: A History*(London: Routledge, 1995, 「포스트모던 사상사」, 현대미학사), p. 20. Margaret Rose, *The Post-modern and the Post-industrial: A Critical Analysis*(Cambridge: Cambridge University Press, 1991), pp. 3-20.
2. Jean-François Lyotard, *The Postmodern Condition: A Report on Knowledge*, Theory and History of Literature 10(Manchester: Manchester University Press, 1984), p. xxiv. 「포스트모던의 조건」(민음사).
3. Richard Rorty, *Philosophy and the Mirror of Nature*(Oxford, Blackwell, 1980). 「철학 그리고 자연의 거울」(까치).
4. Kenneth J. Gergen, *The Saturated Self: Dilemmas of Identity in Contemporary Life*(New York: Basic Books, 1991), p. 82.
5. 이 점에 관해서는 특히 Michel Foucault의 책들을 참고하라. 그의 관점들을 개괄한 내용이 다음 책에 나와 있다. David Naugle, *Worldview: The History of a Concept*(Grand Rapids: Eerdmans, 2002), pp. 184-186.
6. Bertens, *The Idea of the Postmodern*, pp. 134-137를 참고하라.

7. Richard Rorty, "Postmodernist Bourgeois Liberalism", *Journal of Philosophy* 80, no. 10(1983): pp. 585-586.
8. Michel Foucault, *The Order of Things: An Archaeology of the Human Sciences*(London: Tavistock, 1970), p. xxiii. 「말과 사물」(민음사).
9. David Harvey, *The Condition of Postmodernity: An Enquiry into Origins of Cultural Change*(Oxford: Blackwell, 1990).
10. Alvin Plantinga, "Advice to Christian Philosophers", *Faith and Philosophy* 1, no. 3(1984): p. 269.
11. Lesslie Newbigin의 다음 책에 나오는 코끼리와 장님들에 관한 이야기를 참고하라. *The Gospel in a Pluralist Society*(Grand Rapids: Eerdmans, 1989), pp. 9-10.
12. Mary Hesse, "How to Be Postmodern Without Being a Feminist", *The Monist* 77, no. 4(1994): p. 457.
13. David Lyon, *Postmodernity*(Minneapolis: University of Minnesota Press, 1994), p. 70.
14. Edward S. Casey, *Getting Back into Place: Toward a Renewed Understanding of the Place-World*, Studies in Continental Thought(Bloomington: Indiana University Press, 1983), pp. 389-390.
15. Peter Heslam, *Globalization: Unravelling the New Capitalism*, Grove Ethics Series E125(Cambridge: Grove, 2002), pp. 7-8.
16. Richard Bauckham, "Reading Scripture as a Coherent Story", *The Art of Reading Scripture*, Ellen F. David & Richard B. Hays ed.(Grand Rapids: Eerdmans, 2003), p. 46.
17. Susan J. White, "A New Story to Live By?" *Transmission*(1998년 봄): pp. 3-4.
18. Don Slater, *Consumer Culture and Modernity*(Oxford: Polity, 1997), p. 27. 「소비 문화와 현대성」(문예출판사).
19. 다음 책을 참고하라. Anthony Bianco, *The Bully of Bentonville: How the High Cost of Wal-Mart's Everyday Low Prices Is Hurting America*(New York: Doubleday, 2007), pp. 166-169.

20. Bianco, *The Bully of Bentonville*, p. 169.
21. Slater, *Consumer Culture and Modernity*, p. 29.
22. 다음 책에 인용된 말이다. Jon Pahl, *Shopping Malls and Other Sacred Spaces: Putting God in Place*(Grand Rapids: Brazos, 2003), p. 70.
23. Pahl, *Shopping Malls*, p. 79.
24. Joseph E. Stiglitz, *Making Globalization Work*(New York: Norton, 2006), p. 4. 「인간의 얼굴을 한 세계화」(21세기북스).
25. 세계화와 모더니즘의 연관성에 관해서는 다음 책을 참고하라. Bob Goudzwaard, Mark Vander Vennen & David Van Heemst, *Hope in Troubled Times: A New Vision for Confronting Global Crises*(Grand Rapids: Baker Academic, 2007), pp. 143-146.
26. Bob Goudzwaard, "Globalization, Economics, and the Modern World-and-Life View"(미간행 논문).
27. 이후의 내용은 다음 책에서 큰 도움을 받았다. Bob Goudzwaard & Harry M. de Lange, *Beyond Poverty and Affluence: Toward a Canadian Economy of Care*(Toronto: University of Toronto Press, 1995).
28. Goudzwaard & de Lange, *Beyond Poverty and Affluence*, p. 48.
29. Goudzwaard & de Lange, *Beyond Poverty and Affluence*, pp. 51, 53.
30. Goudzwaard & de Lange, *Beyond Poverty and Affluence*, pp. 61, 65.
31. Stiglitz, *Making Globalization Work*, p. 62.
32. Stiglitz, *Making Globalization Work*, pp. 78, 79.
33. Stiglitz는 지난 20년 사이에 중국을 제외한 개발도상국들에서 빈곤이 더 심해졌다고 지적한다(*Making Globalization Work*, p. 11). 세계 인구 65억 중에서 약 40퍼센트가 빈곤하게 살고 있고(1981년보다 36퍼센트 증가) 약 6분의 1(8억 7천 7백만)은 극빈층이다(1981년보다 3퍼센트 증가). 아프리카는 최악의 경우로, 극빈층 인구가 1억 6천 4백만에서 3억 1천 6백만으로 두 배가 늘었다.
34. Goudzwaard, Vander Vennen & Van Heemst, *Hope in Troubled Times*, p. 191.

35. 예를 들어 다음 책을 참고하라. Stephen L. Carter, *The Culture on Disbelief: How American Law and Politics Trivialize Religious Devotion*(New York: Anchor Books, 1993).
36. 예를 들어 다음 책을 참고하라. Gianni Vattimo, *Belief*, Luca D' Isanto & David Webb trans.(Stanford, CA: Stanford University Press, 1999). 원제는 *Credere di Credere*(Milan: Garzanti, 1996)이다.
37. Philip Jenkins, *The Next Christendom: The Coming of Global Christianity* (Oxford: Oxford University Press, 2002), p. 1. 「신의 미래」(도마의길).
38. Jenkins, *The Next Christendom*, p. 3.
39. Philip Jenkins, *The New Faces of Christianity: Believing the Bible in the Global South*(Oxford: Oxford University Press, 2006), p. 41.
40. Jenkins, *The Next Christendom*, pp. 181-182.
41. 마닐라 선언문(Manila Manifesto)에 나오는 선교의 정의를 반영한 것이다. 마닐라 선언문은 복음주의 로잔 언약(1974년)을 다듬은 것으로, 1989년 마닐라에서 열린 제2차 로잔대회 즉 제2차 세계 복음화 국제대회에서 채택되었다.
42. Jenkins, *The New Faces of Christianity*, pp. 141, 142.
43. Karl Barth, *Church Dogmatics*, vol. 3, *The Doctrine of Creation*, Part 1(Edinburgh: T&T Clark, 1958), p. 21.
44. Samuel P. Huntingtonm, *The Clash of Civilization and the Remaking of World Order*(New York: Simon & Schuster, 1996). 「문명의 충돌」(김영사).
45. Jenkins, *The Next Christendom*, p. 166. 중요하게 지적해 둘 것이 있는데, Jenkins가 의미하는 바는 이슬람교나 기독교가 주를 이루는 게 인구이지 반드시 국가와 사회 전체는 아니라는 것이다.
46. Khurshid Ahmad, *Islam: Its Meaning and Message*(London: Islamic Foundation, 1975), p. 37.
47. Paul Marshall, *Radical Islam' s Rules: The Worldwide Spread of Extreme Shari' a Law* 서문, Paul Marshall ed.(Lanham, MD: Rowan & Littlefield, 2001), p. 1.
48. Chaudhry Abdul Qadir, *Philosophy and Science in the Islamic World*

(London: Croom Helm, 1988), p. 1.
49. Qadir, *Philosophy and Science*, pp. 5-6.
50. Akbar S. Ahmed, *Postmodernism and Islam: Predicament and Promise* (London: Routledge, 1992), p. 264.
51. Ziauddin Sardar, "The Ethical Connection: Christian-Muslim Relations in the Postmodern Age", *Islam and Christian-Muslim Relations* 2, no. 1(1991년 6월): p. 59.
52. Sardar, "Ethical Connection", pp. 59, 68.
53. Sardar, "Ethical Connection", pp. 61-62.
54. Jenkins, *The Next Christendom*, p. 168.
55. Lesslie Newbigin, "Part Four: A Light in the Nations: Theology in Politics", *Faith and Power: Christianity and Islam in "Secular" Britain*, Lesslie Newbigin, Lamin Sanneh, & Jenny Taylor 공저(London: SPCK, 1998), pp. 148-149.
56. Jacques Ellul, *The Subversion of Christianity*, Geoffrey W. Bromiley trans.(Grand Rapids: Eerdmans, 1986), p. 100. 「뒤틀려진 기독교」(대장간).
57. Bernard Lewis, *The Crisis of Islam: Holy War and Unholy Terror*(New York: Random House, 2004), p. 37.
58. Peter G. Riddell & Peter Cotterell, *Islam in Context: Past, Present, and Future*(Grand Rapids: Baker Academic, 2003), p. 192.
59. John L. Esposito, *Unholy War: Terror in the Name of Islam*(Oxford: Oxford University Press, 2003), p. 19.
60. Esposito, *Unholy War*, p. 24.
61. Colin Chapman, *"Islamic Terrorism": Is There a Christian Response?* Grove Ethics Series E139(Cambridge: Grove, 2005), p. 23.
62. Chapman, "Islamic Terrorism", p. 22. 다음 중요한 책도 참고하라. Jimmy Carter, *Palestine: Peace Not Apartheid*(New York: Simon & Schuster, 2006).

8. 충실하고 시의성 있는 증언

1. David Bosch, *Believing in the Future: Toward a Missiology of Western Culture*(Valley Forge, PA: Trinity Press International, 1995), p. 34.
2. Carl F. H. Henry, *The Uneasy Conscience of Modern Fundamentalism* (1947; repr. Grand Rapids: Eerdmans, 2003), pp. 30, 33, 42. 「복음주의자의 불편한 양심」(IVP).
3. "로잔"은 1974년 7월 16-25일에 스위스 로잔에서 모였던 세계 복음화 국제대회(International Congress of World Evangelization)를 가리킨다. 150개국에서 2,700명이 넘는 참석자들이 모였는데, 그중 절반가량은 출신지가 서구 세계가 아니었다. 로잔은 현대 역사상 교회의 사명을 주제로 모인 가장 큰 모임이었다. 이 모임에서 채택된 15개항의 성명서 "로잔 언약"은 "복음을 전파해야 할 필요성과 책임과 목표를 규정하기 위한" 것이었다. 이는 이제까지 현대 복음주의자들이 만들어 낸 가장 영향력 있는 문서의 하나다.
4. 로잔 언약, "그리스도인의 사회적 책임", 5항.
5. 휘튼 '83 성명서, 26항.
6. 다음 책을 참고하라. Brian J. Walsh & J. Richard Middleton, *The Transforming Vision: Shaping a Christian World View*(Downers Grove, IL: InterVarsity, 1984), pp. 150-151.
7. H. Richard Niebuhr, *Christ and Culture*(New York: Harper, 1951). 「그리스도와 문화」(IVP).
8. 선교학은 선교를 연구하는 학문이다. 지금은 달라지고 있지만 과거에는 주로 타 문화권 선교를 연구했다.
9. 다음 책을 참고하라. Paul Tillich, *Theology of Culture*, Robert C. Kimball ed.(New York: Oxford University Press, 1964, 「문화의 신학」, 대한기독교서회). 다음 책도 포함시킬 수 있다. Emil Brunner, *Christianity and Civilisation*, 2 vols.(New York: Scribner, 1948-1949).
10. Lesslie Newbigin, *Foolishness to the Greeks: The Gospel and Western Culture*(Grand Rapids: Eerdmans, 1986), pp. 2-3.

11. 다음 세 권의 책을 참고하라. Lesslie Newbigin, *The Other Side of 1984: Questions for the Churches*(Geneva: World Council of Churches, 1983), pp. 31, 47, 54. 같은 저자, "Can the West Be Converted?" *Princeton Seminary Bulletin* 6, no. 1(1985): pp. 25, 36. 같은 저자, *Foolishness to the Greeks*, p. 1.
12. Lesslie Newbigin, "What Is a 'Local Church Truly United'?" *Ecumenical Review* 29(1977): p. 119.
13. Abraham Kuyper, *Souvereiniteit in eigen kring: Rede ter inwijding van de Vrije Universiteit den 20sten Octover 1980 gehouden in het Koor der Nieuwe Kerk te Amsterdam*(Amsterdam: Kruyt, 1880), p. 32(우리의 번역).
14. 다음 책을 참고하라. Lesslie Newbigin, *The Good Shepherd: Meditations on Christian Ministry in Today's World*(Grand Rapids: Eerdmans, 1977), p. 98.
15. Lesslie Newbigin, *A Word in Season: Perspectives on Christian World Missions*(Grand Rapids: Eerdmans, 1994), p. 54.
16. Lesslie Newbigin, "Unfaith and Other Faiths",(1962년에 National Council of the Churches of Christ in the U.S.A.의 Division of Foreign Missions에서 한 미간행 강연). 같은 저자, *The Gospel in a Pluralist Society*(Grand Rapids: Eerdmans, 1989), pp. 15-16.
17. Hendrik Kraemer, *The Communication of the Christian Fiath*(Philadelphia: Westminster, 1956), p. 36. 「그리스도교 신앙의 커뮤니케이션」(종로서적).
18. 다음 기사를 참고하라. Michael Goheen, "The Surrender and Recovery of the Unbearable Tension", *Journal of Education and Christian Belief* 11, no. 1(2007년 9월): pp. 7-21.
19. 다음 책을 참고하라. Denys Munby, *The Idea of a Secular Society, and Its Significance for Christians*(Oxford: Oxford University Press, 1963).
20. Newbigin, *Foolishness to the Greeks*, p. 132.
21. T. S. Eliot, *The Idea of a Christian Society*(New York: Harcourt, Brace & World, 1940), p. 20(강조 추가). 「기독교 사회의 이념」(현대사상사).
22. 다음 책을 참고하라. Dean Flemming, *Contextualization in the New*

Testament: Patterns for Theology and Mission(Downers Grove, IL: InterVarsity, 2005), pp. 146-149, 228-229.

23. Flemming, Contextualization in the New Testament, pp. 148, 228.
24. Bosch, Believing in the Future, p. 59.
25. Lesslie Newbigin, "The Work of the Holy Spirit in the Life of the Asian Churches", A Decisive Hour for the Christian Mission: The East Asia Christian Conference 1959, and the John R. Mott Memorial Lectures, Norman Goodall 외 지음(London: SCM, 1960), p. 28.
26. Darrell Guder ed., Missional Church: A Vision for the Sending of the Church in North America, The Gospel and Our Culture(Grand Rapids: Eerdmans, 1998), p. 115. 「선교적 교회」(주안대학원대학교출판부).
27. Lesslie Newbigin, Truth to Tell: The Gospel as Public Truth(London: SPCK; Grand Rapids: Eerdmans, 1991), p. 81. 「복음, 공공의 진리를 말하다」(SFC).
28. Reformed Ecumenical Synod, The Church and Its Social Calling(Grand Rapids: Reformed Ecumenical Synod, 1980), p. 36.
29. Herman Ridderbos, "The Kingdom of God and Our Life in the World", International Reformed Bulletin 28(1967년 1월): pp. 11-12.
30. Newbigin, Truth to Tell, p. 85.
31. Lesslie Newbigin, "The Church and the CASA[Christian Agency for Social Action]," National Christian Council Review 93(1973): p. 546.
32. 다음 책을 참고하라. Craig G. Bartholomew & Michael W. Goheen, The Drama of Scripture: Finding Our Place in the Biblical Story(Grand Rapids: Baker Academic, 2004), pp. 143-145.
33. Mother Teresa, Henri Nouwen, Jean Vanier 같은 사람들이 한 사역을 생각할 수 있다.
34. 다음 책을 참고하라. Gary Scott Smith ed., God and Politics: Four Views on the Reformation of Civil Government(Phillipsburg, NJ: Presbyterian & Reformed, 1989), pp. 75-99.

35. Newbigin, *Truth to Tell*, p. 56-60.
36. 다음 책을 참고하라. Lesslie Newbigin, *Trinitarian Faith and Today's Mission*, World Council of Churches Commission on World Mission and Evangelism Study Pamphlets 2(Richmond: John Knox, 1964), p. 42.
37. Lesslie Newbigin, "Bible Studies: Four Talks on 1 Peter", *We Were Brought Together: Report of the National Conference of Australian Churches Held at Melbourne University, February 2-11, 1960*, David M. Taylor ed.(Sydney: Australian Council for the World Council of Churches, 1960), p. 112.
38. N. T. Wright, *New Tasks for a Renewed Church*(London: Hodder & Stoughton, 1992), p. 86(강조 추가). (IVP 역간 예정).
39. Lesslie Newbigin, *Journey into Joy*(Grand Rapids: Eerdmans, 1972), pp. 112-113.
40. Lesslie Newbigin, "Our Task Today" (1951년 12월 18-20일, Diocesan Council, Tirumangalam, India에서 있었던 4차 모임 격려사).
41. Helmut Thielicke, *Life Can Begin Again: Sermons on the Sermon on the Mount*, John W. Doberstein trans.(Philadelphia: Fortress, 1963), p. 33.

9. 몇 가지 공적인 삶의 영역을 보는 관점

1. 구약의 법에 대해서는 다음 책을 참고하라. Craig G. Bartholomew & Michael W. Goheen, *The Drama of Scripture: Finding Our Place in the Biblical Sotry* (Grand Rapids: Baker Academic, 2004), pp. 66-70.
2. 신 25장에서 사업상의 부정직한 거래를 단죄하는 부분은 유독 "여호와"와 연결된다. 토라와 잠언에서 그것을 흔히 볼 수 있다.
3. Ray van Leeuwen, "Proverbs", *The New Interpreter's Bible*, Leander E. Keck ed., 12 vols.(Nashville: Abingdon, 1995-2003), 5:262.
4. Richard Bauckham, *Bible and Mission: Christian Witness in a Postmodern World*(Grand Rapids: Baker Academic, 2003), pp. 107-108.
5. Fairtrade는 합의된 노동 기준과 환경 기준에 부합되는 제품들을 식별하게 해주

는 제품 인증 시스템이다. 자세한 내용은 http://www.fairtrade.org.uk와 http://www.fairtra de.net을 참고하라.

6. Wendell Berry, *The Unsettling of America: Culture and Agriculutre*(San Francisco: Sierra Club Books, 1997). Berry의 책들은 전부 읽어 볼 만하다.
7. 오늘날의 정치 분야를 형성하고 있는 여러 가지 이데올로기를 개괄한 탁월한 책으로 다음을 참고하라. David T. Koyzis, *Political Visions and Illusions: A Survey and Christian Critique of Contemporary Ideologies*(Downers Grove, IL: InterVarsity, 2003).
8. 좀 오래되었지만 여전히 좋은 입문으로 다음 책이 있다. Paul Marshall, *Thine Is the Kingdom: A Biblical Perspective on the Nature of Government and Politics Today*(London: Marshall, Morgan & Scott, 1984).
9. Oliver O' Donovan, *The Desire of the Nations: Rediscovering the Roots of Political Theology*(Cambridge: Cambridge University Press, 1996). p. ix.
10. 다음 책을 참고하라. Oliver O' Donovan & Joan Lockwood O' Donovan, *From Irenaeus to Grotius: A Sourcebook in Christian Political Thought*(Grand Rapids: Eerdmans, 1999). 아울러 다음 책도 참고하라. Oliver O' Donovan, *The Just War Revisited*(Cambridge: Cambridge University Press, 2003).
11. 다음 책을 참고하라. Stanley W. Carlson-Thies & James W. Skillen ed., *Welfare in America: Christian Perspectives on a Policy in Crisis*(Grand Rapids: Eerdmans, 1996).
12. 다르푸르에서 있었던 집단 학살은 21세기 들어서 처음 발생한 사건이다. 다음 책을 참고하라. Don Cheadle & John Prendergast, *Not on Our Watch: The Mission to End Genocide in Darfur and Beyond*(New York: Hyperion, 2007).
13. A. Bartlett Giamatti, *Take Time for Paradise: Americans and Their Games* (New York: Summit Books, 1989), p. 38.
14. Marvin Zuidema, "Athletics from a Christian Perspective", *Christianity and Leisure: Issues in a Pluralistic Society*, Paul Heintzman, Glen Van Andel, &

Thomas Visker ed.(Sioux Center, IA: Dordt College Press, 1994), p. 185.
15. John Byl, "Coming to Terms with Play, Game, Sport, and Athletics", *Christianity and Leisure*, Heintzman, Van Andel, & Visker ed., pp. 155-163.
16. Bradshaw Frey, William Ingram, Thomas McWhertor, & William Romanowski, "Sports and Athletics: Playing the the Glory of God", *At Work and Play: Biblical Insight to Daily Obedience*(Jordan Station, ON: Paideia, 1986), p. 46.
17. Zuidema, "Athletics from a Christian Perspective", p. 185.
18. 이 말은 20세기 전반부에 UCLA와 밴더빌트 대학교에서 풋볼 코치로 활약한 Henry Russell "Red" Sanders가 만들어 낸 것으로 알려져 있다. Lombardi는 그 말을 대중화시켰다.
19. 사실, 스포츠를 전도와 심지어 개종에 이용하는 일부 방법들을 우리는 정당하지 못하다고 본다. 다음 기사를 참고하라. Frey 외, "Sports and Athletics", pp. 55-56.
20. Edward L. Shaughnessy, "Santayana on Athletics", *Journal of American Studies* 10, no. 2(1977): p. 188.
21. Byl, "Coming to Terms with Play", p. 157.
22. Charles Prebish, "Heavenly Father, Divine Goalie: Sport and Religion", *Antioch Review* 42, no. 3(1984): p. 318.
23. Gordon Spykman, "Toward a Christian Perspective in the Leisure Sciences", *Christianity and Leisure*, Heintzman, Van Andel, & Visker ed., p. 54.
24. 다음 기사를 참고하라. Frey 외, "Sports and Athletics", pp. 51-56. 우리는 여기서 스포츠와 경쟁이 악하게 왜곡된 면들은 강조하지 않았다. 스포츠와 경쟁의 뿌리가 창조 세계에 관한 성경의 가르침에 있음을 말하는 것이 이 짧은 단락에서 우리의 주된 목적이었다.
25. Spykman, "Toward a Christian Perspective", p. 58.
26. 이에 관한 훌륭한 책으로 다음을 참고하라. Edith Schaeffer, *Hidden Art* (Wheaton: Tyndale, 1972).
27. Hans R. Rookmaker, *Art Needs No Justification*(Downers Grove, IL:

InterVarsity, 1981), 6장. 「기독교와 현대 예술」(IVP).
28. Abraham Kuyper, *Lectures on Calvinism*(Grand Rapids: Eerdmans, 1931), p. 142, 각주.
29. 다음 책을 참고하라. Bartholomew & Goheen, *The Drama of Scripture*, pp. 48, 49.
30. 시편은 전체를 하나로 모아서 문학적으로 세심하게 엮은 책이다. 최근에 그 점을 강조하는 접근들이 나왔는데, 이를 알기 쉽게 설명한 입문으로 다음 책을 참고하라. Craig G. Bartholomew & Andrew West ed., *Praying by the Book: Reading the Psalms*(Carlisle: Paternoster, 2001).
31. 예술의 목적은 복잡하며 논쟁의 여지가 있다. *Art in Action: Toward a Christian Aesthetic*(Grand Rapids: Eerdmans, 1980, 「행동하는 예술」, IVP)에서 Nicholas Wolterstorff는 예술에 유일한 목적이라는 것은 존재하지 않는다고 말했다. 다음 책도 참고하라. Cal Seerveld, "Cal Looks at Nick: A Response to Nicholas Wolterstorff's Art in Action", *In the Fields of the Lord: A Calvin Seerveld Reader*, Craig Bartholomew ed.(Carlisle: Piquant, 2000), pp. 360-364.
32. Wolterstorff, *Art in Action*, p. 144.
33. Joseph Conrad, *The Nigger of Narcissus* 서문(New York: Collier, 1962), p. 19.
34. Leland Ryken, *Culture in Christian Perspective: A Door to Understanding and Enjoying the Arts*(Portland, OR: Multnomah, 1986), p. 112.
35. Ryken, *Culture in Christian Perspective*, p. 26.
36. C. S. Lewis, *An Experiment in Criticism*(Cambridge: Cambridge University Press, 1961), pp. 137-139. 「문학 비평에서의 실험」(동문선).
37. 과학과 상상력에 대해서는 다음 책을 참고하라. Cheryl Forbes, *Imagination: Embracing a Theology of Wonder*(Portland, OR: Multnomah, 1986), 7장.
38. 다음 책을 참고하라. Carl Jung, *Memories, Dreams, Reflections*(New York: Vintage Books, 1965), pp. 173-175. 「카를 융: 기억 꿈 사상」(김영사).
39. C. S. Lewis, *Christian Reflections*(Grand Rapids: Eerdmans, 1967), pp. 33-34.

40. Ryken, *Culture in Christian Perspective*, p. 172.
41. Keith McKean, *The Moral Measure of Literature*(Denver: Swallow, 1961). 다음 책에 인용되어 있다. Ryken, *Culture in Christian Perspective*, p. 166.
42. George M. Marsden, *The Outrageous Idea of Christian Scholarship*(Oxford: Oxford University Press, 1997). 「기독교적 학문 연구@현대 학문 세계」(IVP).
43. Charles Habib Malik, *A Christian Critique of the University*, Pascal Lectures on Christianity and the University(Downers Grove, IL: InterVarsity, 1982), pp. 19-20. 「그리스도와 대학의 위기」(성경읽기사).
44. Albert M. Wolters, *Ideas Have Legs*(Toronto: Institute for Christian Studies, 1987), p. 5.
45. Wolters, *Ideas Have Legs*, p. 5.
46. Wolters, *Ideas Have Legs*, p. 7.
47. Brian J. Walsh & J. Richard Middleton, *The Transforming Vision: Shaping a Christian World View*(Downers Grove, IL: InterVarsity, 1984), pp. 164-166.
48. Sidney Greidanus, "The Use of the Bible in Christian Scholarship", *Christian Scholar's Review* 11, no. 2(1982): pp. 146-147.
49. Albert M. Wolters, *Creation Regained: Biblical Basics for a Reformational Worldview*, repr.(Grand Rapids: Eerdmans, 2005), pp. 87-89.
50. 다음 책을 참고하라. Bob Goudzwaard & Harry M. de Lange, *Beyond Poverty and Affluence: Toward a Canadian Economy of Care*(Toronto: University of Toronto Press, 1995).
51. Lesslie Newbigin, "The Secular-Apostolic Dilemma", *Not without a Compass: JEA Seminar on Christian Education in the India of Today*, T. A. Matthias 외 ed.(New Delhi: Jesuit Educational Association of India, 1972), pp. 61-71.
52. Brian Walsh, "Education in Precarious Times: Postmodernity and a Christian Worldview", *The Crumbling Walls of Certainty: Towards a Christian Critique of Postmodernity and Education*, Ian Lambert & Suzanne Mitchell ed.(Sydney: Centre for the Study of Australian Christianity, 1997),

p. 14. Walsh가 인용한 말은 다음 책에서 온 것이다. Robin Usher & Richard Edwards, *Postmodernism and Education: Different Voices, Different Worlds* (London: Routeledge, 1994), p. 2.

53. Neil Postman, *The End of Education: Redefining the Value of School*(New York: Vintage Books, 1995), pp. 27-58. 「교육의 종말」(문예출판사).
54. Walsh, "Education in Precarious Times", pp. 14-15.
55. Stuart Fowler, "Communities, Organizations, and People", *Pro Rege* 21, no. 4(1993년 6월): p. 24.
56. 좋은 출발점으로 다음과 같은 책들이 있다. David I. Smith & John Shortt, *The Bible and the Task of Teaching*(Stapleford: Stapleford Centre, 2002). Harro Van Brummelen, *Walking with God in the Classroom: Christian Approaches to Learning and Teaching*(Burlington, ON: Welch, 1988, 「교실에서 하나님과 동행하십니까」, IVP). Richard Edlin, *The Cause of Christian Education*, 3rd ed.(Northport, AL: Vision Press, 1999, 「기독교 교육의 기초」, 그리심). Ian Lambert & Suzanne Mitchell ed., *The Crumbling Walls of Certainty: Towards a Christian Critique of Postmodernity and Education*(Sydney: Centre for the Study of Australian Christianity, 1997). John Van Dyk, *The Craft of Christian Teaching: A Classroom Journey*(Sioux Center, IA: Dordt College Press, 2000, 「가르침은 예술이다」, IVP). 같은 저자, *Letters to Lisa: Conversations with a Christian Teacher*(Sioux Center, IA: Dordt College Press, 1997, 「기독교적 가르침, 그게 뭔가요?」, 교육과학사). Albert Greene, *Reclaiming the Future of Christian Education: A transforming Vision*(Colorado Springs, CO: Association of Christian Schools International, 1998, 「기독교 세계관으로 가르치기」, CUP).
57. John E. Hull, "Aiming for Christian Education, Settling for Christians Educating: The Christian School's Replication of the Public School Paradigm", *Christian Scholar's Review* 32, no. 2(2003): pp. 203-223.
58. Jack Mechielsen, *No Icing on the Cake: Christian Foundations for Education*

서문, Jack Mechielsen ed.(Melbourne: Brookes-Hall, 1980), p. vi.
59. 다음 책에서 Roy Clouser는 이론을 정립하는 분야에서 그것을 설득력 있게 논박한다. *The Myth of Religious Neutrailty: An Essay on the Hidden Role of Belief in Theories*, rev. ed.(Notre Dame, IN: University of Notre Dame Press, 2005).
60. Postman, *The End of Education*, p. 7.
61. Gloria Stronks & Doug Blomberg, *A Vision with a Task: Christian Schooling for Responsive Discipleship*(Grand Rapids: Baker Academic, 1993).
62. Stuart Fowler, Harro Van Brummelen, & John Van Dyk ed., *Christian Schooling: Education for Freedom*(Potchefstroom: Potchefstroom University for Higher Education, 1990).
63. Nicholas Wolterstorff, *Educating for Responsible Action*(Grand Rapids: CSI Publications; Eerdmans, 1980).
64. Nicholas Wolterstorff, *Educating for Shalom: Essays on Higher Education*, Clarence W. Joldersma & Gloria Goris Stronks ed.(Grand Rapids: Eerdmans, 2004).
65. Elmer J. Thiessen, *Teaching for Commitment: Liberal Education, Indoctrination, and Christian Nurture*(Montreal: McGill's-Queens University Press, 1993).
66. 다음 기사를 참고하라. Ken Badley, "Two 'Cop-Outs' in Faith-Learning Integration: Incarnational Integration and Worldviewish Integration", *Spectrum* 28, no. 2(1996년 여름): p. 110.
67. Hull, "Aiming for Christian Education", p. 208.
68. Hull, "Aiming for Christian Education", p. 207.

목회적 후기

1. 영성에 관한 Eugene H. Peterson의 탁월한 저작을 전부 참고할 것을 권한다.
2. Eugene H. Peterson, *A Long Obedience in the Same Direction: Discipleship*

in an Instant Society, repr.(Downers Grove, IL: InterVarsity, 2000). 「한 길 가는 순례자」(IVP).

3. 예를 들어 다음 책의 제2부를 참고하라. Edward C. Butler, *Western Mysticism: The Teaching of Augustine, Gregory and Bernard on Contemplation and the Contemplative Life*, repr.(New York: Harper & Row, 1966), pp. 157-223.

4. Congregation for Institutes of Consecrated Life and Societies of Apostolic Life, *Starting Afresh from Christ: A Renewed Commitment to Consecrated Life in the Third Millennium*(Montreal: Médiaspaul, 2002), p. 49.

5. 다음 책을 참고하라. David Bosch, *Transforming Mission: Paradigm Shifts in Theology of Mission*(Maryknoll, NY: Orbis, 1991), pp. 389-393.

6. Wendell Berry, "A Poem of Difficult Hope", *What Are People For? Essays by Wendell Berry*(New York: North Point, 1990), pp. 58-63. 「나에게 컴퓨터는 필요 없다」(양문).

7. Karl Marx, *Theses on Feuerbach*, 논제 11(1845).

8. James W. Skillen, "Christian Action and the Coming of God's Kingdom", *Confessing Christ and Doing Politics*, James W. Skillen ed.(Washington, DC: Association for Public Justice Education Fund, 1982), pp. 102-103.

9. Christian Reformed Church, *Our World Belongs to God: A Contemporary Testimony*(Grand Rapids: CRC Publications, 1987), pp. 56, 57, 6절(다음 웹사이트에서도 볼 수 있다. http://www.crcna.org/pages/our_world_main.cfm).

찾아보기

ㄱ

간음(adultery)	121
결혼(marriage)	107-108
경쟁(competition)	318-324
경제(economics)	249-254
경제적 세계화(globalization, economic)	249-254
계몽주의(Enlightenment)	163, 185, 202-229, 352-353
고난(suffering)	298-302
고백적 인본주의(confessional humanism)	160-166
고전 시대(classical period)	160
공공정의센터(Center for Public Justice)	317
공동체(community)	147-148
공동체적 증거(communal witness)	293-295
공적인 삶과 기독교(public life, and Christianity)	
교육(education)	341-356
도전과 보상(challenges and rewards of)	358-366
사업(business)	305-311
스포츠와 경쟁(sports and competition)	318-324
정치(politics)	312-318
창의력과 예술(creativity and art)	324-333
학문(scholarship)	333-341
과학 기술의 진보(technical progress)	206, 215-216
과학혁명(Scientific Revolution)	195
관념론(Idealism)	56-57
관용(tolerance)	263-264, 296-297
교육 이론(educational theory)	350
교육과 기독교(education, and Christianity)	344-356
교회(church)	
공동체적 문화 참여(communal cultural engagement)	269-273
교회의 사명(mission of)	45-47, 141-143, 295-301
인본주의의 발흥에 대한 반응(reaction to rise of humanism)	190-195
교회의 사명(mission, of church)	45-47, 141-143, 295-301

찾아보기 409

구속(redemption) 130-135
구약(Old Testament) 38-42
구원을 통한 회복(salvation, restoration
 through) 136-141
기독교(Christianity)
 기독교와 포스트모더니즘(and
  postmodernism) 239-244
 남반구 기독교의 부흥(renascence of,
  in the South) 255-259
기독교 세계관(Christian worldview)
 '세계관'을 보라
기독교 학교 운동(Christian school
 movement) 345-356
그리스도 중심(christocentrism) 61
그리스도인의 문화 참여(cultural
 engagement, Christian about) 269-273
 교육에서의 문화 참여(in education)
  344-347
 긴장과 해결(tension and resolution)
  281-284
 도전과 보상(challenges and rewards of)
  358-366
 비판적 참여(critical participation)
  279-281, 344-346
 사례들(examples) 287-289
 세 가지 차원의 분별(dimensions of
  discernment in) 290-292
 위험(dangers of) 292-295

 '공적인 삶과 기독교'도 보라
그리스도인의 증거(witness, Christian)
 구성 요소(components of) 293-302
 도전과 보상(challenges and rewards of)
  358-366
 문화적 긴장(cultural tensions) 281-283
 중요성(importance of) 269-273
 증언과 문화 참여(and cultural
  participation) 279-281, 293-302
 증언과 사명(and mission) 302-304
 '공적인 삶과 기독교'도 보라
그리스와 로마의 이교(Greco-Roman
 paganism) 167-172
기독교 세계관(worldview, Christian)
 개념(concept of) 60-69
 세계관과 성경(and Scripture) 83-85
 세계관의 원용에 대한 비판(criticism of
  appropriation of) 69-77
 잠정적 정의(working definition of)
  77-83
 '그리스도인의 문화 참여' 및
 '공적인 삶과 기독교'도 보라

ㄴ

낭만주의(Romanticism) 57, 220-223
농업(agriculture) 253

ㄷ

대립 시대(antithetical period) 167
독일 철학(German philosophy) 56-58
동성애(homosexuality) 257

ㄹ

라르쉬(L' Arche) 77
런던현대기독교연구소(London Institute
    for Contemporary Christianity) 65
로마 제국(Roman Empire) 91
로마의 이교(Roman paganism) 167-172
로잔 언약(Lausanne Covenant) 65, 272
르네상스(Renaissance) 160, 164, 182-183

ㅁ

마르크스주의(Marxism) 218-220
메시아적 활동주의(messianic activism)
    75-76
메타내러티브(metanarratives) 235
모더니즘(moderniam) 62, 70, 232
    '서구 문화 전통' 도 보라
무기 확산(weapons proliferation) 225-226
묵상(meditation) 71
문화의 우상숭배(cultural idolatry) 174

ㅂ

바리새인(Pharisees) 303
바울(Paul) 98, 108, 134-135, 287-289

변증(apologetics) 87
보편법의 이론(theory of universal law)
    209
복음(gospel)
    복음과 계몽주의(and enlightenment)
        211-213
    복음과 교회의 사명(and church
        mission) 45-47
    복음의 증언(witness of) 294-302
    복음의 진리(truth of) 37, 39-43
    상대화되는 복음(relativization of)
        73-74
    주지주의로 흐르는 복음
        (intellectualization of) 70-71
    해방이 필요한 복음(release of) 55
복음의 진리(truth, of gospel) 39-43
복음주의(evangelism)
    로잔 언약(Lausanne Covenant) 65
    북미(North American) 159, 225-226
    사명(and mission) 144-147
벨트안샤웅(weltanschauung) 56-57
비센샤프트(Wissenschaft) 62-63
빈곤층(poor) 76

ㅅ

사두개인(Sadducees) 303
사업과 기독교(business, and Christinity)
    305-311

사회 조직(social organism)	207-210	중세의 혼합 시대(medieval synthesis period)	175-178
산업혁명(Industrial Revolution)	214-217	포스트모더니즘(postmodernism)	234-244
샤리아(Sharia)	260	혁명의 시대(Age of Revolution)	214-218
샬롬(shalom)	117-118, 136	'그리스도인의 문화 참여' 도 보라	
삼위일체(Trinity)	92	선교적 대면(missionary encounter)	53, 284-287
상대주의(relativism)	73-74	성(sexuality)	247
서구 문화의 전통(Western cultural tradition)	47-52, 159-160	성속의 이원론(sacred/secular dichotomy)	153-155
계몽주의(Enlightenment)	202-213	성경(Bible)	
과학혁명(Scientific Revolution)	195-202	성경의 진리(truth of)	39-43
그리스와 로마의 이교(Greco-Roman paganism)	167-172	세계관의 기초인 성경(ground of worldview in)	91
낭만주의(Romanticism)	220-223	성경(Scripture)	
르네상스(Renaissance)	186-191	성경과 기독교적 학문(and Christian scholarship)	337-340
서구 문화의 전통과 기독교 이야기 (and Christian story)	164-165, 281-287	성경과 기독교 세계관(and Christian worldview)	83-85
서구 문화의 전통과 복음의 계시 (and Gospel revelation)	173-175	성경과 선교(and mission)	85-89
세계화(globalization)	249-255	성경 이야기(story, Bible's)	39-43, 50, 79-81
소비주의(consumerism)	244-249	성령(Spirit)	140-141
역사적 시대 구분(historical period)	165-166	세계관(worldview)	56-60
인본주의(humanism)	160-163	세계대전(World Wars)	224-226
자유주의와 마르크스주의(liberalism and Marxism)	218-220	세계복음주의협회(World Evangelical	
자유주의적 인본주의(liberal humanism)	223-229		
종교개혁(Reformation)	191-195		

Fellowship)	272	
세속주의(secularism)	162-163, 187-189	
	262, 272	
소비주의(consumerism)	244-249, 344	
스포츠와 기독교(sports and Christianity)		
	318-324	
신념과 세계관(beliefs, and worldview)		
	79-83	
신이교 시대(neo-pagan period)	167	
신칼뱅주의(neo-Calvinism)	64	
신플라톤주의(neo-Platonism)	172, 176	
신학(theology)	72	

ㅇ

야훼(Yahweh)	43, 92
역사(history)	110-111
열심당(Zealots)	303
영성(spirituality)	147-148
에세네파(Essenes)	303
예수 그리스도(Jesus Christ)	
주님 되심(as Lord)	39, 269
죽음과 부활(death and resurrection)	
	133, 138-139
지상명령(Great Commission)	141-143
하나님 나라를 알리심(disclosure of kingdom of God)	137
예수님의 부활(resurrection of Jesus)	133, 138-139
예수님의 십자가/십자가형(cross/crucifixion of Jesus)	38
예술과 기독교(art, and Christianity)	
	324-333
예언(prophecy)	266
오순절(Pentecost)	140, 313
우상숭배(idolatry)	33, 76, 109, 175
	279-280, 287-292, 334, 337-338
	341, 350
원칙적 다원주의 또는 주관적 다원주의(pluralism, principle or committed)	297
유대 민족(Jewish people)	40-41
은혜(grace)	149-150
이교 시대(pagan period)	167
이스라엘(Israel)	122-123, 266, 306, 313
이슬람교의 부흥(Islam, resurgence of)	
	259-266
이신론(deism)	66, 96
이원론적 세계관(dualist worldview)	
	153-154, 171
인식론(epistemology)	236
인간(human beings)	
구원을 통한 인간의 구속(redemption of, through salvation)	129-134
심리적 사회적 문제(psychological and social problem)	226-227
인간의 반항(rebellion, human)	
	118-122

창조 세계에서의 역할(role in creation)
　　111-117
인간의 반항(rebellion, human)　118-122
인간의 순종과 반항(obedience and
　　rebellion, human)　118-122
인간의 이성(reason, human)　59, 66, 162
　　210, 232, 240, 252
인류(mankind)　'인간'을 보라
인본주의(humanism)
　　세속 인본주의(secular)　187-191
　　인본주의에 관하여(about)　160-163
　　인본주의에 대한 교회의 반응(reaction
　　of church to)　199-203
　　자유주의적 인본주의(liberal)　223-229

ㅈ

자비(mercy)　296-297
자연(nature)　147-155
자연법(natural law)　181, 209
자유주의(liberalism)　218-220
정부(government)　312-318
정치와 기독교(politics, and Christianity)
　　312-318
정치적 권위(political authority)　92
제자도(discipleship)　350
종교개혁(Reformation)　165, 191-195
중세 시대(medieval period)　196, 175-183
죄(sin)　117-128

지하드(jihad)　260
지혜(wisdom)　105-107
지혜 문학(wisdom literature)　136
집(*oikos*)　288

ㅊ

창의력과 기독교(creativity, and
　　Christianity)　324-333
창조(creation)
　　구원을 통한 회복(restoration through
　　salvation)　129-134
　　선한 창조 세계(goodness of)　108-109
　　인간의 역할(role of human beings in)
　　　111-117
　　죄, 회복, 창조(sin, restoration, and)
　　　151-153
　　창조 세계의 역사적 발전(historical
　　development)　110
　　창조 세계의 질서(ordered)　100-107
　　창조 세계의 회복인 하나님 나라
　　(kingdom og God as restoration)
　　　155-157
　　창조에 대한 근본 신념(foundational
　　belief in)　80
　　하나님과 창조(God and)　94-99
　　창조 세계에 대한 청지기직(stewardship
　　over creation)　114-117
　　창조 세계의 질서(order, in creation)

	100-107	하나님과 창조(God, and creation)	97-98
창조 세계의 조화(harmony, in creation)		하나님의 선교(missio Dei)	361
	108-109	학문과 기독교(scholarship, and Christianity)	333-341
철학(philosophy)	56-58, 72	학문 연구(academic inquiry)	333-341
첫 열매/처음 익은 열매(firstfruits)	133	합리주의(rationalism)	160-163
		혁명의 시대(Age of Revolution)	214-218

ㅋ

칼뱅주의(Calvinism)	62	현대(modern period)	166
코람데오(coram Deo)	98	혼합 시대(synthesis, period of)	167
퀴리오스(kyrios)	92		175-183
		홈스쿨링(home-based education)	347-354

ㅌ

		환경 파괴(environmental degradation)	226
태양중심설(heliocentrism)	200	회복(restoration)	130-135, 141-148
테러 행위(terrorism)	260, 265	희망(hope)	362-363
토라(Torah)	136		
토착화(contextualization)	274-275		
	287-289		

ㅍ

포스트모더니즘(postmodernism) 17-18
  66, 78, 163, 234-244

ㅎ

하나님 나라(kingdom of God) 37-39
  창조 세계의 회복인 하나님 나라
  (as restoration of creation) 155-157
  하나님 나라와 교회(and church)
    143-144

옮긴이 윤종석은 서강대 영어영문학과를 졸업했으며, 미국 Golden Gate Baptist Theological Seminary에서 교육학(MA)을, Trinity Evangelical Divinity School에서 상담학(MA)을 공부했다. 「마음과 마음이 이어질 때」, 「남자는 무슨 생각을 하며 사는가?」, 「하나님이 축복하시는 삶」, 「하나님의 음성」, 「모자람의 위안」, 「거침없는 은혜」, 「교회, 나의 고민 나의 사랑」, 「천년 동안 백만 마일」(이상 IVP), 「재즈처럼 하나님은」(복있는사람), 「영성 수업」(두란노) 등 다수의 책을 번역했다.

세계관은 이야기다

초판 발행_ 2011년 7월 20일
초판 9쇄_ 2024년 4월 15일

지은이_ 마이클 고힌·크레이그 바르톨로뮤
옮긴이_ 윤종석
펴낸이_ 정모세

펴낸곳_ 한국기독학생회출판부
등록번호_ 제2001-000198호(1978.6.1)
주소_ 04031 서울시 마포구 동교로 156-10
대표 전화_ (02)337-2257 팩스_ (02)337-2258
영업 전화_ (02)338-2282 팩스_ 080-915-1515
홈페이지_ http://www.ivp.co.kr 이메일_ ivp@ivp.co.kr
ISBN 978-89-328-1245-8

ⓒ 한국기독학생회출판부 2011

책값은 뒤표지에 있습니다.
무단 전재와 복제를 금합니다.